Manfred Gerner

Handwerkerlexikon
Wörterbuch für das Bauhandwerk

Deutsche Verlags-Anstalt
Stuttgart

Die Deutsche Bibliothek – CIP-Einheitsaufnahme

Gerner, Manfred:
Handwerkerlexikon : Wörterbuch für das
Bauhandwerk / Manfred Gerner. – 2. Aufl. –
Stuttgart : Deutsche Verlags-Anstalt, 1993
ISBN 3-421-02825-7
NE: HST

2. Auflage 1993
© 1984 Deutsche Verlags-Anstalt GmbH, Stuttgart
Alle Rechte vorbehalten
Lektorat: Renate Jostmann
Typografische Gestaltung: Corinna Schneider
Umschlagentwurf: Hans Peter Willberg, Eppstein
Gesamtherstellung: Friedrich Pustet, Regensburg
Printed in Germany

Inhalt

Vorwort 6

Handwerkerlexikon 7

Wörterbuch der wandernden Gesellen 213

Maß- und Gewichtstabellen 220

Abkürzungen 230

Abbildungsnachweis 231

Vorwort

Mit der zunehmenden Wertschätzung historischer Bausubstanz, den denkmalpflegerischen Bemühungen zur Erhaltung von Millionen Baudenkmälern und Altbausanierungen sind die historischen Bautechniken und mit ihnen die Literatur und die Begriffe geschichtlicher Baumethoden wieder aktuell geworden. Viele historische Begriffe für Baumethoden, Baukonstruktionen und Baumaterial, für Werkzeuge und Einrichtungen wurden durch die schnellen technischen Entwicklungen seit dem Beginn unseres Jahrhunderts, verstärkt durch den Zweiten Weltkrieg, weniger gebraucht und gerieten in Vergessenheit. Mit dem Wechsel im Baugeschehen werden sie wieder benötigt. Hier setzt das vorliegende Lexikon an. Die historischen Begriffe aus den wichtigsten Bauberufen, wie Dachdecker, Klempner, Maler, Maurer, Tischler, Stukkateure und Zimmerer, wurden neben den hauptsächlichen Ausdrücken und Begriffen heutiger Techniken aufgenommen. Der Schwerpunkt liegt ausdrücklich bei den nicht in den Normenwerken enthaltenen Begriffen.
Um das Buch nicht zu umfangreich werden zu lassen, war eine Abgrenzung der Fülle des vorhandenen Materials notwendig. Deshalb sind nur die im deutschen Sprachraum vorkommenden stilistischen Eigenheiten der Bauten berücksichtigt, auch die Antike konnte nicht aufgenommen werden. Weiter mußte zur Bauchemie und Bauphysik abgegrenzt werden, nur die wichtigsten materialspezifischen Fakten und grundsätzlichen Begriffe – meist mit den älteren Rezepturen – konnten eingearbeitet werden. Schließlich wurde auf alle alltäglich gebrauchten Begriffe verzichtet. Begriffe wie Fenster, Tür oder Axt, deren vollständige Darstellung eigene Bücher erfordern würde, sind mit ihren Teilen, Unterscheidungsmerkmalen und ihrer geschichtlichen Entwicklung dargestellt. Bei Begriffen, die mehrere Inhalte haben, wurden nur die Deutungen aufgenommen, die mit dem Bauwesen zu tun haben, bei Veränderung von Begriffsinhalten wurden die heute gültigen Begriffe und Inhalte verarbeitet und regionale Unterschiede durch Zusätze wie nordd., mitteld. oder südd. fixiert.
Im Anschluß an das Handwerkerlexikon befindet sich ein Wörterbuch der wandernden Handwerksgesellen und eine ausführliche Maß- und Gewichtstabelle der regional unterschiedlichen Maß- und Gewichtssysteme vor Einführung der auf dem Dezimalsystem ruhenden metrischen Systeme mit den entsprechenden Umrechnungsfaktoren.
Das so entstandene Werk soll zum weiteren Verständnis historischer Bauten und Bauweisen, wie der Handwerkszeuge und Methoden, zu deren Pflege und Erhaltung beitragen.

Abakus, Deckplatte des →Kapitells.
abästen, die Äste eines gefällten Baums abschlagen.
abbeizen, entfernen von Altanstrichen mit Chemikalien (Abbeizmitteln). Der Altanstrich wird dabei durch das Abbeizmittel angelöst und dann in weichem Zustand mittels Spachtel oder ähnlichem Werkzeug entfernt.
abbinden, 1. im Holzbau →Anlegen und →Verzimmern von Fachwerkwänden, Balkenlagen und Dachkonstruktionen auf dem Zimmerplatz. **2.** im Massivbau das Erhärten von Mörtel und Beton.
abbohren, im Holzbau die verzimmerten Hölzer einer Wand oder einer Balkenlage hintereinander mit den Bohrlöchern für die Holznägel versehen.
abböschen, einen Geländesprung mit einer → Böschung versehen.
abbosseln, abbossen →bossieren.
Abbund, die Tätigkeit des →Abbindens.
Abdach (nordd.), Bez. für ein auskragendes Vordach.
Abdichtung, der Schutz von Bauteilen oder Bauwerken gegen Feuchtigkeit, wie kapillar aufsteigende Nässe oder Oberflächenwasser.
abdielen, durch eine Bretterwand abtrennen.
abdoppeln, Holz mit dem Doppelhobel bearbeiten →Hobel.
abdrehen →drechseln, rund oder dünner arbeiten.
Aberesche →Eberesche.
Abfall, die Ausbildung der Traufkante eines Schieferdachs, z. B. als doppelter, einfacher, vorspringender oder aufsitzender Abfall.
Abfallröhre →Fallrohr.
abfangen →entlasten.
abfärben, 1. ält. Bez. für das vollständige Streichen von Mauern, Gebäuden mit einem gesättigten Anstrich. **2.** wenn ein gefärbter Gegenstand die Farbe abgibt.
abfasen, abschrägen einer Kante.
abfiedern, abtrennen überflüssiger Glasteile bei Scheiben mit dem Fiedermesser oder Fügemesser.
abflammen, flammen, mit der Lötlampe oder anderer offener Flamme über ein Material streichen, um z. B. Altanstriche zu lösen, mehr aber, um Holz mit Ruß- und Feuerspuren zu versehen (es zu altern).
abfluchten →Flucht.
abfuschen, den Verputz durch vertiefte Fuschen in Streifen, Felder oder Quader teilen.
abgehängte Decke, eine unter der tragenden Decke mittels Drähten, Rundstählen oder Bandeisen befestigte (abgehängte) Unterdecke in meist leichter Konstruktion, z. B. aus Metallprofilen mit eingelegten Platten.
Abgleichsäge, Gestellsäge des Tischlers mit dünnem, 40–50 cm langem Blatt zum Absägen überstehender Zapfen, Zinken usw.
Abgleichung, Herstellung einer Gleichschicht oder Abgleichschicht bei Natursteinmauern, z. B. mit Hilfe von Abgleichsteinen zum horizontalen, waagerechten Ausgleich.
abgraten, 1. in der Metallverarbeitung das Abnehmen des beim Gießen oder

abgründen

Pressen entstandenen scharfen Werkstoffrandes (Grates). **2.** im Holzbau das Abfasen, Abschrägen einer Kante.
abgründen → ausgründen.
Abguß, durch Gießen eines flüssigen, in der Form sich erhärtenden Materials erzeugte Kopie eines Gegenstandes. Abgüsse werden insbesondere aus Gips, zementhaltigen Massen und Metallen gefertigt.
Abhängling → Schlußstein eines Gewölbes in Form eines herabhängenden Zapfens. Seltener wird auch das untere Ende von → Hängepfosten und -säulen als Abhängling bezeichnet.
Abhieb, Hauspan, Arbeitsspan, Steinsplitter, der beim Bearbeiten des Steins abfällt.
abholzig nennt man einen Baumstamm, der vom Fuß zur Spitze schnell in seinem Umfang abnimmt; als Bauholz deshalb ungeeignet.
abkanten, biegen von Metallwerkteilen über eine »scharfe Kante«.
Abkreuzung, Kreuzstaken, in ca. 2 m Abstand kreuzweise zwischen den Deckenbalken angeordnete Hölzer zur besseren Lastverteilung in der Decke.
Ablastebogen, Ablastungsbogen → Entlastungsbogen.
ablasten → entlasten.
Ablauf, Abzucht, Abfluß, Ablaufrinne, Ableitungsgraben, 1. Bez. für Abwassergraben oder -kanal. **2.** Ablauf, Hohlkehle von einem stärkeren zu einem schwächeren Bauglied.
ablöschen, 1. → Kalk löschen. **2.** glühende Metalle durch Eintauchen in Wasser schnell abkühlen, um die Oxidschicht zum Abspringen zu bringen.
Abmaß, ält. Bez. für → Dimension.
abmeisen, abmeißen, Holz fällen und → bewaldrechten.

abmustern, ein wiederkehrendes Muster z. B. auf eine Wand aufbringen.
abnageln, beim Aufrichten von Holzkonstruktionen oder Anbringen von Schalungen durchgehend nageln.
Abnahme, Bauabnahme, die Übergabe eines Werks vom Auftragnehmer an den Auftraggeber, detailliert in der → VOB behandelt.
abputzen, allg. Bez. für Glätten und Reinigen von Werkstücken, aber auch für das Verputzen.
abquadern, den Verputz in Quader einteilen.
abreiben, anreiben nannte man das Pulverisieren der Farbpigmente auf dem Reibstein mit dem Läufer und anschließende Verreiben des Farbpulvers mit dem Bindemittel.
Abrichtehammer, Pritschhammer, auf der → Bahn glatter oder profilierter Hammer der Schmiede zum Abrichten von Eisenblech oder Eisenstangen.
abrichten, allg. Glätten einer Fläche; im Holzbau Hobeln eines Werkstücks mit Hilfe einer Abrichtehobelmaschine oder der Rauhbank.
abriefeln, abriffeln → Kanneluren herstellen.
abrinden, abborken, abschälen, das Entrinden gefällter Bäume.
Abrinne → Dachrinne.
Abriß, geometrische Zeichnung von einem schon stehenden Gebäude, im Gegensatz zum → Riß oder → Aufriß.
abrollen, Mauer mit einer → Rollschicht versehen.
abrüsten → ausrüsten, Gerüst abbauen.
abschalen, verwitterte Teile von Steinen abnehmen, abarbeiten.
abscheiden, absondern, insbesondere auf chemischem Wege Bestandteile aus einem Stoff absondern.

Abscherung, abscheren, Zerstörung eines Körpers durch Scherkräfte, die in einer Ebene des Körpers gegeneinander angreifen.

Abschlichthammer, Planierhammer, Hammer des →Klempners mit breiter, gering konvexer Bahn.

abschiefern, in dünnen Blättchen ablösen.

abschnüren →Kreideschnur.

abschroppen, abschruppen, abschrappen, Holz mit dem Schropphobel abarbeiten; grob vorhobeln →Hobel.

abschroten, schroten, 1. Holzbau: mit der →Schrotsäge bearbeiten, absägen. **2.** Steinbau: mit Spitzhaue und/oder Meißel einen Stein ab- oder auch durchtrennen. **3.** Eisen mit dem →Schrotmeißel (Bankmeißel) ablängen.

abschwarten, einen runden Stamm durch Besäumen (d. h. abtrennen der →Schwarten) mit Säge oder Gatter zu einem Kantholz bearbeiten.

Abseite, Seitenschiff.

absenkeln, abloten, mit dem →Lot in die Senkrechte bringen.

Absetzsäge, Zapfensäge, Gestellsäge des Tischlers mit kürzerem, aber breiterem Blatt als die Handsäge und feinen Zähnen, dient bes. zum →Zinken.

abspitzen, Steine mit dem →Spitzeisen oder →Bossierhammer arbeiten.

abstecken, Grundstücke oder Gebäude vermessen oder einmessen und die Ecken durch Pfähle (Absteckpfähle) markieren.

absteifen, weitgehend, aber nicht völlig senkrechtes Abstützen eines Gebäudes oder Bauteils.

abstemmen, mit →Stemmeisen abarbeiten.

abstocken, Stein mit dem →Stockhammer bearbeiten.

abtönen, 1. anstreichen mit einem gleichmäßigen zarten Farbton. **2.** verändern eines Farbtons.

Abtraufe, Ansetztraufe, abstehender, direkter Dachrinnenausguß (statt eines Fallrohrs); Wasserspeier.

abtrennen, der Länge nach absägen.

abtreppen, stufenweise abschrägen.

Abtreppung, Ausbildung eines Bauteils in Treppenform →Treppengiebel.

Abtritt, 1. ält. Bez. für Austritt einer →Treppe. **2.** ält. Bez. für Toilette.

abtrummen, ält. Bez. für absägen mit der →Tromm- oder Trummsäge.

abwalmen, Dach mit einem →Walm versehen.

Abwicklung, zeichn. Darstellung der aneinandergereihten Oberflächen eines Körpers.

Abwurf, grober Verputz, grober Bewurf.

Abziehen, 1. mit Hilfe der Destillation einer Flüssigkeit das flüchtige Produkt, z. B. einer Pflanze, im Destillat aufnehmen. **2.** die Bearbeitung von Holz mit der →Ziehklinge. **3.** schneidende Werkzeuge nach dem Schleifen auf einem Abziehstein oder Abzieheder bearbeiten.

Abziehklinge →Ziehklinge.

Abzucht →Ablauf.

Abzugsgraben, Abzugskanal, Entwässerungskanal, Entwässerungsgraben.

Abzugsgrube →Sickergrube.

Achat, Achatstein, Achtstein, Agat, im wesentlichen aus Kieselerde bestehendes Mineral, hart, transparent; Gemenge aus wasserfreien Quarzen wie Jaspis, Hornstein, Karneol, Feuerstein und Amethyst; wird für Mosaikarbeiten oder auch als Polierstein benutzt.

Achsel, 1. Gewölbe- oder Bogenschenkel im Mauerwerksbau. **2.** Seitenfläche des geächselten Zapfens → Holzverbindungen, Zapfen.
Achselband → Kopfband.
ächseln → Achsel eines Zapfens herstellen.
Achtelschlag, Winkel von 45°.
Achtelschlaglineal, 45°-Winkellineal.
Achterhaus (nordd.), hinterer Hausteil, der Wohnteil des niederdeutschen Hallenhauses.
Achtort, Achtuhr, Achtspitz, achtteiliger Stern.
Achtpaß, Figur im → Maßwerk aus 8 Dreiviertelkreisbögen.
Acker, Flächenmaß → Maß- und Gewichtstabellen.
Aderholz, Längenholz, der Länge nach gespaltenes oder aufgetrenntes Holz.
aderig, adericht, aderrecht, flaserig, 1. Holz mit sehr unregelmäßigen Adern. **2.** Stein mit sehr auffallenden Adern.
adern, die Aderzeichnung von Holz oder Marmor aufmalen → Maserierung → Marmorierung.
Adlerzange → Steinklaue.
Aeschbaum → Esche.
Affe, einfacher → Haspel.
Afrausch, Affrausch, Affrusch → Eberesche.
Afterklaue, Aberklaue, Achterklaue → Hinterklaue.
Agat → Achat.
Aggregatzustände, die Formen, in denen Stoffe vorkommen, wie fest, flüssig und gasförmig.
Ahorn, Amhorn, weißer Ahorn, Ehre, Platanenahorn, Waldahorn, Waldesche, Bergahorn und zahlreiche weitere Arten, heimische Holzart mit weißem, feinfaserigem, hartem Holz; gut geeignet für Drechsler- und Tischlerarbeiten, weniger gut als Bauholz, Dichte im trockenen Zustand 0,65–0,75 g/cm^3.
Ähre, in Form einer stilisierten Fruchtähre ausgebildete Spitze auf Türmen oder Giebeln.
Ährenwerk, Ährenverband → Fischgrätenverband.
Akanthus, Akanthusblatt, Schmuckform analog den Blättern des Akanthusbaumes, bes. der Griechen und Römer, meist an den Säulenkapitellen.
Akazie, die gemeine Akazie, auch Schotendorn genannt, ist eine heimische Holzart, urspr. aus Nordamerika. Die Bäume erreichen in 40 Jahren eine Stammhöhe von 15–18 m bei einem Durchmesser bis 0,5 m. Das Holz ist gelb, zum Kern hin dunkler gestreift, hart, schwer und läßt sich schwer bearbeiten; es eignet sich deshalb nur für Möbelarbeiten. Die Dichte beträgt 0,71 g/cm^3. Die echte Akazie wächst nur in wärmeren Ländern, die arabische Akazie liefert das arabische Gummi.
Akrylglas, glasklarer Kunststoff, der bei modernen Bauten vielfach statt Verglasung oder als Lichtkuppel verwendet wird.
Alabaster, der natürliche, körnige Gips oder wasserhaltige, schwefelsaure Kalk; transparentes, politurfähiges Mineral in vielen Farben, einschließlich weiß und grau, weniger oder mehr geadert; wurde bis zum 15. Jh. in dünnen, geschliffenen Scheiben anstatt Glas in Fenstern verwendet, aber auch für Tischplatten, Innenfenstersimse, Kaminsimse.
Alaun, natürl. vork. oder durch Verhüttung gewonnenes Doppelsalz, z. B. aus Kalium- und Aluminiumsul-

fat, galt schon im vorchristlichen Ägypten als Holzschutzmittel.
Albumin, tier. oder pflanzliches Eiweiß; früher vielfach als Bindemittel für Anstrichstoffe verwendet.
Al-fresco, die Technik, Kalkanstriche auf noch frischen Kalkputz naß in naß zu streichen → Freskomalerei.
Alkali, früher Bez. für Pflanzenaschensalze, wie Soda und Pottasche; heute als Alkalien Sammelbegriff für die Hydroxide der Alkalimetalle, wie Kalium und Natrium; basisch reagierende leicht wasserlösliche Stoffe, auch Ätzalkalien genannt.
Alkohol, Weingeist, durch Gärungsprozesse aus stärkemehl- oder zuckerhaltigen Substanzen (von Gärungsweinen: 8–12% Alkohol) und Destillation hergestellte, leicht entzündliche, brennend schmeckende Flüssigkeit. Handelsalkohol besteht aus 96% Alkohol und 4% Wasser; vielseitige Verwendung als Lösungsmittel.
Alkoven, Alkoff (nordd.), festeingebautes Bett in Form einer Wandnische; (südd.) abgeteilter Raum innerhalb einer Stube.
Alpkreuz → Drudenfuß.
Altan, Austritt, der nicht wie ein Balkon auf auskragenden Bauteilen ruht, sondern auf Säulen, Stützen oder Mauern steht.
Altaraufsatz, Aufsatz auf dem Altartisch, entweder in niedriger Form als Altarrücken bis etwa 1,20 m hoch; als Hochaltar (Altarbildschirm, Altarstock) bis etwa 20 m oder als breite Altarwand.
Altarschrein → Flügelaltar.
altdeutscher Baustil, gotischer Stil.
Altenteil → Austragshaus.
Alter Deutscher, seltener Ausdruck für → Krempziegel.
Althandwerke, Gewerke, die sich schon vor der Reformation niederließen und Innungsrechte hatten, aus dem Baubereich Maurer, Zimmerleute, Schmiede, Schlosser und Tischler.
Altmeister, Altermann, ält. Bez. für Obermeister, den Repräsentanten der Innung.
Aluminium, chem. Element aus der Erdmetallgruppe; wird hauptsächlich aus Bauxit gewonnen; leichtes Nichteisenmetall mit Schmelzpunkt bei 660 °C; schmied- und hämmerbar; bedingt witterungsbeständig; in den letzten Jahrzehnten häufig verwendeter Baustoff.
Amboß, Anbosse, Anboß, 1. das massiv-eiserne, schwere Arbeitsgerät der Schmiede, auf dem mittels Schmiedehämmern das weiß- oder rotglühende Eisen bearbeitet, d. h. geschmiedet wird. Er besteht aus dem Amboßstock, einem in die Erde eingegrabenen, etwa 0,8 m dicken Holzklotz, dem massiveisernen Amboßblock, der mit einem Dorn im Amboßstock und mit dem Oberteil, dem eigentlichen Amboß, befestigt ist. Die obere waagerechte Arbeitsfläche heißt Bahn (Amboßbahn) oder Eisenknecht. In der Bahn befindet sich eine Aussparung zum Einsetzen von → Gesenken (Amboßeinsätzen, Einsatzstücken). Stationäre Amboßblöcke gibt es in Größen von 20–250 kg. Man unterscheidet zwischen dem gewöhnlichen Galgenamboß; den mit einem in der Längsrichtung der Bahn angesetzten Horn versehenen Hornamboß; mit 2 Hörnern: Zweispitzamboß (Sperrhorn, Bankhorn, französischer Amboß) und kleinen Bankambossen, die in einen Schraubstock gespannt werden, sowie noch kleineren Handambossen. **2.** Werkzeug des Dachdeckers → Haubrücke.

Amhorn → Ahorn.
Ammoniak, flüchtiges Alkali, auch flüchtiges Laugensalz oder Ammoniakgas genannt, mit Wasser verbunden bildet es Salmiakgeist (Hirschhorngeist).
amorph wird ein völlig gestaltloser Körper, wie unbearbeitete Erde oder Lehm, genannt.
Ampel, früher allg. Bez. für Ölgefäße, aber auch Gefäße für Salböl, Wein und Wasser im kirchl. Gebrauch; später für alle zum Aufhängen eingerichteten Gefäße.
Amt, Ambacht (nordd.), die älteren mit Privilegien ausgestatteten Innungen, z. B. der Maurer und Zimmerleute.
Amtshaus, Haus einer Innung, Innungslokal → Amt.
anankern, mittels eines → Ankers befestigen.
anarbeiten, ein Werkstück, z. B. zur Reparatur, anpassen und befestigen.
anblatten, anplatten, ein Stück Holz mit einem anderen mittels eines Blattes verbinden → Holzverbindungen, Blatt.
anbolzen, Befestigung mittels eines → Bolzens.
Anbosse → Amboß.
andobeln, andübeln, Verbindung mittels → Dübel herstellen.
Andreaskreuz, Schragen, Kreuzband, burgundisches Kreuz, germanisches Sinnzeichen aus zwei sich schräg überkreuzenden Linien; ursprünglich »Anderes« Kreuz, als Zeichen für die vielfache Mehrung; im Christentum zu St. Andreaskreuz umgedeutet, in Anlehnung an das schräge Kreuz, an welchem der Apostel Andreas gekreuzigt worden sein soll. Kommt besonders häufig im → Fachwerk als Figur in der Brüstung vor.

Anemoskop → Wetterfahne.
anerkannte Regel der Baukunst, Regel, die durch Praxis und Erprobung als richtig und notwendig anerkannt ist und in der Wissenschaft feststeht.
Anfall, Angefälle, Anefall, das Einschneiden (der Zusammenstoß) einer kleineren Fläche, z. B. Dach, in eine größere.
Anfallspunkt, Anfall, Angefälle, Anefall, Punkt, in dem mehrere, d. h. mehr als 2 Dachflächen zusammentreffen.
Anfangsfuge, die Fuge über dem Widerlager bei Bögen oder Gewölben.
Anfangsstein, Anfänger der erste Stein eines → Bogens über dem Kämpfer, beim → Gewölbe Gewölbeanfänger.

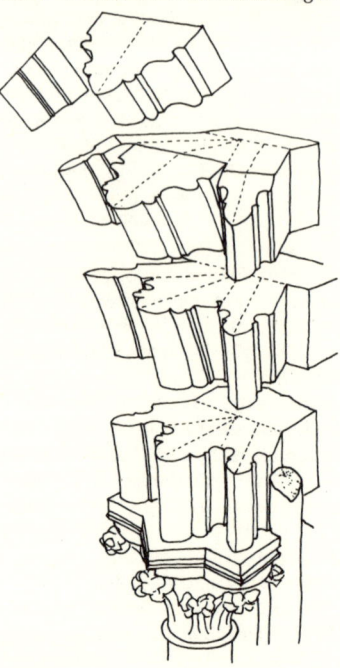

Gotischer Anfangstein, Anfänger.

Anfangsstufe →Antrittsstufe.
Anfeuchtepinsel, Pinsel, mit dem ein zu vergoldender Gegenstand vor dem Vergolden angefeuchtet wird.
anfügen, anfugen →fügen.
Angel, Ange, Angelband, Beschlag für Drehfenster und Türen, bestehend aus dem am oder im →Gewände befestigten Zapfen, Kloben oder →Angelhaken und dem auf diesem Zapfen sitzenden Angelband. Bei Scheunentoren vereinzelt noch ältere Ausführungen mit einem unteren Zapfen am Torblatt, der in einer steinernen Angelpfanne sitzt, und einem oberen Angelring, in dem der Torrahmen geführt wird.
Angelhaken, Angelhaspe, Hakenband, Bankhaken, das auch als Kloben bezeichnete hakenförmige Eisen zur Aufnahme des Bandes im Gewände durch Dübel oder Schrauben befestigt.
angelsächsischer Stil, altsächsischer Stil, altenglischer Stil, selt. Bez. für Ausformungen der →Romanik im angelsächsischen Bereich mit vielen Anklängen an Holzkonstruktionen auch im Steinbau, wie→Giebelbogen, Andreaskreuze und ähnlich dem Fachwerk gegliederte Wandformationen.
angewittert, durch die Witterung angegriffen.
angiehren, angehren →Gehrung.
Anglaise, Fingerplatte, die zum Schutz gegen Beschmutzung beim Öffnen und Schließen der Türen um die Klinken und Schlösser angebrachten Schutzschilde aus Metall oder Glas.
Angußfarbe →Engobe.
Anhalthammer, Anhalter →Gegenhalter.
Anhieb, Einstich, beim →Beilen bis auf die abgeschnürte Linie in einem Abstand von 40–60 cm eingehauene Kerbe.
Anhydrit, natürlich vorkommendes, mehr aber synthetisch hergestelltes, kristallwasserfreies Kalziumsulfat; Basis für Anhydritbinder, der schwach wasserlöslich und nicht hydraulisch ist; eignet sich für Estriche und Mörtel, die im Inneren verwendet werden, aber nicht für Bauteile, die dauernder Feuchte ausgesetzt sind.
Anilinfarben, zahlreiche künstliche Farbstoffe; auf der Basis von Anilin hergestellte Farben.
Anke, Gesenk zur Blechbearbeitung, mit dem halbkugelförmige Erhöhungen in das Blech geschlagen werden.
Anker, Bauelement, meist aus Stahl, zur Aufnahme der verschiedensten Zugkräfte, da diese von Mauerwerk z. B. nicht aufgenommen werden können. Mauer- oder Steinanker dienen zum Zusammenhalten von Wänden. Bei Balkenankern (meist Schlüssel- oder Schließanker) ist der Anker am Balken befestigt, und das Querstück (Schließe) liegt außen an der Mauer an. Schubanker nehmen die Schubkräfte hölzerner oder gemauerter Bogen und Gewölbe in Höhe des Kämpfers auf. In der Gotik wurden solche Schubanker oft aus Kanthölzern ausgeführt. Zu den Tragankern zählen bes. die Hängeanker (Hängeeisen, Bügelanker, Gabeleisen), die zum Anhängen von Unterzügen an Hängesäulen dienen, ebenso die Gesimsanker, Maueranker, die weit ausladende Gesimse halten.
→ Abb. S. 14.
Ankerbalken, Ankerbaum, Bindebalken, Bundtrahm, allg. Holzbalken, der Zugkräfte aufnimmt, bes. der zwei Ständer verbindende Balken im Hallenhaus (Deelbalken) oder der über

Ankerschwelle

Die Querstücke der Maueranker wurden früher häufig zu sog. Zierankern geschmiedet.

die gesamte Hausbreite reichende eingesteckte oder eingezapfte Balken im → Ständerbau. Als → Holzverbindung zwischen A-Balken und Ständern wurden meist Zapfenschlösser verwendet.

Ankerschwelle → Schwelle, die Zugkräfte aufnimmt.

Ankerstein, Zungenstein, meist schwalbenschwanzförmiger Werkstein, um bei vorkragenden Mauerwerksteilen eine gute Verbindung zu erzielen.

anklauen → Holzverbindungen, Klaue.

ankörnen, körnen, die Mitte eines zu bohrenden Loches mit dem → Körner, Körneisen bezeichnen.

anlängen, anschuhen, anschäften, Verlängern eines Werkstücks, z. B. Kantholzes, in einer Richtung.

Anlauf, 1. Hohlkehle von einem schwächeren zu einem stärkeren Bauglied. **2.** kurze Rampe.

anlegen, im Holzbau das Auflegen der Hölzer, z. B. von Fachwerkwänden auf der Zulage zum Anreißen der Holzverbindungen und zum probeweisen Zusammenfügen.

Anleger → Richtscheit.

Annetzer, Netzpinsel, Quast, Sprengpinsel, dicker Pinsel, der ins Wasser getaucht wird, um dann auf Putz, Mauerwerk usw. zur Anfeuchtung dieser Materialien ausgespritzt zu werden.

anorganisch, unorganisch, 1. sämtliche mineralischen Stoffe, nicht zur lebenden Natur gehörend. **2.** nicht organisch in ein Ganzes eingepaßt.

anpfählen, an Pfählen befestigen.

anputzen, Verzierungen aus Putzmörtel aufsetzen.

anreißen, anzeichnen von Abschnitten, Verbindungen, Auskerbungen usw. auf Werkstücken; geschah früher im Holzbau auf dem → Reißboden oder der Zulage.

ansägen, einen Einschnitt mit der Säge machen, z. B. beim Fällen der Bäume.

Ansatzfeile, flache → Feile.

anschäften 1. → anlängen. **2.** mit einem Stiel (Schaft) versehen.

Anschieber, Anschiebling, Anschöbling →Aufschiebling.

anschießen, Befestigung mittels Schußapparaten.

Anschießpinsel, Anschießer, breiter Pinsel mit feinen langen Dachshaaren zur Aufnahme und zur Auflage der Goldblätter bei der (Blatt-)→Vergoldung.

anschiften, Befestigung von →Schiftern.

Anschlag, 1. die Einbauart von Fenstern und Türen in Gewänden, Sohlbank und Sturz, z. B. stumpf oder in einem Falz. **2.** Backe zur Führung eines Werkzeugs, wie bei Hobel, Streichmaß oder Winkel. **3.** Festlegung der Kosten in einem →Kostenanschlag.

Anschlageisen, Kreuzmeißel, Schloßmeißel, verkröpfter, doppelter Meißel zum Einstemmen eingesteckter Schloßkästen.

anschlagen, Anbringen von Türen und Fenstern in den Öffnungen, auch Anbringen der Beschläge.

Anschlaglineal, Reißschiene.

Anschlagmauer, Laibung, in welche die geöffneten Flügel hineinschlagen.

Anschlagwinkel →Winkel.

Anschlitzung, Anscherung →Holzverbindungen, Scherzapfen.

anschmiegen, aufschmiegen, mit einer →Schmiege anpassen.

anschnüren →Kreideschnur.

anschuhen →anlängen.

anschwarten →bewaldrechten.

anschwellen, 1. ält. Bez. für das Ersetzen einer Schwelle. **2.** Die Schwelle eines Anbaus mit der des Hauptbaus verbinden.

Ansetzer, Lehrstein, erster Stein einer Mauerschicht, der genau gesetzt wird, um die folgenden Steine danach auszurichten.

Ansetztraufe →Abtraufe.

anspreizen →Spreize.

Anstichrohr, Zweigrohr in einer Leitung, das in die Hauptleitung eingestochen ist.

Anstoß, Stoß →Holzverbindung →Stoß.

Anstrichfilm, filmbildender Anstrich, der als Schicht auf dem Anstrichgrund stehenbleibt.

Anstrichsystem, Farbauftrag aus verschiedenen Anstrichen in einem System, z. B. Grundierung, Voranstrich, Schlußanstrich.

Antimongelb, gelbes Pigment zwischen Neapelgelb und Chromgelb.

Antimonium, Antimon, chem. Element, früher Basis vieler Farbstoffe, wie Antimongelb, -rot, -schwarz und -violett.

Antrittsstufe, Anfangsstufe, Antritt, die erste Stufe einer →Treppe, von unten an gezählt. Vielfach wurde diese als →Blockstufe ausgeführt.

Antwerpener Blau, blaues, mineralisches Pigment, heller als Berliner Blau.

Anwand →Grenzwand.

anwerfen, Antrag von Verputz.

Anwölber, Gewölbeanfänger, →Anfangsstein.

Anwurf →Rauhputz.

Anziegel, Ortziegel.

anziehen, Beginn des →Abbindens von Mörtel oder Beton.

Anzug →Niet.

applizieren, Applikation, auflegen, einlegen, aufbringen z. B. von Ornamenten eines anderen Stoffs.

Apsis, Apside, Altarnische, Tribunalnische, Rundhaupt, Chorhaupt, Chornische, Konche, oft halbkreisförmige und überwölbte Nische, bes. der Abschluß des Altarendes von Kirchen.

Aquamarin, meer- oder blaßgrüner

Beryll oder Topas, wird oft als Farbtonbezeichnung gebraucht.
Aquarell, Malerei mit nicht deckenden, transparenten Wasserfarben.
Ar, Flächenmaß → Maß- und Gewichtstabellen.
Arabeske, Verzierung, Schmuck aus Pflanzenornamenten.
Arabisches Gummi, gummi arabicum, natürliches Klebeharz, früher vielfach als Klebemittel sowie bei der Farbherstellung verwendet.
Arbeitsspan → Abhieb.
Architekt, Baumeister, Baukünstler. Der Begriff ist aus der griech. Bez. für »Oberzimmermann« abgeleitet. Der A. ist im weitesten Sinne für die künstlerische Gestaltung eines Bauwerks verantwortlich. Er muß dafür neben Städtebau, Entwurfs- und Konstruktionslehre, Baustoffkunde, Bauphysik, Baurecht und Baubetrieb viele Wissenschaften beherrschen, für andere ein ausreichendes Verständnis aufweisen. In den letzten Jahrhunderten wurde der A. immer mehr für die Gesamtdurchführung des Bauwerks, also auch die Technik, Bauleitung und Bauüberwachung, verantwortlich, und er wurde zum Treuhänder für den Bauherrn. Die zunehmende Entwicklung der Bautechnik führte andererseits dazu, daß der A. nicht mehr allein die vielen Spezialkenntnisse, die heute in ein Bauwerk einfließen müssen, haben konnte, so daß viele zusätzliche Fachleute wie Konstrukteure, Statiker, Projektingenieure für Heizung, Klima, Be- und Entwässerung, Stark- und Schwachstrom, Gartengestaltung bei Planung und Ausführung mitwirken. Der A. hat dabei neben den künstlerischen Aufgaben insbesondere Koordinierungsfunktionen.

Architektur, Baukunst, alle Arten von Ausformungen der Bauwerke, die über das Funktionale, das rein Zweckmäßige hinausgehen, die mehr oder weniger ausgeprägte Kunst, neben den funktionellen Anforderungen durch bestmögliche Proportionen, geeignete Zuordnung von Baugliedern, Bauteilen und Bauschmuck auch ästhetische Ziele bei Entwurf und Ausführung eines Bauwerks zu erreichen.
Architekturmalerei, Malerei, die perspektivisch innere oder äußere Ansichten von Gebäudeteilen oder Gebäuden darstellt.
Architrav, Unter- oder Hauptbalken, der in den griechischen und römischen Säulenordnungen direkt auf den Kapitellen ruht.
architraviert nennt man einen Balken, der wie ein Architrav in 2 oder 3 Flächen geteilt ist, von denen jeweils die nächst höhere gegenüber der unteren etwas auslädt.
Archivolte, Schaubogen; Hauptbogen; verzierte Stirn eines Bogens, bes. wenn der Bogen nach antiken Vorbildern gestaltet ist.
Arithmetik, Zahlenlehre.
Arkade, Bogengang, Bogenlaube → Bogenstellung.
Arkadenfenster, durch eine Arkadenreihe unterteiltes Fenster.
Arkadengesims, nur gering ausladendes Gesims über einer Arkade.
Arker, Aerker, Aerkner → Erker.
Armatur, Ausrüstung, jeweils der komplette Satz, alle Teile zur Montage z. B. eines Zapfhahns, Badeeinlaufs oder einer Duschanlage.
armenischer Bolus, rotgelblicher, fettiger, natürlicher → Bolus.
Armfeile, schwere → Feile der Schlosser, die mit dem Arm geführt wird.
Armierung, armieren → Bewehrung.

Armriemen, an den Armen befestigte Riemen der Dachdecker, die an einem Sicherungsseil befestigt werden (z. B. bei Arbeiten an steilen Türmen).
arretieren, festhalten, feststellen, z. B. eines Fensters in einen bestimmten Öffnungswinkel.
Asbest, mineral. Faser, wird zu feuerfesten Asbestanzügen gebraucht, mehr noch für zementgebundene Rohre, Platten usw.
Asphalt, Erdharz, Erdpech, natürlich vorkommendes oder künstlich gewonnenes Gemisch aus Bitumen und Mineralien, war schon im Altertum als Mörtel und Dichtstoff bekannt und wird heute im Baubereich bes. zu Abdichtungen und als Bindemittel für Straßenbeläge sowie bei der Fabrikation von Pappen verwendet.
Asphaltanstrich → Bitumenemulsion.
Asphaltestrich → Estrich.
Asphaltfirnis → Firnis aus in Terpentinöl gelöstem Asphalt → Asphaltlack.
Asphaltkitt, früher häufig verwendeter Kitt aus 3 Teilen Asphalt und 1 Teil Mineralteerkali oder aus Pech mit Kreide, ebenfalls im Verhältnis 3 : 1, wurde z. B. zum Verkitten von Fugen und Rissen im Holz verwendet.
Asphaltlack, eine Mischung aus z. B. 1 kg Asphalt, 0,75 kg Terpentin und 0,17 kg Leinölfirnis, wurde bes. als Holzschutzanstrich verwendet.
Asphaltpappe → Dachpappe.
Asphaltplatten wurden in der 2. Hälfte des 19. Jahrhunderts als Sperrschichten eingebaut.
Astflecke, die sich bei einer Reihe von Anstrichen immer wieder abzeichnenden (durchschlagenden) Flecke von Ästen im Holz.
Astknorren, Knorz, Knoten, der im Holz stehengebliebene Teil eines Astes.

Astwerk, Verschlingungen von dürren, knorrigen Ästen, als Schmuck, bes. in Gotik und Barock.
Astwurzel, der Ursprung eines Astes im Stamm.
Asymmetrie, asymmetrisch, nicht ebenmäßig.
A tempera → Temperamalerei.
Äther, u. a. aus der Destillation eines Gemisches aus Alkohol und Schwefelsäure gewonnenes wasserhelles und leicht entzündbares Lösungsmittel.
Atrium, Innenhof, von Gebäuden umschlossener Hof.
Attika, meist schmale, horizontale Dacheinfassung.
ätzen, mittels Flüssigkeiten (Ätzflüssigkeiten), meist Säuren, Metalle oder Stein angreifen, z. B. vertiefte Zeichnungen herstellen; dabei werden die nicht zu ätzenden Teile mit Ätzgrund, z. B. Wachs, abgedeckt.
aufbänken, zu behauende Steinquader auf eine Arbeitsbank auflegen.
Aufblattung, Aufplattung → Holzverbindungen, Blatt.
aufdübeln, aufdobeln, aufdollen, Hölzer mittels Dübeln, Dollen oder Holznägeln übereinander befestigen.
aufführen, einen Bau oder eine Mauer errichten.
auffüttern, ein Bauteil zur Ausgleichung benageln, z. B. mit Latten oder Bohlen.
aufgedoppelte Tür, Rahmentür mit einem aufgesetzten Belag, z. B. senkrechten Brettern.
aufgehendes Mauerwerk, das über der Erdgleiche oder dem Fundament »aufgehende« Mauerwerk.
aufhaspeln, mit dem → Haspel in die Höhe ziehen.
aufhellen, auflichten, aufhöhen, auf dunklere Farben hellere aufsetzen.

aufjochen, auf ein →Joch befestigen.
aufkämmen, überkämmen, verkämmen →Holzverbindung mittels Kamm.
aufkanten, aufkippen, hochkant stellen.
aufkeilen, durch Eintreiben eines Keils höher bringen.
Aufklappladen, ält. Bez. für →Klappladen.
aufklauen, mittels Klaue befestigen →Holzverbindungen, Klaue.
Auflage, Auflager, das Maß, um wieviel ein Bauteil auf einem anderen oder einer Unterlage aufliegt und die Unterlage selbst.
aufpfropfen, Verbindung von Rundhölzern in der Längsrichtung mit Stahlring und doppeltem Spitznagel.
aufpicken, besporen, rauhpicken, schuppen, aufrauhen, d. h. anbeilen von Fachwerkhölzern und Bohlenwänden zur besseren Haftung von Verputz, reicht bei den heutigen Techniken zur Haftung von Putz auf Holz nicht mehr aus.
aufräumen, ausdornen, aufreiben, ausreiben, in verschiedenen Handwerken und in unterschiedlichen Materialien ein Loch erweitern oder die Lochwandung, Lochlaibung, glätten.
Aufräumer, Aufreiber, Reibahle, Räumahle, Ausreiber, Ausschroter, scharfkantiger Stift, mit dem bei der Metallbearbeitung ein Loch erweitert wird.
aufreiben, 1. ein Furnier ohne Presse durch Reiben aufbringen. 2. →aufräumen.
Aufreißer, Buntmacher, Werkzeug der Klaiber, bestehend aus einem etwa 10 cm breiten und 1 cm dicken Brettchen, das auf der einen Seite als Kamm ausgearbeitet ist auf der anderen Seite als Griff, zum Aufreißen frischer Lehmwände und -decken zur besseren Haftung von Kalkanstrichen und -putzen.
Aufreiter →Dachreiter.
aufrichten →aufschlagen.
Aufriß, geometrisch aufgezeichnete Fassade in Vertikalprojektion.
aufrudeln, ält. Bez. für aufrühren des gelöschten und eingesumpften Kalks.
aufsatteln, auf einen Sattel oder ein Sattelholz setzen.
Aufschiebling, Anschieber, Anschiebling, Anschöbling, Tripphaken, Holz, das auf die Sparren aufgesetzt wird, um bei Sparrendächern das Vorholz der Balken in den Dachüberstand einzubeziehen, oder bei Zweiständerbauten als Sparrenverlängerung über die →Kübbungen reicht.
Aufschiftsparren →Schifter →Kehlschifter.
aufschlagen, 1. das gleichmäßige nach oben Schlagen der Halme bei Stroh- oder Reetdachdeckungen mit dem →Deckbrett. 2. im Holzbau das Richten oder Aufrichten eines Dachs oder einer anderen Holzkonstruktion.
Aufschlagfenster, Klappfenster mit oberem Scharnier.
Aufschotterung, Aufschüttung mit Schotter.
aufschränken, Bretter, Bohlen, Stämme oder Kanthölzer im Dreieck oder Viereck so aufeinanderlegen, daß die Ecken sich überkreuzen, verschränkt sind, z. B. beim Blockbau, aber auch zur Holztrocknung.
aufschroten, Metall mit dem Schrotmeißel aufspalten →abschroten.
Aufsetzband →Band.
Aufsicht, perspektivische oder geometrische Darstellung der Oberseite eines Baus oder Bauteils.
aufspitzen, Natursteine mit der Spitzhaue aufhauen.

Aufstand, Fläche, auf der eine Säule oder ein Gewände aufsteht.
Aufstauchpinsel, dicker, runder Pinsel mit Iltishaaren, oft am anderen Ende eines Anschießpinsels, um die aufgelegten Goldblätter fest anzudrücken → Vergoldung.
Aufstieg, seltene Bez. für Treppe.
aufstocken, 1. ein Bauwerk um ein oder mehrere Stockwerke erhöhen. **2.** Steine mit dem Stockhammer aufreißen.
auftreiben, erhabene Verzierungen in Metall treiben.
Auftritt, Trittfläche, horizontale Oberfläche der Treppenstufe → Treppe.
aufwägen, das Hochziehen von Steinen mittels eines Hebezeugs.
Aufziehbrett, Tünchscheibe → Handbrett.
Aufziehfenster, ält. Bez. für → senkr. Schiebefenster.
Auge, im Bauwesen verschiedentlich gebraucht, z. B. Treppenauge, aber auch für die Öse im → Anker.
Augenpunze, Werkzeug, um bei der Metallbearbeitung kleine Erhöhungen in Blech zu schlagen.
Augusteiche, Augsteiche, Sommereiche → Eiche.
Ausbau, im Gegensatz zum Rohbau alle nach dem Eindecken des Dachs notwendigen Arbeiten zur Fertigstellung eines Bauwerks.
ausblatten, auskämmen, die Blattsassen oder Kammsassen für Blätter und Kämme ausarbeiten → Holzverbindungen → Blatt → Kamm.
Ausblühung, die meist durch kapillaren Wassertransport an die Oberfläche von Steinen, Putzen und anderen Materialien gelangenden und dort kristallisierenden und sich niederschlagenden Salze und andere Schadstoffe.

ausbluten, das Auslaufen oder Auswaschen von Harz und Holzinhaltsstoffen aus dem Holz.
ausbohlen, mit Bohlen innen verkleiden.
Ausdehnung, 1. die Dimension eines Körpers. **2.** die Volumenveränderung eines Körpers bei Temperaturzu- oder -abnahme. Diese ist bes. bei Verwendung verschiedener Baustoffe innerhalb von Bauteilen zu beachten.
ausdornen, ausreiben → aufräumen.
ausdrehen, hohldrechseln.
Ausdrehstahl, Werkzeug des Drechslers zum Hohldrehen, eine Art Meißel mit der Schneide an der Seite.
Ausfachung, 1. einen Schrank mit Fächern versehen. **2.** füllen der → Gefache im Fachwerk mit Ziegeln → Strohlehmstakung, Holz oder Natursteinen.
ausfluten, ausriefeln → kannelieren.
ausfugen, verfugen, bei Sichtmauern die Fugen mittels → Fugeisen, Fugkelle oder Ausfugkelle füllen und verstreichen.
Ausgebäude → Erker.
ausgebrochenes Holz, im Hochwald das 1–10 Jahre alte Holz.
Ausgeding → Austragshaus.
ausgehendes Holz, das im Hochwald 80–90 Jahre alte Holz.
ausgelichtetes Holz, das im Hochwald 10–20 Jahre alte Holz.
Ausgleichsschicht → Abgleichung.
ausgründen, abgründen, die Vertiefung für eine Einschiebeleiste mit dem Grundhobel herstellen.
Aushänger → Ausleger.
aushobeln, 1. vertieft hobeln. **2.** völlig fertig, d. h. glatt hobeln.
Aushub, das beim Herstellen einer Baugrube »ausgehobene« Material.
auskehlen, rinnenförmig aushöhlen.
Auskehlung, halbkreisförmige oder

auskeilen

viertelkreisförmige Rinne bei Schmuckgliedern.
auskeilen, das Ausfüllen von Löchern, Rissen und Spalten mit Keilen.
ausklinken, ein rechtwinkliges Stück ausschneiden.
Auskragung, Ausladung, Vorstich, allg. das Vorspringen eines Bauteils, im Fachwerkbau auch Überhang genannt, auch das Maß des Vorsprungs.
Auslage (nordd.), Vorbau.
Auslaufstein, ältere Art des Gußsteins (Ausgusses), der so lang gestaltet ist, daß er durch die Außenmauer durchgreift und dadurch das innen eingegossene Wasser draußen abfließt.
auslaugen, das Entfernen löslicher Stoffe aus unlöslichen, z. B. mit Lauge die Inhaltsstoffe aus dem Randbereich im Holz auswaschen, um das Holz damit widerstandsfähiger gegen pflanzliche und tierische Schädlinge zu machen.
Ausleger, Aushänger, Ausschußbaum, Aushängeschild, z. B. aus Schmiedeeisen.

Geschmiedeter Ausleger.

ausmauern, einen Zwischenraum mit Mauerwerk füllen oder eine Öffnung mit Mauerwerk schließen, im Fachwerk das Gefach mit Mauerwerk füllen.
Ausmittlung, Ausmittelung → Dachausmittlung.
Ausreiber → Aufräumer.
ausrichten, das senkrechte und/oder waagerechte Richten von Bauteilen, z. B. Holzkonstruktionen.
ausrüsten, das Gerüst abbauen.
Aussatzfenster, ält. Bez. für Schaufenster.
ausschachten, das Ausheben einer Grube, z. B. einer Baugrube.
ausschalen, 1. → Ausschalung. **2.** die Einschalung abbauen.
Ausschalung, Bekleidung mit Schalbrettern.
Ausschrägung, schräge Laibung, um z. B. bei einem Fenster einen größeren Lichteinfall zu erhalten.
Ausschroter, Hohlmeißel, Werkzeug des Drehers, um ein Werkstück aus dem Groben auszudrehen, es auszuschroten.
Ausschußbaum → Ausleger.
ausschweißen, ält. Bez. für groben Vorspritzputz.
aussetzen, 1. mit Steinen ausfüllen. **2.** das Schränken der Sägezähne.
Ausspänen, Spalten und Risse im Holz mit Holzstücken (Spänen) auskeilen.
austaken, auswellern, auswindeln, sticken, füllen der →Gefache im Fachwerkbau mit Staken und Strohlehm → Strohlehmstakung.
aussteifen, 1. mit Steifen (Abstützungen) versehen. **2.** konstruktive Maßnahme zur Aufnahme von → Horizontalkräften, wie Windbelastung, in der Form von → Schwertern → Kopf- und → Fußbändern → Streben oder → Windrispen.

Aussteigeladen, Luke für den Schornsteinfeger im Dach, ursprünglich Holzladen, später Dachfenster.
Ausstich → Erker.
Austragshaus, Altenteil, Ausgeding, Beihäusl, Leibzucht, Leitum, Vorbehaltshaus, kleineres Haus auf dem Bauernhof neben dem Haupthaus, welches den Altbauern als Wohnung dient, wenn sie den Hof an die nächste Generation übergeben haben. In einigen Fällen ist es nur eine Nebenwohnung im Haupthaus.
Austragung, Verfahren zur Ermittlung und Konstruktion der wahren Länge, z. B. beim Gratsparren.
Austrittsstufe, Austritt, oberes Ende, die letzte Stufe einer Treppe.
auswechseln, abwechseln, einen Balken abschneiden und einen Wechsel einziehen.
auswellen, auswellern, auswindeln → ausstaken.
auszimmern, den inneren Holzausbau fertigen.
auszwicken, im Mauerwerksbau das Eindrücken und Einkeilen kleinerer Steine in die Zwickel und Fugen.
Axt, neben dem Beil Werkzeug aller Bauhandwerker in den verschiedensten Formen. Man unterscheidet grob die Axt mit zweiseitig geschärfter Schneide und das Beil mit einseitig geschärfter Schneide, weiter nach der Form, die in der Bronzezeit entwickelte Tüllenaxt oder das Tüllenbeil und die etwa zur Zeitenwende entwickelte Schmalaxt oder das Schmalbeil, Breitaxt oder -beil, Bartaxt oder -beil und Sonderformen wie Doppelbartbeil und Beil mit halbmondförmiger Klinge. Axt und Beil bestehen jeweils aus einer Klinge und dem Schaft (Stiel). Der Schaft sitzt im Schaftloch (Öhr), der stumpfe Nacken der Klinge mit der Schlagplatte heißt Helm, der an das Schaftloch anschließende schmale Teil der Klinge ist der Hals. Daran schließt sich die Wange, der Bart, an. Das vordere Ende von Wange und Bart ist die Schneide. Schlagplatte und Schaftloch bilden gemeinsam den Kopf. Schmaläxte und Beile sind vom Hals bis zur Schneide gleich oder annähernd gleich breit, während die Breitäxte oder -beile einen schmalen Hals und eine breite Schneide haben. Bei der Bartaxt knickt die hintere Linie, bei der Doppelbartaxt beide Linien vom Hals zur Schneide ab, läuft fast parallel zur Schneide und knickt dann wieder fast senkrecht zu dieser ab. Von diesen Grundformen gibt es zahlreiche Variationen für die verschiedensten Berufe, aber auch landschaftliche Unterschiede: Forstaxt (Waldaxt, Asthacke, Holzhacke) als Schmal- und Breitaxt, Zimmermannsaxt (meist Schmalaxt, mit oder ohne Nagelklaue an der Schlagplatte), Zimmererbeil, Wagnerbeil → Breitbeil (Beschlagbeil), Spaltaxt.

Backe, Seite, Seitenteil.
Backenhaken → Bankhaken.
Backenschmiege, die schräge Schnittfläche eines Schifters, die sich an den Grat- oder Kehlsparren anlegt.
Backsteinbau, Backsteinarchitektur, Ziegelbau.
Backsteingotik, Epoche monumentaler gotischer Ziegelbauten, besonders im Norden Deutschlands, wie Lübeck, Schwerin und Rostock.
Backsteinplatte, Fußbodenplatte als Ziegel.
Backsteinverband, Mauerverband.

Bahn, Amboßbahn, die waagerechte Arbeitsfläche auf dem →Amboß; allg. auch die Schlagfläche an Hämmern usw.

Bahnenmauerwerk, Mauerwerk aus halb behauenen Bruchsteinen mit nicht waagerechten Schichten.

Baitze, Baize →Beize.

Balken, Balcke, Trahm (nordd.: Assel, südd.: Ans), allg. waagerecht tragendes Bauelement; bes. Kanthölzer, auf Wänden und/oder Unterzügen aufliegend oder an Überzüge gehängt, als tragendes Bauteil der →Decke. Man unterscheidet nach ihrer Lage und Funktion Leerbalken, die außer dem Tragen des Fußbodens keine Funktion haben; Dachbinder- oder Binderbalken mit einem eingezapften oder versetzten Sparrenpaar (Gebinde); Grat- und Kehlbalken liegen schräg in der Balkendecke und nehmen den Fuß des Grat- oder Kehlsparrens auf; Stich- und Gratstichbalken liegen schräg oder quer zur Hauptbalkenrichtung und sind in einen Hauptbalken eingezapft (eingestochen). Kehl- oder Stuhlbalken heißen die Balken der Balkenlagen innerhalb des Dachdreiecks, auch dabei gibt es Kehlstich- und Gratstichbalken; Hahnen-, Hain-, Spitz- oder Katzenbalken nennt man die kurzen Balken unterhalb des Firstes; Dachbalken alle Balken der Dachbalkenlage; Voll- oder Durchbalken sind über die gesamte Hausbreite gehende Balken; Binder-, Zug-, Ankerbalken, wenn sie insbesondere Zugkräfte aufnehmen können; abgewechselte, ausgewechselte Trummbalken, unterbrochene Balken heißen Balken, die in der Richtung der Balkenlage liegen, aber wegen einer Öffnung, Treppe oder ähnlichem, unterbrochen sind; Wechsel- oder Schlüsselbalken bezeichnet man die Balken, zwischen die ein Wechsel eingesetzt wird; Wand- oder Streichbalken nennt man die Balken, die neben einer Mauer liegen; Balkenwechsel, Trumpf, Balkentrumm, Wechsel oder Schlüssel sind die versch. Bez. für die meist mit beiden Enden in durchgehende Balken eingezapften Hölzer; zu den Trägern oder Tragbalken gehören sowohl Unterzüge oder Stützbalken zum Unterstützen von Decken als auch Überzüge, Oberzüge und Hängebalken zum Anhängen der Deckenbalken; die Balken als Stürze heißen Mauerbalken, Sturzbalken oder Drisch. Nach dem Holzquerschnitt unterscheidet man Ganz-, Halbholz- und Kreuzholzbalken; zu den Balken mit aus mehreren Hölzern hergestellten Querschnitten gehören: verzahnter Balken, verzahnter Balken mit Keilen, verdoppelter Balken mit liegenden Dübeln, verschränkter Balken, verdübelter Balken sowie Balken mit Mittel- und/oder Seitenverstärkungen.

Balkenanker →Anker.

Balkenband, auf zwei Balken aufgeblattetes, hölzernes Band, das die beiden Balken verbindet.

Balkenbrücke, Balkenbogenbrücke, Brückenkonstruktion aus Balken.

Balkendecke →Decke; man unterscheidet: deutsche Balkendecke mit parallel nebeneinanderliegenden Balken; bei der deutschen Decke mit Trägern werden die Balken von Unterzügen zusätzlich unterstützt; die franz. und engl. Balkendecken bestehen aus stärkeren Balken in ca. 3 m Abstand und aufgelegten oder eingezapften dünneren Balken.

Balkenfach, Balkenjoch, Balkengefach →Deckenfach.

Balkenfeld, Deckenfeld, das sichtbare, gestaltete → Balkenfach.
Balkengesims, Balkengurt → Gesims.
Balkenkopf, Balkenende.
Balkenlage, Gebälk, die Gesamtheit der Deckenbalken eines Geschosses → Balken → Decke → Balkendecke.
Balkenrecht, das Recht, Balken in der Mauer des Nachbargebäudes aufzulegen.
Balkenschlotte → Schwarte.
Balkenschmiege, schräge Fläche, mit der sich z. B. ein Stichbalken an einen Gratbalken anlehnt.
Balkenstein, Kraftstein, Notstein, zur Unterstützung eines Balkens aus der Mauer kragender Stein; im Mittelalter wurden Balken nur selten eingemauert, sondern zur besseren Haltbarkeit auf Balkensteine aufgelegt.
Balkensturz, mit einem Balken überspannter Sturz.
Balkplanke → Bohle.
Ballen, neben anderen Bed. ein aus der Bahn herausragendes Teil bei Fausthobeln, auf welchem der rechte Handballen ruht.
Balleneisen → Stemmeisen mit gerader Schneide und schiefer Bahn, das nur mit der Hand geführt wird zum Sauberputzen von gestemmten Löchern.
Balsaholz, sehr leichtes Tropenholz, bes. aus Mittel- und Südamerika; nicht als Bauholz, aber für den Modellbau geeignet.
Balsam, Gemenge von Harz und ätherischem Öl.
Baluster, Docke, Dogge, das einzelne stark profilierte Säulchen in einer Balustrade, meist aus Stein. Die Begriffe Docke und Dogge werden auch für die Stäbe von Stahl und Holzgeländern verwandt.
Balustrade, Geländer an Treppen, Terrassen; meist steinernes Geländer aus Balustern.
Band, 1. Bauschmuck, Ornament, weniger ausladend als breit, z. B. als Gesimsglied. **2.** über oder auf waagerechte und senkrechte Holzkonstruktionen geblattetes, schräges, meist flaches Kantholz zur Horizontalaussteifung, wie Winkelband, Strebeband, Stützband, Schwertband, Fußband und Kopfband. **3.** bewegliches Verbindungsstück (Türband, Fensterband), Scharnierband, es besteht aus einem Bandhaken mit Stift (Kloben) und dem eigentlichen Band mit Bandlappen; das Klappband läßt sich nur bis 90° aufschlagen; Nußband zum Anschlagen auf einer Holzkante; Hakenband (Bandhaken) zum Einschlagen des Teils, der den Dorn trägt; Stützhaken mit einer Stütze unter dem Dorn; Schippenband mit großem, schwalbenschwanzförmigem oder ovalem Bandlappen; Winkelband mit rechtwinklig geformten Winkeln zum Anschlagen von Rahmenfenstern oder -türen; Dornbänder sind Bänder mit oben geschlossener Hülse, d. h., sie sitzen oben auf dem Dorn auf; bei Fischbändern werden die Lappen in den Blindrahmen bzw. das Türfutter und in das Flügelholz eingelassen; Kreuzbänder besitzen am Lappen des oberen Bandteils ein angeschraubtes, geschmiedetes oder genietetes Querstück zur besseren Befestigung und dienen bes. für schwere Türen; ornamental gestaltete Kreuzbänder heißen Bockshornbänder; lange Bänder schließlich dienen dazu, den Verband von Türen oder Läden zu sichern; das flämische Band hat an seinem Oberteil zwei Lappen, für die Vorder- und Hinterseite einer Tür; gekröpftes oder gekripptes Band heißt ein Scharnier-

Bandbohrer

oder Aufsetzband, dessen Lappen abgebogen ist; das gebrochene Band trägt in sich noch ein Scharnier, um z. B. Fensterläden zusammenzuklappen; Zapfenband nennt man das Band mit einem unteren Zapfen, der in einer Pfanne läuft; und als Band mit zwei Haken wird ein Band mit oberem und unterem Kloben bezeichnet.

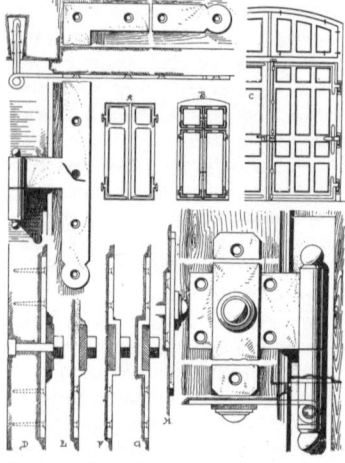

Kreuz- und Winkelbänder.

Bandbohrer, Riegelbohrer, Holzbohrer mit Aufsatzgewinde, dient zum Bohren der Löcher für die Holznägel.
Bande, Gratstreifen einer Bleidachdeckung.
Bandeisen → Flacheisen.
Bandfries, Bandhöhe, das aufrechte Rahmenstück einer eingeschobenen gestemmten Tür.
Bandgesims, Hauptgesims, wenig ausladend, dessen Hauptglied ein Band ist.
Bandhacke → Bundaxt.
Bandhaken, Stützhaken → Band → Angel, Angelband.

Bandhammer, Schmiedehammer zum Strecken des Bandeisens.
Bandlappen, Bandblatt, Bandstück, das flache lange Eisen oder Blatt des → Bandes zur Befestigung am Flügel.
Bandmarmor, gebänderter Marmor.
Bandmaß, Rollmaß, Maßband, Meßband, aufgewickeltes Band mit Meter- und Zentimetereinteilung aus Leinen oder Metall.
Bandmeißel, Meißel mit halbmondförmiger Schneide.
Bandöse, die Öse eines Fenster- oder Türbandes.
Bandsäge, Maschine zum Holzsägen mit einem über zwei vertikale Rollen laufenden endlosen Sägeblatt; eignet sich gut zum Ausschneiden geschweifter Teile.
Bandstock, Latte zum Aufbinden von Stroh oder Reet bei Dacheindeckungen.
Bandweiden, Bandwiede, Bandwelde, zweijährige Weidengerten zum Aufbinden von Dachlatten.
Bandzange, Schlosserzange zum Schmieden von kurzen, schwachen Röhren.
Bankamboß, kleiner → Amboß, der in die Werkbank oder einen Schraubstock eingespannt wird.
Bankbohrer, Beinbohrer, Stuhlbohrer, breiter Hohlbohrer zum Einbohren von Bankbeinen und Stuhlbeinen.
Bankeisen, Flacheisen, an einem Ende gezahnt oder aufgehauen und am anderen Ende mit Löchern zum Schrauben oder Nageln, z. B. zur Befestigung von Tür- oder Fensterfuttern.
Bankhaken, Banknagel, Backenhaken, Klemmhaken, Spannagel, Eisenhaken der Hobelbank zum Einspannen von Werkstücken.
Bankhammer, Niethammer, Schlosserwerkzeug zum Nieten.

Bankhobel → Hobel.
Bankhorn → Amboß.
Banklade, 1½ Zoll starkes Brett.
Bankmeißel, Kaltmeißel, Hartmeißel, Schrotmeißel, harter, breiter, gestählter Meißel, mit dem Eisen kalt zugehauen oder getrennt wird.
Bankschraube, Bankzwinge, Vorderzange der → Hobelbank.
Bansen, Banse, Bansenraum, Raum zum Einlagern von Getreide und Viehfutter in der Scheune; in Oberfranken: Barrnreute.
Bar, horizontales Stakholz.
Bär, Bock, Esel, Läufer, Hund, Jungfer, Fallbock, Rammbär, Rammblock, Rammklotz, das Fallgewicht einer Handramme oder masch. betriebenen Ramme.
Barberstein → Wetzstein.
Barg (nordd.), Schuppen.
Barge (südd.), Heuhütte in Blockbauweise, auch Getreidelager.
Barghaus, Barg, Haubarg (nordd.), Hausform mit hohem Dach, niedrigen Außenwänden und zentralem Erntelagerraum.
Barock, Barockstil, der B. entwickelte sich aus der Renaissance, nachdem dieser sehr strenge Stil, auf klassischen römischen Formen und Maßsystemen aufbauend, sich nicht dauernd halten konnte; schon Mitte des 16. Jh. begannen mit Michelangelo einige Künstler, die strengen Formen der Renaissance zu variieren und zu überspielen; dieses Überspielen der tragenden Konstruktion nahm im Laufe der Entwicklung des Barocks zu, die Architektur wurde lebendig, mit einer Fülle schwungvoller, teils grotesker Formen angereichert, die bis zur Schwülstigkeit reichte; wie die Konstruktion, so wurden auch die Räume überspielt durch runde, ovale, geschweifte, oft vielfach geschwungene Formen und neben den konstruktiv erforderlichen Säulen weitere Säulenstellungen, Halbsäulen und Mauervorsprünge angeordnet, denen wiederum vielfach geschwungene und verkröpfte Simsgliederungen folgten; Licht und Schatten wurden ausdrücklich in die Kompositionen einbezogen, deshalb strebte man möglichst große Fensteröffnungen ohne verdunkelnde Glasmalereien an, ebenso wurde die Farbigkeit im Innern der Räume reduziert, Weiß und Gold dominierten; in Italien nahm der Barock seinen Anfang, hier wird die Barockzeit von 1570 bis 1718 gerechnet; nach Norden dauerte ihre Verbreitung am längsten; in Deutschland rechnet man zum Barock die Zeit von 1640 bis 1740, in England schließlich entfaltete sich der Barock von 1650 bis 1720 nur sehr gering; zu den bedeutendsten Schöpfungen des deutschen Barocks gehört der 1711 von Pöppelmann begonnene Zwinger in Dresden und die von 1743 bis 1772 gebaute Wallfahrtskirche Vierzehnheiligen von Balthasar Neumann.
Barockisierung, die Überformung eines in einem früheren Baustil errichteten Gebäudes mit barocken Formen.
Barre, 1. Querleiste auf Brettertüren, Bretterverschlägen. 2. Gitterschiene, durch welche die Gitterstäbe gesteckt werden. 3. Eisenschiene als Sturz.
Barrnreute → Bansen.
Bart, 1. der vorstehende Teil eines Schlüssels (Schlüsselbart). 2. der beim Auf- oder Einschlagen an Meißeln und Hölzern entstehende ausgefranste Rand. 3. der Grat an den Rändern eines Bohrlochs.
Bartbalken → Spundpfahl.
Basalt, Säulenstein, Eisenmarmor,

vulkanisches, basisches Ergußgestein; bläulichgrau bis grauschwarz; Dichte 2,89 g/cm^3; steht häufig in Säulen mit 3, 4, 5, meist 6 Seiten; wird für Straßenpflaster, Prellsteine u. ähnl., seltener als Mauerstein, z. B. für Zyklopenmauerwerk, verwendet.

Basilika, ursprüngl. allg. dreischiffige Halle mit durch Säulenreihen getrenntem, höherem Mittelschiff und niedrigen Seitenschiffen; seit dem 5. Jh. der dreischiffige sakrale Raum.

Basis, Base, allg. Sockel, Unterbau, bes. das untere Ende von Säulen.

Basküle, Basquill, Basquillverschluß, Riegelverschluß für Fenster, mit oberem und unterem Riegel (Basküle), die beide gleichzeitig mittels Drehen eines Handgriffs verschoben werden. Man unterscheidet Basküle mit zwei getrennten Riegeln, entweder mit Schwanenhälsen oder mit Zahnstangen bewegt, und Basküle mit einer Triebstange, jeweils offen oder verdeckt liegend.

Basrelief, Planrelief, Flachrelief, Erhabene Arbeit, Bildwerk, das nur wenig vor der Fläche des Hintergrunds hervortritt.

Bassin, 1. Bez. für Wasserbecken, Wasserbehälter. **2.** ält. Bez. für einen ringförmigen Haufen von Sand und Bindemitteln als Ersatz für eine Mörtelkiste zum Anmischen von Mörtel.

Bast, innere, zarte Rinde zwischen Holz und äußerer Rinde.

Bastardfenster, Halbgeschoßfenster, Halbfenster, Flämisches Fenster, Fenster im Halb- (Mezzanin-) geschoß.

Bastardtrass, Mörtel aus 1 Teil Trass, 1 Teil Sand und 3 Teilen Kalk.

Batterie, Zusammenschaltung mehrerer gleichartiger Geräte, z. B. Trockenelemente bei elektrischen Batterien.

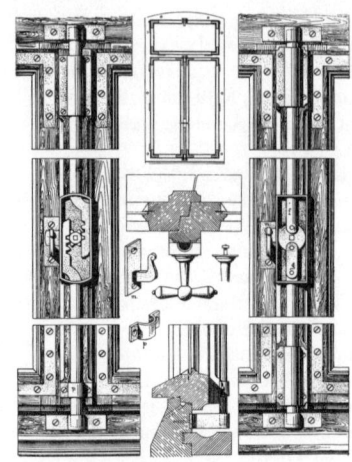

Der Basküleverschluß wird seit dem 19. Jh. – zuerst nur offenliegend und heute ausschließlich verdeckt – als Fensterverschluß verwendet.

Bauabnahme → Abnahme.

Bauanschlag → Kostenanschlag.

Baubede, mittelalterliche Bez. für → Baufrohne.

Baubegnadigung, ält. Bez. für bes. Rechte, wie Steuerbefreiung bei einem Neubau.

Bauchsäge, Zugsäge, Waldsäge, Baumsäge, Trommsäge, große, von zwei Mann zu führende Säge zum Holzfällen → Säge.

Baudenkmal, früher nur monumentale Gebäude, heute alle unter denkmalschützerischen Gesichtspunkten wertvollen Bauwerke, Kulturdenkmal.

Baudeputation, Gesamtheit der Mitglieder, z. B. einer Behörde, welche die Befolgung der Bauordnungen oder die Ausführung eines Einzelbaus kontrolliert und überwacht.

Baudienst → Baufrohne.

Bauding, Baugeding, Buding, eine Art Gericht bei den mittelalterlichen Bauhütten.
Baueisen, alle größeren, für den Bau gebrauchten Eisenteile wie Klammern und Anker.
Bauernsäge → Bauchsäge.
baufähig → bauhaft.
Baufall, ält. Bez. für Ruine.
Baufreiheit, die Erlaubnis zum Bauen.
Baufrohne, Baubede, Baudienst, Bauleistungen; Bauarbeiten, die für die entsprechende Herrschaft unentgeltlich zu erbringen waren.
Baugesellschaft, öffentl. oder private Gesellschaft, die im eigenen Namen oder für Dritte Bauten errichtet.
Baugewerk → Gewerk.
Baugrund, Grund, auf dem gebaut ist oder gebaut werden soll; ist nach seiner Qualität, insbesondere Tragfähigkeit, in Bodenklassen eingeteilt. Die Tragfähigkeit eines Baugrunds beeinflußt die Kosten erheblich. Bei nicht ausreichender Tragfähigkeit müssen Baugrundverbesserungen vorgenommen werden, z. B. durch Bodenaustausch, Verdichtung oder zusätzliche Maßnahmen wie Pfahlgründungen.
Baugrunduntersuchung, Untersuchung eines Bodens auf seine Tauglichkeit zum Bauen, bes. seine Tragfähigkeit, mittels Schürfgruben, meist durch Bohrungen, Entnahme von Bodenproben und Untersuchung derselben.
bauhaft, baufähig, noch in einem guten Zustand.
Bauhof, Zimmerplatz oder Werkhof von Bauhandwerkern.
Bauholz, alles Nutzholz, das bes. beim Rohbau, von ganz feinen Arbeiten abgesehen, auch beim Ausbau verwendet wird; früher bes. beim Fachwerk weitgehend Eichenholz; heute in Form von Balken, Kanthölzern, Latten, Bohlen und Brettern aus Fichte, seltener Kiefer, Tanne und Lärche für Dachkonstruktionen, Decken und Wände sowie Eiche und Buche in Form von Bohlen für Treppen und Fußböden. Früher hatten die verschiedenen Bauholzarten und -stärken regional unterschiedliche Bezeichnungen wie Postenholz, Kreuzholz, Röhrstämme, Mittelbauholz, füdrige Stämme, ein- bis sechspänniger Stamm, Knapphölzer, Dreistückbalken und Ziegelsparren, heute sind Dimensionen, Güte, Schnittklassen und Bezeichnungen genormt.
Bauhorizont, Bauniveau, eine am Bau angenommene Höhe, z. B. Höhe des Straßenniveaus oder der sog. Meterriß, die als Normalebene angenommen wird und auf die sich alle Höhenmaße beziehen.
Bauhütte, Baulage, Baulager, Baugesellschaft, Baubrüderschaft, Zusammenschluß von Steinmetzen und Bauleuten in Gewerksverbindungen oder Schutzgilden unter der Leitung eines Werkmeisters und mit eigener Gerichtsbarkeit; bei den Römern schon bekannt; 1000 n. Chr. auch in Deutschland nachgewiesen und mit der größten Blüte im MA., z. B. als Dombauhütten an großen Bauaufgaben wirkend, bes. weil ein Teil der Bauhütten aus Bruderschaften von Mönchsorden hervorgegangen war, spielte höchste Disziplin eine große Rolle, weiter die Pflege der Handwerkskunst. Ritual und Techniken (»Kunstgeheimnisse«) wurden streng geheimgehalten.
Baukondukteur, Bauführer.
Baukontrakt, Bauakkord, Vertrag über die Lieferung von Baumaterial oder Bauleistungen.

Baulichkeit, ält. Bez. für Bauwerk.
Baulinie, Bauflucht → Flucht.
Baumaler, Staffiermaler, Dekorationsmaler, Stubenmaler, Maler, der feinere Baumalerarbeiten, z. B. auch mit Ornamenten, durchführt.
Baumalerei, Staffierung, Staffiermalerei → Baumaler.
Baumaß → Werkmaß.
Baumeister, urspr. Titel beamteter Architekten, später der aufgrund einer bes. Prüfung an Absolventen der Fachhochschulen und Hochschulen verliehene Titel.
Baumgang, der Streifen eines Daches, der je nach Länge des → Deckbaums zwischen 3,5 und 4,5 m über die gesamte Dachhöhe reicht.
Baumkante → Waldkante.
Baumkitt, Kitt zum Verstreichen der Wunden an Bäumen.
Baumwinde, Baumhebe → Hebelade.
Bauordnung, früher die Gesamtheit der gesetzlichen Verordnungen zum Bau, heute bes. die Landesbauordnungen (LBO) und zahlreiche weitere Gesetze und Verordnungen.
bäurisches Werk → Bossenwerk.
Bauriß, Werkriß, Bauzeichnung, Werkzeichnung.
Bäuschchen, Bausche, Pausche, Tupfbällchen, Staubsäckchen, Pausbeutel, mit Kohle oder Farbstaub gefülltes Beutelchen zum Durchpausen von Vorlagen, z. B. Malvorlagen auf die Wand, nachdem die Konturen vorher mit dem Pausrädchen durchgezogen wurden.
Bauschreiber, der früher auf großen Baustellen übliche Mitarbeiter zum Übernehmen, Kontrollieren des Personals und Aufschreiben der Stunden und Führen des Baujournals.
Bauskattun, Pausleinwand.

Baustil, die zeitlich und örtlich begrenzte Stilrichtung von Bauwerken, z. B. Romanik oder Gotik.
Bausteine, alle natürlichen (Natursteine) und künstl. (Ziegel, Kalksteine, Betonsteine) am Bau verwendeten Steine.
Bauunternehmer, früher Baulieferant, heute Unternehmer, der die Ausführung von Bauarbeiten übernimmt, bes. Maurer-, Beton-, Kanal- und Straßenbauarbeiten.
Bauvogt, ält. Bez. für Bauverwalter.
Bauwinde, Wagenwinde, Hebezeug aus einer gezahnten Stange, die mittels Zahnrad und Kurbel in einem Holz oder Stahlblock bewegt wird.
Bauwisch, der nicht bebaubare oder nicht bebaute Grundstücksstreifen an der seitlichen Grundstücksgrenze.
Becherwerk → Paternoster.
beecken, alt. Bez. für abkanten.
befahren, ein Dach mit Leitern oder Fahrstuhl für Reparaturarbeiten besteigen oder in einen Schornstein aufsteigen.
befäusten, mit dem → Fäustel bearbeiten.
Begleiter, Striche und Bänder, die im Fachwerkbau an den Gefachrändern, direkt an das Holz oder an die Holzfarbe anschließend, aufgemalt werden.
Behang, Behänge, flach aufliegender Schiefer- oder Schindelschirm der Fassade.
Beharrungszeit, Zeit im Fachwerkbau, in der sich nach Walbe die Fachwerkkonstruktionen nicht mehr verändert haben, etwa die Zeit nach 1550.
behauben, einen Turm mit einem Haubendach versehen.
behelmen → anschäften, einen Stiel anbringen.

Beigang, Seitenkorridor.
Beigeschoß → Halbgeschoß.
Beihäusl → Austragshaus.
Beihel, ältere Schreibweise für Beil → Axt.
Beil → Axt.
Beilauf, Parallelität.
beilen, abbeilen → beschlagen.
Beilschlag, mit dem Beil in das Holz eingeschlagenes Zeichen.
Beinschwarz, Knochenkohle, Farbstoff aus verkohlten Knochen.
Beischale, Schwarte.
Beischlag, durchgehend terrassenartig verlaufender, erhöhter Bürgersteig.
Beischub, Beiständer, Beistoß, schmale, übergreifende Leiste; auch Schlagleiste oder quer über den Dielenenden liegendes Brett.
Beiße → Beize.
Beißel → Stemmeisen.
Beißzange, Kneipzange, Kneifzange, Zange mit vorderem, schneidenartig scharfem Teil zum Herausziehen von Nägeln.
Beiträger → Trummholz.
Beize, Beiße, Beitze, Baitze, Beizmittel, Beizungsmittel, Flüssigkeit zur Vorbereitung von festen Substanzen zur Aufnahme von Farben, meist schon mit Pigment oder Farbstoff, bes. für Holzbeizen gibt es zahlreiche traditionelle Rezepte für Beiztöne in allen Farben; alle Holzbeizen ergeben keine deckenden Anstriche, sondern sind transparent.
Bekleidung, bekleiden, Anblendung, Verblendung mit Holzbrettern, Schiefer usw.
beklotzen, mit Klotzpflaster (Holzpflaster) belegen.
Bensel, alt. Bez. für Pinsel.
Belegholz → Furnier.
Beletage, Herrengeschoß, das Stockwerk mit den vornehmsten Räumen.

Beplankung, beplanken, mit Brettern oder Tafeln bekleiden.
Berapp, Rauhputz.
berappen, mit Rapputz (Rauhputz) versehen.
Bergbarte, kl. Beil mit aufwärts in langer Spitze auslaufender Klinge und langem Helm.
Bergblau, natürlicher blauer Farbstoff oder Kupferlasur.
Bergbraun, brauner Farbstoff, gewöhnliches → Umbra.
Bergbuche → Buche.
Berge (nordd.), Feldschuppen.
Bergeiche, Bez. für Winter- oder Steineiche → Eiche.
Bergfarben, verschiedene, mit Metallteilen gemengte und durch diese gefärbte Erdfarben.
Bergfichte, Zirbelfichte.
Berggelb, gelber Ocker, Farbstoff.
Berggrün, grüne Berglasur, Ungarisch Grün, Tiroler Grün, Kupfergrün, Schiefergrün, grüner Farbstoff; entweder natürlich als Malachitgrün, ein halbkohlensaures Kupferoxid, oder künstlich durch Mischen von Kupferchlorid mit kohlensauren Alkalien.
Berghammer → Spitzhammer.
Bergrot → Röthel.
Bergteer, flüssiger natürl. Asphalt.
Bergzinnober, natürlicher Zinnober.
Berliner Blau, Preußisches Blau, Pariser Blau, blauer Farbstoff, z. B. aus Lösung von gelbem Blutlaugensalz und Ferrisalzen.
Berliner Weiß, Farbstoff → Bleiweiß.
Bernsteinfirnis → Firnis aus geschmolzenem Bernstein mit Leinölfirnis und Terpentinöl.
Bernsteinlack → Bernsteinfirnis mit einem Überschuß von Bernstein; wird zur nötigen Zähigkeit eingekocht.
berohren, geschalte Flächen und

beruten

Holzteile der Fachwerkwände mit Rohr als Putzträger benageln.

beruten, bespriegeln, für Verputz vorgesehene Holzflächen statt mit Rohr mit halbierten Hasel-, Weiden- oder Erlenruten benageln; die runde Seite der Rutenhälfte liegt dabei auf dem Holz.

besäumen, säumen, runde Holzstämme durch Abtrennen der Schwarten mittels Beilen oder Sägen zu vierkantigen Hölzern bearbeiten.

beschalen → verschalen.

beschauern, mit einem leichten Schutzdach versehen.

Beschlag, 1. die Gesamtheit der Beschläge eines Gegenstandes, wie Fenster, Tür oder Möbelstück. **2.** dünner Belag, z. B. durch → Ausblühungen.

Beschläge, die einzelnen Garnituren aus Stahl oder Eisen zum Bewegen oder Bedienen von Gegenständen, unterschieden nach den Gegenständen, an denen sie angebracht sind, wie Balken-, Holz-, Werkzeug-, Türen-, Fenster- und Schrankbeschläge oder nach ihrer Funktion in Schutzbeschläge, Bedienungsbeschläge und Zierbeschläge.

beschlagen, beilen, abbeilen, behauen, 1. mit Axt und → Breitbeil aus runden Stämmen vierkantige Hölzer erarbeiten. **2.** exaktes Behauen von Bruchsteinen.

Besenputz, gestippter Putz, gestöppter Putz, ein nach dem Aufbringen mit dem Besen zur besseren Haltbarkeit oder zum Schmuck gestippter Putz.

Besetzschlägel → Stampfer.

bespicken, das Eindrücken von Ziegelstückchen und Bruchsteinsplitter in Lehm oder Lehmstakwände zum besseren Haften des Putzes oder das Einschlagen von Holzkeilchen zur besseren Haftung des Putzes auf Holz.

besporen, aufpicken, aufrauhen.

bestandenes Holz, völlig ausgewachsenes Holz.

bestoßen, am Holz die Kanten mit Hobel oder Stechbeitel abfasen; Metall mit der Feile bearbeiten.

Bestoßfeile → Feile zum Bestoßen.

Betäfeln, Betäfelung, mit → Täfelung versehen.

Betkalk, ungelöschter Kalk.

Beton, urspr. jeder hydraulische, unter Wasser erhärtende Mörtel; heute weitverbreiteter Baustoff aus der zu Betonstein erhärteten Mischung von → Zement, Wasser und den Zuschlagstoffen Sand und Kies; geht auf die römische Technik des → opus caementitium zurück. Beton ohne → Bewehrung (ohne Stahleinlagen) kann große → Druckkräfte, aber kaum Zugkräfte aufnehmen. 1865 »erfand« der franz. Gärtner Monier die Betonbewehrung in Form von Stahldrähten (bei der Herstellung von Blumenkübeln), deshalb wurde der Betonstahl auch lange Moniereisen genannt. Der so armierte (Betonarmierung, Betonbewehrung) Beton heißt Stahlbeton. Bes. bei schlanken Baugliedern werden die Stahleinlagen teilweise vorgespannt. Die Betongüten sind genormt, so bedeutet B 600 Beton mit mindestens 600 kg/cm^2 Druckfestigkeit.

Betonfertigteil, meist fabrikmäßig und außerhalb der Baustelle vorgefertigtes Bauelement aus Beton oder Stahlbeton.

Betonstahl, glatte oder gerippte Rundstähle von 4 mm bis ca. 30 mm Durchmesser, auch kreuzweise zu Betonstahlmatten verschweißt zur Bewehrung von → Beton(-bauteilen) wie Betondecken, -stürzen, -unterzügen, -wänden und -brücken.

Bettungsfuge →Lagerfuge.
betünchen, mit Tünche oder Putz versehen.
betüpfen, bebicken, rauh putzen, mit Spritzwurf versehen.
bewaldrechten, anschwarten, einen Stamm unmittelbar nach dem Fällen an zwei oder vier Seiten so beschlagen, daß die Baumkante noch breiter stehenbleibt als die behauene Fläche.
Bewehrung, 1. früher die Bez. für Einfriedung. **2.** heute allg. Bez. für die Stahleinlagen im →Beton zur Aufnahme der Zugkräfte, aber auch Einlagen zur Zugkraftaufnahme in anderen zusammengesetzten Baustoffen wie dem Stroh im Lehm.
bewerfen, verputzen.
Bewurf →Rauhputz.
Biberdachstein, Biberschwanz aus Beton, in verschiedenen Farben durchgefärbt, mit den gleichen normierten Dimensionen und Deckungsarten wie Tonbiberschwänze.
Biberschwanz, Biberschwanzziegel, Flachziegel, Flachwerk, Hakenziegel, Plattziegel, Zunge, Dachblatt, Zungenstein, Dachtasche, Wiener Tasche, Ochsenzunge, Dachzunge, glatter, flacher, gebrannter Tonziegel zum Eindecken geneigter Dächer; etwa 1–1,5 cm stark, 15–25 cm breit und 30–45 cm lang mit einer Nase am oberen Ende zum Halt auf der Dachlatte, das untere Ende als Spitze, mit Segmentbogen oder als Bogenschnitt ausgebildet. Ältere Biberschwänze mit spitzer Endung entstammen der Gotik. Die heutigen Biberschwänze sind naturrot, eingefärbt oder engobiert mit den Normmaßen 155 oder 180 mm breit, 375 mm lang und 10 bis 12 mm dick. Biberschwänze können in Einfachdeckung als →Spließdach (nicht unter 45 ° Dachneigung) verlegt werden – dabei müssen zur Dichtigkeit aber zusätzlich Holzdokken (Spließe) eingelegt werden; in Doppeldeckung, die ein gleichmäßiges Verlegebild ergibt, oder in Kronendeckung, bei der zwei Reihen auf einer Latte dicht zusammenliegen.
Bidet, Sitzbad.
Biege, Beuge, 1. Bogen aus zusammengesetzten Brettern oder Bohlen als Sparren für Zwiebelturmdächer oder als Elemente für eine Bogenschalung. **2.** →Strebe.
Biegeeisen, Einsatzstück für den →Amboß zum Runden von Eisenteilen.
Biegemoment, Schnittgröße der Druck- und Zugkräfte in Tragwerken aus den verschiedenen Materialien, z. B. die in einem Holzbalken oder Betondecken bei Biegung wirkenden Druck- und Zugkräfte.
Biegezange, Zange mit runden Zungen (Backen) zum Biegen von Blech.
Bieselreis, Wiesenreis, dünne Weidenruten für Flechtwerk und →Strohlehmstakung.
Biesnagel, Schiefernagel für Schieferreparaturen, der z. B. bei Reparaturen nicht mehr durch weitere Schiefertafeln abgedeckt werden kann.
Bietfenster, Guckfenster.
Bikipping (nordd.), Kübbung, Seitenschiff im Hallenhaus.
bikonkav, zweimal, d. h. nach beiden Seiten →konkav.
bikonvex, zweimal, d. h. nach beiden Seiten →konvex.
Bilderkapitell, ein plastisch mit Menschen- oder Tierfiguren geschmücktes Kapitell.
Bilderstuhl, Bilderfuß, Bilderstock, Bildstock, Postament zur Aufstellung einer Bildsäule.
Bildgießer, Künstler, der Bilder aus Metall oder Gips gießt.

Bildhauer, Künstler, der Bilder (Formen, Skulpturen) in Stein oder Holz haut.
Bildhauereisen, die verschiedenen Meißel und Stechbeitel der Stein- und Holzbildhauer.
Bildhauerkitt, Steinmörtel, Kitt zum Wiederankitten abgestoßener Steinstücke; früher statt der heute üblichen Kleber gebraucht.
Bildner, Bildhauer, Bildschnitzer.
Bildsäule, Statue, Standbild, plastische Arbeit, durch die menschl. Gestalten u. a. in Holz, Stahl, Stein, Ton oder Gips dargestellt werden.
Bildstock, Betsäule, Materl.
Bildwerk, die Gesamtheit aller bildlichen Verzierungen an einem Bauwerk.
Bimssand, Sand aus vulkanischer Asche.
Bimsstein, blasiger, durchlöcherter Stein, wird zum Schleifen und Glätten von Holz, Steinen und Metallen verwandt.
Bimssteinpapier, Papier, auf das mit Leim Bimssand aufgebracht wurde, für feine Schleifarbeiten; feiner als Glas- und Sandpapier.
Bindaxt → Bundaxt.
Bindebalken → Ankerbalken.
Bindeholz, Bundholz, Ausbindeholz, schwaches Holz zum Ausbinden der Innenwände.
Bindekalk, Gipskalk, Sparkalk, trokkener Kalk, Lederkalk, aus Gipssteinen gebrannter »Kalk«.
Bindemittel, Masse, die einzeln nebeneinanderliegende Körper durch chem. Verbindung oder Klebeverbindung verbindet; wichtigstes Bindemittel am Bau war früher → Kalk, heute → Zement.
binden, anziehen, fassen, ält. Bez. des Abbindevorgangs → abbinden.

Bindensäule, gebundene Säule.
Binder, 1. → Schiefer, Schieferdeckung. **2.** im Holzbau das Gebinde z. B. eines Dachstuhls. **3.** im Steinbau Bindstein, Bindestein, Bundstein, Ankerstein; Stein, der mit seiner schmalen Seite in der Mauerflucht liegt und mit der langen Seite in die Mauer eingreift oder durchgreift.
Binderschicht, Mauerschicht aus Vollbindersteinen, die von einer Seite der Mauer bis auf die andere Seite reichen.
Binderstein → Binder.
Bindeweide, Weide, Weede, Weidengerte zum Binden von Holzverbindungen, aber auch Strohdächern.
Bindriegel, Riegel bei Brückengeländern zwischen den Geländerpfosten oder Docken.
Bindwerk, Bindewerk, Steckwerk, Nagelwerk, Gitterwerk aus schmalen, dünnen Holzstreifen und Lättchen, z. B. an Laubengängen und Lusthäusern.
Bindwerkswand → Bundwand, Fachwerkwand.
Binnenmauer, Innenmauer.
Birke, heimische Holzart; sie wird 15–25 m hoch und bis zu 0,6 m dick; glänzend weiße Rinde; als Bauholz ungeeignet, jedoch als Wagnerholz und für den Möbelbau gesucht.
Birkenrinde, wurde bei Dacheindeckungen aus Lehm vielfach als Unterlage unter den Lehm auf die Schalung genagelt.
Birnbaum, heimische Holzart; er wird bis 30 m hoch, bis 1 m dick und bis zu 100 Jahre alt; Dichte im trockenen Zustand ist 0,66 g/m³, das B.-holz ist hart und spröde, schwer zu bearbeiten, läßt sich aber gut beizen und polieren; nicht als Bauholz geeignet, aber für den Möbelbau gesucht.

Bischofsmütze → Wimperg.
Bitterkalk, Rauhkalk, Rauchwacke, Wacker, Mineral aus kohlensaurem Kalk und Talk; wird u. a. zur besseren Härtung (Verglasung) unter das Ziegelgut, die Ton- und Sandmischung für die Ziegelherstellung, gemischt.
Bitumen, Erdteer, Gattungsname verschiedener mineralischer Harze und aus Steinkohlenteer, mehr aus Erdölen als Nebenprodukt gewonnener klebender, zäher Kohlenwasserstoffe.
Bitumenemulsion, mit Wasser versetztes Bitumen; wird im Straßenbau und für Sperranstriche verwendet; nach dem Einbau oder Anstrich verdunstet das Wasser.
Bitumenpappe, teerfreie Pappe; mit Bitumen getränkte und beiderseits mit Bitumen überzogene Wollfilzpappe; mit Talkum, feinem Sand oder Schiefermehl beschichtet → Dachpappe.
blacken, glühen.
Blacker, Placker, Bez. für Wand- und Hängeleuchter.
Blangseite, Blangentür (nordd.), Haupttür.
Blankhaken, S-förmig gebogener Haken, der in die Schalung oder auf die Latten von Steildächern eingehängt wird, um z. B. bei Reparaturen Leitern oder → Fußbänke daran hängen zu können.
Blasebalg (nordd.), Büster, bes. als Schmiedeblasebalg gebraucht, um das Feuer der Esse, das Schmiedefeuer, durch Luft- (Sauerstoff-) zufuhr anzufachen; allg. bekannt sind die Spitzblasebälge, weniger bekannt die Parallelblasebälge.
Blatt, verblatten, anblatten → Holzverbindungen, Blatt.
Blattbeil → Breitbeil.
Blättergips, Selenit, Gipsspat, Marienglas, Frauenglas, Fraueneis, wasserhaltiger, schwefelsaurer Kalk; wurde früher gespalten statt Fensterglas benutzt → Alabaster.
Blätterstab, mit Blättern, z. B. Wasserlaub, besetzter Karnies.
Blattgold, Blättchengold, Gelbblatt, Goldfolie, geschlagenes Gold, geschlagene Goldplättchen, die von den Vergoldern und Malern zur Vergoldung gebraucht werden; man unterscheidet nach der Goldfarbe, u. a. Pariser Gold, Franzgold und Blaßgold; die Blättchen sind von 25 bis zu etwa 80 cm^2 groß und kommen in sogenannten Büchern in den Handel.
Blattlack → Schellack.
Blattmetall, aus Kupfer, Messing, Zinn oder Zink geschlagene Blättchen zur »unechten« Vergoldung und Versilberung.
Blattner → Klempner.
Blattsäge → Fuchsschwanz.
Blattsasse, Einschnitt im Holz, in welchem das Blatt eingesetzt wird; das untere Blatt.
Blattsilber, Blättchensilber, geschlagenes Silber, zu feinen Blättchen geschlagenes Silber zur Versilberung; sonst wie → Blattgold.
Blattstück, Plattstück → Rähm.
Blattung → Holzverbindungen, Blatt.
Blattwerk, die bes. in den mittelalterlichen Stilen aus Blättern zusammengesetzten Verzierungen.
Blattzapfen → Holzverbindungen; Zapfen.
Blattziegel → Biberschwanz.
Blauasche, blauer Farbstoff aus kupferhaltigem Gestein.
Blaueisenerde, erdiges Eisenblau, blauer Ocker, Eisenblau, natürliches Berlinerblau, Vivianit, natürlicher blauer Farbstoff von lavendelblauer bis indigoblauer Farbe.
Blaufarbenglas, Blauglas → Smalte.

Blaupurpur, blauer Farbstoff aus schwefelsaurem Natron, Indigo, Wasser und Kochsalz.

Blech, aus allen Metallen hergestellte, dünne Tafeln; früher gehämmert, heute gewalzt; bes. Stahlblech.

Blechhammer, meist mit Wasserkraft betriebenes Hammerwerk zur Herstellung von Blechen.

Blechkluppe, Werkzeug mit zwei flachen Schenkeln, das, in den Schraubstock eingespannt, zum Festhalten von Blechen dient.

Blechlochscheibe, massive Stahlscheibe mit eingeformten Öffnungen zum Durchschlagen runder und eckiger Löcher in Blechen.

Blechnagel, Spezialnagel zur Befestigung von Blechtafeln auf Dach und Fassade.

Blechschindeln, Wandverkleidungsmaterial aus meist verzinkten Blechen mit eingedrückten Schmuckmotiven von ca. 20 × 20 cm bis ca. 40 × 40 cm; B. wurden häufig in der zweiten Hälfte des 19. Jahrhunderts bis zu Beginn dieses Jahrhunderts verwendet; die Schindeln sind meist rautenförmig aufgenagelt.

Blechschmied, Blechner, Schmied für Blechherstellung und Blecharbeiten, aber auch Bez. für → Klempner.

Blechträger, Balken und Tragekonstruktionen aus Blechprofilen.

Blechzange, große Schmiedezange mit abgebogenen Kneipen (Backen).

Blei, sehr schweres Nichteisenmetall; wird aus Bleierzen gewonnen; Dichte 11,445 g/cm^3; Schmelzpunkt bei 325 °C; in reiner Form so weich, daß man es mit dem Fingernagel ankratzen kann; wird im Bereich des Bauens für Dacheindeckungen, für Dachanschlüsse, zum Verankern von Eisen in Steinen, zum Abgießen und Abdrücken von Reliefs und als → Fensterblei verwendet; früher wurde es auch in Form von Bleirohren zur Bewässerung der Gebäude vielfach genutzt; Blei glänzt silberweiß, oxidiert in feuchter Luft schnell und erhält einen grauschwarzen Oxidüberzug.

Blei abschälen, das Oxid von der Oberfläche von Blei abkratzen, um eine Lötung zu ermöglichen.

Bleiaufräumer, Bleiausräumer, gebogenes Messer zum Ausreiben des Fensterbleis.

Bleibläuel, Bleiel, hölzerner, runder Hammer zum Verlegen von Bleikehlen.

Bleiblech, zu schwachen Platten (Blechen) gewalztes Blei.

Bleichstein, Weichstein, mangelhaft gebrannter, weicher → Ziegel.

Bleichwand, mit → Strohlehmstakung ausgefachte → Fachwerkwand.

Bleidach, mit Bleitafeln oder → Bleischiefern eingedecktes Metalldach.

Bleiel → Bleibläuel.

bleien, waagerecht legen oder prüfen der Waagerechten mit der → Setzwaage.

Bleifaden, Bleischnur, Lotschnur, die Schnur, an der das (bleierne) Lot hängt.

Bleifarbe, zahlreiche Farbstoffe, wie Englischgelb, Kasseler Gelb, Neapelgelb, Chromgelb, Chromrot, bes. Bleimennige und Bleiweiß auf der Basis von Blei.

Bleifolie, ganz schwaches Walzblei.

Bleiglas, 1. bleihaltige Glassorten. **2.** als Bleiglasur, Bleifluß, Bleiglasfluß, Bleisilikat aus 3 Teilen Mennige und einem Teil Sand geschmolzen.

Bleiglätte, geschmolzenes Bleioxid, wurde früher Firnissen und Ölfarben zugesetzt, damit diese schneller trockneten.

Bleihammer, ein großer Hammer des Klempners mit breiter Bahn zur Bleibearbeitung.
Bleilöffel, eiserner Löffel, in dem man das Blei zum Vergießen von Eisenteilen im Stein schmolz.
Bleimaß, Bleilot → Lot.
Bleimennige, Bleimennig, Mennig, Bleiminium, Saturnsrot, Bleirot, Rostschutzfarbe auf der Basis von Blei.
Bleinägel, 6–8 cm lange Nägel zum Befestigen von Bleirohren usw.
Bleirohr, früher häufig als Wasserrohr eingebautes Baumaterial.
Bleirot → Bleimennige.
Bleischiefer, in Schiefergröße gleichmäßig geschnittene Bleitafeln zur Dacheindeckung, insbesondere kleinerer und stark gekrümmter Dachflächen.
Bleischnur → Bleifaden.
Bleisenkel, Senkblei → Lot.
Bleiverglasung, in H- oder U-Bleiprofilen ausgeführte Verglasung; war früher techn. notwendig, um größere Glasflächen zu erzielen.
Bleiwaage → Setzwaage.
Bleiweiß, Kremserweiß, weißer Farbstoff auf der Basis des basischen kohlensauren Bleioxids.
Blendarkade, Blendbogenstellung, Reihe scheinbarer Bogenstellungen (Bogenschild geschlossen).
Blendbogen, Bogenblende, nicht freistehender → Bogen; vorgeblendeter Bogen, z. B. über einer Nische.
Blende, dünne Verkleidung oder Vorsatz.
Blendfassade, früher Bez. für die Gestaltung einer fensterlosen Mauer mit aufgemalten Fenstern und Architekturgliedern; heute Bez. für vorgeblendete Fassade.
Blendfenster, ursprüngl. ein mit Öl- oder Transparentpapier bespannter Rahmen, um in Arbeitsräumen blendfreies Licht zu erhalten, später als Blendrahmen Bez. für Futterrahmen → Fenster.
Blendmaßwerk, blindes Maßwerk; geschlossenes Maßwerk.
Blendplatte, Verkleidungsplatte.
Blendrahmen, Blindrahmen, 1. Futterrahmen des → Fensters. **2.** → Blendfenster.
Blendstein, Blendziegel, dünne Steine und Ziegel zum Verblenden, Verkleiden.
Blendung, 1. Sichtbeeinträchtigung durch direkte Lichtstrahlung. **2.** Verblendung.
Blindboden, Blendboden, roher Bretterfußboden, z. B. als Unterlage für Parkett.
blindes Fenster, blinde Tür, nicht wirklich vorhandene Tür oder vorhandenes Fenster, nur aufgemalt oder gestuckt.
Blindschloß, ält. Bez. für Einsteckschloß.
Blindtür, Untertür, bei einer aufgedoppelten Tür Rahmen oder Leisten mit der unteren Lage Bretter, auf welche die Aufdoppelung aufgebracht wird.
Blitzableiter, Wetterableiter, 1747 von Franklin erfundene Einrichtung, die Elektrizität der Blitze von Körpern abzuleiten, ohne daß die Gefahr besteht, daß die Elektrizität in den Körper, wie ein Gebäude, geleitet wird; bestehend aus Auffangstangen, bei Gebäuden auf den höchsten Punkten angebracht, Zwischenleitungen und Ausleitungen in das Erdreich.
Block, Blockrolle, Rolle eines Flaschenzugs oder in der Takelage eines Schiffs.
Blockbau, Blockhaus, Holzkonstruktion aus waagerecht aufeinanderge-

Blockdecke

setzten, runden, zweiseitig sägegestreiften, vierseitig sägegestreiften oder behauenen Stämmen oder vierkantigen Balken; Räume und Häuser werden aus Stammkränzen gebildet, die an den Ecken mit oder ohne Vorholz überblattet, aufgekämmt, verschränkt oder verzinkt sind. Der Blockbau entwickelte sich überall dort, wo ausreichend langfaseriges Nadelholz vorhanden war, wie in ganz Osteuropa, aber auch in Südwestdeutschland.

Blockdecke → Dübelbalkendecke.
Blockhaus, Gebäude in Blockbauweise.
Blockmeißel, Stockmeißel, Hauer, Nagelschrot, im Amboßklotz befestigter Meißel, der bei der Nagelherstellung gebraucht wird.
Blockmühle → Bockmühle.
Blockschicht, Mauerwerksschicht im Blockverband.
Blockstall, Stallgebäude in Blockbauweise.
Blockstufe, massive Treppenstufe mit dreieckigem oder rechteckigem Querschnitt → Treppe.
Blockverband, Mauerwerksverband, bei dem Läuferschichten (Steine parallel der Mauerlänge) mit Binder- oder Streckerschichten (Steine quer zur Mauer) abwechseln, so daß die Fugen jeder dritten Schicht wieder über den Fugen der ersten Schicht liegen.
Blockwand, Schrotwand, Katzwerk, Gehrsatz, Wände in Blockbauweise.
Blockzarge, Tür- oder Fensterrahmen, die früher aus ganzen Hölzern, heute nur noch aus starken und breiten Hölzern gefertigt sind.
Blumen, Blumengehänge, werden in allen Epochen zum Schmuck, entweder naturgetreu, meist aber stilisiert, dargestellt.
Blumenranken, Blumenzüge wurden ähnlich oft wie Blumen als Schmuck verwendet.
Blutbuche → Buche.
Blutbühne, Blutgerüst Schaffott.
Bock, tragendes → Joch, z. B. Hängewerk (Hängebock) oder Sprengewerk (Sprengebock).
Bockholm, Bockrahmen, Kopfholz, oberes Querholz eines → Bockes oder → Joches.
Bockleiter, Leiter, die sich mittels zweier Streben frei aufstellen läßt; heute in kleineren Ausführungen als Stehleiter.
Bockmühle, Bockwindmühle, Blockmühle, Sterzmühle, Windmühle, bei der sich das ganze Gebäude um den vertikalen Standbaum in Richtung des Windes drehen kann.
Bodenarten, Bodenklassen, Einteilung der verschiedenen Böden nach ihrer Tragfähigkeit und Bearbeitbarkeit.
Bodenbewegung, Transport von Bodenmaterial.
Bodengips → Gipsestrich.
Bodennagel, Bodenspieker, Fußbodennagel, Nägel zum Fußbodennageln zwischen 9 und 11 cm Länge; heute meist Drahtstifte, 65 mm lang.
Bodentreppe, Treppe vom letzten Geschoß auf den Dachboden, heute meist als → Einschubtreppe.
Bodenuntersuchung, Untersuchung des Bodens des Baugrundes, um die max. Tragfähigkeit zu ermitteln.
Bogen, 1. Teil einer krummen Linie. **2.** Maß einer Kurve oder Krümmung. **3.** blattförmiger, dünner Körper, wie Bogen Papier. **4.** Gewölbestreifen; gekrümmter oberer Abschluß einer Öffnung über Mauern oder Pfeilern aus

Bogen

keilförmigen Natur- oder Ziegelsteinen zur Überdeckung von Öffnungen in Wänden; heute auch aus Beton oder Stahl, ganz selten aus Holz; der Bogen stemmt sich gegen die Widerlager. Die Anfangspunkte des Bogens am Widerlager sind die Kämpferpunkte; die Verbindungslinie der Kämpferpunkte heißt Kämpferlinie oder Achse; der Abstand der Kämpferpunkte ist die Spannweite. Die Stirnlinie ist die innere Begrenzung des Bogens; der Scheitelpunkt, der höchste Punkt der Bogenlinie; die senkrechte Entfernung von der Achse zum Scheitelpunkt ist die Stichhöhe; Rücken heißt die Rückseite des Bogens, Laibung die innere Fläche, und die Bogenstärke ist die Dicke zwischen Laibung und Rücken. Bögen waren schon den Ägyptern bekannt, sie sind vielfach ein gutes Hilfsmittel, um einen bestimmten Stil zu erkennen, hier ist jedoch Vorsicht geboten, da in der Gotik praktisch alle Bogenarten vorkamen. Man unterscheidet u. a. nach der Bogenform: scheitrechter Bogen, geradgeschlossener Bogen mit waagerechter Stirnlinie; Segmentbogen, Stichbogen mit geringer Stichhöhe; Korbbogen aus 5 Einsatzpunkten konstruiert (auch mit 3 Einsatzpunkten); Kreisbogen, Halbkreisbogen, Zirkelbogen, Rundbogen, Vollbogen, römischer Bogen in Form eines Halbkreises; gedrückte Spitzbogen, Spitzbogen, gestreckte Spitzbogen, Lanzettbogen enden im Scheitelpunkt mit einer Spitze; gedrückter Bogen aus einer Ellipsenform konstruiert; Tudorbogen, ein stark gedrückter Spitzbogen; einhüftiger oder steigender Bogen, geschobener Bogen, Spannbogen, Schwanenhalsbogen mit geneigter Achse; Eselsrücken, ein Spitzbogen mit ausgezogener Spitze; Hufeisenbogen als Hufeisenrundbogen, Hufeisenspitzbogen, arabischer Hufeisenrundbogen oder maurischer Hufeisenrundbogen; gestelzter Rundbogen, gestelzter Spitzbogen, Bögen, die unterhalb der Kämpferlinie senkrecht fortgeführt werden, Schneppenbogen mit aufgesetzter Schneppe; Giebelbogen, Karniesbogen, Vorhangbogen, Stirnbogen und Kielbogen. Nach der Funktion werden die Bögen unterteilt in Erdbogen, Grundbogen, Tragbogen, Entlastungsbogen, Gurtbogen, Gratbogen, Schildbogen, Stirnbogen und Strebebogen.

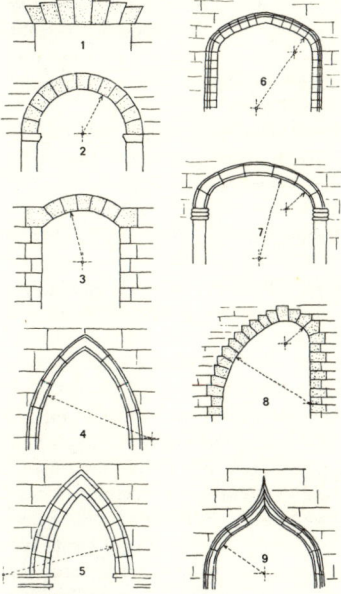

Bogenformen
1 Scheitrechter Bogen; 2 Rundbogen; 3 Segmentbogen; 4 Spitzbogen; 5 Lanzettbogen; 6 Tudorbogen; 7 Korbbogen; 8 Steigender Bogen; 9 Eselsrücken, Karniesbogen.

Bogenanfänger → Anfangsstein.
Bogenblende → Blendbogen.
Bogenbohrer, Bogendrelle, Drillbohrer, Bohrer, der mit einem (Dreh-)bogen oder einem Drillgerät betrieben wird.
Bogenfeile, schmale Feile zur Herstellung tiefer, schmaler Einschnitte.
Bogenfenster, mit einem Bogen oben abschließendes Fenster.
Bogenfries, Fries aus aneinandergereihten kleinen Blendbögen, bes. unter Gesimsen und Giebeln.
Bogengerüst → Bogenlehre.
Bogenhaupt, Bogenscheitel.
Bogenhöhe, Bogenstich.
Bogenlehre, Bogengerüst → Lehrgerüst aus Holz zum Mauern eines Bogens.
Bogenöffnung, das lichte Innenmaß eines Bogens.
Bogensäge, Bügelsäge.
Bogensparren, gekrümmte Dachsparren für konkav oder konvex ausgebildete Dachflächen → Sparren.
Bogenstein, der keilförmige Wölbstein eines Bogens.
Bogenstellung, eine Reihe auf Pfeilern nebeneinander gestellter Bögen.
Bogensturz, bogenförmige Überdeckung einer Öffnung im Mauerwerk aus einem Stein.
Bogenverband, Mauerwerksverband für Hausteinbögen oder Bögen aus keilförmigen oder normalen Ziegeln.
Bohle, Doppeldiele, Planke, Pfoste, Zweiling, Schleifdiele, früher 6–10 cm dicke, 27–55 cm breite und 3–5 m lange Hölzer, heute nach der Norm mindestens 40 mm bis 100 mm dicke Hölzer, die insbesondere als Planken beim Gerüst usw. verwendet werden.
Bohlenbalkendecke, Holzbalkendecke, bei der zwischen die in einem Abstand von 15 bis 35 cm verlegten Balken in Fälze oder Nuten je eine Bohle eingelegt ist; oft Langeinschubdecke genannt.
Bohlenbelag, Bohlenbeleg, Fußboden aus Hölzern in Bohlenstärke.
Bohlendach, 1. Dach mit Sparren aus hochkant gestellten Bohlen. **2.** historische Dacheindeckung aus senkrecht zum First mit Abstand aufgenagelten Bohlen, wobei die zweite Bohlenlage die Abstände überdeckt. Zur besseren Wasserableitung besaßen die Bohlen der unteren Lage in der Mitte eine Wassernut, die der oberen Lage je zwei Nuten an den Rändern.
Bohlendecke, Holzdecke, nur aus Bohlen gefertigt entweder mit kurzen Spannweiten waagerecht liegend oder gewölbt als Bohlenbogendecke mit Nuten und Federn zur Verbindung der Bohlen. Bohlenbogendecken kamen im Süden Deutschlands häufig vor. Damit konnten auch größere Räume überspannt werden. Durch die Druckkräfte im Bogen blieben die Nut- und Federverbindungen immer dicht und damit kraftschlüssig → Decke.
Bohlensparren → Bohlendach.
Bohlstamm, Rüststamm, ält. Bez. für schwache Nadelholzstämme, zwischen 8 und 9,5 m lang, unten 18–25 cm und oben 8–12 cm dick für Rüstholz, Leiterbäume, evt. auch für Mauerlatten.
Bohlenwand, Wand aus aufgestellten Bohlen → Ständerbohlenbau.
Bohlwerk, Bollwerk, Hölzung, Schälung, Uferbefestigung aus Bohlenwänden, die von eingerammten Pfählen gehalten werden.
Böhmische Kappe, Böhmisches Gewölbe, flaches Kuppelgewölbe über quadratischem oder rechteckigem

Grundriß →Gewölbe →Platzlgewölbe.

Bohrer, allg. Bez. für Werkzeug zum Bohren, bestehend aus dem Bohreisen und einer Handhabe oder heute bes. der Bohrmaschine. Man unterscheidet bes. zwischen Stein-, Holz- und Metallbohrern. Steinbohrer mit teilweise langen Schäften gibt es als Satzbohrer, Sprengbohrer und Anbohrer für Sprenglöcher; zum normalen Steinbohren Bohrmeißel, Zahnbohrer, Kreuzbohrer und Kronbohrer. Bohrmaschinen sind zum Steinbohren meist als Schlagbohrmaschinen ausgerüstet. Zum Bohren im Erdreich und Gestein gibt es zahlreiche Spezialgeräte wie Erdbohrer und besondere Bohrköpfe. Noch größer ist die Vielfalt bei den Holzbohrern. Zum Vorbohren von Nagellöchern benutzte man früher Massivbohrer, Schraubenbohrer, Bohrahle oder Nagelbohrer; sollten die Bohrlöcher offen stehenbleiben, so dienten Hohlbohrer, Löffelbohrer, Zentrumbohrer, Schemelbohrer, Schneckenbohrer, Schlangenbohrer, Bankbohrer, Zapfenbohrer, Spiralbohrer und amerik. Spiralbohrer. Dazu kommen noch besondere Bohrer, wie Dübelbohrer und Kernbohrer. Letztere lassen einen Kern stehen, den man dann ziehen kann, um so Untersuchungen des Holzes durchführen zu können. Die konischen Nabenbohrer werden zum Ausbohren von Radnaben, aber auch zum Hohlbohren von Hölzern verwendet. Die Bohreisen der Holzbohrer besaßen vielfach bereits eine Handhabe in Form eines hölzernen Heftes, wie die Löffelbohrer; um mehr Druck auf die Löffelbohrer ausüben zu können, nahm man ein Brustbrett zu Hilfe. Sind die Bohreisen separat, so werden sie in eine Bohrwinde, Brustleier, Faustleier oder Bohrdraube in einem Bohrfutter eingespannt, oder wiederum in eine manuell oder mit Motor betriebene Handbohrmaschine oder eine stationäre Bohrmaschine. Zu den älteren Bohrhandhaben gehört auch der Bogenbohrer (Bogendrelle, Bohrdrille, Drillbohrer, Drehbohrer, Drollbohrer), bei dem mit einem Fidel- oder Drillbogen die Bohrrolle mit Futter und Bohreisen bewegt wird, oder mit einer schraubenförmigen Spindel. Konnte man wegen zu schwerer Zugänglichkeit der Bohrstelle die Brustleier nicht richtig drehen, so wurde eine solche mit Ratsche (Bohrratsche, Ratschbohrer) oder ein Bohrer mit Universalgelenk verwendet. Reichte der Druck der Bohrhandhabe z. B. beim Metallbohren nicht aus, so setzte man die Leier in einen Bohrbügel (Bohrgestell, Bohrgalgen) ein und erzeugte den Druck mit einer Spindel.

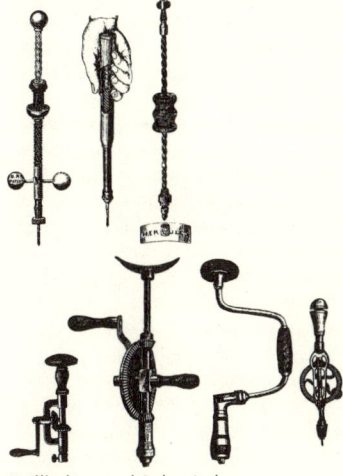

Drillbohrer und Bohrwinden.

Bohrkäfer, Klopfkäfer.
Bohrklinge, Bohreisen → Bohrer.
Bohrknarre, Ratschbohrer → Bohrer.
Bohrkopf, Bohreisen → Bohrer.
Bohrkurbel, Kurbel der Brustleier und Bohrwinde → Bohrer.
Bohrratsche → Bohrer.
Bohrschneide, Bohreisen → Bohrer.
Bohrwurm, Pfahlwurm, Holzbohrer, zweischaliges, im Salzwasser lebendes Weichtier, das bei im Meerwasser eingebautem Holz (auch Schiffsrümpfen aus Holz) große Schäden anrichten kann.
Bolderhammer, hölzerner Hammer der Kupferschmiede zum Nieten von Kupfer.
Bole, ält. Bez. für → Bohle.
Bolus, Bol, Siegelerde, 1. allg. erdiges, braunes oder rotgelbes Mineral aus Silikaten von Tonerde, Eisenoxid und Kalkerde, als Farbstoff u. a. als Terra di Siena, vielfach gebrannt oder ungebrannt verwendet. **2.** der als Berliner Rot bekannte Bolus wird sowohl zu Anstrichzwecken als auch zum Schleifen von Glas und Metallen verwendet. **3.** die feinste Sorte Bolus (weißer Bolus), der orientalische Bolus oder armenische Stein, wird mit Wasser und Leim abgerieben zur Grundierung für Vergoldungen benutzt; die Zimmerleute benutzten Bolus früher auch zum Einfärben der → Kreideschnur, die Töpfer für Glasuren.
Bolzen, früher geschmiedete, meist runde Eisen zur Verbindung von Hölzern und Metallteilen; ursprüngl. zählten als Schraubenbolzen alle für Holzverbindungen gebrauchte Holzschrauben, Schrauben mit Muttern, Schrauben mit Ösen (Augenbolzen), Haken (Hakenbolzen), Ringen (Ringbolzen), weiter Spitz- und Scharfbolzen, die ähnlich einem Nagel eingeschlagen wurden. Heute sind B. genormt, bes. als Nietbolzen, Schraubenbolzen und Gelenkbolzen.
Bordschicht, Traufschicht, bei Dacheindeckungen die unterste Lage Stroh oder Reet an der Traufe.
Bordstein, Leistenstein, Kantenstein, Randstein, Bürgersteigeinfassung.
Bordziegel → Ortziegel.
Borke, der äußere, grobe Teil der Baumrinde.
Borkeisen (nordd.) → Rindenschäler.
Borkenkäfer, zahlreiche Arten, wie Buchdrucker, Stenograf und Bastkäfer; leben in den inneren Rindenschichten bes. von Fichten; die Larven bohren sich von dort aus weiter; Borkenkäfer fallen zunächst bereits kranke Bäume an; deshalb auch jetzt bei vielen durch »sauren Regen« kranken Bäumen bes. häufig; daneben werden aber auch gesunde Bäume, aber kein gefälltes und entrindetes Holz angefallen.
Borlade, Borbühne → Emporkirche.
Börtelmaschine, früher von Hand, dann mit Motorkraft betriebene Maschine zur Herstellung eines Börtels, einer Aufbörtelung in Form eines Hohlumschlags oder einer rechtwinkligen Aufbiegung bei Blechen und Gegenständen aus Blech.
Bortenbrett, Bortensims, gezacktes oder ausgeschweiftes Brett bei verzierten Gurtgesimsen oder das gesamte Gurtgesims.
Böschung, geneigte Ebene; bei Dämmen usw. vielfach künstl. errichtet; die Gesamthöhe heißt Böschungshöhe, die waagerechte Grundlinie Böschungsfuß, das Verhältnis beider ist das Böschungsmaß; der Winkel zwischen Grundlinie und Böschungslinie ist der Böschungswinkel.

Bossageeckstein, bossierter Eckstein.
Bossageputz, Quaderputz.
Bossagestein, Bossenstein, Bossenquader, Boßquader, bossierter Stein, steinmetzmäßig bearbeitete Bruchsteine; beim Rustikmauerwerk nur die Stoß- und Lagerfugen bearbeitet (die Sichtfläche nur bossiert); andernfalls Stoß- und Lagerfugen bearbeitet sowie der Rand der Sichtseite mit einem Schlag umgeben, gefast, mit Falz oder Kehle und neben der Randbearbeitung der Spiegel der Sichtfläche grob mit dem Bossierhammer zugerichtet.
Bossenwerk, Mauerwerk aus bossierten Bruchsteinen (Hausteinen).
Bossiereisen, Schrifteisen, Gusche, feine Eisen und Meißel der Steinmetze für Schriften und feine Verzierungen.
bossieren, bosseln, bossen, abspitzen und bespitzen von Bruchsteinen mit dem Bossierhammer, u. a. bei der Verarbeitung zu Bossensteinen.
Bossierhammer, Boßhammer, Bosseckel, Schellhammer, Possekel, Possegel, Hammer mit zwei annähernd quadratischen Bahnen oder mit Bahn und stumpfer Finne zum Behauen von Bruchsteinen.
Brandgiebel, Brandmauer, Feuermauer, massive Mauern aus nicht brennbaren Materialien zwischen Gebäuden oder zum Unterteilen von Gebäuden, um das Überspringen von Bränden zu verhüten; eine 24 cm starke Ziegelmauer erfüllt die entsprechenden Forderungen; früher mußten Brandgiebel in der Regel die Dachfläche um ein bestimmtes Maß überragen.
Brandschiefer, gelblich-grüner →Schiefer mit viel eingeschlossenem Schwefelkies.
Brandstein, ält. Bez. für →Ziegel.

Brandtüren, früher auch Brandladen, aus feuerfestem Material; auch mittels Blech- oder Eisenbeschlägen feuerfest gemachte Türen.
braunbeizen, braunmachen, bräunen →brünnieren.
Braungelb, Farbstoffmischungen aus gelben und braunen oder aus gelben, schwarzen und roten Farbstoffen.
Braunrot →Englischrot.
Brecheisen, Brechstange, Kuhfuß, Werkzeug zum Anheben schwerer Lasten und zum Abbrechen; ca. 1–1,5 m lang und 2–5 cm dick, unten leicht angebogen mit stumpfer, meißelartiger Schneide; wird als ein- oder zweiarmiger Hebel gebraucht.
Brechelstube (südd.), Raum zum Flachsdörren.
Brechhammer, früher zum Einreißen von Mauern verwendeter Hammer mit einer Spitze und gegenüberliegend einer breiten Klinge.
Brechmeißel, kurzer, starker Meißel der Schlosser.
Brechtanne →Lärche.
Brechwerkzeug, allg. Bez. für alle Werkzeuge der Steinhauer (Steinbrecher), wie Keilhaue, Lett, Bergeisen, Schlägel (Fäustel, Handfäustel), Fimmel, Schrammspieß, Spitzhammer (Schrämmhammer), Stufeisen, Keil, Brecheisen, Treibfäustel und Bohrzeug.
Breitbeil, Schlichtbeil, Lenkbeil, Binderbarte, Beil der Zimmerleute mit etwa 30 cm langer, leicht bogenförmiger Schneide und nach rechts oder links abstehendem Schaft zum Beilen, d. h. zum Bearbeiten von runden Stämmen zu →Kanthölzern →Axt.
Breiteisen →Scharriereisen.
Breitziegel →Krempziegel.
Brett, heute genormtes Holz von 6 cm Breite beginnend und bis 30 mm Dik-

ke, sägerauh oder gehobelt in verschiedenen Güten und vielen Längen; bis zur Einführung des Metermaßes 12, 14, 16, 18 oder 20 Fuß lang, und nach Stärke und Qualität u. a. unterteilt in: Ausschußdiele (minderwertiges Brett), Herrenbrett, Durchschnittsbrett, Tafelbrett, Schalbrett, Beschlagbrett, Kistenbrett, Halbholz, Dünnbrett, Dielen (meist 1 Zoll dick), Zweiling (2 Zoll dick), Stubendielen und Dreiling.

Brettbaum, Brettklotz →Sägeblock.

Bretten (südd.), ält. Bez. für Dachbalken.

Bretterdächer, Dacheindeckung aus waagerecht liegender →Stulpschalung oder quer zum First liegenden Brettern mit Dachleisten; mit Werg und Pech gedichtet und mit Teer gestrichen hielten Bretterdächer ungefähr 30 Jahre.

Bretterdecke, Schaldecke, Brettdecke, Deckenverkleidung aus gespundeten, gestülpten oder mit Leisten abgedeckten Brettern.

Bretterschalung, Brettschalung, Brettverschalung, Bretterverkleidung, Bekleidung von Wänden, Decken, bes. Dächern mit Brettern.

Bretterschirm, Brettermantel, Verkleidung von Scheunen, Häusern und Ställen mit senkrechten oder waagerechten Brettern.

Brettertür, Brettür, einfache Brettertüren aus einer Lage gefügter oder gespundeter Bretter, doppelte oder aufgedoppelte Brettertüren aus doppelter Lage Bretter oder auf einen Rahmen gedoppelt.

Bretterverschlag, Bretterwand, ein- oder doppellagige Wand, nur aus auf Kanthölzer genagelten, gefügten oder gespundeten Brettern.

Brettnagel, halber Brettnagel, Verschalgnagel, Dielnagel, Spundnagel, vor der Normung der Drahtstifte gebrauchte Begriffe für verschiedene Größen von Nägeln zum Verschalen.

Brettziegel →Krempziegel.

Bronze, Bronce, Mischmetall aus Kupfer und Zinn, Kupfer, Zinn und Zink oder Kupfer, Zinn, Zink und Blei je nach der gewünschten Bronzeart und -farbe; Gießmaterial für Glocken (Glockenspeise), verschiedene Geräte, bes. aber Statuen, Kleinskulpturen.

Bronzevergoldung, wird entweder als Blattvergoldung auf einem Bolusgrund, weit besser und häufiger aber als Feuervergoldung durchgeführt.

Bronzieren, wird heute allg. mit fertig angemischten Silber- oder Goldbronzen durchgeführt; früher gab es eine große Anzahl verschiedener Verfahren, insbesondere unterschieden nach den zu bronzierenden Materialien, aber auch dem gewünschten Bronzeton mit Bronzefarben, Bronzepulver und Goldfarben.

Bruchdecke →Firstblech.

Bruchfestigkeit, die Festigkeit eines Körpers bis zu seinem Bruch.

Bruchpläner, Bruchsteine mit schiefrigem Gefüge, die in Platten von annähernd gleicher Stärke gebrochen werden.

Bruchsteinmauer, Bruchsteinmauerwerk, im MA. bis zum Barock hauptsächlich verwendetes Mauerwerk aus gebrochenen oder gefundenen Steinen; durch das Material bedingt nur stärkere Mauern, nur bei Fachwerkausfachungen geht die Dicke bis auf 12 cm zurück; Bruchsteinmauerwerk wurde vielfach mehrschichtig, z. B. mit zwei Außenschichten und einer Füllschicht, hergestellt; zahlreiche Bruchsteinverbände werden bis heute angewendet; im MA. war der Bruchsteinmaurer ein selbständiger Beruf, nicht so hoch angesehen wie die Steinmetze und deshalb auch nicht in den Bauhütten vertreten.

Bruchsteinmauer.

Brücke, 1. Bauwerk zur Überwindung eines tieferliegenden Geländeteils, eines Tales, Flusses oder auch eines Weges, eines Schienenstranges usw.; unterschieden nach dem Material in Stein-, Holz-, Stahl- oder Stahlbetonbrücken, nach der Funktion und der Art der Vertiefung, die überwunden wird, in Steg, Straßenbrücke, Eisenbahnbrücke, Zugbrücke oder Grabenbrücke, Bachbrücke, Talbrücke, Flußbrücke oder nach der Konstruktion in Balkenbrücke, Bogenbrücke, Hängebrücke, Sprengewerk, Hängewerk, Kettenbrücke, Spannbetonbrücke. **2.** Werkzeug des Dachdeckers →Haubrücke.

Brückenbalken, Brückenbaum, Ennsbaum, Brückentramen, Längsträger von Holzbrücken, die die Brückenbahn tragen.

Brückenbohle, schwere, starke Bohle zum Brückenbelag.

Brückenfeld, die Brückenöffnung zwischen je zwei Pfeilern oder Jochen.

Brückenjoch, hölzerner Brückenpfeiler, mit einem Brückenhelm oder -holm zusammengefaßt, auf dem die →Brückenbalken ruhen.

Brückenpfahl, die in den Grund eingerammten Pfähle der Joche (Pfeiler) einer hölzernen Brücke.

Brückenturm, mittelalterliche Form des Brückenkopfes mit einem Torturm zur besseren Verteidigung.

Brunnen, unterschieden wird in Schöpfbrunnen als Zieh-, Rad-, Schwengel- oder Haspelbrunnen und Pumpbrunnen mit Saug- oder Druckpumpen; daneben Springbrunnen, bei denen das Wasser durch natürlichen Wasserdruck oder eine Pumpe in die Höhe springt; das gebohrte Loch des Brunnens ist der Brunnenkessel, der bei größeren Brunnenöffnungen im Normfall ausgemauert, früher oft mit einem hölzernen Brunnenkasten versehen war.

Brunnenmeißel, halbrunder Meißel, der als Bohrschneide zum Bohren hölzerner Brunnenröhren gebraucht wurde.

Brunnensumpf, in Baugruben oder Kellern angelegte Vertiefungen oder Schächte zum Sammeln und Abpumpen von Wasser.

Brunnenziegel, Keilstein, Krummziegel, an den Stoßfugen konische Ziegel zur Herstellung runder Mauern für Kanäle, Brunnen usw.

brünnieren, braunbeizen, braunmachen, bräunen, Eisen oder Stahl mit einer künstlichen, leichten Oxidschicht überziehen, um es vor stärkerer Oxidation zu schützen; wurde früher durch Einreiben mit Antimonchlorid und Öl, Chlorzinklösungen oder hundertfach verdünnter Salpetersäure erreicht; brünieren wurde auch das Polieren von Metall, z. B. mittels in gesäuertem Wasser getränkten Blutstein, genannt.

Brünnierstein, Polierstein, Stein zum Polieren von Metallen, bes. →Achat oder Blutstein.

Brustbohrer → Bohrer.

Brustbrett, Brustscheibe, Brustholz, Brustdraube, leicht gewölbtes Brett, das mittels einem mit Blei ausgelegten Einsatzloch auf die Brustleier oder den Löffelbohrer gesetzt wird, um mit der Brust über das Brett Druck auf den Bohrer ausüben zu können → Bohrer.

Brustgesims, Brüstungsgesims, Brüstungsgurt → Gesims.

Brusthöhe, Brüstungshöhe, die Höhe zwischen dem Fußboden und der Brüstungsoberkante, meist zwischen 85 und 110 cm.

Brustlehne, Brustmauer → Brüstung.

Brustleier, Brustbohrer, Bügelbohrer, Drehbohrer, Traubenbohrer, Draufbohrer, Handhabe zum Drehen des → Bohrers.

Brustriegel, Brüstungsriegel → Riegel.

Brustriemen, um die Brust befestigter Riemen der Dachdecker, der mit einem Sicherungsseil verbunden ist, für gefährliche Arbeiten z. B. an steilen Turmdächern.

Brüstung, Brustlehne, allg. jede bis zur Brust reichende Einfassung, Einfriedigung oder Schutzmauer, bes. die Schließung des Fensterlichten vom Boden bis zur Sohlbank, die Fensterbrüstung.

Brustzapfen → Holzverbindungen, Zapfen.

Buche, heimische Holzart in zwei Hauptgattungen: gemeine Buche oder Rotbuche und Weiß- oder Hainbuche; die gemeine oder Rotbuche, auch Mast-, Ecker-, Trog-, Sommer- oder Winterbuche, wird bis ca. 1,50 cm dick und ca. 30 m hoch, das Holz ist hart, spröde, mit kurzen Fasern, fast weiß; Dichte trocken 0,66–0,75 g/cm^3, feucht 0,85–0,97 g/cm^3. Wegen seiner Sprödheit eignet es sich nicht als Bauholz für Balken usw., wurde aber dennoch gelegentlich für Dachstühle und Sparren verwendet, gut geeignet als Wagnerholz, weiter für Windbretter, Schindeln und Treppenstufen. Die Weißbuche (Hainbuche, Hagebuche) wird selten über 0,30 m dick, das Holz ist noch zäher, härter und fester als das der Rotbuche und eignet sich gut für Werkzeuge und Hobelbänke, Dichte trocken ca. 0,75 g/cm^3 und feucht ca. 0,81 g/cm^3.

Buchsenmeißel, Buchsenräumer, Meißel mit mondförmiger Schneide, um aus dem Loch der Nabe eines Wagenrades so viel Holz herauszunehmen, daß die Buchse eingearbeitet werden kann.

Buckelstein, an der Vorderfläche roh belassener Stein (Haustein).

Büge, hölzerne Strebe, Band oder Winkelband; der Begriff wird sehr unterschiedlich gebraucht.

Bügelfriese, Friese aus Bügelformen auf den Schwellen der Obergeschosse niederdeutscher Fachwerkhäuser.

Bügelsäge → Säge.

Bühne, allg. jedes erhöhte Gerüst, bes. die Theaterbühne.

Bundaxt → Stichaxt, aber auch für Zimmereraxt.

Bundbalken, Binderbalken, Bindebalken oder Balken in einem Bund.

Bündelpfeiler, Bündelsäule, Bündelschaft, Säulenbündel, aus mehreren Säulen zusammengesetzte oder mit → Diensten besetzte Pfeiler.

Bundgespärre, das Gespärre in einem Binder, d. h. in der Ebene eines Dachstuhlgebindes.

bündig, Gegenstände wie Bauholz oder Ziegel, auch bei verschiedener Dicke auf einer Seite fluchtrecht anordnen.

Bundriegel → Riegel.

Bundschwelle, Schwelle einer Fachwerkwand.

Bundseite, 1. die Seite eines Gebäudes, einer Wand, die bündig gelegt ist. **2.** die Seite eines Holzes, auf der dieses angerissen, d. h. gezeichnet ist.

Bundsparren, Sparren in einem Bundgespärre.

Bundständer, Bundstiel, Bundsäule, Bundpfosten, urspr. jeder in einer Wand eingebundene Ständer, heute der Ständer, der den Anschluß an eine Querwand, eine eingebundene Wand im Fachwerk, herstellt.

Bundtrahm → Ankerbalken.

Bundverstrebung, Strebenanordnung nur an Eck- und Bundständern, im Gegensatz zur Aussteifung jedes Ständers.

Bundwand, Bindwerkswand, 1. konstruktiv notwendige aussteifende und/oder tragende Fachwerkwand als Querwand im Innern eines → Fachwerkbaus. **2.** allg. Bez. für Fachwerkwand.

Bundwerk, Riegelwerk, Riegelwand, fachwerkähnliches Holzgefüge im Giebel von Wohnhäusern, Ställen und Scheunen mit dahinterliegender Verbrettung in Süddeutschland und Österreich.

Burghaken → Schwalbenschwanz.

Burgundisches Kreuz → Andreaskreuz.

Buntmacher → Aufreißer.

Bunze → Punze.

Buntsandstein → Sandsein.

Büster (nordd.) → Blasebalg.

Butzenscheibe, Mondglas, Gallglas, älteste Art gläserner Fensterscheiben, rund, mit 10–15 cm Durchmesser und starker Erhöhung mit Bruch in der Mitte, wo das Blasrohr des Glasbläsers bei der Herstellung saß.

Caementitium (lat.), Bruchstein; man unterschied caementicia structura antiqua, ohne Mörtel versetzte große Bruchsteine mit ausgezwickten Fugen, und caementicia structura incerta, d. h. kleinere Bruchsteine in Kalkmörtel verlegt oder gegossen.

Capo, Bez., die aus dem Ital. und Span. stammt, für den Vorarbeiter, Polier.

Caput Mortuum → Colcothar.

Chalet (franz.), Holzhaus, Blockhaus.

Chamois, die Farbe des Sämischleders, hellgelb mit rotem Schimmer.

Chassis (franz.), früher oft für Rahmen.

Chemich → Kamin.

Chinagrün, ursprüngl. in China durch Auskochen aus Kreuzdorn mit Tonerde und Kalk verbundener Farbstoff, auch grüner Indigo genannt.

Chinoiserie, Nachahmung ostasiatischer, meist chinesischer Formen in Europa; bes. im 17. und 18. Jh. bei der Innenarchitektur.

Chor, zuerst nur für die singenden Mönche in der Kirche abgetrennter Raum, später der insgesamt den Geistlichen und Mönchen vorbehaltene Raum in Kirchen und Domen.

Choraltar, Altar im Chor, meist Hochaltar.

Chorgestühl, meist zwei Reihen fest an den Seiten des Chors eingebauter Stühle mit Scheidewänden zwischen den einzelnen Sitzen und oft hochklappbaren Sitzbrettern, um bei dem für den Ritus erforderlichen Stehen in hochgeklapptem Zustand eine Stütze für das Gesäß zu bilden.

Chorgewölbe, die meist als Halbkup-

Chorhaupt

pel, Mulden- oder Nischengewölbe ausgebildete Überdeckung des Chorendes.

Chorhaupt, Chorschluß, das außen sichtbare Ende des Chors als Halbkreis oder z. B. → Fünfachtelschluß.

Chornische, nischenförmiger Chorschluß.

Chorschranke, steinerne, hölzerne oder geschmiedete Schranke zwischen Chor und Gemeinderaum.

Chortürme, Türme, die in den Ecken zwischen Chor und Querhäusern (Querschiffen) angelegt sind.

Chrom, chem. Element; Kurzzeichen Cr; Nichteisenmetall; hart und wiederstandsfähig, deshalb oft für Überzüge über Metallgegenstände (Verchromung) verwendet.

Chromgelb, durch Zersetzen von Bleisalz mit neutralem oder chromsaurem Kali gewonnener Farbstoff von zitronengelber bis orangegelber Farbe.

Chromgrün, Grüner Zinnober, durch Mischung von Chromgelb und → Berliner Blau hergestellter grüner Farbstoff.

Chromrot, roter Farbstoff, der durch Erwärmung von Chromgelb mit Kalilauge gewonnen wurde.

Chronogramm, Inschrift, in der einzelne herausgehobene Buchstaben eine Jahreszahl ergeben.

Chubbschloß, Tor- oder Türschloß, bei dem der Schlüsselbart – zwecks größerer Sicherheit – erst mehrere Zuhaltungen ausheben muß, ehe er die Verriegelung lösen kann.

Cloisonné → Emailmalerei.

Colcothar, Kolcothar, Caput mortuum, durch Erhitzen von Eisenvitriol gewonnener roter Farbstoff (unreines Eisenoxid); ergibt u. a. Münchener Rot und Englischrot.

Copal, Copallack, ält. Schreibweise für Kopal, Kopallack.

Curcumin, Kurkuma, aus dem Gelbwurz gewonnener gelber Farbstoff.

Dach, der obere Abschluß eines Gebäudes. Dächer werden in erster Linie nach ihrer Form in → Steil- oder → Flachdächer, mit vielen verschiedenen → Dachformen nach ihrer Konstruktion in → Warm- oder → Kaltdächer und nach den verwendeten Materialien in Massiv- und Holzdächer unterteilt. Historische Steildächer bis zum Ende des 19. Jahrhunderts sind praktisch ausnahmslos Kaltdächer mit hölzernen Dachstühlen. Massive Flachdächer jüngerer Bauart sind dagegen fast ausnahmslos Warmdächer. Dächer werden oben vom → First, unten von der → Traufe und am Giebel vom → Ort begrenzt. Die einspringenden Ecken eines Dachs heißen → Kehlen, die herausragenden Ecken → Grate. Im konstruktiven Aufbau wird getrennt zwischen tragenden Konstruktionen und abdichtender Dachhaut. Die Dachkonstruktionen sind bei Steildächern als → Sparrendächer → Pfettendächer → Hänge- oder → Sprengewerke ausgeführt, bei Flachdächern als Holzbalkendecken oder Massivdecken. Als Materialien zur Eindeckung von Dächern wurden bis zur Mitte des 19. Jahrhunderts vor allem → Stroh, Rohr (Reet) → Holzschindeln, Steinplatten → Schiefer → Biberschwänze → Krempziegel sowie Mönch- und Nonnenziegel verwendet. Selten wurden früher Dächer mit Blei, Kupfer oder Zink eingedeckt. In den letzten

Jahrzehnten nahmen Metalldächer zu. Seit etwa 1850 werden → Dachsteine verbaut, dazu kamen Asbestzementplatten und -tafeln und für flachgeneigte Dächer Flachdachpfannen. Flachdächer werden mit Pappen, Kunststoffbahnen, Metall- oder Asbestzementtafeln eingedeckt.

Dachabfall, Dachfall, Dachneigung, die Neigung des Dachs.

Dachaufbauten, z. B. Gauben, Zwerchhäuser und Schleppen.

Dachausmittlung, Ausmittlung, Dachausmittelung, das Ausmitteln (Zerlegen) der einzelnen Dachflächen zur Festlegung von Firsten, Graten und Kehlen und Ermittlung der wahren Längen.

Dachbalkenlage, Balkenlage über dem obersten Vollgeschoß und unter dem Dach; der einzelne Balken heißt Dachbalken.

Dachbaum (südd.), Pfette im Dachstuhl, insbesondere die Firstpfette.

Dachblatt → Biberschwanz.

Dachbrücke, 1. Holzbrücke mit Dach. 2. → Haubrücke.

Dachdecker, Handwerker, der alle Arten von Dächern mit verschiedenen Materialien eindeckt; beinhaltet heute auch die früher getrennten Berufe → Schieferdecker und Ziegeldecker.

Dachdeckerhammer → Dachhammer.

Dacheinfassung → Attika.

Dacherker, Dachnase, Dachgaube, Dachhäuschen → Gaube mit Giebel und Satteldach.

Dachfall → Dachneigung.

Dachfensterziegel, Dachziegel mit einer Öffnung, in die Glas eingelegt oder eingekittet war, zur Belichtung des Dachraums, heute als Glasziegel ausgebildet.

Dachflächenfenster → liegendes Dachfenster.

Dachformen, die Dachformen werden sowohl nach ihrem Profil als auch nach dem Grundriß, aus dem sie sich entwickeln, unterteilt in: → Pultdach, Flugdach, Halbdach, Schleppdach, Schußdach, Taschendach, einhängiges Dach → Satteldach → Walmdach, Schopfdach, Krüppelwalmdach, Halbwalmdach, Kröpelwalmdach, Hammende, Kielende → Zeltdach auf dreieckigem, viereckigem, quadratischem oder vieleckigem Grundriß → Kegeldach auf rundem Grundriß → Helmdach, Kaiserdach, Turmdach, ein hohes Kegeldach oder hohes Zeltdach → Kuppeldach, Kuppel: Kegeldach mit auswärts gebogenen Sparren → Kreuzdach, Kreuzgiebeldach → Mansarddach → Sägedach, Sheddach.

Dachforst → First.

Dachfuß, Unterkante des Daches → Traufe.

Dachgaube → Gaube.

Dachgebinde → Gebinde.

Dachgesims → Gesims.

Der Beruf des Dachdeckers hat verschiedene ältere Berufszweige, wie Schieferdecker und Ziegeldecker, in sich vereinigt.

Dachgespärre, einzelnes Sparrenpaar oder die Gesamtheit der Sparren eines Dachs.

Dachgiebel → Giebel.

Dachhaken, Dachknappe, oben kantig und unten rund gebogener Haken, welcher bei Neueindeckung in die Schalung von Schieferdächern eingehängt wird, um bei der Eindeckung und bei späteren Reparaturen Leitern und Rüstböcke daran anhängen zu können.

Dachhammer, Dachdeckerhammer, Hammer, ähnl. dem Schieferhammer, mit Spitze und gegenüberliegender Bahn.

Dachhaus → Nurdachhaus.

Dachhaut, die Dacheindeckung einschl. ihrer Unterlage; beim Pfettendach die Dachsparren, Schalung oder Lattung und Eindeckmaterial; beim Sparrendach (wo der Sparren noch zur Dachkonstruktion gehört) nur Schalung oder Lattung und Eindeckmaterial.

Dachkanal → Dachrinne.

Dachkändel → Dachrinne.

Dachkehle → Kehle.

Dachknappe → Dachhaken.

Dachkonstruktion, das tragende Gerüst, der Dachstuhl, früher ausschließlich aus Holz- später auch in Stahl- oder Stahlbetonkonstruktion. Beim urspr. Sparrendach und Kehlbalkendach gab es noch keinen selbständigen Dachstuhl, die Konstruktion wurde von den Sparren gebildet; beim Pfettendach mit einfach, doppelt oder dreifach stehendem oder einfach, doppelt oder dreifach liegendem Stuhl steht dieser vollkommen getrennt von der Dachhaut mit den Sparren; zu den weiteren Dachkonstruktionen gehören: die Welsche Haube mit geschweiften Bohlensparren; freigespannte Bogendächer aus Bohlen; Turmhelme → Hängewerke und → Sprengewerke und jüngere Konstruktionen aus Nagel-, Leimbindern oder verleimten Brettbindern.

Dachlatte → Latten, die auf die Dachsparren genagelt, die Ziegel oder Biberschwänze tragen.

Dachleiter, leichte Leiter des Schieferdeckers aus dünnen Latten.

Dachluke → Schleppgaube.

Dachnase → Dacherker.

Dachneigung, Dachabfall, Dachfall, die Neigung des Daches oder einer Dachfläche.

Dachpappe, weiches Dacheindeckungsmaterial aus mit Teer oder Bitumen getränkten und gefüllten Filzpappen, heute vielfach mit Glasfasern verstärkt, die Oberfläche meist besandet, in Rollen von 1 m Breite und 10 m Länge, für besondere Aufgaben auch in anderen Abmessungen, bes. schmalen Streifen für → Sperrschichten.

Dachpfanne → Krempziegel.

Dachpfette → Pfette.

Dachreiter, Aufsatz auf einem Satteldach, meist in Turmform.

Dachrinne, Dachkändel, Dachkanal, Traufrinne, Fußrinne, Abrinne, meist halbrunde, unterhalb der Dachtraufe mit → Rinnhaken angebrachte, seltener auf dem Dachfuß aufsitzende Rinne aus Kupfer, Zink, verzinktem Blech, neuerdings auch aus Kunststoff, früher vielfach aus ausgehöhlten Halbholzstämmen.

Dachröhre → Fallrohr.

Dachsattel, First des Satteldachs.

Dachsbeil → Dechsel.

Dachschalung, Dacheinschalung, Dachverschalung, Einschalung eines Dachs mit Brettern, als Unterlage u. a. für Schiefer oder Pappe; entweder als

Einfachschalung → Sparschalung mit Abstand zwischen den Brettern; Schrägschalung, wenn die Bretter zur besseren Aussteifung des Dachs im schrägen Winkel, meist 45°, zu den Sparren verlegt werden, oder doppelter Schalung gerade oder schräg, wenn eine zweite Bretterlage aufgebracht wird.

Dachschiefer → Schiefer.

Dachschifter → Schifter.

Dachschindel → Schindel → Holzschindel.

Dachschwelle, Bez. für die → Fußpfette unter den Sparrenfüßen.

Dächsel → Dechsel.

Dachspan, veralt. Ausdruck für → Holzschindel; die Dachspäne waren aus Eiche oder Kiefer gespalten, ca. 20 cm–90 cm lang, 10 cm breit und ca. 1,25 cm dick.

Dachsparren → Sparren.

Dachspinsel, Dachshaarpinsel, Pinsel aus Dachshaaren für bessere Malerarbeiten, mehr noch zum Vergolden.

Dachspließe → Splißdach.

Dachstein, früher Bez. für Dacheindeckungsmaterialien aus natürlichen Steinen, wie Schiefer oder Kalksteine, heute Betondachsteine.

Dachstock, 1. ein Geschoß innerhalb des Dachraumes. **2.** → Bandstock.

Dachstroh → Strohdach.

Dachstuhl, 1. allg. die → Dachkonstruktion, welche die Dachhaut trägt. **2.** beim Schieferdecker der auf der Dachschräge sitzende Gerüstbock → Fußbank.

Dachtraufe → Traufe.

Dachung, Aufdachung, Bedachung, ält. Bez. für Dacheindeckung.

Dachverschalung → Dachschalung.

Dachwand, Rückwand, an die sich bei Pultdächern das Dach lehnt.

Dachziegel, Ziegel, Tonziegel, Dacheindeckungsmaterial für geneigte Dächer aus gebranntem Ton in den verschiedensten Formen, wie → Krempziegel, Dachpfannen, Pfannenziegel, Pfannen, Flachkremper, Breitziegel, Brettziegel, »Alter Deutscher« → Knüpfziegel → Falzziegel und → Biberschwänze; alle Ziegelarten, bis auf die Biberschwänze, werden einfach auf Dachlatten gedeckt.

Dahlmauer → Trockenmauer.

Dämmstoffe, Baumaterialien in Rollen-, Platten- oder Mattenform zur Wärme-, Kälte- oder Schallisolierung.

Dampfheizung, zentrale Heizungsanlage, bei der in einem Kessel Dampf erzeugt wird, der über Rohre oder Heizkörper Wärme abgibt.

Dampframme → Ramme.

dängeln → dengeln.

Darre, Dürre → Dörrstube.

Daube, Faßdaube, gebogene Bretter, welche die Seitenwände von Fässern bilden.

Debbel → Dübel.

Dechsel, Dächsel, Dachsbeil, Degsel, Deissel, Deißel, Deichsel, Texel, Gerinnehaue, Krummhaue, Rinnenschlichter, Hohlbeil, Beil mit runder, gerader oder krumm gestellter Schneide zum Bearbeiten von Holzoberflächen, mit runder Schneide zum Aushauen von Rinnen, Trögen usw.

dechseln, dächseln, mit dem → Dechsel arbeiten.

Deckbaum, mit Stricken befestigte Bohle (Kantholz, Rundholz) von 3,5–4,5 m Länge als Gerüst des Dachdeckers bei Stroh- und Reetdachdeckungen.

Deckbrett, Schlichtholz, Patsche, handliches Brett mit Griff zum Aufschlagen der Halme bei Stroh- oder Reetdachdeckungen. Ist das Gerät einseitig mit einem Kamm ausgerü-

Decke

stet, so werden damit die losen Halme ausgesondert.

Decke, oberer Abschluß eines Raumes in einem Gebäude, bei mehrgeschossigen Gebäuden die Trennung der Geschosse (Stockwerke), dann meist zugleich oberer Abschluß des unteren Raumes und Fußboden des darüberliegenden Raumes. Man unterscheidet nach ihrer Lage im Gebäude: die Kellerdecken über dem Keller oder bei mehreren Kellern auch zwischen diesen Kellern; die Geschoßdecken zwischen den einzelnen Stockwerken und die Dachdecke über dem obersten Vollgeschoß; nach ihrer Konstruktion: →Balkendecken →Dübelbalkendecken →Steindecken Stahldecken und Stahlbetondecken nach ihrer Form: u. a. Gewölbedecke Bogendecke →Rippendecke →Kassettendecke.

Deckenfach, Deckenjoch, Balkengefach, Balkenfach, Balkenjoch, Hangfach, Feld zwischen den Balken einer Balkendecke.

Deckenfenster, Oberlicht.

Deckengesims →Gesims, das in der Ecke zwischen Decke und Wand oder etwas darunter an der Wand angebracht ist, und zwar entweder aus Holz mit Stuckauftrag, auskragenden Steinen mit Stuck und bei flachen Ausführungen nur aus Stuck.

Deckenkehle, Deckenkehlung, Kehle zwischen Wand und Decke in einfacher Viertelrundung oder als oberer Abschluß eines auf der Wand aufgebrachten → Deckengesimses.

Deckenlicht →Oberlicht.

Deckenmalerei, dekorative oder gegenständliche Malerei an der Decke, bis zum Barock meist in Fresco oder Seccotechnik, später auch in Öl-, Leim- oder Wachstechniken direkt auf den Deckenputz oder in Öl auf unterspannte Leinwand gemalt.

Deckenputz, Deckenverputz, Überziehen der Decke mit Lehm-, Kalk-, Haarkalk-, Sparkalk- oder Gipsmörtel. Lehmverputz wurde oft auf →Windelböden oder Holzbalkendecken mit Lehmfüllungen direkt aufgebracht. Die unterschiedliche Höhe von Deckenfeldern und Balken blieb dabei sichtbar. Eine bessere Haftung und ebene Decken erreichte man durch Unternageln von Ruten, Latten, Spalierlatten, Rohr oder Rohrmatten. Mit Lehmmörtel erzielte man nicht völlig glatte Deckenputze, deshalb und wegen der besseren Haftung wurden diese abgelöst durch Kalk-, Haarkalk- und Gipsputze. An Betondecken wird heute direkt angeputzt, z. T. mit Putzmaschinen angespritzt, zum anderen wird D. heute vielfach als Trokkenputz mittels Gipskartonplatten hergestellt.

Deckenrosette, gemalte oder gestuckte Rosette an der Decke.

Deckenspiegel, das meist durch Stuckprofile eingerahmte innere Feld einer Decke.

Deckenstück, Deckengemälde, Gemälde, meist im Spiegel einer Decke.

Deckenziegel, großformatige Ziegelbauteile, die, zwischen Betonträgern eingelegt und meist mit einer Druckplatte aus Ortbeton, zu Decken verarbeitet werden.

Deckfarbe, deckende Farbe, im Gegensatz zu →Lasurfarben und →Aquarellfarben.

Deckkraft, deckende Eigenschaft von Anstrichmitteln.

Deckkupfer, Kupferplatten zum Eindecken von Dächern.

Deckleiste, Leiste in einfacher oder profilierter Form zum Abdecken von

Fugen, z. B. bei Tür- und Fensterbekleidungen.
Deckmaterial, alle Arten von Dacheindeckungen.
Deckplatten → Mauerabdeckung.
Deckschicht → Mauerabdeckung.
Deckstroh → Strohdach.
Deckstuhl, Klieben, ca. 85 cm lange Leiter des Strohdachdeckers mit einem langen Dorn am oberen Ende zum Einhaken in das Stroh- oder Reetdach.
Deckverband → Pflasterverband.
Deelbalken (nordd.) → Ankerbalken; die Querbalken über der Deele (Diele) im niederdeutschen Hallenhaus.
Deele (nordd.), Mittelschiff des niederdeutschen Hallenhauses → Diele, früher zum Flettoften.
Deelständer (nordd.), Ständer zwischen dem Hauptschiff (Deele, Diele) und den Seitenschiffen (Kübbungen) im niederdeutschen Hallenhaus.
Deelwich (nordd.), Joch aus zwei Deelständern und einem Deelbalken im niederdeutschen Hallenhaus.
Degsel → Dechsel.
Dehnfuge, die eingeplante und eingearbeitete Fuge an Bauwerken oder Bauteilen, welche die Längenänderung bei Temperaturunterschieden oder Schwinden aufnimmt.
Deichsel → Dechsel.
Deissel, Deißel → Dechsel.
Dendrochronologie, Methode zur Datierung des Fälljahres von Bäumen mit Hilfe der unterschiedlichen Jahrringbreiten.
Dengeln, Dängeln, das Dünnschlagen der Schneiden von Sensen und Sicheln.
Denkmal, Kulturdenkmal, ursprüngl. zur Erinnerung errichtetes Mal, Erinnerungszeichen oder Monument, heute als Kulturdenkmäler (im Gegensatz zu Naturdenkmälern) Bauwerke oder Teile davon, die aus geschichtlichen, wissenschaftlichen, künstlerischen, technischen oder städtebaulichen Gründen kulturhistorisch für die Öffentlichkeit interessant und damit erhaltenswert sind. Kulturdenkmäler werden staatlich in Listen oder Büchern erfaßt und sind durch Denkmalschutzgesetze geschützt.
Denkmalpflege, alle Maßnahmen für Denkmäler (Baudenkmäler) bes. die Pflege-, Erhaltungs-, Unterhaltungs-, Konservierungs- und Restaurierungsmaßnahmen.
Denkmalschutz, gesetzgeberische und administrative Maßnahmen für Denkmäler.
Detailzeichnung, meist im großen Maßstab (z. B. 1 : 1, 1 : 2, 1 : 5) erarbeitete Zeichnung einer Einzelheit, wie Fenster, Tür oder Treppe.
Deuse → Düse.
Dezigramm, ein Zehntelgramm → Maß- und Gewichtstabelle.
Dezimalsystem, Maßsystem, dessen Einheiten durch 10 geteilt werden. Jeweils 10 Einheiten einer niederen Ordnung ergeben eine Einheit der nächsthöheren Ordnung.
Diabas, Grünstein, Ergußgestein, kristallin körnig oder schiefrig; dunkelgrün bis schwarz; selten gutes Pflaster und Werksteinmaterial.
Diagonale, gerade Linie, die zwei Ecken, die nicht nebeneinanderstehen, in einem Viereck miteinander verbindet.
Diagonalrippe → Kreuzrippe.
Diamantierung, mit Diamantquaderung versehen.
Diamantquader, an der Sichtseite oder bei Ecksteinen an den Sichtseiten in Form des Diamantschliffs, meist kegelförmig gearbeitete Steinquader.

Dichteisen → Dichtung.

Dichtung, das Abdichten von Ritzen, Spalten, Fugen und Verbindungen, insbesondere für Wasser, aber auch für Luft, Gase und Dämpfe bei Metallen durch Löten, Vernieten oder Schweißen, bei Rohren durch Verschrauben mittels Hanf und Kitt, bei Steinen mittels Fugenkitten oder dichtem Mörtel, bei Holz früher mittels Dichtwerg (in Teer getauchtes Werg), das mit dem Dichteisen oder Kalfatereisen in die Fugen geschlagen wurde. Heute wird neben alten Dichtungen oft mit sog. dauerelastischen oder dauerplastischen Materialien abgedichtet.

Dichtwerg → Dichtung.

Dicktenhobel, Dickte, Hobelmaschine, mit der Hölzer auf eine gleiche Dicke gehobelt werden.

Dickzirkel → Greifzirkel.

Diebel → Dübel.

Diele, 1. → Deele. **2.** Vorraum in einer Wohnung, von dem aus die anderen Räume erschlossen werden. **3.** allg. Bez. für Fußbodenbretter.

Dielenlager → Fußbodenlager.

Dielensäge, Brettsäge → Säge.

Dielnagel, Brettnagel.

Dielung, Bretterfußboden, der direkt auf die Holzbalkenlage, auf Lagerhölzer oder einen → Blindboden aufgenagelt wird. Die Dielung kann aus gehobelten, stumpf gestoßenen oder gespundeten Brettern bestehen.

Dienst, die zur Abtragung von Schild- und Scheidegurten, mehr noch den Diagonal- und Zierrippen der Gewölbe an Säulen und Pfeilern angesetzten Säulen und Halbsäulen. Die unter den Gurten stehenden starken Dienste heißen »alte Dienste«, die schwächeren unter den Diagonalrippen »junge Dienste« und zierliche unter den Zierrippen »ganz junge Dienste«; sind sie fast vollrund, so sind es »gelöste Dienste«, halbrunde dagegen heißen »eingebundene Dienste«.

Dietrich, Drahthaken zum Öffnen von Türschlössern.

Diffusion, das Durchdringen von Flüssigkeit oder Gasen durch feste Körper; am Bau das Durchwandern von Dampf oder Wasser durch Wände.

Dimension, Abmessung eines Raumes oder Körpers. Man unterscheidet die lineare Dimension, die Längenausdehnung, weiter die Flächenausdehnung und die Körperausdehnung, erstere wird durch die Bewegung eines Punktes erzeugt, die zweite durch Bewegung einer Linie und die dritte durch Bewegung einer Fläche.

Dippel → Dübel.

Dippelboden, Diebelboden → Dübelbalkendecke.

Dispersion, Kunststoffdispersion, Anstrichstoffe aus in Kunststoffdispersion fein verteilten Pigmenten.

Dobbel, Dobel, Dollen, Dohben → Dübel.

Docke, Dogge, 1. → Baluster. **2.** kleines Strohbund, das zum Unterlegen bei Ziegeldächern statt der Holzdocke (Spließe) verwandt wurde.

Dodekaeder, Körper mit 12 Flächen aus regelmäßigen Fünfecken.

Dohne, ältere Bez. aus der Wetterau für den Unterzug unter den Balken der Stubendecke.

Dolomit, dem Kalkspat ähnlicher Kalkstein.

Dom, ursprüngl. als »Haus der Häuser« für jedes Gotteshaus gebrauchte Bez., später nur für die bischöflichen Hauptkirchen (Kathedralen) ohne Kloster; in Verbindung mit einem Kloster hießen diese Münster.

Dönse, Dönze (nordd.), meist vom Flett aus geheizter Wohnraum im niederdeutschen Hallenhaus.
Doppeldiele → Bohle.
Doppelfalz → Falz → Metalldächer.
Doppelhobel → Hobel mit doppeltem Eisen, das obere mit der Spitze gegen das untere gelehnt zur Erzielung ganz feiner Oberflächen ohne Einrisse.
Doppelkremper → Krempziegel, der an beiden Längsseiten eine übergreifende Krempe hat.
Doppellatte, Latte mit doppeltem Querschnitt (5 × 8 cm).
doppeln, das beidseitige Auftragen des Strohlehms auf die Stakung einer Fachwerkwand.
Doppelrauhbank, Rauhbank mit Doppeleisen wie bei einem Doppelhobel → Hobel.
Doppelschalung → Dachschalung.
doppelsplintig wird Holz bezeichnet, bei dem sich krankhaft zwischen den Kernjahresringen noch Splintjahresringe befinden. Doppelsplintiges Holz reißt und fault leicht.
Doppeltür, zwei Türen hintereinander.
Dormitorium, Schlafsaal im Kloster.
Dorn, 1. Werkzeug zum Einschlagen von Löchern in Metalle. **2.** Stift im Schloß, auf den die Schlüsselröhre paßt. **3.** Stift im Band, um den sich der Lappen dreht. **4.** → Drehdorn.
Dörrstube, Dörrhäusl, Darre, Dürre (südd.), kleiner Raum oder kleines Gebäude zum Dörren von Getreide, Feldfrüchten usw.
Dosenlibelle, Wasserwaage in Form einer kleinen Dose, mit der ein Körper z. B. das Stativ eines Nivelliergerätes nach allen Richtungen waagerecht gelegt werden kann.
Doße → Schwarte.
Drahtbürste, Bürste mit Stahl- oder Messingborsten, insbesondere zum Entrosten von Eisen und zur Entfernung von Altanstrichen. Bearbeitet man Eisen mit einer Bürste mit Messingborsten, so entsteht durch Festhaftung von Messingteilchen ein Glanz in der Art einer Bronzierung.
Drahtstift, Drahtnagel, Nägel aus gezogenem Draht sind die gebräuchlichste Art von Nägeln. Drahtstifte sind genormt und werden nach ihrer Länge und Stärke unterschieden.
Drahtzange, kleinere Zange zum Biegen und Abzwicken von Draht.
Drahtziegelgewebe, Ziegeldrahtgewebe.
Drainage, Unterdrain, Entwässerung bei bindigen Böden durch unterirdische Leitungen.
Drämpel → Drempel.
Draufbohrer, Drauf, Drauchbohrer → Brustleier.
drechseln, herstellen von runden Gegenständen und Werkstücken aus verschiedenen Materialien wie Stahl, Stein und Holz auf der Drehbank durch das Abnehmen von Spänen während des schnellen Drehens mittels scharfen Werkzeugen wie Drehstahl und Drehstichel.
Drehbohrer → Brustleier.
Drehdorn, Dorn, Dorn, auf dem die Türgriffe sitzen und mit dem das Türschloß betätigt wird.
Drehfenster, früher das sich um eine in der Mitte befindliche Achse drehende Fenster, heute allg. jedes um eine senkrechte Achse drehbare → Fenster.
Drehknopf, Dreher, Olive, Kreuzgriff, Bedienungselement zum Öffnen von Türschlössern, Basquillverschlüssen oder modernen Fenstern.
Drehspille, bei einem in Angeln gehenden Tor das hintere in den Angeln sich drehende Holz.

Drehtür, Drehtor, sich um ihre Mittelachse drehende Türen oder Tore mit zwei oder vier Flügeln.

Dreiblatt, auch spitzes Kleeblatt genannt; Figur im gotischen Maßwerk aus drei gleichen Spitzbögen, welche sich mit den Scheiteln an den Umfang des Kreises, Dreiecks oder → Dreibogens, von dem sie eingeschlossen werden, anlehnen.

Dreibogen, Drillingsbogen, 1. Dreieck mit nach außen gebogenen Seiten. **2.** drei Bogen nebeneinander. **3.** Spitz- oder Rundbogen, der durch zwei Nasen in drei Teile geteilt ist.

dreigekuppeltes Fenster → Drillingsfenster.

Dreikonchenanlage, Kleeblattgrundriß.

Dreipaß, Figur im gotischen Maßwerk, die aus drei Kreisen, die in einem größeren Kreis eingeschlossen sind, konstruiert wird.

Dreipaßbogen, Kleeblattbogen.

Dreiquartier, Dreiviertelstück eines Ziegels.

Dreischneuß, Figur im gotischen Maßwerk, die aus drei in einem Kreis eingeschlossenen Schneußen (Fischblasen) konstruiert wird.

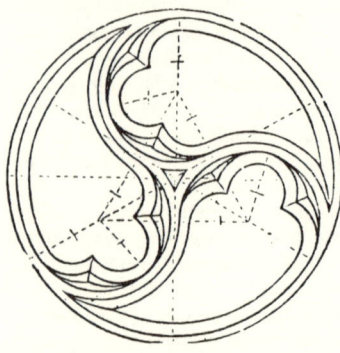

Dreischneuß mit Konstruktionshilfslinien.

Dreiseithof, meist in U-Form zur Straße offene Hofanlage, z. B. aus Wohnhaus, Stall und Scheune bestehend, die vierte Seite oft mit einem Tor geschlossen.

Dreiständerkonstruktion, konstruktive Zwischenlösung vom Zwei- zum Vierständerbau.

Dreiviertelstab, Profilteil von Gesimsen, dreiviertelrund, in einer auf verschiedene Weise konstruierten Spiralform.

Drempel, das senkrechte Wandstück eines Kniestocks.

Drillbohrer → Bogenbohrer.

Drillingsbogen → Dreibogen.

Drillingsfenster, dreigekuppeltes Fenster, drei, nur durch zwei Säulen oder Pfosten getrennte Fenster.

Drippdiele → Trippdiele.

Drücker, Drucker, Drückel, einseitiger Handgriff an Türschlössern.

Druckkraft, Druck, Kraft, die auf einen Körper wirkt; gemessen in Kraft je Flächeneinheit.

Drudenfuß, Pentagramm, Fünfstern, Fünfort, Fünfhorn, Hexenfuß, Krähenfuß, Alpkreuz, Pentalpha, fünfzackiger Stern, durch Verlängerung der Seiten eines gleichförmigen Fünfecks konstruiert; schon in vorgeschichtlicher Zeit germanisches Heilszeichen zur Abwehr alles Bösen, insbesondere des Teufels; auch Symbol der fünf Sinne; Symbol für die fünf Bücher Moses bei den Juden und Symbol für das alte Testament bei den Christen.

Drumme, Holzrinne aus einem halben, ausgehöhlten Stamm, z. B. für Dachrinnen.

Drummsäge → Schrotsäge.

Dübel, Dübbel, Dobbel, Dobel, Dollen, Diebel, Debbel, Doben, Dippel, rundes oder vierkantiges Holz oder

Stahlstück zum Verdübeln von zwei Körpern, indem man den Dübel halb in den einen und halb in den anderen Körper in Dübel- oder Dollenlöcher steckt. Bei Steinverdübelungen werden die Löcher größer als die Stahldübel angefertigt und die Dübel dann mit Blei vergossen. Daneben zahlreiche neuere Dübelformen, wie Wanddübel zum Befestigen von Haken, Ösen usw., Ringdübel, Tellerdübel, Einpreßdübel für Ingenieurholzkonstruktionen und Spreizdübel.

Dübelbalkendecke, Dübeldecke, Dobeldecke, Dobbeldecke, Dippelboden, Diebelboden, Blockdecke, Tramdecke, Mann-an-Mann-Decke, Holzbalkendecke aus dicht nebeneinanderliegenden, verdübelten oder unverdübelten Balken, meist aus Vollhölzern gebeilt oder geschnitten, früher bei aufwendigen Gebäuden wie Schlössern oder bei hohen Verkehrslasten häufiger; heute wegen des großen Holzverbrauches praktisch nicht mehr angewendet.

Dübeldecke → Dübelbalkendecke.

durchbolzen, zwei oder mehrere Hölzer durch Stahlbolzen miteinander verbinden.

Durchbruchsäge → Lochsäge.

durchfluchten → Flucht.

durchschlagen, 1. das Durchdringen von Feuchte oder Farbsubstanzen durch Wände, Putze, Farbschichten oder andere Bauteile. **2.** veralt. Ausdruck für bei zu hohem Biegezug durchbrechende (durchschlagende) Balken.

durchschmieden, das auf der → Esse erwärmte Eisen durch Schmieden ausziehen, verlängern oder vergrößern.

Durchwurf, Sandsieb.

Durchzug → Unterzug.

Dürre → Darre.

Düse, Deuse, kegelförmig zulaufende Öffnung, welche erlaubt, daß Flüssigkeiten oder Gase mit oder ohne Druck in sehr feinem Strahl austreten.

Düsselbaum, Düssel (nordd.), herausnehmbares Setzholz in der Mitte des großen Dielentores am niederdeutschen Hallenhaus (wenn mit Wagen ein- oder ausgefahren werden sollte). Das im Sturzriegel des Tores eingestemmte Loch zur Aufnahme des Zapfens des Düsselbaumes heißt Düsselloch, die untere Befestigung Düsselpflock.

Dynamik, die Lehre von den Kräften.

Ebenholz, echtes Ebenholz ist das sehr dichte, keine Jahresringe zeigende, schwarze Kernholz des Ayribaumes (Dattelpflaumenbaum), dessen spez. Gewicht schwerer als Wasser ist. Die jungen Splintjahresringe sind weiß oder hell; Ayri wächst in Südostasien und Ostindien. Weitere Ebenholzarten sind das Rote Ebenholz aus Brasilien, das Grüne Ebenholz von Guayana und Cayenne, Blaues Ebenholz aus Surinam, Gelbes Ebenholz aus Westindien, als Deutsches Ebenholz wird das Kernholz der Eibe (Taxus) bezeichnet.

Ebenholzbeize, heute allg. eine schwarze Holzbeize, früher Beize mit speziell aufbereitetem Galläpfelwasser mit Rußschwarz.

Ebenist, veralt. Bez. für Tischler, der sich mit Möbelarbeiten, wie Furnieren und Einlegearbeiten, beschäftigte.

Eberesche, Ebsche, Eibsche, Afrausch, Aberesche, Vogelbeere, heimischer Baum; zwischen 12–20 m hoch; bis zu 60 cm Durchmesser mit

Eckband

hartem und zähem, hell bis bräunlich geflammtem Holz, das sich gut polieren läßt.
Eckband, 1. Quaderstein, der von der Ecke weit in die Mauer einbindet. **2.** Eckbeschlag, z. B. Winkel an den Ecken eines Holzrahmens.
Eckfenster, Fenster, das über die Ecke eines Gebäudes reicht oder über Eck, d. h. schräg zur Gebäudeecke gesetzt ist.
Eckfirst, Gratlinie an einem Walmdach.
Eckschutzschiene, Schiene aus verzinktem Stahl oder Kunststoff, welche bei verputzten Gebäudeecken (auch Türen usw.) eingebaut wird, um die Putzecke vor mechanischen Beschädigungen zu schützen.
Ecksparren → Gratsparren.
Eckständer, Eckstiel, auf dem Fundament (Schwellriegelkonstruktion) oder auf der Schwelle stehender → Ständer an einer Gebäudeecke.
Eckstein, Stein an der Ecke eines Gebäudes, Risalits usw., aber auch der → Prellstein vor der Ecke eines Gebäudes.
Eckstichbalken → Gratstichbalken.
Eckstück, Verzierungen aus Stuck oder in Malerei an den vier oder einzelnen Ecken einer Raumdecke.
Ecktürme, Ecktürmchen, an den Ecken von Gebäuden aufgesetzte Türme oder den Ecken von Türmen angefügte kleinere Türme.
Eckverband, die Verbindung von Steinen oder Holzkonstruktionen an den Ecken. Im Mauerwerksbau wird zwischen dem angefügten Eckverband, bei dem stumpf an den Eckstein angeschlossen wird, und dem eingebundenen Eckverband mit in die Mauer eingebundenen Ecksteinen unterschieden.

Eckverkleidung, Holzverkleidungen zum Schutz verputzter Ecken aus 6–8 cm breiten, meist profilierten Brettern, heute statt dessen meist → Eckschutzschienen.
Edelmetalle, gegen chemische Einflüsse weitgehend widerstandsfähige, nichtrostende Nichteisenmetalle wie Gold und Silber.
Edelputz, industriemäßig hergestellte Putzmörtelmischungen für Außenputz, z. B. als Kratzputz, mit bes. Zuschlagstoffen.
Edelstahl, legierter, weitgehend widerstandsfähiger und nicht oder nur wenig rostender Stahl.
Edeltanne → Weißtanne.
Ehre, Ehrn, 1. → Ern. **2.** → Ahorn.
Eibe, Eibenbaum, Judenbaum, Taxus, heute nur noch selten heimisch vorkommender Baum, der ein sehr hohes Alter erreicht, mit hartem, festem, zähem und schwerem, feinfaserigem orangerotem, stark geädertem Holz.
Eibsche → Eberesche.
Eiche, kommt heimisch hauptsächlich in zwei Arten, der Sommereiche und der Steineiche, vor. Die Dichte reicht je nach Art von 0,60–0,90 g/cm³. Die Sommereiche, auch Augusteiche, Augsteiche, Stieleiche und Baueiche genannt, wird bis über 50 m hoch, bis zu 2,5 m dick und bis zu 1000 Jahre alt. Das Wachstum hört dabei aber nach 300 bis 400 Jahren praktisch auf. Das Holz ist hart, schwer, fest, zäh und kurzfaserig, anfangs hell und später hellbraun, der Splint bleibt weich und hell, mit deutlich sichtbaren Jahresringen und spiegelartig geprägten Markstrahlen. Das Holz der Sommereiche ist ideales Bauholz, im trockenen Zustand jedoch schwer zu verarbeiten; hält im ständig trockenen Zustand mehr als 800 Jahre, im nassen

Zustand mehr als 1000 Jahre und im Wechsel nur 10–45 Jahre. Die Stein eiche, auch Wintereiche genannt, wird bis 35 m hoch, bis zu 2 m dick und 400 bis 600 Jahre alt. Das Holz ist rostgelb, aber leichter brüchig und nicht so zäh wie das der Sommereiche. Die Haltbarkeit ist ähnlich gut wie die der Sommereiche. Andere Eichenarten sind die Kork-, Knopper-, Ziegenbart-, Stachelkelch-, Burgund-, Cerris-, Speis- und Scharlacheiche in Südeuropa sowie die Lebenseiche, Rote Eiche, Kastanienblättrige Eiche und Scharlacheiche in Kanada und Nordamerika. Eichenbäume waren den Griechen, Kelten, Germanen und Galliern heilig. Die Verehrung wurde auch in der christlichen Kunst und Symbolik weitergeführt; so ist die Eiche Sinnbild für Treue und Glaubensstärke, das Blattwerk steht für die Hoffnung auf Gott.
Eierstab, aus dem griechischen und römischen Stil, bes. in der Renaissance, aber auch in den anderen Baustilen, übernommene Schmuckform aus einem Viertelstab mit eingeschnittenen (nicht aufgesetzten) Eiformen.
Eimerwerk, Eimerkunst → Paternoster.
einbecken, den Rand eines Gegenstandes über einen Metalldraht biegen, um mit diesem den Rand zu verstärken.
eindrillen, Loch mit einem Drillbohrer bohren → Bohrer.
Einfachschalung → Dachschalung.
einfalzen, eine → Nut oder Ausklinkung in ein Werkstück einarbeiten.
Einfassungsgesims, kleines → Gesims, das Füllungen und Felder von Decken und Wänden umrahmt.
einfluchten, Gegenstände, Bauteile, wie Mauern und Säulenreihen in eine Flucht bringen.
eingädig (südd.), eingeschossig.
eingebundene Säule, in das Mauerwerk eingebundene Säule, z. B. als Halbsäule.
eingebundener Dienst → Dienst.
eingefaßte Arbeit, Arbeit mit Füllung und Rahmen.
eingeschoben, Brettfüllung, die ringsum in den Nuten eines Rahmens sitzt (eingeschoben ist).
eingeschossen, die mittels Durchsteckzapfen oder Zapfenschlössern »eingeschossenen« Stockwerksbalken führten zu dem Begriff »Geschoß«.
eingießen, Eisen, z. B. Dübel, mit flüssigem Blei im Stein befestigen.
Einhalsung, Schlitz am oberen Ende eines Holzes zur Aufnahme z. B. eines Balkens als Holzverbindung.
einhängiges Dach → Pultdach.
einhäuptig, nur auf einer Seite glatt behauene oder bündig gemauerte Mauer.
Einhaus, Bauernhaus mit allen Funktionen wie Wohnung, Stall und Erntelager unter einem Dach, z. B. niederdeutsches Hallenhaus, Schwarzwaldhaus.
einhüftig, einbündig, Gebäude mit einem Gang oder Flur und nur einseitig daran angeordneten Räumen.
Einkehle → Kehle.
einlassen, in einer Vertiefung eines Körpers einen anderen Körper, z. B. Bänder oder Schlösser bei Türen und Fenstern, einarbeiten (einlassen).
Einlaßpforte, Einlaßtüre, Handpforte in einem großen Tor oder einer großen Tür eingearbeitete kleinere Tür, um nach dem Verschließen des großen Tores noch Fußgänger einzulassen.

Einlegearbeit, Intarsie, Arbeiten, bei denen dünne Materialien, z. B. Holz oder Marmor, in Bändern, ornamental oder als gegenständliche Darstellungen in ein anderes Material eingelegt werden.
einlochen, verzapfen → Holzverbindungen, Zapfen.
einmachen, ält. Bez. für Anmischen von Mörtel oder Farben.
einquartieren, das Einlassen der Treppenstufen in die Treppenwange.
Einsatzladen → Fensterladen.
Einsatzstück → Amboß.
einschlagen, das zu schnelle Eindringen des Bindemittels von Anstrichstoffen in den Untergrund, bei dem oft Verfärbungen und mattere Stellen entstehen.
einschmelzen, die auf Glas aufgetragenen Farben so stark erhitzen, daß sie mit dem Glas zusammenschmelzen.
Einschneidedecke → Einschubdecke.
Einschnittholz, Holz mit einem Einschnitt zum Einklemmen des Sägeblattes, um dieses zu schärfen.
Einschnittmeißel → Stechbeitel.
Einschrägung, Erweiterung einer (schrägen) Laibung nach außen.
Einschubdecke, Einschub, Einschubboden, Einschneidedecke, Schragboden, Fehlboden, Fehldecke, Faulboden, die Decke aus Einschubbrettern oder Einschubschwarten, die auf seitlich an den Balken angenagelten Latten der Holzbalken liegen.
Einschubfeld → Einschubdecke, ein Feld in der Einschubdecke.
Einschubleiste, Einschiebeleiste, 1. Leiste in einer Nut, die zwei oder mehrere Bretter miteinander verbindet. **2.** → Einschubdecke.
Einschubtreppe, Bodentreppe, die in voller Länge, eingeklappt oder zusammengeschoben in den Bodenraum eingeschoben wird.
Einsetzband, Fischband.
einstämmig, aus einem vollen Stamm gewonnene Bauhölzer; Vollhölzer.
Einsteckschloß, eingestecktes oder eingestemmtes Schloß, ganz im Material — meist Holz — der Tür oder des Tores eingearbeitetes, eingestecktes oder eingestemmtes Schloß.
einsteinig, Mauer, deren Dicke nur der einfachen Länge der verwendeten Ziegel oder Natursteine entspricht.
einstemmen, Schloß oder Beschlagteil im Holz einlassen.
einsumpfen, 1. des Kalks → Löschkalk. **2.** des Tones zur Ziegelherstellung: der gestochene Ton wird auf Mieten eine Zeitlang der Luft ausgesetzt und danach in Hallen so eingesumpft, daß alle Tonteile mit Wasser durchsetzt sind.
eintränken, Flächen als Malgrund mit Öl, Leimwasser, Ochsengalle oder Grundiermittel behandeln, um einen besseren und gleichmäßigeren Anstrichgrund zu erzielen.
einvieren, in ein Quadrat einschreiben.
einwägen, einwiegen, genau waagerecht legen.
einwinkeln, in den rechten Winkel legen.
einwintern, unvollendete Bauten oder Bauteile für die Überwinterung verwahren.
einwölben, eine Öffnung mit einem Gewölbe oder Bogen überdecken.
einzahnen, einen → Zahnschnitt herstellen.
einzapfen, ein Holz mittels Zapfen → Holzverbindungen, mit einem anderen Holz verbinden.
einziehen, 1. allg. für einbauen. **2.** ein Werkstück schwächer werden lassen.

Einziehung, große Hohlkehle, kann anstehend, d. h. weiter nach unten auslaufend, oder überhängend, d. h. weiter nach oben auslaufend, ausgeführt sein.
Eisbrecher, Eisbaum, Eisbock, unter ca. 40° schräg liegendes Holz vor Brückenpfeilern, um diese vor Eisgang zu schützen.
Eisen, Schwermetall, Kurzzeichen Fe; Schmelzpunkt bei 1528° Celsius; das aus Eisenerzen, wie Magneteisenstein, Roteisenstein, Brauneisenstein und Spateisenstein gewonnen wird. Man unterscheidet insbesondere in Roh- oder Gußeisen (bis zu 4% Kohlenstoff), das nicht schmiedebar, aber gießbar ist und → Stahl.
Eisenbau, Stahlbau.
Eisenbeton, ält. Bez. für Stahlbeton.
Eisenblau → Blaueisenerde.
Eisenblech, Stahlblech.
Eisendraht, Stahldraht.
Eisenerde → Blaueisenerde.
Eisenerz, Eisenstein → Eisen.
Eisenfeilspäne, Abfallprodukt bei der Eisenverarbeitung, wurde früher, z. B. in Stuck eingemischt, um mittels der durch die Oxidation bewirkten Ausdehnung eine Verdichtung zu erzielen, oder in den Estrich gegeben, um die mechanische Beanspruchbarkeit zu verbessern.
Eisengießerei, Fabrikationsanlage zur Herstellung von Eisenguß.
Eisenglanz, Eisenerz mit schwarz glänzenden Kristallen.
Eisenhammer → Hammerwerk zum Schmieden von Eisen und Blechen.
Eisenholz, verschiedene, sehr harte, tropische Holzarten; das echte E. von den Molukken, daneben u. a. indisches, ostindisches und afrikanisches Eisenholz.
Eisenkitt, Rostkitt, Kitt aus Eisenfeilspänen mit verschiedenen Beimengungen, wie Ton oder Schamotte, zur Abdichtung z. B. von Stahlrissen. Eisenkitte werden heute nicht mehr verwendet.
Eisenknecht, die Arbeitsfläche (Bahn) auf dem → Amboß.
Eisenlack, rostschützende Asphaltlösungen oder farblose Öllacke.
Eisenmennige, Eisenminium, Rostschutzanstrichmittel aus ca. 70% Eisenoxid und 30% kieselhaltiger Tonerde.
Eisenocker, Eisenocher, rote (Rötel), braune oder gelbe Pigmente aus tonhaltigem Eisenoxidhydrat.
Eisenoxid, durch feuchte Luft oder Wasser mit Luft entstandenes Korrosionsprodukt aus Eisen; Bestandteil vieler Rotpigmente wie Englischrot, Eisenrot, Eisenmennige, Berliner Rot, Colcothar und Caput Mortuum.
Eisenoxidhydrat, Rost, entsteht wie Eisenoxid bei der Korrosion von Eisen oder Stahl durch feuchte Luft oder Wasser mit Luft.
Eisenoxidsalze, Eisenvitriol, Verbindung von Eisen oder Eisenoxid mit einer Säure.
Eisenpecherz, Eisensinter, rötlichgelblich oder braunerer Farbstoff, für dessen Herstellung Eisenoxid, Schwefelsäure und Wasser gebraucht werden.
Eisenschaum → Graphit.
Eisenschuh, eiserne Spitze an Pfählen, um beim Einschlagen deren spitzes Ende nicht zu zerstören, auch am Fuß von Ständern, um diese nicht unmittelbar der Bodenfeuchte auszusetzen.
Eisenschwarz Bronzefarbe zum Überziehen von Stuckfiguren (um Eisen darzustellen).
Eisensinter → Eisenpecherz.

Eisenstein, Eisenerz →Eisen.
Eisenvitriol → Eisenoxidsalze.
Elastizität, Eigenschaft der Baustoffe, nach einer Formveränderung wieder ihre ursprüngliche Form einzunehmen.
Elastizitätsmodul, Kraft, durch die ein prismatischer Körper von 1 cm^2 Querschnitt auf das Doppelte seiner Länge ausgedehnt wird.
Element, Grundstoff.
Elevator → Paternoster.
Elfenbeinschwarz, Helfenbeinschwarz, Beinschwarz, schwarzer Farbstoff; meist aus verkohltem Elfenbein oder Knochen.
Elisabethstil, stilistische Ausprägung der frühen Renaissance in England.
Elle, Längenmaß auf der Basis des Maßes der menschlichen Elle, gemessen vom Mittelfinger bis zum Ellenbogen, zuweilen auch die Armlänge →Maß- und Gewichtstabellen.
Ellenquader, Quadersteine von einer Elle Höhe.
Eller → Erle.
Ellipse, ebene, krumme, in sich zurückkehrende Linie, bei der für jeden Ellipsenpunkt die Summe seiner Abstände von zwei festen Brennpunkten gleich ist (Kegelschnitt).
Ellipsenzirkel, Ellipsograf, Zeichengerät, Arbeitsgerät zum Konstruieren von Ellipsen.
Eloxalschicht, widerstandsfähige Schutzschicht auf Aluminium und Aluminiumlegierungen durch elektrolytische Oxidation.
Else → Erle.
Email, glasartiger Überzug auf Metall, wird eingebrannt.
Emailfarbe, Schmelzfarbe für Emaillierungen.
Emailmalerei, mittelalterliche Maltechnik mit Emailfarbe. Erhabene Figuren auf ausgetieften Metalloberflächen oder Malereien mit verschiedenfarbigem Email, das durch eingelegte Metallstreifen getrennt wird; Cloissonné.
Emblem, allg. ein meist zur Dekoration verwendetes Symbol.
Emplekton (griech.), das Gefüllte →Füllmauerwerk.
Empore, Emporbühne, Emporkirche, Borlade, Bosel, Porkirche, Prieche, auf Pfeilern, Pfosten oder Ständern, oft hölzernes Zwischengeschoß in Kirchen, um den Platz für die Kirchenbänke zu vergrößern.
Emporscheune, Mittelbansen, in Fruchtscheunen der Boden über dem Mittelgang der Dreschtenne.
Endbrett → Schwarte.
Endoskop, flexibles oder starres Untersuchungsgerät aus einem in einem Rohr zusammengefaßten Bündel von Glasfasern mit einer Lichtquelle, das es ermöglicht, Stellen z. B. in Mauern, Balkenköpfen (aber auch im menschlichen Magen), zu untersuchen, die sonst unzugänglich sind.
Engelhäuschen, Heiligen- oder Apostelhäuschen, als Schirmstand (beschirmte Nische) im Innern der Kirchen, besonders an Chorsäulen.
Engländer, Schraubenschlüssel mit verstellbarer Backenbreite (Maulbreite).
englische Balkenlage, holzsparende →Balkenlage aus weit auseinanderliegenden Hauptbalken (Tramen) und quer darübergelegten oder eingezapften schwachen Balken.
englische Gotik, nationale Ausprägung der Gotik in England, ca. 1150–1500.
englisches Einsteckschloß →Einsteckschloß mit Drücker, Schildern und Griffen aus Messing.

englisches Fenster, senkrechtes Schiebefenster mit Rollen und Gegengewichten.
Englischgelb →Chromgelb.
Englischrot →Colcothar; mehr oder weniger reines Eisenoxid, wurde als Farbstoff, aber auch zum Schleifen und Polieren von Metallen und Glas verwendet; Rückstand bei der Erhitzung von Eisenvitriol.
Engobe, Engobierung, Angußfarbe, Überzug aus eingefärbter Tonschlämme, z. B. auf Tondachziegeln, der mit eingebrannt wird, um damit verschiedene Einfärbungen des Ziegels zu erzielen.
enkaustieren, mit heißem Wachs tränken.
Enkaustik, enkaustische Malerei, im frühen MA. verbreitete Maltechnik; Wachsmalerei mit warmen Farben und feinen Pinseln auf sehr feinem Putz. Die Farben wurden mittels vorgehaltener Kohlebecken eingebrannt.
Ennsbaum (südd.) → Brückenbalken.
Ente → Krabbe.
entlasten, abfangen, ablasten, Abtragen von Lasten und Kräften, insbesondere z. B. durch Überwölben eines Bogens oder Sturzes.
Entlastungsbogen, Ablastebogen, zweiter Bogen über einem Bogen oder Bogen über einem Sturz → entlasten.
entrinden, schälen. Entfernen der Rinde von den gefällten Baumstämmen. Durch sofortiges Entrinden von Hartholz nach dem Fällen erhöht sich die Festigkeit, und der Schädlingsbefall wird gemindert. Nadelhölzer ließ man früher erst oberflächlich trocknen und entrindete sie dann, um zu großen Harzverlust zu vermeiden.
entsaften, Auslaugen von Bauhölzern durch Wässern oder Flößen.
Entwässerung, Oberbegriff für alle Maßnahmen zur Abführung von Oberflächen-, Regen- oder Abwässern mittels Abzugsgräben → Drainage oder Abwasserleitungen.
Epigramm, Inschrift an Denkmälern meist moralischen Inhalts.
Erdarbeiten, Erdbau, kommen insbesondere im Land-, Straßen-, Wasser-, Hoch-, Damm- und Deichbau vor. U. a. zählen dazu Ausgrabungen, Aushebungen, Ausschachtungen, Erdbewegungen, An- und Aufschüttungen und Planierungen.
Erdbogen, Bogen in Fundamenten und Grundmauern zum Überspannen von Klüften oder schlecht tragenden Bodenschichten.
Erdbohrer, alle Arten von manuell, heute meist maschinell, betriebenen Bohrern, beginnend von Bohrern für Rammpfähle bis zu Bohrern für Erdöl und Erdgas.
Erddruck, Druck gegen Mauern oder Stützmauern, der sich aus dem Gewicht des an der Mauer liegenden Erdreichs und dem Reibungswinkel ergibt.
Erdfarben, allg. Farben mit erdigen Farbtönen, bes. Kreide, Ocker, Bergblau und Kölner Erde.
Erdgrün, Farbstoff aus mattgrünen, steinigen Erdfarben, die beim Brennen bräunlichgrün werden.
Erdharz, 1. gelbes E., Bernstein. **2.** schwarze Erdharze sind Asphalt, Federharz und Naphta.
Erdkegel, Maßkegel, Maßhügel, Hügel, der bei Erdarbeiten stehenbleibt, um die Höhe der abgetragenen Erdmassen feststellen zu können.
Erdlade, Unterlage in Form eines kastenartig ausgehöhlten Holzes, in dem mit Keilen die Streben oder Steifen hochgetrieben werden, bes. für Abstützungen auf weichem Boden.

Erdmauerwerk, Lehmmauerwerk.
Erdmörtel, aus etwa 35% Erde und 65% Kieselsand gemischter Mörtel für Trockenmauern.
Erdpech → Asphalt.
Erdquader, Patzen, Erdpatzen, großer, aus Erde geformter, Mauerstein, in Formen gestampft oder gepreßt.
Erdramme → Handramme.
Erdschlacke → Lungenstein.
Erdschraube, Bohrschraube für Erdbohrer.
Erdteer → Bitumen.
Erdwand, Erdmauer, Mauer aus Lehm oder lehmhaltiger Erde mit gehäckseltem Stroh.
Ergußgestein, schnell abgekühltes Eruptivgestein.
erhabene Arbeit, Basrelief.
Erker, Aerker, Aerkner, Arker, Ausgebäude, Ausstich, Utstecke, überbauter Balkon, oft durch mehrere Stockwerke gehend; auch an Gebäudeecken z. B. als Eckchor ausgebildet oder als Eckturm.
Erle, Eller, Else, heimische Holzart. Die gemeine oder schwarze E. wird 16–24 m hoch und 40–60 cm dick. Das Holz des lebenden Stammes ist weiß, nach der Fällung färbt sich der Kern rötlich-braun, der Splint bleibt weiß. Das Erlenholz ist weich und eignet sich für Drechsler-, Tischler- und Schnitzarbeiten.
Ern, Ehre, Ehrn (mitteld.), Hausflur, früher oft gleichzeitig auch Küche und tieferliegend als die übrigen Räume.
Ernhaus (mitteld.), traufseitig (über den Ern) erschlossenes Haus, meist Fachwerkhaus.
ersäufen, Bez. für den Vorgang, wenn beim Kalklöschen zuviel Wasser zugegeben wird. Die Bindekraft des Kalkes geht beim »Ersäufen« verloren.
Eruptivgestein, aus dem Erdinnern

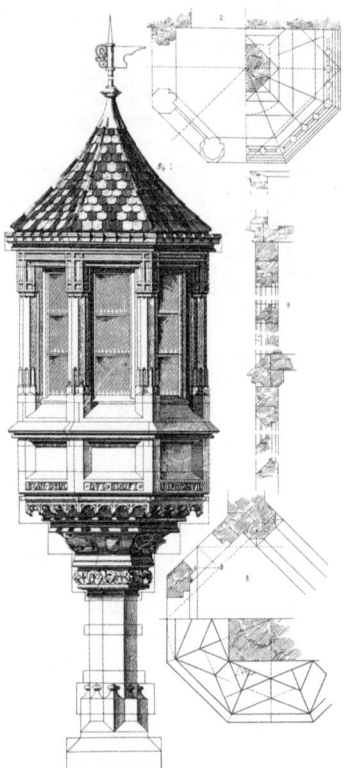

Erker, ähnlich einem Altan, bis zum Erdgeschoß unterbaut.

feurig-flüssig an die Erdoberfläche gelangte Steine (z. B. durch Vulkanausbruch) wie Basalt und Trachyt.
Erz, metallhaltiges Mineral.
Esche, Aeschbaum, Asch, heimische Holzart. Die E. aus der Familie der Ölbaumgewächse wird bis zu 35 m hoch und bis zu 1,5 m dick; das beim jungen Baum weiße Holz wird später bräunlichgelb. Das Holz ist hart und dauerhaft, wird aber leicht von tierischen Holzschädlingen angegriffen;

es eignet sich gut für Tischler- und Wagnerarbeiten. Die Dichte beträgt im trockenen Zustand ca. 0,65 g/cm³.
Eselsrücken → Bogen.
Eselstreppe, stufenlose Treppe.
Espe, Zitterpappel → Pappel.
Esse, allg. nur noch der Rauchabzug in der Schmiede, früher Feuerherd und Rauchabzug.
Essenkopf, Essenaufsatz, Schornsteinaufsatz.
Estrich, Ästrich, im flüssigen Zustand eingebrachter und dann erhärteter Boden, wie Zement-, Traß-, Kalk-, Gips- oder Asphaltestrich. Wenn der Estrich auf weiches Dämmaterial aufgebracht wird, handelt es sich um »schwimmenden Estrich«. Früher bezeichnete man auch den Lehmstampfboden als Estrich.
Estrichstein, gebrannter Fußbodenziegel, meist 3—4 cm stark und oft quadratisch.
Etagengurt, Stockwerksgesims → Gesims.
Expertise, Gutachten oder Stellungnahme eines Experten zu einer bestimmten Problemstellung.
exzentrisch, allg. außermittig; genauer: in einer Ebene liegende Kreise oder Kugeln, die keinen gemeinsamen Mittelpunkt haben.

Facette, ebene, glatte, abgegrenzte Fläche.
Fach, 1. Sparrenfeld, Balkenfeld. **2.** → Gefach.
Fachbau, Fachwerkbau.
Fächerfenster, romanisches, schmales → Fenster, das oben mit einem Rundbogenkranz geschlossen ist.
Fächergewölbe, Palmengewölbe → Gewölbe mit fächerförmig angelegten Rippen.
Fächerrosette, geschnitztes oder gemaltes Schmucksymbol, oft auf dem Dreieck Schwelle, Ständer und Fußwinkelhölzer der Fachwerke Niedersachsens und Westfalens, urspr. wie fast alle Fachwerkfiguren ein Runensymbol.
Fächerwerk, Decke oder Gewölbe in fächerförmiger Teilung.
Fachgerten → Strohlehmstakung.
Fachholz, Stakholz → Strohlehmstakung.
Fachriegel → Riegel.
Fachverband, 1. Deckverband bei Ziegelsteinpflasterungen oder Platten mit durchgehenden Längs- und Querfugen. **2.** Bez. für die Vereinigungen (Verbände) von Gewerken.
Fachwand → Fachwerk.
Fachwandriegel → Fachwerk → Riegel.
Fachwerk, Bindwerk, Riegelwerk, Ständerwerk, Skelettkonstruktion, bei welcher die gesamten Lasten und Kräfte von tragenden Hölzern übernommen werden, während der Wandschluß durch raumabschließende, aber nicht tragende Wandteile erzielt wird. In vorgeschichtlicher Zeit entwickelte sich dort, wo ausreichend langfaserige Weichhölzer vorkamen, der → Blockbau und dort, wo kurzfaseriges Hartholz vorherrschte, der Fachwerkbau. Die Entwicklung reichte von zeltähnlichen Konstruktionen über Pfostenbauten, wie sie am Bodensee und im Federseemoor durch Ausgrabungen nachgewiesen werden konnten, weiter über ein- und mehrgeschossige Ständerbauten bis zum hochentwickelten Fachwerk in Stockwerksrähmbauweise der Gotik und Renaissance. Von 1600 bis in das

Fachwerk

20. Jh. erfuhren die Fachwerkkonstruktionen keine Änderungen mehr, lediglich Schmuckformen änderten sich. Die ältesten bis heute bekannten Fachwerke reichen in das 13. Jh. zurück. Bis in das 18. Jh. war Fachwerk in Mittel-, West- und Nordwesteuropa die praktisch ausschließliche Bauweise und prägte damit Landschaften, Dörfer und Städte. Fachwerk gliedert sich in Deutschland in drei große landschaftliche Stilgruppen: oberdeutsches oder alemannisches Fachwerk zwischen dem Bodenseeraum im Süden und dem Neckar im Norden entwickelte sich aus dem → Ständerbohlenbau; die Hauptmerkmale sind weite Ständerstellung und Verdoppelung der Rähme; um 1600 zeigte das oberd. F. kaum noch Unterschiede zum Fachwerk in Mitteldeutschland. Mitteldeutsches oder fränkisches Fachwerk reicht vom Neckar im Süden bis zur Diemel im Norden, von Thüringen im Osten bis zum Elsaß im Westen, die Merkmale sind enge Ständerstellung, das prägnante Bundsystem und der Schmuckreichtum bes. im → Barock. Niederdeutsches oder niedersächsisches Fachwerk breitet sich von der Diemel im Süden bis zur Nord- und Ostsee aus und umfaßt ganz Westfalen; Vernachlässigung der Streben, Ziegelfüllungen in den Gefachen, Schmuckreichtum in der → Renaissance, bes. die Ausprägung der Hausform des niederdeutschen Hallenhauses gehören zu den Eigenarten dieses Stils. Konstruktiv ist bes. zu unterscheiden zwischen den frühen Ständerbauten, bei denen die senkrechten Hölzer durch alle Geschosse reichten und die im 14.–15. Jh. bis auf die Ausnahme der Scheunen weitgehend von der Stockwerks- oder Stockwerksrähmbauweise abgelöst wurden, und der Stockwerksrähmbauweise, bei der jedes Stockwerk für sich verzimmert, aufgeschlagen und ausgesteift wird. Sonderformen des Fachwerks sind Umgebindehäuser in Schlesien mit einem Erdgeschoß in → Blockbau und einem Obergeschoß in Fachwerk sowie die Häuser im Schwarzwald und im nördl. Alpenland aus Blockbau kombiniert mit Fachwerk oder Blockbau.

Fränkisches Fachwerk
Links Fachwerk um 1500 (Übergangszeit nach Walbe) mit gebogener Strebe und Gegenstrebe, der Riegel noch verblattet. Rechts Fachwerk etwa ab 1600 mit der Hälfte eines »Wilden Mannes« und Rautenfüllung in der Fensterbrüstung.

Niedersächsisches Fachwerk
Links um 1450, Verstrebung nur mittels Fußbändern, Riegel noch über den Stielen angeblattet. Rechts 16. und 17. Jahrhundert mit verzierten Fußwinkelhölzern, Brüstungsplatten und stark profilierten Rähmschnitzereien.

Fallrohr

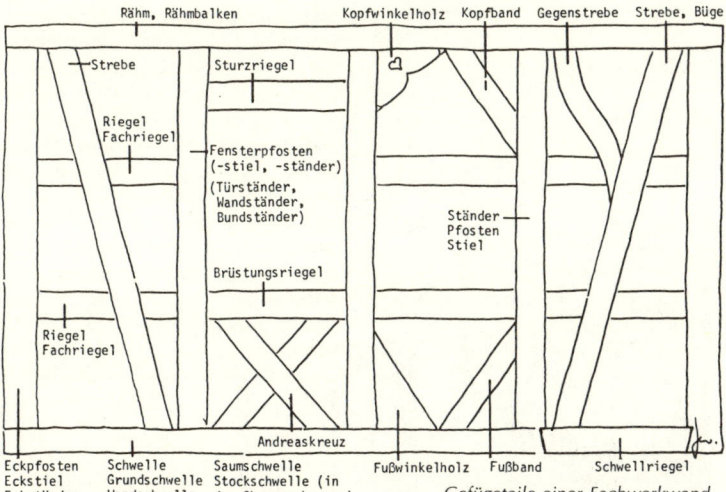

Gefügeteile einer Fachwerkwand.

Fahlstein, blasser Schieferstein.

Fahrenheit-Thermometer, Thermometer, bei dem der Gefrierpunkt des Wassers mit + 32° (0° Celsius) und der Siedepunkt mit 212° (100° Celsius) angegeben ist.

Fahrkunst → Paternoster.

Fahrstuhl, heute allg. Ausdruck für Personen- und Lastenaufzüge; früher das mit 4 Seilen befestigte und mittels eines schweren Seils frei schwebende Gerüstbrett von 60 cm bis 1 m Breite und 50–60 cm Tiefe der Schieferdecker, das besonders bei Turmeindeckungen und Reparaturen gebraucht wurde und mit dem sich der Schieferdecker selbst höher ziehen oder herablassen konnte → Abb. S. 66.

falb, fahl, Bez. für gräuliches Gelb aus Ocker, Weiß und wenig Schwarz gemischt.

Falladen, Fensterladen, der an seiner Oberseite mit Scharnieren angeschlagen ist → Klappladen oder senkrechter Schiebeladen.

Falle, Riegel im Türschloß, der in das Schließblech eingreift.

Fallenschloß, Schloß, das nur eine hebende Falle besitzt, d. h. nicht abgeschlossen werden kann, auch Schnappschloß.

Fallriegel, Fallklinke, Riegel od. Klinke des Fallenschlosses.

Fallrohr, Abfallrohr, Dahlröhre, Dachröhre, das meist senkrechte Rohr zum Abführen des Regenwassers aus der Dachrinne. Die Verbindung von Dachrinne und Fallrohr geschieht entweder direkt oder über einen Rinnenkasten. Das geschweifte Stück des Fallrohres, das von der meist von der Mauerflucht vorstehenden Rinne bis zum an der Mauer befestigten senkrechten Fallrohr reicht, wird als Schwanenhals bezeichnet. Das Fallrohr führt das Abwasser in ein Standrohr – seltener in Behälter oder offene, vom Haus wegführende Rinnen –, das 40 cm bis 1 m über den Boden reicht und wiederum das Wasser in

Falltor

Durch veränderte Arbeitsgewohnheiten, Geräte und Sicherheitsvorschriften wird der früher viel benutzte Fahrstuhl der Dachdecker nur noch selten gebraucht, häufiger verwendet man dagegen andere Gerüsteinrichtungen wie Dachleitern und Dachhaken.

den Kanal ableitet. Fallrohre bestehen aus Kupfer, Zink oder verzinkten Eisenblechen, neuerdings auch aus Kunststoff; das Standrohr wird meist aus Gußstahlrohr hergestellt. Früher wurden auch Fallrohre aus emailliertem Gußeisen, Blei und glasiertem Ton verwendet.

Falltor, Fallgitter, Fallgatter, Tor oder Gatter im Burgeingang, das in Steinnuten geführt, nach oben gezogen und beim Herannahen von Feinden »fallengelassen« wird.

Falltür, 1. beim Schließen in den Fußboden einfallende Tür. **2.** → Falltor.

Falttür, Tür mit beweglichen Türblättern.

Falz, Falzung, falzen, Verbindungen von Holz, bes. aber von Metalldachtafeln, bei denen die Materialien ineinander greifen; bei Dächern als Stehfalz, wenn der Falz senkrecht zum eingedeckten Material steht; liegender Falz, wenn dieser auf die Dachfläche umgebogen wird; Querfalz, wenn er quer zur Dachneigung angeordnet ist, und Doppelfalz, wenn er doppelt ineinandergreift. Der Falz selbst besteht aus dem Ober- und Unterfalz, aus dem oberen bzw. unteren Blech.

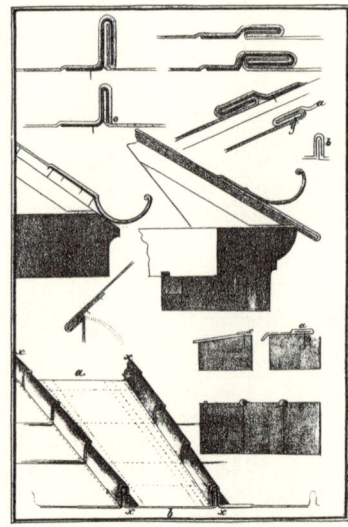

Stehende und liegende Falzausbildungen für senkrechte und auch parallel zum First laufende Falze einschließlich der Anschlußpunkte bei Metalldächern des 19. Jahrhunderts.

Falzrahmen, Futter eines Schiebefensters.

Falzziegel, aus dem → Krempziegel weiterentwickelte Ziegelformen mit einfachem oder doppeltem Falz mit großer Maßgenauigkeit. Die Falze gewährleisten einen sicheren Wasserabfluß und größte Dichtigkeit.

Farbe, die Strahlung des sichtbaren Lichts von 380 mµ bis 760 mµ Wellenlänge; die Wellenlänge, meist ein Gemisch mehrerer Wellenlängengebiete, bestimmt die vom Auge gesehene Farbe, den Farbreiz, der entweder als Körperfarbe von einem reflektierenden oder transparenten Gegenstand herrührt oder von sog. Selbstleuchtern; nach den verschiedenen Farblehren unterscheidet man bes. drei Grundfarben Rot, Blau und Gelb und die aus diesen gemischten Farben Violett, Grün und Orange; die färbenden Substanzen wurden früher bes. aus Pflanzenextrakten gewonnen und hießen Farbstoffe, heute werden sie meist synth. hergestellt, und man unterscheidet zwischen löslichen Farbstoffen und unlöslichen Pigmenten; der Farbton ist die sichtbare Empfindung, die Eigenschaft, nach der die Farbe auch bez. wird; Farbfülle ist der Sättigungsgrad, die Intensität einer Farbe; Farbhelle bez. den größeren oder kleineren Weißanteil; Farbschatten den Anteil von Schwarz; Farbtöne mit Mischungen (Aufhellungen, Verschattungen) sind in Farbkarten wie der DIN-Farbkarte und der RAL-Farbkarte festgelegt.

farbenreiben → abreiben.

Färberwurzel, Färberröte, Krapp, krautartige Pflanze mit fleischiger Wurzel, aus der ein roter Farbstoff, der → Krapp, gewonnen wird.

Farbfassung → Fassung.

Farbstoff, Färbstoff → Pigment.

Fasche, Außenseite der steinernen Tür- oder Fenstergewände, mehr aber noch die in den Putz eingearbeitete Einfassung von Fenstern und Türen.

Fase, Abschrägung einer Kante.

Fasefenster, bleiverglastes → Fenster im Unterschied zum Sprossenfenster.

Fassade, Facade, Fasade, Außenseite eines Gebäudes; man unterscheidet in Vorder- oder Hauptfassaden (nach der Straße), Seiten- und Hinterfassaden, aber auch Giebel- und Blendfassaden.

Faßblech, frühere, in Fässern verpackte Blechart.

Fassung, Farbfassung, farbige Gestaltung z. B. eines Hauses, einer Plastik oder eines Raumes.

Faulboden → Einschubdecke; Fehlboden, Fehldecke.

Fäulnis, Holzzerstörung durch pflanzliche → Holzschädlinge wie Pilze und Schwämme; Blaufäule heißt die blaue Verfärbung der Kiefer und anderer Weichhölzer, die das Holz aber nicht zerstört durch Schimmelpilze (Bläuepilze); Rot- oder Braunfäule ist die Destruktionsfäule, welche die Zellulose angreift und zur völligen Zerstörung des Holzes führt; Weißfäule nennt man die das Lignin angreifende Korrosionsfäule, die ebenfalls zur Zerstörung des Holzes führt; Trockenfäule wurde früher fälschlicherweise als selbständige Holzkrankheit angesehen, sie ist aber nur der stehengebliebene Zustand einer früheren Naßfäule nach der Austrocknung des Holzes; Fäulnis durch Schwämme oder Pilze kann sich nur bei ausreichender Feuchte entwickeln und ausdehnen.

Fausteisen, kleiner → Amboß mit runder Bahn.

Fäustel, Schlägel, Klöpfel, Schlagwerkzeug zum Treiben von Stemmeisen, Meißel usw.; für den ganz aus Holz hergestellten → Klöpfel.

Fausthobel → Hobel.

Faustleier → Brustleier → Bohrer.

Faustsäge, kleine Handsäge → Säge.
Federstahl, Stahl mit großer Härte, der sich zur Herstellung von Federn eignet.
Federzirkel, Handzirkel ohne Kopf und Gewinde, dafür aber mit einem Stahlbügel am oberen Ende. Die Spitzen werden mit einer mittleren Schraube auseinander- oder zusammengezogen.
Fehlboden → Einschubdecke.
Fehldecke → Einschubdecke.
Feierabendziegel, nach Feierabend hergestellte und verzierte oder mit Symbolen versehene Ziegel; oft auch der letzte Ziegel eines Daches.
Feile, spanabhebendes Werkzeug aus Stahl zur Bearbeitung, d. h. zum Formen, Abarbeiten, Glätten oder Schärfen von Metallen oder Metallgegenständen, Holz und Kunststoff. Die Feilenklingen sind etwa 20–50 cm lang, die Oberflächen besitzen sich kreuzende oder einfache, früher manuell gehauene und heute maschinell gefertigte Einschnitte (Hiebe). Man unterscheidet nach Art und Feinheit der Feilenoberflächen: einhiebige Feilen mit rechtwinklig oder gering zur Feilenachse geneigten Hieben (Zähnen); zweihiebige Feilen mit sich kreuzenden Hieben; Armfeilen mit 4–9 Hieben pro cm; Strohfeilen mit 7–12 Hieben pro cm; Vorfeilen; Bastardfeilen, Mittelhiebfeilen mit 10–28 Hieben pro cm; Schlichtfeilen mit 22–46 Hieben pro cm; Feinschlichtfeilen mit 26–60 Hieben pro cm und schattierte Feilen, mit denen man in beiden Richtungen arbeiten kann.
Feilkloben, Feilstöcke, Handkloben, Stielkloben, Stielklöbchen, kleiner Schraubstock, der in der Hand gehalten wird, um kleine Gegenstände zum Bearbeiten einzuspannen.

feinjährig, feinrädig, Holz mit dichten Jahresringen.
feinkörnig, Steine mit feinem Gefüge.
Feinputz, feine Putzschicht auf einem gröberen Unterputz.
Feinraspel → Raspel.
Feinschlichtfeile → Feile.
Feld, meist etwas vertiefte und mit schmaler Gliederung umgebene, viereckige, polygone oder krummlinig begrenzte Fläche, u. a. an Wänden, Decken oder Gewölben; diese werden als Felderdecke oder -wände bezeichnet, u. U. werden die Felder auch nur gemalt.
Feldbrand, im → Feldofen gebrannte Ziegel.
Felderwand → Feld.
Feldofen, Meiler, Feldziegelei, Ziegelofen, der am Ort der Tongewinnung aus den zu brennenden Steinen selbst gebaut wird. Der Feldofen hat leicht angeböschte Wände und in seinem Innern halbmeterbreite und über einen Meter hohe Gänge für das Brennmaterial. Kleinere Feldöfen bestehen aus 50–100 000 Steinen, große aus mehr als 250 000 Steinen.
Feldspat, Gemengteil, das in vielen Steinarten wie Quarz, Granit, Gneis und Syenit vorkommt und insbesondere aus Kieselerde, Tonerde, Kalkerde, Kali und Eisenoxid besteht.
Feldstein, Klaubstein, Findling, Rollstein, in früherer Zeit viel verwendetes Baumaterial für Mauern und Pflasterungen.
Feldziegelei → Feldofen.
Felsboden, der festeste Grund zur Errichtung von Gebäuden, wenn der Fels nicht hohl liegt oder rutscht.
Felsenwerk, Mauerwerk, das natürliche Felsen nachahmen soll, in der zweiten Hälfte des 18. Jh. bes. häufig verwendet.

Fenster, Fenster als Licht und Luftöffnungen waren bereits in der griech. Antike bekannt; die Römer verwendeten schon gekuppelte F., Bogenfenster und Fensterkreuze. Im 7. Jh. baute man in Mitteleuropa Fenster mit Ein- und Ausschrägungen zum besseren Lichteinfall, etwa seit dem 11. Jh. gibt es hier Steinkreuzfenster, und seit der Gotik sind horizontale und vertikale Holzschiebefenster im Profanbau bekannt, die einfache Schiebeladenkonstruktionen ablösen. Die Entwicklung der Fenster hing insgesamt entscheidend mit der Entwicklung flacher Gläser und der Beschlagtechnik zusammen; bei den Römern wird Fensterglas schon im 1. Jh. n. Chr. erwähnt, in Mitteleuropa sind im Jahre 420 die ersten Hinweise zu Fensterglas zu finden; bleiverglaste Butzenscheiben kamen spätestens im 11. Jh. vor; im großen und ganzen wurden bei Profanbauten Fensteröffnungen bis zum 12. Jh. weitgehend mit Vorhängen, Gittern und Läden geschlossen, danach zunehmend mit Glas, und im Sakralbau schloß man die Fenster bis ins 13. Jh. vielfach mit durchscheinenden dünnen Alabasterplatten; viereckige Scheiben sind seit dem 15. Jh. bekannt; im 16. Jh. konnte man Scheiben bis etwa 30×30 cm Größe herstellen. Die frühen Schiebeläden und Schiebefenster wurden ganz aus Holz gebaut, mit Holznägeln zusammengehalten und besaßen keinerlei Beschläge. Um Kosten zu sparen, wurden solche beschlaglosen Fenster in ärmeren Gegenden bis zum Anfang unseres Jahrhunderts verwendet; die frühesten Beschläge waren wahrscheinlich einfache Bänder. Um 1700, in der Blütezeit des Barocks, benutzte man für anspruchsvollere Bauten bereits ausgereifte Beschlaggarnituren mit verzierten Kreuz- und Winkelbändern, Stützhakenbändern und Vorreibern zum Schließen der Flügel. Das F. sitzt in einer Fensteröffnung (Fensterlichten), bestehend aus der Fenstersohlbank mit innerem Fensterbrett als unterem Abschluß, den seitlichen Fenstergewänden und dem Fenstersturz als oberem Abschluß; die innere seitliche Begrenzung heißt Fensterlaibung (Geläuffe, Kleiffe). Die Fensterflügel (Flügelrahmen, Scheiben) sind mittels Bändern am Fensterstock (Fenstergestell, Fenstergerüst, Fensterrahmen, Fensterfutter, Fenstergerähme) angeschlagen, der stumpf oder in einem Fensterfalz als Anschlag sitzt. Ist der Fensterstock durch ein senkrechtes Holz untergliedert, so heißt dieses Setzholz (Fensterpfosten, Höhestab); das Querholz zur Höhenunterteilung heißt Kämpfer (Weitstab); Setzholz und Kämpfer zusammen bilden einen Kreuzstock (Fensterkreuz). Reicht das Setzholz nur bis zum Kämpfer, so handelt es sich um ein Galgenfenster, der Flügel über dem Kämpfer ist dann das Oberlicht; fehlt das Setzholz, so schlägt ein Flügel mit einer Schlagleiste über den anderen. Neben den Einfachfenstern unterscheidet man Verbund- oder Doppelfenster mit doppelten Flügelrahmen in einfachem Stock, die auch gemeinsam bedient werden, und Kastenfenster, bei denen im Abstand von ca. 12–20 cm zwei getrennt zu bedienende Fenster hintereinanderliegen. Neben der Unterscheidung nach →Fensterformen wird bes. nach der Art der Öffnung der Flügel unterschieden, in Dreh-, Klapp-, Kipp-, Schwing-, Wende-, Schiebe-, Hebe- und Senkfenster sowie nach dem Ort,

Fensteranschlag

in dem das F. eingebaut wird, nach Dach-, Erker-, Balkonfenster und Sonderkonstruktionen wie Kapp- und Schaufenster, Ochsenzunge und Froschmaul. Bei der früher mit Einfachglas ausgeführten Fensterverglasung sitzt die Scheibe in einem Kittfalz; dieser Falz wird nach Einsetzen der Scheibe mit Fensterkitt aus Leinöl und Kreide geschlossen; heute wird vielfach mehrfach verglast, so mit Doppel-(Verbund)-Scheiben oder Dreifachscheiben.

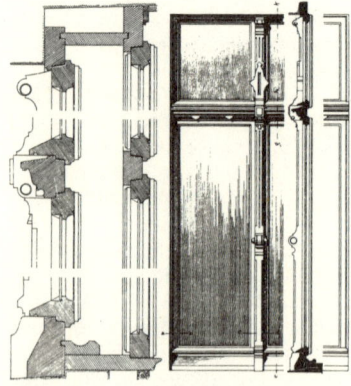

Das Kastenfenster ist bauphysikalisch, d. h. besonders im Hinblick auf Wärme- und Schalldämmung, heute noch die günstigste Fensterkonstruktion.

Fensteranschlag, Fensterfalz → Fenster.

Fensterausschrägung, Fensterschmiege, Erweiterung der Fensteröffnung nach innen, um den Lichteinfall zu vergrößern. Die äußere Fensterschmiege heißt Einschrägung.

Fensterbank, Fenstersohlbank → Fenster.

Fensterbeschlag, die Gesamtheit oder einzelne Beschlagteile eines Fensters; in der einfachsten Form am Drehfenster Bänder und Vorreiber; heute umfangreiche Spezialbeschläge wie Oberlichtöffner und Drehkippbeschläge.

Fensterblei, Glaserblei, Bleistreifen mit zwei Nuten zum Verbinden von zwei oder mehr Fensterscheiben. Zum Einfassen der Ränder wird Rand- oder Umschlagblei mit nur einer Nut verwendet.

Fensterblende → Fensterladen.

Fensterformen, die Fensterformen richten sich nach den Maueröffnungen und werden auch nach diesen benannt, man unterscheidet u. a. neben den heute am häufigsten verwendeten, liegenden oder stehenden Rechteckfenstern Bogenfenster (Rundbogen, Spitzbogen, Lanzettbogen, Segmentbogen), Rundfenster (Ochsenauge, Radfenster, Fensterrose), Zwillingsfenster (gekuppelt), Drillingsfenster, Fensterbänder und nach der Form der Fensterverdachung Segment- und Giebelfenster.

Fenstergesims, 1. → Gesims in Höhe der Fensterbrüstung. 2. → Fensterverdachung.

Fenstergitter, schmiedeeisernes Gitter vor dem Fenster, bes. im Barock in Form eines Fensterkorbes mit einem unteren weit nach außen ladenden Bogen.

Fensterhaken, Haken zum Fixieren von nach außen oder innen aufgehenden Fensterflügeln.

Fensterladen, die älteste Form sind feststehende Fensterblenden, danach folgten Einsatzläden aus Brettern und im 12. Jh. Klappläden, die an oben sitzenden Scharnieren befestigt waren. Im 14. Jh. kamen Schiebeläden auf, und im 16. Jh. wurden drehbare Läden entwickelt. Diese bestanden zunächst aus zusammengespundeten

Brettern, später aus Rahmen und Füllungen. In der weiteren Entwicklung wurden statt geschlossener Füllungen einzelne Brettchen mit Abstand schräg eingesetzt, damit war die Jalousie erfunden. Mit feststehenden Brettchen nannte man die Läden Persiennen. Noch größeren Komfort erreichte man mit Jalousien mit beweglichen Brettchen, die man ganz schließen oder öffnen kann. Aus diesen beweglichen Jalousien entwickelte man wiederum die →Rolläden. Spezialformen der Klappläden sind Spalettläden, die im geöffneten Zustand zusammengefaltet in der inneren Laibung liegen, und Vorsatzläden bei Schaufenstern.

Fensterparasol →Markise.

Fenstersprosse, Unterteilung der Glasflächen in den Fensterflügeln, urspr. aus Blei, später aus Holz. Sie wurde bis zur Gründerzeit (als man schon längst große Glasscheiben herstellen konnte) als wichtiges architektonisches Gestaltungsmittel angesehen. In den letzten Jahrzehnten wurden Fenstersprossen vernachlässigt oder durch Behelfslösungen, wie aufgesetzte Sprossenrahmen oder in die Verbundscheiben eingesetzte Sprossen, ersetzt.

Fenstersturzriegel → Riegel.

Fenstertür, ganz oder weitgehend verglaste Tür.

Fensterverdachung, auskragendes Dach über Fenstern in Form eines Gesimses oder eines Segment- oder Rundbogens als Blendbogen oder als vorgeblendeter Giebel.

Fertighaus, Gebäude aus gewöhnlich industriell vorgefertigten und an der Baustelle zusammenmontierten Teilen.

Festenbaum → Kiefer.

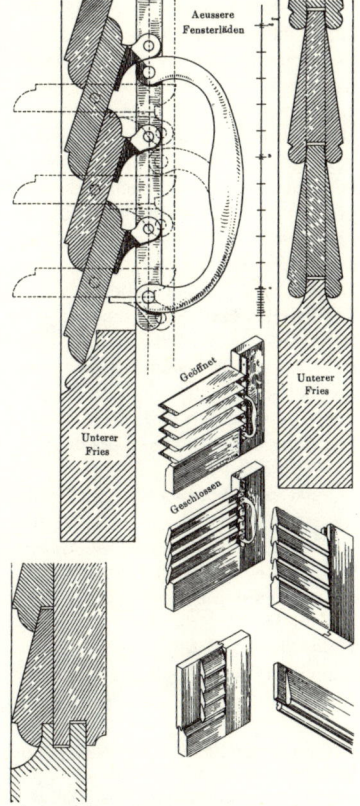

Fensterläden wurden nach einer langen Entwicklungszeit im 19. Jh. mit beweglichen Jalousien und mit feststehenden Leisten in Rahmen hergestellt.

Festungsverband → Mauerverband.

fett, 1. Sumpfkalk, wenn er sich sehr seifig anfühlt. **2.** Mörtel mit viel Bindemittelanteilen. **3.** Erde, die sehr lehmig oder tonig ist.

Feuchtigkeitsmesser, Hygrometer, verschiedene Geräte zur Messung von Luftfeuchtigkeit oder Wassergehaltsbestimmung z. B. von Holz.

feuerbeständig sind Materialien aus nicht brennbaren Stoffen, die bei Brandproben über eine festgelegte Zeit, z. B. 90 Minuten, den Durchgang des Feuers verhindern und ihre Stand- und Tragfähigkeit nicht verlieren.

Feuerbock, Fyrboc, Fachwerkfigur, ursprünglich als Runensymbol in Form eines Andreaskreuzes aus geschweiften Hölzern.

Feuermauer → Brandgiebel.

Feuerstein, Flintstein, sehr dichter Stein, bes. aus kristallisierter Kieselerde. Wurde früher zum Feuerentzünden verwendet, in kleineren Mengen auch zum Mauern und Pflastern.

Feuervergoldung, Feuerversilberung → Vergoldung.

Feuerwand, Füerwand, Herdwand (nordd.), Wand zwischen Flett und Kammerfach im niederdeutschen Hallenhaus, an der die Herdstelle lag.

Feuerzangen, die großen Zangen der Schmiede.

Fiale, Phiale, Piale, Fiole, Spitztürmchen, bes. in der Spätromantik, mehr noch der Gotik, als Bekrönung der → Strebebogen oder -pfeiler und zu beiden Seiten der → Wimperge angebracht. Die Fiale besteht aus dem Leib, dem unteren lotrechten Teil, der meist oben mit Giebeln nach allen Seiten abgeschlossen wird, und dem oberen pyramidenförmigen Teil, Haupt oder Riese genannt, das oft auf den Graten mit Krabben besetzt ist und mit einer → Kreuzblume, auch Fialenkrone genannt, abschließt.

Fichte, Tannenfichte, Rottanne, Schwarztanne, Harztanne, heimische Holzart; die Fichte wird in den ersten 70 Jahren ihres Wachstums 27–30 m hoch und wächst dann nur noch wenig weiter; kann bis zu 400 Jahre alt werden; das Fichtenholz ist etwas gelblicher als Tannenholz, hat hohen Harzgehalt und eine Dichte in trockenem Zustand von 0,40 bis 0,50 g/cm^3. Die kurzen, vierkantigen, spitzen Nadeln sitzen auf der Oberseite der Zweige. Fichtenholz eignet sich gut als Bauholz, im trockenen Zustand hält es ca. 900 Jahre, im nassen ca. 90 Jahre und bei abwechselnder Nässe und Trockenheit höchstens 45 Jahre.

Fichtenharz wird durch Aufreißen und Anhauen von lebenden Fichtenstämmen gewonnen; ein starker Stamm liefert jährlich 15–20 kg Harz, das geschmolzen und destilliert zu Kolophonium, Geigenharz und Terpentinöl verarbeitet wird.

Figurenbank, Drehbank des Kunstdrechslers.

Figurenknaggen, Knaggen, die figürlichen Schmuck, wie Personen oder Maskendarstellungen, tragen.

figuriert, gemustert, verziert.

filigran, urspr. Goldarbeiten aus feinen, häufig verschlungenen und miteinander verschmolzenen Golddrähten; vielfach auch allg. für fein verzierte Arbeiten.

filmbildender Anstrich → Anstrichfilm.

filzen, abfilzen, das Überreiben geputzter Flächen mit Filzstock oder Filzbrett, um eine gleichmäßige, glatte Oberfläche zu erzielen.

Filzstock, Filzbrett, 15–30 cm langes und 10–18 cm breites Brett, das mit Filz benagelt und mit einem Griff versehen ist zum → Filzen.

Fingerplatte → Anglaise.

Firnis, Lösung eines Harzes oder eines harzigen Stoffes in Alkohol, Benzin oder Terpentinöl. Früher weit verbreitetes Anstrichmittel, bes. für Holz, bekannt u. a. als Leinölfirnis, Terpentinölfirnis, Asphaltfirnis, Öllackfirnis, Weingeistfirnis und Schelllackfirnis. Als Harze eignen sich für Firnis bes. Schellack, Sandarak, Kopal, Animeharz, Kolophonium und Terpentin. Daneben spielten natürliche Firnisse, als Saft aus Firnisbäumen in Ostasien gewonnen, eine geringere Rolle. Unterschieden werden bei den Firnissen bes. Ölfirnisse mit verkürzter Trocknungszeit und Lackfirnisse mit Öl und Lackstoffen.

First, Firsten, Forst, Forste, Forsten, Dachfirst, oberer Abschluß des Daches.

Firstblech, Bruchdecke, Kavalier, Blechsattel zur Überdeckung des Firstes bei Metall und Schieferdächern.

Firstbohle, Bohle, die statt einer Firstpfette verwendet wird; mehr aber die Bohle, in die bei Bohlensparrendächern die Bohlensparren eingreifen.

Firsthaken, Forsthaken, Haken, der bei Dachreparaturen auf Schieferdächern über den First gesetzt wird, wenn keine Dachhaken vorhanden sind.

Firstkamm, Firstsattel, allg. die Überdeckung des Dachfirstes.

Firstpfette, Firstbalken, Firstbaum, Firsträhm, Firsträhmen, oberstes firstparalleles Holz im Dachstuhl, das die Last aus den Sparrenköpfen aufnimmt.

Firstreiter, paarweise Anordnung von Hölzern über dem First von Strohdächern, parallel der Dachneigung, zur Sicherung des Firstes.

Firstschar, oberste Ziegelreihe am First.

Firstspangen, Firstlatten, Forstlatten, parallel zum First und kurz unterhalb desselben auf das Strohdach aufgelegte Stangen zur Sicherung des Firstes.

Firstständer, Firstsäule, Ständer, der die Firstpfette (Firstbalken, Firstbaum) nach unten abträgt.

Firstständerhaus, Gebäude, dessen Firstständer vom obersten Deckenbalken über mehrere Dachgeschosse oder von der Kellerdecke bis zum First durchläuft.

Firststein → Schiefer.
Firstziegel → Hohlziegel.
Fischblase, Schneuß, spätgotische → Maßwerk(-figur).

Fischblasen in einem spätgotischen Maßwerkfenster.

Fischgrätenverband, Mauer-, Pflaster- und Parkettverband in Fischgrätenmuster.

Fischleim, Leim aus Fischgräten.

Fitchenband, Fiche, Fitche, Fischband, 1. Band (Scharnier) aus zwei Lappen, deren umgebogene Teile die Hülse des Dorns bilden. **2.** Fiche: Fugenkelle.

Fitting, Verbindungsstück von Metallrohren als Muffe, Bogen, T-Stück oder Winkelstück.

fixieren, festigen, z. B. nicht wischfeste Kreidezeichnungen, angewitterte Malereien oder sandenden Putz mit festigenden Überzügen versehen.

Flachbogen → Stichbogen.
Flachdach, waagerechtes oder bis 25° geneigtes Dach. Flachdeckdächer

Fläche 74

zwischen 15° und 25° können mit Legschindeln und Flachdachpfannen eingedeckt werden, während sogenannte Flachdichtdächer mit einer geschlossenen Haut aus Dachpappen oder Kunststoffbahnen versehen werden müssen.

Fläche, 1. geometrischer Begriff. **2.** Werkzeug der Steinmetze, hammerartig mit zwei 7–10 cm langen zum Stiel parallelen Schneiden zum Glätten von Natursteinen nach der Bearbeitung mit dem → Spitzeisen.

Flacheisen, Bandeisen, Reifeisen, 1. flache Profileisen. **2.** Meißel mit gerader Schneide; Flachmeißel.

Flächeleisen, Flächelmeißel, Grabstichel mit schräger Schneide.

flächeln, gravieren mit dem Flächeleisen oder Flächelmeißel, in Blech oder Zinn durch in Zickzack flach geführte Striche und Linien.

flächen, abflächen, Steine mit der → Fläche bearbeiten.

Flächenmaß, Maß des Flächeninhalts einer ebenen Figur.

Flachhammer → Setzhammer.

Flachkremper, flacher, annähernd S-förmig gebogener Tondachziegel → Krempziegel.

Flachmalerei, Malerei auf geraden Flächen.

Flachmeißel, Meißel mit gerader Schneide.

Flachrelief, Flachbild → Basrelief → Relief.

Flachschicht, Schicht aus flach verlegten Ziegeln.

Flachsschebe, Flachsschäbe, bei der Aufbereitung von Flachsfasern anfallende Holz- und Rindenteile; wurde bei Lehmputz und gelegentlich auch Kalkputz in den Putzmörtel gemischt.

Flachstahl, flacher Profilstahl, z. B. Bandstahl.

Flachstichel, feiner Meißel zur Metallbearbeitung mit breiter Schneide.

Flachtonne, Tonnengewölbe mit Segmentbogenquerschnitt.

Flachwerk → Biberschwanz, aber auch die Eindeckung flacher Dächer mit Ziegeln insgesamt.

Flachzange, kleine Drahtzange mit geraden Backen.

Flachziegel → Biberschwanz.

fladerig nennt man Holz mit sehr unregelmäßigen Jahresringen.

flämischer Verband → Mauerverband.

flämisches Fenster → Bastardfenster.

Flammeisen, Kehlhobel mit wellenförmiger Schneide zur Erzielung wellenförmiger Oberflächen, z. B. bei Barockleisten oder Flammenleisten.

Flansch, Flantsche, scheibenförmig erweiterter Rand am Ende eines Rohres zur Verbindung mit einem weiteren, ebenfalls mit einem Flansch versehenen Rohr.

Flasche, Kloben und Rollengehäuse am Flaschenzug.

Flaschenzug, Hebezug aus Seilen und zwei oder mehreren Rollen, bei dem im Verhältnis zu der Rollenanzahl weniger Kraft zum Aufziehen von Last notwendig ist als diese schwer ist; im gleichen Verhältnis muß jedoch mehr Zeit aufgewendet werden; man unterscheidet einfache, doppelte und mehrfache Flaschenzüge, weiter Potenz- und Differentialflaschenzüge.

Flaschner → Klempner.

Flechtwand → Strohlehmstakung.

Flechtwerk, geflechtähnliches Ornament.

Flechtzaun, Zaun aus im Abstand von 0,6–0,8 m eingegrabenen Holzpfosten und waagerecht oder schräg dazwischengeflochtenem Strauchwerk, Flechtrohr oder Flechtweiden.

Fleckling (südd.), Bohle.
Fleckschiefer → Schiefer.
Fledermausgaube, Fledermausdachfenster, Schwalbenschwanzdachfenster, Schleppgaube, die sehr flach und breit, augenartig in das Dach geschwungen und ohne Wangen, eingearbeitet ist.

Fledermausgaube.

Flett (nordd.), der von Außenwand zu Außenwand reichende Raum zwischen Wohnteil (Kammerfach) und Stallteil mit der Feuerstelle im niederdeutschen Hallenhaus.
Fletz, Flötz (südd.), Hausflur.
fliegende Strebe → Strebebogen.
fliegendes Gerüst → Schwebegerüst.
Fliese, Fliesche, Fließe, Flieschen dünne, keramische Platten für Wand- und Bodenbeläge, unglasiert oder glasiert.
Fliesenpflaster, Fliesenboden, aus Fliesen hergestellte Böden.
Flintstein → Feuerstein.
Flitschhobel → Hobel.
Flittergold → Rauschgold.
Florentiner Fresco, fresco secco → Freskomalerei, bei der nicht auf den noch frischen (nicht abgebundenen) Kalkmörtel gemalt wird, sondern der abgebundene Kalkputz durch Anfeuchten als Malgrund aufbereitet wird.
Florentiner Lack → Karminlack aus Cochenille und Tonerde.

Flötzen → Podest auf einer Treppe.
Fluatierung, Behandlung von mineralischen Bauteilen mit Fluorsilikaten zur Neutralisierung.
Flucht, die Linie, in der Werkstücke, Bauteile oder Häuser (Straßenflucht), meist gerade, aber auch gebogen (fluchtgerecht), ausgerichtet werden.
Fluchtholz → Richtscheit.
Fluchtlinie → Flucht.
Fluchtschnur → Richtschnur.
Fluchtstab, Stab zum Nivellieren.
Fluchtstrebe → Strebebogen.
Flugdach → Pultdach.
Flügelaltar, Altaraufsatz in Form eines Schreins mit aufklappbaren Türen (Flügeln).
Flügelmutter, Schraubenmutter mit zwei seitlichen Flügeln, um die Mutter leicht mit der Hand festschrauben zu können.
Flügelrahmen → Fenster.
Flügeltür, aus zwei Drehtüren bestehende Türeinheit.
Flugsparren → Freigespärre.
Flur, allg. abgegrenzte Fläche; wird oft auch abgekürzt für Haus- oder Wohnungsflur verwendet.
Flurküche (südd.), Küche, die im Flur oder Hausgang eingerichtet ist.
Flußkies, Zuschlagstoff für Beton aus Flußbetten → Flußsand.
Flußsand, Mörtelzuschlagstoff; aus Flußbetten durch Ausbaggern gewonnen; muß gewaschen und gesiebt werden.
Flußspat, häufig vorkommendes Mineral, teilw. farblos, wasserhell, aber auch in vielen Farben.
Föhre, Fohre, Förn, Förle, Forr, Forle, Förling, Forche → Kiefer.
Folie, urspr. dünnes Blattmetall, heute allg. auch andere dünne, großflächige Materialien.
Fond (frz.), Grund, Hintergrund.

Form, neben dem allg. Begriff die äußere, formgebende Hülle zum Formen von Gegenständen, z. B. Ziegelform, Gipsabgußform.
Formarbeit, die fertige Gußarbeit.
Formbank, Tisch des Formers bei der früheren Art der Ziegelfabrikation.
Formbrett, hölzerne Schablone zur Fertigung zylindrischer oder konischer Formen.
Formsand, Gießsand, feiner Flußsand oder Quarzstaub, der leicht gebunden (früher oft mit Bier), in die Gießform (Formflasche, Formkasten) gegeben wird, die Form des gewünschten Gegenstandes wird negativ eingedrückt.
Formschiefer, nach einer gleichgroßen und gleichförmigen Schablone gehauene Schiefertafel zur Dacheindeckung.
Formschneider, 1. Handwerker, der Formen (Schablonen) für Tapeten schneidet. **2.** Holzschneider, Holzschnitzer.
Formstein, mit besonderen Formen versehene, z. B. profilierte Ziegel, Natursteine oder Betonsteine.
Forst, Forste, Forsten → First.
Frackdach, Schleifdach, nach einer Seite tief abgeschlepptes Dach.
Frankfurter Schwarz, schwarzer Farbstoff, wurde durch Verkohlung von Trauben und Weintrester gewonnen.
Franzgold, mit Silber versetztes und deshalb blasses → Blattgold.
Franzosenholz, Pockholz, sehr hartes, im Kern dunkles bis fast schwarzes Tropenholz (Bahamas, Jamaika) mit einer Dichte über 1 g/cm³; geeignet für Tischler- und Drechslerarbeiten.
Französischer Amboß → Amboß.
Französischer Schlüssel, im Rohr nicht ausgebohrter Schlüssel.

Französisches Grau, heller, violettgrauer Farbstoff auf der Basis von Kreide, Berliner Blau und Lack.
Französisches Schloß, Zuhaltungsschloß, das mit einem Schlüssel von außen und innen geöffnet und geschlossen werden kann.
fräsen, Fräse, bearbeiten, bes. profilieren von Werkstücken aus praktisch allen am Bau vorkommenden Materialien, urspr. nur auf der Drehbank, heute allg. auf Fräsen, stationären und transportablen Fräsmaschinen.
Fratzen, groteske, fratzenhafte Figuren, bes. Gesichter auf Konsolen, Balkenköpfen; dienten vielfach symbolisch zur Dämonenabwehr.
Frauenglas, Fraueneis → Blättergips.
Frauenschuh, Giebelkreuzblume.
Freibalken → Leerbalken.
Freigebinde → Leergebinde.
Freigespärre, Flugsparren, außerhalb des Giebels, auf auskragenden Pfetten liegendes Sparrenpaar bei weit vorstehenden Dächern.
Freimaurer, urspr. Maurer und Steinmetze in den Bauhütten, welche die fein bearbeiteten und später sichtbaren Steine versetzten. Im Gegensatz zu den meist hörigen Maurern, die einfachere Maurerarbeiten verrichteten, waren die Freimaurer schon im 13. Jh. freie Handwerker.
Freipfosten, Freiständer, freistehender Holzpfosten oder Ständer.
Freitreppe, Graden, außerhalb der Gebäude liegende, seltener überdachte Treppe zum Gebäudeeingang, aber auch in Gärten, an Terrassen usw.
Fresco secco → Florentiner Fresko.
Freskomalerei, Malerei mit in Kalk gebundenen Pigmenten auf frischen (nicht abgebundenen) Kalkputzen und Kalkanstrichen. Die Zeichnung

muß mittels Pausrädchen oder Pausbeutel auf die noch nasse Fläche übertragen werden, dann wird in »Naß-in-Naß«-Technik gemalt. Diese Art der Malerei hat den Vorteil, daß eine gute Verbindung von Malerei und Untergrund mit dem Ergebnis längerer Haltbarkeit erzielt wird. Da immer nur so viel Kalkputz oder Kalkschlämme aufgetragen wird, wie in den nachfolgenden Stunden bemalt werden kann, prägte man den Ausdruck Tagewerk.

Fries, Frieß, 1. Teil des Gebälks zwischen Architrav und Kranzgesims, auch zwischen Türsturz und Verdachung. **2.** jedes langgezogene, streifenförmige Feld mit und ohne Verzierung, z. B. Rautenfries, Bogenfries, Zinnenfries. **3.** starke Rahmenstreifen bei Türen und Läden. **4.** bei verzierten Fußböden die eingelegten Streifen zwischen den Feldern.

Friesfußboden, Fußboden aus Holz, Stein oder Fliesen, der mittels Randfriesen und Friesen in Felder aufgeteilt ist.

Frieskachel → Kachel.

Friesrahmen, Rahmen einer eingestemmten Tür.

frischen, Schmieden von Eisen zu elastischerem Frischeisen.

Fromberger, seltene Bez. für Schlosser.

Front, Hauptseite eines Gebäudes oder Gegenstandes.

Frontispiz (frz.), Giebel über dem Sims eines Gebäudes, häufig in der Mitte der Fassade, z. B. als Bekrönung eines → Risalits.

Frosch, 1. im Holzbau Anschuhung (Anpfropfung) eines unten abgefaulten Ständers. **2.** mit der Hand zu bedienendes, aus eigener Kraft springendes (hüpfendes) Verdichtungsgerät; Explosionsstampfer.

Froschmaul, halbkreisförmige → Gaube, auch Fledermausgaube.

Frosttiefe, größte Tiefe, in der der Boden im Winter einfrieren kann; in Deutschland wird allg. 1 m angenommen; wichtig für Fundamentierungs- und Wasserleitungsbau.

Fruchtkasten, Getreidekasten, Getreidethiem, Schütthaus, Speicher, ein- oder mehrgeschossiges Gebäude zur Lagerung der Feldfrüchte.

Fuchsschwanz, Blattsäge, Werkzeug der Tischler, Zimmerleute und Wagner, bestehend aus einem Sägeblatt mit geschweiftem Griff. Der deutsche Fuchsschwanz ist bis zu 45 cm lang, das Blatt über die gesamte Länge gleich breit und hat oft eine Verstärkung auf dem Blattrücken. Der englische Fuchsschwanz ist bis zu 85 cm lang, das Sägeblatt hinten 10 bis 12 cm und vorne 5 bis 8 cm breit ohne Rückenverstärkung.

Fuge, Trennlinie zusammengefügter Bauteile; im Holzbau stumpfe, gerade oder schiefe Fugen oder gekröpft als Falz, Spund oder Nut; im Steinbau mörtellose Fugen oder Mörtelfugen; bei größeren Massivbauten oder Betonbauteilen als Dehnfuge, zur spannungsfreien Aufnahme der Längenänderungen mit dauerelastischen und/oder dauerplastischen Fugenmassen gefüllt.

Fügebank, Fugebank, Fugbank, langer Bock mit vier nach oben stehenden Hörnern, dazwischen werden Bretter oder Bohlen zum Fügen oder Nuten mittels Keilen eingespannt.

Fügebock, Füglade → Schraubstock.

Fugeisen, Fugenkelle, Fugkelle, Streicheisen, Werkzeug des Maurers in Form einer ganz schmalen Kelle zum Fugen, Ausfugen von Sichtmauerwerk.

fugen → Fugeisen.

fügen, anfügen, anfugen, geradehobeln von Brettern oder Bohlen auf der Schmalseite, um sie mit oder ohne Leim dicht zusammenpassen zu können.

fugendicht, ein auch in den Fugen dichter Belag oder eine dichte Verkleidung.

Fugenschnitt, Anordnung der Fugen bei Mauern, Bögen, Gesimsen nach den Regeln des Steinschnitts oder rechnerisch ermittelt bei Betonbauteilen.

Fugenverstrich, Fugenverstreichung, das Ausmörteln, Ausfugen von Mauerfugen.

Füghobel → Hobel.

Führung, neben anderen Bed. ein Steinstück, das an der abgenutzten oder ausgebrochenen Stelle eines bearbeiteten Steins meist schwalbenschwanzförmig eingearbeitet wird.

Füllband, Türband, das hinter der Öse auf einem Blech aufgesetzt ist.

Füllholz, 1. Bohle, die zum äußeren Abschluß zwischen die Balkenköpfe gesetzt wird. **2.** Hölzer, die bei Bohlenbalkendecken zwischen den Hauptbölzern liegen. **3.** bei Schrotwänden und in Ständerbohlenbauten in den Nuten und Falzen liegende Hölzer. **4.** → Füllung.

Füllmauerwerk, Füllmauer, Füllwerk, Mauerverband aus einer inneren und äußeren, im Verband gemauerten und durch Binder- oder Ankersteine verbundenen Schicht, dessen Zwischenraum mit einer Fülle, Füllmund, Füllsteinen ausgefüllt und mit Mörtel ausgegossen, selten mit losen Füllungen aus Erde, Kies oder Lehm ausgefüllt ist.

Füllmund, 1. → Füllmauerwerk. **2.** Grundmauer aus gewachsenen Steinen, nicht in Mörtel verlegt, sondern vergossen.

Füllpfosten, Füllständer, Zwischenständer in der Fachwerkwand.

Füllquader, Läufer aus behauenem Stein bei Hintermauerung aus Ziegeln oder Bruchsteinen.

Füllsparren → Leersparren.

Füllsteine → Füllmauerwerk.

Füllung, 1. verzierend: vertieft liegende und/oder mit erhöhter Einfassung versehene Fläche in Holz oder Stuck. **2.** konstruktiv: die in den Rahmen bei Täfelungen, Verkleidungen, Türen und Läden, in jedem Falle schwächer als der Rahmen, eingefügten Holztafeln, entweder eingeschoben oder überschoben; blinde Füllungen werden durch das Aufnageln von Leisten auf glatten Holzflächen erzielt.

Füllungsglieder, die an der Füllung angehobelten Glieder (Profile).

Fundament, Grundmauerwerk, Fundamentierung, Fundamentgemäuer, die möglichst auf gewachsenem Boden aufsitzende, unterste Schicht eines Gebäudes; früher oft aus Findlingen aufgerichtet, bei nicht unterkellerten Gebäuden bis in frostfreie Tiefe (wurde früher oft nicht eingehalten) und etwa 50 cm über Gelände geführt zur Aufnahme der Schwelle bei Fachwerk oder des aufgehenden Mauerwerks bei Massivbauten. Bei unterkellerten Gebäuden wurde das Fundament bis ca. 50 cm unter die Kellersohle geführt. Heute werden Fundamente fast ausschließlich aus unbewehrtem oder bewehrtem Beton hergestellt.

Fünfachtelschluß, Chorabschluß in Kirchen in der Form von fünf Achteln eines Achtecks.

Fünfblatt, Fünfnase, Fünfpaß, Fünfschneuß, auf der Basis eines gleich-

schenkligen Fünfecks konstruierte Figuren im (gotischen) Maßwerk.
Fünfstern, Fünfort, Fünfhorn → Drudenfuß.
fungizid, pilztötend.
Funkenhut → Rauchfang.
Fure, Fuhre → Kiefer.
Fürkopf, Vorholz; die vorstehenden Balkenenden bei Ecken und Wandanschlüssen im Blockbau.
Furnier, Fournier, Fourniere, Belegholz, schwache, mit der Furniersäge oder durch Abschälen gewonnene dünne Blätter feiner Hölzer, die als Oberfläche auf Möbel, Verkleidungen usw. aus einfachen Hölzern, sog. Blindhölzern, durch Furnieren (Aufleimen) aufgebracht werden.
Furnierhobel → Hobel.
Furniersäge, Rahmensäge mit etwa 1,40 m langem und 8–12 cm breitem Blatt.
Fuß, 1. Längenmaß aus der Zeit vor Einführung des metrischen Maßsystems auf der Basis der mittleren Länge eines menschlichen Fußes. Das Maß eines Fußes war in den verschiedenen Hoheitsgebieten unterschiedlich → Maß- und Gewichtstabellen. **2.** allg. Unterteil eines Baugliedes, z. B. Stütze, Säule oder Mauer.
Fußband, Fußbüge, Hängeband, schräg angeordnetes, früher verblattetes und später verzapftes, kürzeres Holz zwischen Ständer und Schwelle, das die auf den Ständer wirkenden Horizontalkräfte ableitet.
Fußbank, Dachstuhl, Rüstbock, dreieckige Bank, fest oder im Winkel verstellbar, die mit einer Bohle dem Schieferdecker als (schwebendes) Gerüst beim Eindecken und Reparieren dient. Die Fußbänke hängen an Seilen, die über → Blank- oder → Dachhaken wieder zu den Bänken laufen, so daß sich der Schieferdecker selbst sein Gerüst höher ziehen kann. Die auf dem Dach aufliegenden Querhölzer erhielten früher einen Strohwisch als Unterlage, später Besen, um das Dach nicht zu beschädigen.
Fußbodenlager, Dielenlager, Lagerholz, Lager, Hölzer über Gewölben, direkt auf dem Erdboden, auf Massivdecken oder zum Auffüttern auf Deckenbalken, etwa im Abstand von Deckenbalken, zum Aufnageln der Fußbodendielen, des Blindbodens oder auch Spanplatten. Der Zwischenraum wurde mit trockenem Sand oder Steinkohlenschlacke ausgefüllt.
Fußbodennagel, Bodenspieker, Senkkopfnagel, früher auch kleine Holznägel.
Fußbodenplatte, alle Arten von Platten, Ziegeln, Fliesen, die als Bodenbelag dienen.
Fußgerüst, niedriges Gerüst; meist mit Böcken zwischen 0,5 m und 1,2 m Höhe.
Fußgesims, Gesims, ähnlich profiliert wie die Säulenbasen, aber langgestreckt, z. B. an Mauerfüßen.
Fußkloben → Schraubstock.
Fußlamperie, Fußlambris, Fußsockel, Fußleiste, etwa 10–30 cm hohe Holzverkleidung der Wände vom Boden aus, um die Wände bei der Bodenreinigung nicht zu beschädigen.
Fußpfette, Sparrenschwelle, Sparrensohle, Pfette unter den Sparrenfüßen.
Fußpunkt, Punkt, an dem am Ende eines gerade aufsteigenden Bauteils ein Bogen oder Gewölbe beginnt → Kämpferlinie.
Fußrinne → Dachrinne.
Fußrähm, Fußrähmen, Fußschwelle → Schwelle.
Fußschar, unterste Reihe einer Dachdeckung.

Fußstock → Zollstock.
Fußwalm, Walm, der im Gegensatz zum Krüppelwalm am Giebelfuß ansetzt, darüber steht noch ein Stück Steilgiebel.
Fußwinde, Bauwinde, Wagenwinde, Winde mit früher hölzernem, später eisernem Gehäuse, bei der die Last mittels Kurbel, Zahnrädern und einer Zahnstange bis zu etwa 50 cm Höhe angehoben werden kann.
Futter, 1. allg. innere Verkleidung. **2.** bei Fenstern: der Rahmen, in dem die Flügel hängen. **3.** bei Türen: die Verkleidung der lichten Türöffnung. **4.** bei der Drehbank ein Holz oder Metallstück zwischen den Backen der Bank und dem Werkstück.
Futterbrett, Futterbord, Futterstufe, Setzstufe → Treppe.
Futtermauer, Schildmauer, Stützmauer, Mauer bei fallendem Gelände, Geländestufen, auch als Ufer- und Kaimauern, die dem Druck des dahinter befindlichen Erdreichs standhalten muß.
füttern → auffüttern.
Futterrahmen, Futter des Fensters.
Futterstock, die aufrechten Schenkel des Fensterfutters.
Futterstück, Friesholz, Rahmenstück.
Fyrboc → Feuerbock.
Fyrfos, Fylfot → Vierfuß.

Gabelpfosten, Pfosten mit einer natürlichen Gabelöffnung am oberen Ende, in welche die First- oder Fußpfetten eingelegt wurden. Der Gabelpfosten war schon im vorgeschichtlichen Holzbau bekannt.
Gaden, Gadern, Gaem, Gadun, 1. mittelalterliche Bez. für eingezäunten Ort; auch für Haus, Raum, Gemach oder Stockwerk (südd.) gebraucht. **2.** der mit Fenstern ausgestattete, über die Seitenschiffe hinausragende Teil des Mittelschiffs einer Basilika.
Gährung, alte Schreibweise für → Gehrung.
Galgen, 1. Ständer oder Säule, oben mit einem durch ein Kopfband waagerecht gehaltenen Querholz, am Bau mit einer Rolle versehen, zum Aufziehen von Lasten. **2.** Dreibock, aus drei oben zusammengebundenen oder geschraubten Stützen zur Rüstung beim Brunnengraben.
Galgenamboß → Amboß.
Galläpfel, Auswüchse an den Blättern, bes. von Eichen, entstehen durch den Stich der Gallwespe. Die in den Galläpfeln enthaltene Galläpfelsäure wurde in Verbindung mit Eisensalzen zu dauerhaften schwarzen Farben verarbeitet, ebenso fixierte man Leimfarbe damit.
Gallglas → Butzenscheibe.
Galvanismus, im Bauwesen: elektrophys. Verf. zum Ätzen von Metallplatten, aber auch zum Vergolden, Versilbern.
Gang (südd.), Giebellaube.
Gasheizung, mit Stadt-, Erd- oder Flüssiggas betriebene Einzelöfen- oder Sammelheizung; bei Einzelöfen

direkt, bei Sammelheizungen mit einem Gasheizkessel mit Gasbrenner, meist als Warmwasserheizung, betrieben.

Gatter, 1. gewöhnlich aus kreuzweise angeordneten Stäben hergestellter Zaun, Türverschluß oder Tor. **2.** Sägegestell mit einem, normalerweise mehreren nebeneinanderstehenden oder übereinanderliegenden Sägeblättern zum Auftrennen von Stämmen, Kantholz, Bohlen oder Brettern; früher wurde die Gattersäge in einer Sägemühle durch Wasserkraft betrieben, heute sind die Gatter elektrisch betriebene Maschinen; man unterscheidet u. a. Vertikal-, Horizontal-, Mittel- und Bundgatter.

Die Sägemühlen – wie hier aus dem 17. Jahrhundert – mit einem senkrechten Sägeblatt – sind die Vorläufer aller Gatterformen.

Gaube, Gaupe, Dachöffnung mit meist senkrechter Vorderseite und ebenso senkrechten Seitenwänden, gedeckt mit Sattel- oder Pultdach.

Gaubenziegel, Gaubendachstein, Dachziegel oder Dachstein mit eingearbeiteter kleiner Gaube und darunter geschützten Entlüftungslöchern zur Dachentlüftung, deshalb auch »Entlüfter« genannt.

Gaube oder Dachhäuschen mit ausgewechseltem Sparren.

Gebälk →**1.** Balkenlage. **2.** seltener Bez. für die Gesamtheit anderer Holzkonstruktionen wie Dachgebälk.

Gebinde, senkrecht in einer Ebene stehende Holzkonstruktionen, wie Sparrengebinde aus zwei Sparren und Balken oder zwei Ständer mit darüberliegendem Balken.

Gebindefußstein →Schiefer, Schieferdeckung.

Gedeck, ält. Bez. für Dacheindeckungsmaterialien.

Gedinge, ält. Bez. für die Übereinkunft zwischen Arbeitgeber und Arbeitnehmer, eine bestimmte Arbeit für einen bestimmten Lohn zu verrichten.

Gefach, 1. allg. für →Fach. **2.** das von Fachwerkhölzern umschlossene und mit Strohlehmstakung, Natursteinen, Ziegeln, Holz, aber auch z. B. einem Fenster ausgefüllte Fach.

Gefälle, Rösche, Fall, Neigung, Maß für jede Art von Neigung; ausgedrückt durch das Verhältnis von Höhe zu horizontaler Ausdehnung.

gefangener Raum, gefangenes Zimmer, Raum, der nicht direkt vom Flur oder Korridor aus zugänglich ist, sondern nur durch andere Zimmer.

Geflecht, Flechtwerk für Zäune, Matten usw., aber auch für die Strohlehmstakung von Fachwerkgefachen.

geflößter Kalk, Kalk, der nach dem Löschen sofort in eine Grube abgelassen wurde und dort 1–3 Jahre lagerte; eingesumpfter Kalk.

Gefüge, die Struktur zusammengefügter Teile, wie Mauerwerksgefüge oder Fachwerkgefüge.

gegenfurnieren, beide Seiten eines Holzes furnieren, um die bei einseitigem Furnier zu erwartende Spannungen abzufangen; das Gegenfurnier wird meist aus einfacheren Hölzern gearbeitet.

Gegenhalter, Anhalthammer, Anhalter, kurzer, schwerer Hammer zum Halten auf der Rückseite eines Brettes oder Blechs beim Nageln oder Nieten.

Gegenkeil, Stellkeil, um Keile ohne einseitigen Druck einschlagen zu können, wird von der anderen Seite ein zweiter, der Gegenkeil, eingetrieben.

Gegenlatte → Konterlatte.

Gegenmauer, an eine zu schwache Mauer angesetzte, stützende Mauer.

Gegenmutter, entgegengesetzt gewundene Schraubmutter zur Befestigung der Mutter.

Gegenstrebe, Kopfstrebe → Strebe.

Gegentür, Gegendöre (nordd.), die seitlichen Türen im → Flett des niederdeutschen Hallenhauses.

Gehrenziegel, schräge, spitze Ziegel zum Eindecken spitz zulaufender Flächen, wie dem Ort am Grat eines Walmdachs.

Gehrfuge, Gehrstoß, Stoß oder Fuge auf Gehrung.

Gehrlade, Gehrungsstoßlade, Werkzeug von Tischlern und Zimmerern, um das genaue Hobeln und Schneiden von Gehrungen zu ermöglichen, aus einem Boden und genau parallelen Seitenwänden mit Einschnitten oder Abschnitten nach einem bestimmten Gehrungswinkel, meist 45°.

Gehrmaß, Werkzeug, ähnlich einem Winkel (Winkelmaß), mit einem festen, unter 45° an das Blatt anschließenden Schenkel.

Gehrung, Gährung, Gierung, durch die Halbierung des Winkels von zu verbindenden Materialien hergestellte Verbindung, z. B. bei Türverkleidungen.

Gehrungshobel → Hobel.

Gehrungszinke → Holzverbindung durch hinter einer Gehrung verdeckt liegende Zinkung.

Gehrsatz Bez. für Blockwand → Blockbau.

Geigenharz → Kolophonium.

Geißblatt, bei Schmuck und Ornamenten vielfach verwendetes Schmuckelement auf der Basis der Form des Geisblattes (Specklilie, Je-längerjelieber).

Geißfuß, 1. Brecheisen, Brechstange mit einem zur besseren Hebelwirkung gebogenen Fuß, der geißenhufähnlich geschlitzt ist. **2.** → Stemmeisen mit zwei unter einem Winkel von 15–30° zusammenstoßenden Schneiden. **3.** Ausschnitt des Sparrenfußes bei (Kehl-) → Schiftungen. **4.** → Nageleisen.

Geländer, Land, Läne, Glind, Lander, Einfassung eines Ortes, wie Treppe oder Balkon, bestehend aus meist senkrechten Stäben, Latten, Brettern, den Geländerpfosten sowie Geländerholm und Geländerriegel oder -riegeln.

Geländerdocke → Baluster.

Geländerholm → Handgriff.

Gelaß, Raum, bes. im Keller oder auf

dem Dachboden nur leicht abgetrennter Raum.

Gelb, Farbton mit vielen, den Farbton differenzierenden Namen; die Farbstoffe für gelbe Farbtöne wurden früher aus natürlichen Stoffen gewonnen, wie Ocker, Steingelb, Bolus, oder künstlich hergestellt, wie →Chromgelb, Kadmiumgelb und Zinkgelb.

Gelberde, Mineral; sehr weich, wird beim Brennen rot und diente so vielfach als preiswerter roter Farbstoff.

gelber Ocker, gelber Farbstoff →Ocker.

Gelbholz, in der Kunsttischlerei verwendete Holzarten mit gelblicher Farbe aus verschiedenen Tropenhölzern.

gelöster Dienst →Dienst.

Ger, Gehren, Geer, spitzes Werkzeug: auch Pfeil und Lanze.

geradschlächtig, Holz mit gerade laufenden Fasern.

Gerbsäure →Lohe.

Gerinnehaue →Dechsel.

Geriß →Gries.

Geruchverschluß, Siphon, in Abwasserleitungen eingebautes Rohrstück in Form eines senkrecht stehenden Us, in dem Flüssigkeiten stehenbleiben, die das Zurückweichen von Gas verhindern.

Gerüst, allg. Bez. für alle Arten von Konstruktionen und Hilfskonstruktionen, die Arbeiten in vom Boden aus nicht mehr erreichbaren Höhen erlauben. Man unterscheidet die Gerüste nach ihren Konstruktionen in Bockgerüste (Poblatzsche, Pummlätsche) aus Böcken und darübergelegten Bohlen; Stand- oder Hauptgerüste über mehrere Stockwerke als Stammgerüste, Stangengerüste; Hängegerüste an Seilen und/oder Kloben hängend; Stahl- und Leichtgerüste aus Stahlrohren oder vorgefertigten Stahlteilen (Rahmengerüst) und Holztafeln; schwebende Gerüste auf Auslegern aus Fenstern oder Öffnungen; Münchner Gerüste aus schräg aufgestellten Standbäumen, aber auch nach ihrer Funktion in z. B. Maler- oder Dachdeckergerüste. Eine besondere Art der Gerüste sind die Lehr-, Wölb- oder Schalgerüste, um Bögen oder Gewölbe darüber zu mauern oder Decken darauf zu betonieren.

geschlagenes Gold →Blattgold.

geschlagenes Silber →Blattsilber.

Geschoß, abgeleitet von »eingeschossenen«, das Stockwerk begrenzenden Balken im Fachwerkbau.

Geschoßbalkenlage →Balkenlage zwischen Normalgeschossen.

Geschräge, Zaun aus schräg sich kreuzenden Latten oder Stangen.

geschweift, in einer weichen Kurve gebogen.

Gesenke, in einem Formeisen vertiefte Form, in der Schlüsselhälse, Nägel usw. geschmiedet werden (Gesenkamboß). Wird dafür auch ein bes. profilierter Hammer verwendet, so heißt dieser Gesenkhammer.

Gesims, Bauglied zur waagerechten Gliederung des Gebäudes aus einem ausladenden Band in mehr oder weniger reicher Gliederung und Profilierung; als Hauptgesims wird das Trauf- oder Dachgesims (Schlußgesims) bezeichnet. Daneben gibt es Stockwerksgesimse (Kordongesimse) in der Höhe der Decken sowie Brüstungsgesimse oder Brüstungsgurte (Gurtgesimse oder Sohlbankgesimse) in Höhe der Fensterbrüstungen und Sockel- oder Fußgesimse am Sockel. Weitere Gesimse sind das Fenstergesims über dem Fenster (Fensterverdachung) und das Kehlgesims an den Deckenkeh-

Gesimskachel

len. Das in einem Giebel ansteigende Gesims heißt Giebelgesims, das schwere, weit ausladende Gesims unter der Attika von Prunkbauten Kranzgesims.
Gesimskachel, verzierte Ofenkachel für das Fuß- oder Hauptgesims eines Kachelofens.
Gespärre, sämtl. Sparren eines Dachs.
Gesprenge → Sprengewerk.
gesprengte Decke, mit einer leichten Wölbung, einem Stich, versehene Decke.
gesprengte Wand, im Fachwerk als Sprengewerk ausgeführte, sich selbst tragende Wand.
gespundet, mit Nut und Feder versehen.
gestakte Wand → Strohlehmstakung.
Gestellsäge → Säge.
gestelzter Bogen, Bogen, der über dem Kämpfer noch ein kurzes, senkrechtes Stück in der Bogenlinie aufweist.
gestelztes Haus, Gebäude, das auf Stützen oder über einem niedrigen Stall errichtet wurde.
Getäfel → Täfelung.
Getreidekasten, Getreidethieme → Fruchtkasten.
getriebene Arbeit, in Metallblech erhaben ausgeführte Arbeit; früher durch Punzen (Bunzen) auf der Pochscheibe, heute durch Stanzen hergestellt.
Geviert, Viereck.
Geviertmaß, Geviertfuß, Quadratmaß, ält. Bez. für Flächenmaß.
Geviertziegel, Quadratziegel.
Gewände, Fensterpfosten, Türpfosten, die aufrecht stehenden Teile der Fenster- und Türumfassungen aus Stein, Holz oder Metall (Steingewände, Holzgewände, Metallgewände).

Steingewände müssen mindestens oben mit einem Gewändeanker befestigt werden, unten können sie mit Dübeln auf der Fenstersohlbank sitzen. Holzgewände nennt man auch Gerüst oder Gestell.
Gewandhaus, Gebäude der Tuchmacher und Wollwarenhändler in Messe- und Marktstädten.
gewaschener Sand → Grubensand.
Gewerk, früher: sämtl. Meister eines Ortes, die das gleiche Handwerk betrieben, heute: die unterschiedlichen Handwerke.
Gewicht, Gewichtsmaß → Maß- und Gewichtstabellen. Man unterscheidet das absolute Gewicht: den Druck, den der Körper auf seine Unterlage ausübt, und das spezifische Gewicht, das Vergleichsgewicht zum gleichen Volumen Wasser.
Gewinde, früher allg. drehbare Verbindung, heute allg. für Schraubgewinde.
Gewölbe, aus keilförmigen (Wölbsteinen) oder geraden Steinen zusammengesetzte, bogenförmige Überdeckung eines Raums, einer Fläche im Gegensatz zum → Bogen, der nur eine Maueröffnung überdeckt. Die ältesten Gewölbe kommen bei den Ägyptern und Assyrern vor; von da an sind sie in allen Baustilen zu finden. Die Teile eines Gewölbes sind das Widerlager, die Mauermasse, gegen die sich das Gewölbe stützt. Widerlagsschicht, die oberste oft in Form eines Gesimses ausgebildete Schicht des Widerlagers; die Widerlagslinie, auch Anfallslinie, Kämpferlinie, ist die Schnittlinie zwischen Gewölbe und Widerlager; der Gewölbefuß mit den Anfängern oder Gewölbeanfängern, die Schicht mit den untersten Wölbsteinen auf dem Widerlager; der Ge-

Gewölbe

wölbefuß steht auf der Gewölbesohle, der oberen Fläche des Widerlagers; Laibung heißt die innere und Rücken oder Mantel die äußere Gewölbefläche; Stirn- oder Schildmauer ist die Quermauer, an der sich ein Gewölbe totläuft; Stirn heißt die sichtbare Querschnittsfläche; Anlauf ist die Stoßfuge von Gewölbe und Schildmauer. Der Gewölbeschenkel ist eine Gewölbehälfte vom Widerlager bis zum Scheitel; Schlußstein heißt der oberste Wölbstein. Man unterscheidet die Gewölbe nach der Querschnittsform (Wölblinien) in Stichbogengewölbe, Rundbogengewölbe, gedrücktes Gewölbe, z. B. in Form einer Korblinie, gebürstetes oder überhobenes G. mit senkrecht verlängerten Schenkeln, überhöhtes G. in Form einer Parabel oder Ellipse mit vertikaler Achse und Spitzbogengewölbe (gotisches Gewölbe). Weiter werden die G. nach der Stellung der Widerlager unterschieden in G. mit waagerechter Widerlagslinie, steigendes oder fallendes G., einhüftiges, einschenkliges G. oder Horngewölbe mit ungleich hohen Widerlagern und G. mit nicht parallelen Widerlagern, wie das Ochsenhorn oder Trompetengewölbe; Ringgewölbe, Spindelgewölbe sind G. über einem runden Raum mit Mittelstütze, Schneckengewölbe sind spiralförmig, z. B. unter Wendeltreppen; Nischen- oder Chorgewölbe haben halbkreis- oder halbpoligonförmige Widerlager, und ein schiefes G. ergibt sich bei parallelen Widerlagern, aber schräg dagegengesetzten Stirnflächen. Nach der Art der Gewölbeflächen sind zu unterscheiden: Tonnen- oder Kufengewölbe (a), bei Verstärkung mit Gurtbogen heißen diese Gurtgewölbe; bei Kappen-

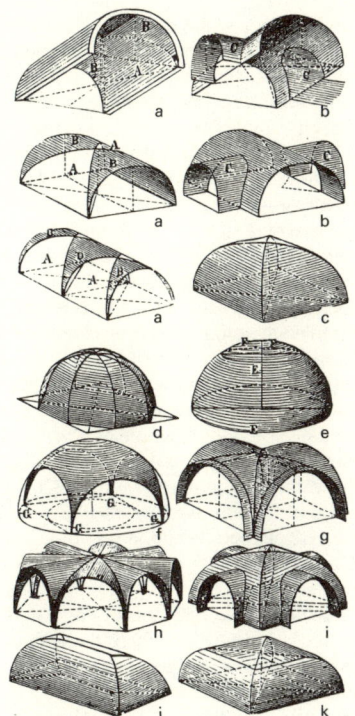

Gewölbeformen.

gewölben oder Ohrgewölben (b) reichen die Kappen nicht bis zum Scheitel; steigen die Kappen an, so ist es ein Tonnengewölbe mit Stichkappen; Klostergewölbe, Walmgewölbe, Haubengewölbe heißen G. mit 4 gleichen Wangen (c); die Kuppel ist ein Klostergewölbe über mehrseitigem (Helm, Helmgewölbe) (d) oder rundem Grundriß (Kesselgewölbe, Kuppel) (e); die Kuppel, die nur an den Ecken ihre Widerlager erreicht über quadratischem Grundriß, heißt →Böhmische Kappe oder→Platzlgewölbe (g); die Überkreuzung zweier gleichhoher Tonnengewölbe ergibt ein Kreuzgewölbe (g); überkreuzen sich drei oder mehr Tonnengewölbe, so entsteht ein Sterngewölbe (h); bei einer Variante des Klostergewölbes stoßen Kappen mit geringerer Scheitelhöhe in die Wangenstücke (i); ein Klostergewölbe mit einer Scheitellinie statt eines Scheitelpunktes heißt Muldengewölbe (j); ein Klostergewölbe mit Scheitelebene heißt Spiegelgewölbe (k); daneben gibt es zahlreiche Ziergewölbe, wie Fächergewölbe und Strahlengewölbe und verschiedene Rippengewölbe. Nach Material und Herstellung unterscheidet man: Plänergewölbe, Hausteingewölbe, Ziegelgewölbe, Gußgewölbe.

Gewölbeanfänger → Anfangsstein.
Gewölbefach, Raum zwischen Gurten und Rippen der Gewölbe.
Gewölbekappe → Kappengewölbe.
Gewölbepfeiler → Pfeiler → Strebepfeiler.
Gewölbeschale, geschlossenes Gewölbefach aus schwachem Gewölbe mit von allen Seiten umfassenden Gurten oder Rippen.
Gewölbescheitel, oberer Schlußpunkt eines Gewölbes.
Gewölbeüberfüllung, Auffüllung meist aus Bauschutt zwischen den über den Stirnbögen aufgeführten Gewölbeübermauerungen; soll das Gewölbe verstärkt werden, so erfolgt statt der Auffüllung eine Gewölbehintermauerung.
Gewölbezwickel, Raum zwischen den über der Widerlagsmauer aufgeführten Mauern und der äußeren Gewölbeseite.
gewundene Säule, Säule mit wellen- oder spiralförmigem Schaft.
gewundene Stufe → Wendelstufe.
Gezimmer, alle an einem Gebäude vorkommenden Zimmerarbeiten.

gezinnelt, mit Zinnen besetzt.
Giebel, allg. der vordere und hintere Querabschluß (quer zur Firstlinie) eines Gebäudes. Man unterscheidet verschiedene Giebelformen, wie den Steilgiebel, der ohne Absätze und Schrägen senkrecht über alle Geschosse bis in das Dachdreieck reicht, und den Geschoßgiebel, bei dem die Geschosse im Giebeldreieck überkragen. Das Wort stammt aus dem Fachwerkbau und entwickelte sich aus dem Wort Gabel: dem Gabelständer, der in seiner offenen Gabel am oberen Ende Pfetten oder Firstbaum trug; genauer wird mit Giebel nur das Giebeldreieck bezeichnet.
Giebelähre, schmiedeeiserne Giebelblume.
Giebelblume, steinerner Giebelschmuck, als Giebelkrabbe, Giebelspitzblume oder Giebelkreuzblume.
Giebelbogen, sächsischer Bogen, Bogen aus zwei geraden Schenkeln in Form eines Giebels.
Giebelfeld, das von Gesimsen eingefaßte Feld des Giebels.
Giebelfenster → Fenster in einem Giebel.
Giebelfuß, die Aufstandslinie des Giebels.
Giebelgebinde, hölzerner ausgemauerter (ausgefachter) Giebel oder bei Massivgiebeln das am Giebel anliegende Sparrengebinde.
Giebelhaus, Gebäude mit Steilgiebel.
Giebelreiter, Aufreiter → Dachreiter über dem Giebel.
Giebelsäule → Firstsäule im Giebel.
Giebelschutzbrett → Ortbrett.
Giebelschwelle, Schwelle, auf welcher der Fachwerkgiebel steht.
Giebelsims, Giebelgesims, an den Dachkanten des Giebels aufgeführten → Gesims.

Giebelspieß, über den First hinausragende Giebelsäule, meist verziert.
giebelständig, Gebäude, das mit einem Giebel der Straße zugewandt steht.
Giebelturm, Sattelturm, Turm mit Satteldach; der doppelte Giebelturm hat vier Giebel und ein Kreuzdach.
Gierung → Gehrung.
Gildenhaus, Zunfthaus, Innungshaus.
Gips, Kalziumsulfat-Doppelhydrat; $CaSO_4 \cdot 2H_2O$; kommt natürlich u. a. als Gipsstein und Alabaster vor, wird gebrannt und gemahlen zu einem guten Bindemittel für alle Arbeiten, die keiner Feuchtigkeit ausgesetzt sind; man unterscheidet bes. nach der Brenntemperatur und dem Verwendungszweck: Stuckgips (120–180°), Putzgips (120–700°), Hartputzgips (300–700°), Estrichgips (800–1000°) und Marmorgips (nochmals gebrannter Stuckgips). Natürlicher oder synthetischer Anhydrit besteht aus kristallwasserfreiem Kalziumsulfat $CaSO_4$ und wird als Anhydritbinder mit mindestens 95% Anhydrit und 5% Anregern (Zement oder Kalk) verwendet.
Gipsabdruck, in hydraulischen Pressen gedrückte Gipsfiguren.
Gipsabguß, in Formen mit flüssigem Gipsbrei hergestellte Relieftafeln oder Figuren.
Gipsdecke, Stukkaturdecke, mit → Stuckgips verzierte Decke.
Gipsestrich, Bodengips, aus bei 800 bis 1000°C gebranntem Gips, der langsam in 6–20 Stunden abbindet und druck- und abriebfest ist, fast wetterbeständiger Estrich.
Gipskalk → Bindekalk.
Gipskartonplatte, beidseitig mit Karton kaschierte, dünne Gipsplatte; wird statt Gipsputz zur Beplankung von Innenwänden und Dachschrägen verwendet oder beidseitig auf Holz- oder Metallständerwände aufgebracht.
Gipsmalerei, selten angewandte Freskomalerei auf Gipsgrund.
Gipsmarmor → Stuckmarmor.
Gipsmörtel, Gipskitt, Mörtel aus Gips und Wasser mit oder ohne Zuschlagstoffe, bindet sehr schnell (10–15 Minuten) ab, kann nur für Arbeiten verwendet werden, bei der keine Feuchtigkeit anfallen kann.
Gipsputz, Gipsbewurf, nur im trockenen Bereich, im Innern von Gebäuden einsetzbarer Verputzmörtel mit Gips als Bindemittel, ergibt besonders feine und glatte Putzflächen.
Gipsspat → Blättergips.
Gipsstuck → Stuckgips.
Gitter, ein Netzwerk von Stäben, meist aus Stahl, in der einfachsten Art aus waagerechten Gitterschienen und senkrecht eingestellten Gitterstäben oder Gitterstangen. Bei Gittern zur Straße (Zäunen) ließ man früher die Gitterspitzen auslaufen, um das Übersteigen zu verhindern.
Gitterbalken, kleine → Gitterträger.
Gitterstein, 1. ein im Gegensatz zu den Hochlochziegeln gitterförmig durchbrochener Stein. **2.** Verwahrung einer Öffnung mit einem durchbrochenen Stein.
Gitterträger, aus Ober- und Untergurt mit dazwischen eingefügtem Gitter (Fachwerk) hergestellte Träger, um beim Überspannen weiter Räume möglichst geringe Trägergewichte und damit auch eine Materialersparnis zu erreichen.
Glanzfirnis, glänzender, deckender Firnisanstrich aus Leinöl, Alkohol, Körnermastix, ind. Kopal, Gummilack, Sandarak und Terpentin.

Glas

Glas, die wichtigsten, am Bau verwendeten Gläser werden aus einem Gemisch gemahlenen Quarzsandes, Soda, Kalk, Dolomit und Glaubersalz (vielfach auch andere ähnl. Zusammensetzungen) erschmolzen und in verschiedenen Arten, wie Blasen mit der Glasbläserpfeife, Ziehen zu Flachgläsern, Gießen oder Pressen zu Glasbausteinen und Schleudern oder Sprühen zu Glasfasern verarbeitet; man unterscheidet bes. Tafelglas in den Dicken ED, MD, DD und Dickglas; Kristallspiegelglas mit Spiegelrohgläsern und Drahtspiegelglas; Gußgläser wie Rohglas, Kathedralglas, Ornamentglas, Drahtglas, Drahtornamentglas, Welldrahtglas mit den verschiedenen Oberflächen, wie gehämmert, gerippt und in Pyramidenform, sowie Opakgläser, Farbgläser, Antikgläser, Überfanggläser, Isoliergläser und Sicherheitsgläser.

Glasblasen, Formen von Glas durch den Glasbläser mittels der Glasbläserlampe (Glasbläserpfeife). Früher wurde die Glasbearbeitung weitgehendst mittels Glasblasen durchgeführt, auch Flaschen usw. wurden geblasen.

Glasbaustein, quadratische, rechteckige oder runde massive, meist aber zweischalige Steine aus Glas; in den letzten Jahrzehnten vielfach statt Fenster zur Belichtung von Gebäuden in kleineren oder größeren Flächen verbaut. Lüftungsflügel in Stahl oder Aluminiumrahmen sind möglich.

Glasdach, meist Stahldach, seltener Holzkonstruktion mit Eindeckung aus in Falzen eingelegten Glastafeln; früher oft in Einfachverglasung, heute zur Vermeidung der Bildung von Kondensat an der Unterseite der Glastafeln sowie zur besseren Wärmedämmung mehrschichtig.

Glasdecke, bes. um die Jahrhundertwende häufig konstruierte Unterdecke aus klaren, angeätzten oder auf der Oberseite bemalten Glastafeln in Falzen einer Holz- oder Metallkonstruktion. Durch vergoldete Leisten oder Messingleisten wurde der Eindruck einer Kassettendecke erreicht.

Glaserblei → Fensterblei.

Glashaus, Glashütte, Gewächshaus.

glasieren → Glasur.

Glasjalousie, Jalousie aus ca. 6—8 cm breiten Glasstreifen, mit einer Metallstange zum gemeinsamen Öffnen und Schließen, zur Lüftung im Fenster.

Glasleinwand → Glaspapier.

Glasmalerfarben bestehen in der Hauptsache aus Oxiden und werden in Verbindung mit Fluß in die Gläser eingebrannt.

Glasmalerei, allg. jede Malerei auf oder mit Glas, bes. aber die seit etwa 1000 n. Chr. in Mitteleuropa bekannte Technik der mit Bleiruten gefaßten, farbigen Gläser mit Innenkonturen, Schattierungen und Schraffuren aus Schwarzlot, einer grünen oder blauen Farbe aus Kupferasche, Braunstein und Bleiglas. In der frühen Periode der Glasmalerei war das Glas durchgefärbt, ab der Mitte des 14. Jh. wurden mehr und mehr Überfanggläser und eingebrannte Glasmalerfarben eingesetzt. Bis um 1500 wurde Glasmalerei praktisch ausschließlich zum Schmuck von Kirchenfenstern verwendet, danach auch bei profanen Gebäuden. Mit dem beginnenden Barock um 1650 nahm die Glasmalerei stark ab. Einfache, weiße Fenster, die nur mit Schwarzlot hergestellte Konturen und Schraffuren aufweisen, heißen Grauwerk, die Glasmaler solcher Fenster Grauwerker oder Griesinger.

Glasmalerei aus dem 12. Jahrhundert, Neuweiler.

Glasmosaik, in Deutschland weniger angewendete Technik des Mosaiks aus farbigen oder vergoldeten Glasstiften, seltener wurde auch die Verglasung mit bunten Scheiben als Glasmosaik bezeichnet.

Glasornament, 1. Glastafeln mit auf der Rückseite aufgeklebten Folien oder farbigem Papier. **2.** mit Ornamenten gemusterte Flachglastafeln.

Glaspapier, Glasleinwand, Papier mit gröberem oder feinerem, aufgeleimtem Glasstaub zum Schleifen.

Glaspfanne, Glasziegel, Dachpfanne oder Ziegel aus Glas.

Glaspfosten, 1. Fensterpfosten mit eingearbeitetem Glasfalz. **2.** Schaufensterpfosten aus gezogenen Glasröhren mit Verstärkung in Form einer Eisenstange. **3.** senkrecht zur Glasfläche gestellte und verklebte, schmale, starke Glasstreifen zur Aussteifung großer Glaskonstruktionen.

Glasschliff, in Glas eingeschliffene Verzierungen oder Darstellungen.

Glasur, glasähnlicher Überzug auf Porzellan, Steingut, aber auch Dach- und Mauerziegeln.

Glaswand, früher Wand aus Holzrahmen, oft mit Holzfüllungen bis Brüstungshöhe und oberen Glasfüllungen, heute in Metall, Aluminium oder Kunststoffen gefaßtes Glas in Tafeln vom Boden bis zur Decke oder ebenfalls von der Brüstung bis zur Decke aus → Glasbausteinen.

Glattfeile, Glättfeile, Schlichtfeile → Feile.

Glatthobel, Glätthobel, Schlichthobel → Hobel.

gleichjährig, Holz, dessen Jahresringe konzentrisch laufen.

Gleichmaß → Symmetrie.

Gleichschicht → Abgleichung.

Gleichziehhammer, Spannhammer, Werkzeug des Klempners zum Treiben hohler Blechgegenstände.

Glied, Bauglied oder einzelnes Element einer Konstruktion.

Gliederung, Einteilung und Abmessung der Glieder eines Bauwerks.

Glimmer, wesentlicher Bestandteil in einer Reihe von Natursteinen, wie Granit, Gneis, Glimmerschiefer.

Glimmerschiefer, dem Gneis ähnliches Gestein aus Quarz und Glimmer, wurde selten als Dachdeckungsmaterial genutzt, verwittert schnell.

Glind → Geländer.

Glockengalgen, einfacher Glockenstuhl in Form eines → Galgens.

Glockengiebel, Glockenbogen, offener Bogen auf der Giebelmauer, statt eines Turm- oder Dachreiters zur Aufnahme einer Glocke.

Glockengut, Glockenspeise, Glockenmetall → Bronze-(mischung) für den Glockenguß, etwa 3–5 Teile Kupfer, 1 Teil Zinn und kleinere Anteile Zink, Wismut oder Blei und Silber.

Glockenhaus, Glockenstube, Raum, meist im Kirchturm, in welchem die Glocken in den Glockenstühlen aufgehängt sind.

Glockenjoch, Glockenbalken, Glockenholm, Glockenwelle, Glockenwolf, starkes, oft aus mehreren Hölzern mit Eisenbändern zusammengefügtes Holz, an dem die Glocken hängen.

Glockenkapitell → Kapitäl, das oben konvex und unten konkav verläuft, in Form einer Glocke.

Glockenschwengel, Glockensteert, Querholz an der Unterseite des Glockenjochs, an dem das Glockenseil zum Läuten befestigt ist.

Glücksrad → Katharinenrad.

Gneis, granitähnlicher Naturstein, nur in quarzreicher Form wetterbeständig.

Gobelin, nach den Erfindern, den Gebr. Gobelin, benannte Tapeten und Teppiche mit eingewirkten Bildern.

Goggeisel → Kaminstein.

Gold, chem. Element; Edelmetall; Kurzbez. Au; Dichte 19,3 g/cm³; hohe Politurfähigkeit, weich; deshalb mit geringen Mengen Silber oder Kupfer legiert.

Goldblatt, Goldfolie → Blattgold.

Goldener Schnitt, Maßordnung aus der Renaissance. Mittels des Goldenen Schnitts, der rechnerisch oder zeichnerisch ermittelt werden kann, wird eine Strecke so in zwei Abschnitte geteilt, daß die Gesamtstrecke in einem Verhältnis zur größeren Teilstrecke wie die größere Teilstrecke zur kleineren Teilstrecke steht (z. B. etwa 3:5 und 5:8).

Goldfarbe, goldgelber Farbstoff aus Neapelgelb, Schwefelarsenik und span. Weiß.

Goldfirnis, goldfarbiger → Firnis mit Safran als Farbstoff.

Goldgrund, Grundierung für die Blattgoldauflage → Vergoldung.

Goldmosaik → Mosaik.

Göpel, Roßmühle, Konstruktion mit einem Antrieb durch ein im Kreis laufendes Pferd.

Gotik, Gotischer Stil, der Begr. war urspr. ein Schimpfwort für die »barbarische« Bauweise der Goten; erst später wird er feststehend für den gotischen Baustil – in Nordeuropa der Stil zwischen 1150 und 1520 – verwendet; die G. wurde bes. von der Kirche, daneben vom Rittertum und später vom erstarkenden Bürgertum geprägt; die schweren, weitgehend geschlossenen Bau(Stein)-Massen der Romanik wurden in der Gotik überwunden durch schlanke, himmelwärts strebende, leichte Bauglieder mit großen Öffnungen; auffallende Merkmale sind u. a. steile, spitze Dächer und Türme, die meist durch Spitzbogen (in der Spätgotik bis zum Lanzettbogen immer steiler werdend) geschlossenen Öffnungen, feingliedriges Maßwerk in Fenstern und Brüstungen und die Abtragung von Horizontalkräften aus den → Gewölben und → Bögen durch → Strebebögen und → Strebepfeiler → Abb. S. 91.

gotischer Bogen → Spitzbogen.

Grabeisen, Grabstichel, Grabmeißel, Reißhaken, Werkzeug, um Vertiefungen in Metall zu schneiden.

Graden → Freitreppe.

Gradiereisen → Krönel.

Gradierschlag, Krönelschlag, Bearbeitungsart des Bruchsteins mit dem Gradier- oder Kröneleisen.

Gramm, Gewicht eines Kubikzentimeters Wasser → Maß- und Gewichtstabellen.

Gotik, Quer- und Längsschnittdetails des Kölner Doms.

Grand, Gries.
Granit, kristallines, körniges Mineral aus Feldspat, Quarz und Glimmer; je nach der Farbe des Feldspats grün, rot oder grau; bes. beliebt ist der rote, auch ägyptischer Granit oder Rosengranit genannt; im Bauwesen wurde Granit viel verwandt als Pflaster, Bordsteine, geschliffene Säulen und feine Tischplatten.
Granit-Graßay, im 19. Jh. verwendeter, dem Granit ähnlichsehender Estrich oder Fußbodenplatten aus Harzen und mineralischen Zuschlägen.
Graphit, Reißblei, Eisenschaum, Wasserblei, blättriges oder kristallines, stahlgrau bis eisenschwarz metallisch glänzendes Mineral; wird für Schreib- und Zeichenstifte, zum Schwärzen und Polieren von Eisen gebraucht, früher auch als Farbstoff und für feuerfeste Ziegel verwendet.

Grassodendach, Dacheindeckung mit Grassoden (Grastafeln) → Rasendach.
Grat, Grath, Gräthe, hervorspringende Ecke oder Kante, z. B. am → Dach; auch beim Schleifen von Werkzeug oder beim Hobeln entsteht ein »scharfer« Grat.
Gratanfall → Anfallspunkt.
Gratbalken, der lotrecht unter einem Grat, meist als Stichbalken ausgeführte Balken, der den Fuß des Gratsparrens aufnimmt → Balken.
Gratbalkenstich, Gratbalken, der nicht durchläuft, sondern in einen Wechsel einsticht → Balken.
Gratbiege, die geschweiften Gratsparren eines Kuppel- oder Turmdachs.
Gratbinder, der unter dem Grat eines Walmdachs angeordnete Dachbinder.
Gratbogen, zwischen zwei einander überschneidende Gewölbeflächen gebildete Schnittkurve → Gewölbe.
Gratgebinde, das Gebinde, in dem sich der Gratsparren befindet.
Gratgewölbe, Bez. für das Kreuzgewölbe ohne Gratrippen im Gegensatz zum Kreuzrippengewölbe → Gewölbe.
Grathobel → Hobel für die schwalbenschwanzförmigen Einschubleisten.
Gratleiste, auf den Grat oder in den Grat eingeschobene Leiste.
Gratlinie, die Grundlinie in der Horizontalprojektion eines Grats.
Gratplatte, Blechabdeckung eines Grates.
Gratrippe, Rippe am Grat eines Gewölbes.
Gratsparren, Ecksparren eines Walmdaches, nach beiden Dachflächen abgeschrägt; an den Gratsparren sind

Gratsparrenstrebe

die Gratschifter angeschmiegt; beim Sparrendach steht der Gratsparren unten mit einem Zapfen im Gratbalken oder Gratbalkenstich (beide liegen senkrecht unter dem Gratsparren). G. sind stärker als die übrigen Sparren, da sie die Last der Schifter mittragen müssen; am First treffen sie am →Anfallspunkt mit weiteren Gratsparren, Kehlsparren und/oder dem First zusammen.

Gratsparrenstrebe, Strebe zwischen Gratbalken und Gratsparren.

Gratsäge, Werkzeug der Tischler und Zimmerleute; kurze →Säge mit einem Blatt von etwa 3 cm Breite und 20 cm Länge und hörnerähnlichen Griffen zum Einschneiden der schrägen Seiten eines Grates.

Gratseite, selt. Bez. für Walmseite, Walmfläche.

Gratstab, Ecksparren der →Fiale.

Gratstichbalken, Stichbalken, der in einen Gratbalken einsticht.

Gratziegel →Hohlziegel ähnlich dem Firstziegel; meist aber flacher gekrümmt und die Nase zur Befestigung auf dem engeren Teil.

Graupappel →Pappel.

Grauwacke, grün- oder bläulich graues, schiefriges oder flachmuscheliges Gestein; Konglomerat, u. a. aus Quarz, Ton- oder Kieselschiefer, Kalk, Granit, Feldsteinporphyr verbunden mit Tonschieferkitt; guter Baustein, wenn nicht zu viele tonige Anteile enthalten sind.

Grauwackeschiefer, Grauwacke mit überwiegend tonigem Bindemittel, in der Farbe erdiger, meist röter als Dachschiefer.

Grauwerk, Glasmalerei ohne farbige Gläser, mit Schwarzlot.

Gravierung, Einarbeitung von flachen Schriften oder Ornamenten in Stein, Glas oder Metall, meist mittels →Ätzung.

Gred (südd.), etwas erhöhter Gehweg auf den Traufseiten eines Gebäudes.

Greifzirkel, Dickzirkel, Tastzirkel, Taster, Zirkel aus Holz oder Metall mit zwei Metallspitzen zum Abgreifen und Übertragen von Maßen (Dicken).

Grenzwand, Grenzzaun, Anwand, Mauer oder Zaun zur Bezeichnung der Grenze oder auf der Grenze.

Gries, Grand, Grus, Grim, Geriß, grobkörniger Sand.

Griesinger, Grauwerker, Glasmaler, der ohne farbige Gläser nur mit Schwarzlot arbeitete.

Grim →Gries.

Grobschmiedearbeit, Schmiedearbeit.

Grönel →Krönel.

Groteske, Verzierungen aus Muscheln, Schnecken, Moos und Felsentrümmern.

Grubenholz, das beim Grubenbau benötigte Holz.

Grubenlehm, Lehm aus Lehmgruben, da der an der Oberfläche vorkommende Lehm für Lehmarbeiten zuviel Fremdbestandteile aufweist.

Grubensand, Sand aus Steinbrüchen und Gruben; weniger scharf als Flußsand, vielfach mit erdigen Bestandteilen, deshalb (ungewaschen) weniger gut als Zuschlagstoff für Mörtel geeignet; wird heute gewaschen (gewaschener Sand, gewaschener Grubensand) und dadurch gleichwertig mit Flußsand.

Grün, Farbton; umfaßt viele Farbnuancen und wird mit zahlreichen Farbstoffen wie Kupfergrün, Grüne Kreide, Grüne Erde sowie den heute gebräuchl. Grünpigmenten dargestellt.

Grundanstrich, Grundfarbe, Grundieranstrich, der erste Auftrag eines Anstrichaufbaus, auf dem später der eigentliche Anstrich aufgebracht wird; muß besonders gut auf dem Untergrund haften.

Grundboden, Grund → Baugrund.

Grundbohrer → Erdbohrer.

Grundbruch, bei unterschiedlichen Belastungen und/oder schlechtem Baugrund auftretende Brüche; damit und dadurch unterschiedliche Setzungen und Gefahr des Bruchs von Grundmauerwerk und Fundament.

Grundeisen, Werkzeug der Steinmetze; Ziseliereisen zur Bearbeitung der Grundflächen für Ornamente.

Gründel, Gründl → Krönel.

Grundgraben, Grundgrube, veralt. Bez. für Fundamentgraben und Baugrube.

grundieren, mit → Grundanstrich versehen.

Grundmauer, Grundmauerwerk → Fundament.

Grundmörtel, ält. Bez. für Beton.

Grundpfählung, Grundpfahl → Gründung mittels eines Pfahlrostes, früher aus Eichenholz, heute meist aus Beton.

Grundriß, Grundplan, früher auch Spurzeichnung genannt; gezeichneter Horizontalschnitt eines Bauwerks.

Grundschicht, unterste Schicht der Grundmauer.

Grundschwelle, Grundbalken, Grundholz → Schwelle.

Grundstein, eigentl. einer der Steine, die den Grund des Gebäudes bilden, früher meist ein Eckstein in der Grundschicht; die Grundsteinlegung von öffentlichen Gebäuden wird meist mit einer kleinen Feier begangen, bei der in den Grundstein eine Kapsel aus Glas und/oder Kupfer oder Blei mit den gültigen Münzen, Urkunden und Tageszeitungen eingelegt wird und der Bauherr, Architekt und Meister mit je drei Hammerschlägen die Grundsteinlegung symbolisch vollziehen.

Gründung, Grundlegung, Fundamentierung, Grundbau, alle Arten von Arbeiten und Konstruktionen zur Herstellung der Basis, des Fundaments, eines Bauwerks, wie Erstellen des → Fundament- oder Grundmauerwerks einschließl. ingenieurmäßiger Maßnahmen, wie Bodenaustausch, Bodenverbesserung, Bodenverdichtung oder Einrammen eines Pfahlrostes (früher aus Eichenholz, heute aus Beton) bei nichttragfähigem → Baugrund.

Grundvorsprung, Latsche, Mauerrecht, die Verbreitung der Grundschicht, des Fundaments gegenüber dem aufgehenden Mauerwerk.

Grundwaage → Setzwaage.

Grundwasser, Wasseransammlungen unter der Erdoberfläche aus Seen und Flüssen und weniger von Oberflächenwasser (Regen) gespeist, auf undurchlässigen Bodenschichten wie Ton.

grüner Indigo → Chinagrün.

grüner Zinnober → Chromgrün.

Grünsandstein → Sandstein.

Grünspan, Oxidationsprodukt durch Einwirkung von Essigsäure auf → Kupfer.

Grünstein → Diabas.

Grus → Gries.

Gulfhaus, großes friesisches Haus mit steilem, weit heruntergezogenem Dach, fast immer Vollwalmen, kurzem First und innerem Ständergerüst mit zentralem Stauraum für die Ernte im Erdgeschoß (erdlastige Lagerung), ähnl. dem Barghaus.

Gummi arabicum, arabischer Gummi; eine von vielen natürlich vorkommenden Gummisorten, wird aus den

Gunge

verdickten Pflanzensäften (Harzen, Pflanzenschleim) arabischer Akazien gewonnen und zum Kleben und Färben gebraucht.

Gunge, seltene ält. Bez. für → Gaube.

Gupfofen (südd.), gemauerter Stubenofen mit oder ohne Kacheln mit einem kuppelartigen Aufbau.

Gurtband, Gurtgesims aus einer nur wenig ausladenden Platte → Gesims.

Gurtbogen, 1. Verstärkungsbogen am Tonnengewölbe, entweder unten vor das Gewölbe tretend als Schurbogen, sichtbarer Gurtbogen oder Untergurt oder oben vortretend als Obergurt. **2.** die Stützbogen der bei größeren Gewölben in Gewölbejoche unterteilten Gewölbe, z. B. als Quergurte, Längengurte, Kreuz- oder Diagonalgurte → Gewölbe.

Gurtbogenanlage, Gurtpfeiler, vorgelegter Pfeiler (Dienst) zum Abtragen eines Gurtbogens.

gurten, überschneiden, ält. Bez. der Zimmerleute für das Überkreuzen oder Überblatten von sich im rechten oder schiefen Winkel kreuzenden Hölzern.

Gurtgesims, Gurtsims, Gurtung, Bortensims, Gesims in der Höhe von Balkenlage oder Decke als Stockwerksgesims, Balkengesims, Balkengurt, Etagengurt oder an Fenstern als Brüstungsgesims, Brüstungsgurt, Fenstergurt → Gesims.

Gurtträger, Kragstein, auf dem ein Gewölbegurt (Gurtband) aufsitzt.

Gurtung, Bez. der Zimmerleute für eine Überschneidung → Gurten; und für Verbindungen durch Gurte, Gurthölzer und → Zangen.

Gusche → Bossiereisen.

Gußeisen, Eisenkohlenstofflegierung mit rd. 2–4% Kohlenstoff, durch Schmelzvorgänge produzierte Eisensorten; Grundprodukt für weitere Eisen- und Stahlarten.

Gußgewölbe, alle Gewölbe, bei denen auf Schalung oder Lehrgerüste Steine gesetzt und mit flüssigem Mörtel vergossen oder flüssige Mörtel wie Puzzolanmörtel mit Zuschlag von großen Steinbrocken, aufgebracht wurden; heute aus Beton.

Gußmauerwerk, in Schalung gegossenes Mauerwerk aus Mörtel mit Steinstücken (ähnlich dem heutigen Beton).

Gußmörteldecke → Gußgewölbe.

Gutsche, Güdse, Hohlmeißel der Tischler und Zimmerleute.

Haarkalk, Haarkalkmörtel, Haarmörtel, Kalkmörtel zum Verputzen mit gereinigten und geklopften (entfilzten) Rinderhaaren; die Haare dienen dabei zur Bewehrung, d. h. zur Aufnahme von Zugkräften im Putzmörtel; Haarmörtel ist beim Verputz z. B. von Fachwerk auch heute noch günstig, da sonst die schmalen, dünnen Putzecken in den Gefachen leicht abbrechen und abfallen.

Haarröhrchen → Kapillarität.

Haarsieb, sehr feines Sieb aus Pferdehaaren.

Häcksel, Häckerling, mittels der Häckselschneide, Häckselbank, Häcksellade oder Häckselmaschine kleingehacktes Stroh, das dem Lehm für Strohlehmstakungen zur Bewehrung beigemischt wird.

Haftblech, Heftblech, schmale Blechstreifen zur Befestigung von Metalldeckungen.

Hagebuche → Buche.

Haggen (südd.) →Hohlziegel.
Hahn, Abziehhahn, Absperrhahn, Fußhahn, Krahn, ält. Bez. für Absperrventil.
Hahnebalken, Hahnenbalken, Hainbalken, Haynbalken, Spitzbalken, kurzer Balken im oberen Sparrendreieck von Sparren- oder Kehlbalkendächern, der die Sparren gegeneinander abstützt.
Hahnebaum, Helmstange, bei Helmdächern die auf dem Hahnebalken senkrecht aufsitzende Stange, an welcher die Sparrenköpfe befestigt und die Wetterfahne oder sonstige Bekrönung aufgesetzt wird.
Hainbuche →Buche.
Hakenblatt →Holzverbindungen, Blatt.
Hakenkamm →Holzverbindungen, Kamm.
Hakenstein, Wölbstein mit versetzter Fuge.
Hakenziegel →Biberschwanz.
Halbbrett, ½-Zoll starkes Brett.
Halbdach, Pultdach.
halber Holzbau →Fachwerk.
Halbfenster, Halbgeschoßfenster, Flämisches Fenster →Bastardfenster.
Halbgeschoß, Zwischengeschoß, Beigeschoß, Mezzaningeschoß, niedriges Geschoß mit untergeordneten Räumen.
Halbgiebel, Giebel eines Pultdaches oder mit einem Krüppel- oder Fußwalm.
Halbholz, Bauholz, bei dem der dazu verwendete Stamm nur einmal getrennt wurde.
Halbkuppel, Halbkuppelgewölbe, Chorgewölbe →Gewölbe in Form einer Viertelkugel.
Halbparkett, eingeschobener Fußboden; Friesfußboden.
Halbpfeiler, Pilaster, dessen Vorsprung vor der Mauer höchstens die Hälfte seiner Breite beträgt.
Halbsäule, zur Hälfte aus der Mauer herausragende Säule.
Halbsparren, Schiftsparren →Schifter.
Halbwalm →Krüppelwalm oder →Fußwalm.
Halbwalmdach, Dach mit einem Halbwalm (Krüppelwalm, Fußwalm).
Halle, 1. Saal ohne oder mit Einteilung in Schiffe mit großen Dimensionen. **2.** nach allen oder einigen Seiten offenes Gebäude.
Hallenhaus, 1. mittelalterliches Haus, bei welchem das Erdgeschoß oder größere Teile davon, meist in der Höhe zweier Normalgeschosse, als Halle ausgebildet war. **2.** →Niederdeutsches Hallenhaus.
Hallenkirche, Kirche mit nur einem Schiff oder mehreren gleich hohen Schiffen im Gegensatz zur →Basilika.
Hals, 1. allg. Bez. für den dünner gearbeiteten Teil eines prismatischen oder zylindrischen Körpers. **2.** schmaler, enger Eingang, z. B. Kellerhals.
Halsband, Halseisen, Halsklammer →Angel.
Halskehle, stehende flache Hohlkehle.
Halsofen, von außen gefeuerter Stubenofen.
Halsriegel, Wandriegel im oberen Viertel eines Stockwerkes →Riegel.
Hammende →Walm →Krüppelwalm.
Hammer, von allen Handwerkern in den verschiedensten Größen und Formen gebrauchtes Werkzeug bestehend aus der Hammerklinge, fast immer aus Stahl, mit der Bahn auf einer Seite und einer Finne (Schneide), Spitze oder Geißfuß (Klaue) auf der ande-

ren Seite und dem früher fast ausschließlich hölzernen Stiel (Helm); zu den Sonderformen gehören der schwere, mit beiden Händen zu führende Vorschlaghammer, der Fäustel und der Latthammer.
Hammerarbeit, getriebene Arbeit.
Hammerbahn, der schlagende, breite Teil der Hammerklinge.
Hammerbeil, kleines →Beil, mit einer der schneidenden Klinge gegenüberliegenden Hammerbahn.
Hammerblech, gehämmertes Blech, mit dem Hammer geschlagenes Blech.
Hammerfinne, Hammerpinne, das schmale, schneidende oder spitze Ende der Hammerklinge.
Hammerkalk →Mergel.
Hammerklinge, Hammerkopf, Klinge des Hammers.
hammerrechtes Schichtenmauerwerk, Bruchsteinmauerwerk, bei welchem die Bruchsteine auf der Sichtfläche und mind. 12 cm tief an der Stoß- und Lagerfläche bearbeitet sind.

Hammerrechtes Schichtenmauerwerk.

Hammerschlag, 1. der Abfall von glühendem gehämmertem Eisen, wurde früher als Mörtelzuschlag verwendet. **2.** Bez. der pseudohistorisch gestalteten Metalloberfläche in Form künstlich herbeigeführter Hammerschlagmuster.
Hammerspalt, Hammerklaue (nordd.), Splitt; die Klaue am Hammer zum Nagelziehen.
Hammerstiel, Hammerhelm, der meist hölzerne Griff des Hammers; wird zur Befestigung mit der Hammerklinge durch das Helmloch getrieben oder mittels einer Hammerhülse befestigt.
Hammerwerk, Hammermühle, Betrieb zur Bearbeitung von Metallen mittels großer mit Dampf oder Wasserkraft betriebener Hämmer, wie Kupferhammer, Eisenhammer, Blechhammer.
Hamzeichen, ält. Bez. für Meterriß.
Handamboß →Amboß.
Handaxt, Handbeil →Axt.
Handbrett, Tünchscheibe, Aufziehbrett, Werkzeug von Maurer und Stukkateur aus einem etwa 30×30 cm großen Brett mit einem Stiel oder Griff zum Auflegen von Mörtel, um z. B. beim Deckenputz ein zu häufiges Bücken zu vermeiden.
Handfäustel, kleiner →Fäustel.
Handgriff, Handbaum, Geländerholm, Handleiste, Handlauf, der obere abgerundete oder profilierte Teil von Geländern zum Anfassen.
Handkloben →Feilkloben.
Handlanger, Handarbeiter, Hilfsarbeiter, ungelernter Arbeiter, der gelernten Arbeitskräften Hilfsdienste, wie Materialtransporte, leistet; früher in erster Linie Tagelöhner.
Handlot, kleines →Lot mit Lotleine.
Handpforte →Einlaßpforte.
Handramme, Handstampfe, Erdramme, Pfaffenmütze, 1. Bez. für den mit der Hand zu bedienenden Rammklotz. **2.** →Stampfer.
Handstrichziegel, mit der Hand geformter →Ziegel.
Handwerkerpatron →Zunftheiliger.

Handramme, Stampfer.

Hanföl, Öl aus Hanfsamen, wurde früher bei der Stubenmalerei und zur Herstellung von Firnissen verwendet.

Hanfseil, Seil aus Hanffasern, wurde früher vielfach im Bauwesen gebraucht, u. a. für Flaschenzüge, Seile zum Ziehen von Lasten oder Lenkseile.

Hanfwerg → Werg.

Hängebalken, der waagerechte untere Balken des Hängewerks.

Hängeband → Fußband.

Hängeboden, Boden, mit welchem ein hoher Raum in zwei niedrigere Räume geteilt wird.

Hängeeisen → Anker zur Befestigung des Hängebalkens am Hängepfosten → Hängewerk.

Hängepfosten, Hängesäule, Hängebaum, Hängeband, Hängeständer, 1. der Pfosten im → Hängewerk, an welchem die Last hängt, auch Mönch genannt. 2. bei auskragenden Konstruktionen von Ständerbauten der statt auf einer Schwelle aufstehende an eine Schwelle angeblattete und nach unten überstehende Ständer.

Hängeplatte, hängende Platte, abhängende Platte, Kranzleiste des gegliederten Hauptgesimses, meist weit ausladend, zum Schutz des Gebäudes mit einer Wassernase.

Hängeschloß → Vorlegeschloß.

Hängewand, selbsttragende, wie ein einfaches oder doppeltes Hängewerk konstruierte Fachwerkwand.

Hängewerk, Konstruktion aus Holz, seltener aus Stahl, zur Überbrückung größerer Spannweiten, meist der Dachdecke; das Hängewerksgebinde besteht aus dem nur an den Enden aufliegenden Hängebalken, der mittels Hängeeisen an eine oder mehrere Hängepfosten angehängt ist, die wiederum durch Streben, die an den Enden des Balkens eingezapft und versetzt sind, gestützt werden; mit einer Hängesäule heißt das Hängewerk einsäuliges oder einfaches Hängewerk, mit 2 Säulen zweisäuliges oder doppeltes Hängewerk.

Hängewerksbrücke, Brücke, die in Form eines Hängewerks konstruiert ist.

Hartbrand, sehr hart gebrannte Ziegel.

Hartbrandziegel → Ziegel.

harte Dachdeckung, die nichtbrennbaren Dacheindeckungen wie Schiefer und Ziegel gegenüber Weichdeckungen wie Reet und Pappe.

Harthobel, mit steilem, 60° gegen die Bahn geneigtem Eisen versehener → Hobel zum letzten Glätten.

Hartmeißel → Bankmeißel.

Harz, organische Substanz, welche natürlich aus zahlreichen Gewächsen, bes. Bäumen, leicht (durch Anzapfen) gewonnen wird; unlöslich in Wasser, löslich in Alkohol und bei Hitze schmelzbar; früher häufig gebraucht für Firnisse und Kitte; und zwar bes. Fichtenharz, Mastix, Elemi,

Harzbaum

Sandarak, Copallackharz, Bernstein und verschiedene Gummiarten.
Harzbaum →Kiefer.
Harzeiche, Wintereiche →Eiche.
Harzgalle, krankhafte Flecken im Nadelholz, harzgefüllte Höhlungen.
Harzkitt, harziger Kitt, Steinkitt, früher verwendeter Fugenkitt u. a. aus Harz, Pech und Talk.
Harzscharren, Harzaufbrachen, Gewinnung von Harz aus lebenden Bäumen durch Einkratzen von Rinnen mit dem Scharreisen und Auffangen des auslaufenden Harzes in angehängten Gefäßen.
Harztanne, gemeine Fichte.
Harzzement, früher verwendetes Material zum Herstellen von Abgüssen aus Harz, Leinöl, Kreide oder Kalk, Fasern und Sand.
Haselnußbaum, Hasel, heimische Holzart; kommt gewöhnlich nur als Strauch vor; die Schößlinge eignen sich gut als Bauholz für Wagnerarbeiten und zum Auswinden der Stakung, die Wurzelstöcke liefern gut polierbares Holz für feine Tischlerarbeiten.
Haspe, Stützhaken, Stützband, Stützkloben, Bandhaken mit Stützvorrichtung.
Haspel, Erdwinde, Affe, Antrieb für Seilaufzug in Form einer senkrechten Trommel, auf welche das Seil aufgerollt wird; die Trommel wird mittels langer Hebelarme manuell gedreht.
Haubank, Hautafel, Hautisch, 1. langer, niedriger Bock der Zimmerleute zum Auflegen der Stämme, die behauen (gebeilt) werden sollen. **2.** Dreschtafel der Ziegler.
Haube, Haubendach, 1. jedes allseitig gleichmäßige, aber nicht sehr spitze Dach. **2.** Abdeckung für einzelne Bauglieder, wie Mauern oder Sonderbauten (die Haube der Windmühle).

Haubengewölbe, Klostergewölbe →Gewölbe.
Haubrücke, Brücke, Dachbrücke, Amboß, Klammer, Klammerhaken, Haue, Metallsteg oder Brücke mit einem oder zwei spitzen Enden (Füßen) nach unten, welche in einen Bock, Holzbock, Gerüstbohle oder die Dachschalung geschlagen werden, als Unterlage zum Behauen des Schiefers durch den Schieferdecker.
Haue, 1. →Dechsel, Gerinnehaue. **2.** →Haubrücke.
Haueisen, Werkzeug der Steinmetze, das Breiteisen und auch eine Art Haubank werden so genannt.
Hauer, Werkzeug der Schlosser und Schmiede →Blockmeißel.
Häufchenputz →Tüpfelputz.
Haupt, 1. des Steines: die Fläche, die an der Außenseite einer Mauer liegt. **2.** eines Balkens: dessen Endfläche. **3.** eines Nagels: der Nagelkopf. **4.** einer Konsole: die obere Fläche der Konsole.
Hauptansicht, Hauptfassade, Hauptfront.
Hauptbalken →Architrav.
Hauptbogen, Schurbogen →Bogen.
Hauptgeschoß →Bel Etage.
Hauptgesims, Hauptsims, Dachgesims →Gesims.
Hauptholz, Balken, mit dem die Oberteile mehrerer Ständer verbunden werden, z. B. Jochbalken oder Rähm.
häuptig, häutig, eine Mauer, die auf einer Seite fluchtgerecht d. h. ganz eben gemauert ist, nennt man einhäuptig, einhäutig; ist sie auf zwei Seiten eben, heißt sie zweihäuptig, zweihäutig.
Hauptschiff, Hochschiff, Mittelschiff, das mittlere Schiff einer →Basilika.

Hauptschlüssel, Schlüssel einer Schließanlage, der mehrere verschiedene Schlösser öffnet, die sonst einzelne, unterschiedliche Schlüssel haben.
Hauptschwelle, 1. → Grundschwelle.
2. die horizontalen Balken, die auf die Pfähle eines Rostes bei der Pfahlgründung aufgezapft werden.
Hauptsparren, Bundsparren, der Sparren eines Hauptgebindes.
Hausbock → Holzschädlinge.
Hausenblasenleim, Hausenblase, Leim aus der Blase des Hausen, einer Fischart der Störfamilie.
Häuslingshaus → Tagelöhnerhaus.
Hausmarke, Hauszeichen, Figuren, die seit der zweiten Hälfte des 13. Jh.'s im nördlichen Europa als Wahrzeichen des Besitzes eines Hauses, ähnlich einem Wappen, dienten; meist haben sie einen senkrechten Grundstrich, an welchen schräge oder waagerechte Striche anschließen, so daß Figuren entstehen, wie Buchstaben, Maueranker, Merkurstäbe, Kreuze, später auch Dreieck, Viereck, Pentagramm und Werkzeug.
Hauspan → Abhieb.
Hausschwamm, pflanzlicher Holzschädling; der Echte Hausschwamm (Merulius domesticus, Serpula lacrymans) ist der gefährlichste Holzschädling für alle Nadel- und Laubholzarten, wobei Eiche weniger angegriffen wird; bei Befall wird die Zellulose des Holzes abgebaut, das Holz wird völlig zerstört; Wachstumsvoraussetzungen für den Echten Hausschwamm sind 18–20°C und eine Holzfeuchte von 20–28%; der Echte Hausschwamm wächst durch meterdickes Mauerwerk und bleibt auch bei Austrocknung über viele Jahre lebensfähig, derart, daß bei neuer Feuchte die Schwammyzeln weiterwachsen und die Zerstörung fortgesetzt wird. Zur Sanierung eines Befalls von Echtem Hausschwamm sind umfangreiche Maßnahmen notwendig.
Haustein, alle Bruchsteine, welche steinmetzmäßig bearbeitet werden.
Hausteingewölbe, Gewölbe aus behauenen Bruchsteinen, oft nicht in Mörtel verlegt, sondern nachträglich vergossen.
Hausteinmaurer, Mitglied einer Bauhütte, heute im Steinmetzberuf aufgegangen.
Haustenne, Dreschplatz im Haus (statt in der Scheune), z. B. im niederdeutschen Hallenhaus die Diele.
Hauszeichen → Hausmarke.
Haynbalken → Hahnebalken.
Hebebaum, 1,50–2 m langes und etwa 10 cm starkes Eichen- oder Eschenholz zum Heben starker Lasten.
Hebelade, Baumwinde, Baumhebe, Vorrichtung aus 2 mit einem Zwischenraum von etwa 10 cm verbundenen starken Bohlen und einem Hebebaum zum Anheben schwerer Lasten; die Bohlen haben je zwei Reihen versetzter Löcher, durch die ein Bolzen gesteckt wird, auf dem der Hebebaum angesetzt wird, nach dem ersten Anheben wird die Last unterstützt und der Vorgang mit dem Bolzen im nächst höheren Loch wiederholt.
Hebezeug, alle Arten von Hebegeräten wie → Hebebaum → Hebelade, Hebebalken, Hebeschraube → Haspel, Winde und → Flaschenzug.
Heft, Griff eines Werkzeugs.
Heftblech → Haftblech.
Heidefirst, Firstbelag aus Heidekraut bei Stroh- oder Reetdächern.

Heiligenschrein, Reliquienschrein.
Heister, Weiden- und Haselnußruten zum Einflechten in die Stakhölzer → Strohlehmstakung.
Heizung, die ältesten Heizungen waren offene Feuerstellen mit oder ohne Rauchfang, wie sie beim niederdeutschen Hallenhaus noch bis ins 19. Jh. häufig vorkamen. Die Weiterentwicklung bestand aus halbgeschlossenen Feuerungen, wie gemauerten Herden und Kaminen, bis zu geschlossenen Feuerungen, wie gemauerten oder gußeisernen Öfen für einzelne Räume. Bereits früh (z. B. bei den Römern), waren daneben auch Zentralheizungen bekannt, bei denen in einem Heizraum (z. B. Keller) ein Heizmedium (Luft, Warmwasser oder Dampf) erhitzt wurde, durch Leitungen in die einzelnen Räume geleitet wurde und dort die Wärme, z. B. über Ziegel, abgab; heute wird das Heizmedium mittels eines Heizkessels erwärmt und die Wärme über Heizkörper oder Konvektoren abgegeben.
Hektar, Abk. ha; Flächenmaß → Maß- und Gewichtstabellen.
Helmdach, Kaiserdach, Turmdach, pyramidales, steiles Turmdach als vieleckiges Zeltdach oder Kegeldach auf rundem Grundriß.
Helmgewölbe → Gewölbe.
Helmloch, Loch in der Klinge eines Werkzeugs, durch das der Stiel (Helm) gesteckt wird.
Helmstange, meist hölzerne Stange, oft Fortsetzung des Mittelstiels, über die Spitze eines Turmes oder Daches hinausragend zur Aufnahme der Helmzier.
Helmzier, Helmzierat, Verzierungen auf Helmspitzen, Zeltdächern, Laternen und Graten.
Herd, Feuerherd, urspr. die Stein-, Lehm- oder Eisenunterlage einer Feuerstelle, später die geschlossene Feuerstelle.
Herddach (südd.), Lehm- und Strohdächer auf eng liegenden Sparren.
Herdmantel → Rauchfang.
Heringswerk, Heringsgrätenbau, Mauerverband in der Form waagerecht liegender Ähren oder Gräten.
Herrengeschoß → Beletage.
Hexaeder, Körper mit 6 ebenen Flächen.
Hexagon, Sechseck.
hexagonal, sechseckig.
Hexenfuß → Drudenfuß.
Heye → Stampfer.
Hieb, Hiebseite → Schiefer.
Hinterklaue, Afterklaue, Achterklaue, Aberklaue, Klaue eines Sparrens, die bis auf die Hinterseite der Schwelle oder Pfette übergreift → Holzverbindungen.
Hintermauerung, allg. eine z. B. hinter einer Fachwerkwand errichtete Mauer, bes. die Aufmauerung hinter einem Gewölbe bis ganz oder annähernd zur Scheitelhöhe, um das Gewölbe zu stabilisieren.
Hinterzange, die hintere, mit einer Schraube zu bewegende Backe einer Hobelbank.
Hirnholz, Hirn, Hirnseite, Holzfläche quer oder schräg zur Faserrichtung.
Hirnleiste, schmales Brett oder Leiste, das auf der Hirnseite zusammengefügter Bretter, Bohlen oder Kanthölzer angebracht ist.
Historismus, Stilrichtung von der Mitte des 19. Jhs. bis zum Beginn des 20. Jhs., die überwiegend Formen früherer Baustile wie Romanik, Gotik und Renaissance historisierend wiederverwendete.
Hobalken (nordd.), Balken, der in Verlängerung der Dielenjoche das

→Flett im niederdeutschen Hallenhaus überspannt.

Hobel, spanabnehmendes Werkzeug der Tischler, Schreiner, Zimmerleute und Wagner aus dem meist hölzernen Hobelkasten oder Hobelgehäuse mit vorderem, hornartigem Griff und einem Loch (Maul, Keilloch, Spanloch), in dem das Hobeleisen mit einem Keil befestigt ist. Man unterscheidet u. a. nach Form und Funktionen: Schlichthobel, Glatt- oder Putzhobel mit einfachem Hobeleisen oder als Doppelhobel mit zwei mit der Schneide gegeneinander gekehrten Eisen für feine Arbeiten; Scharf-, Scherf-, Schrot-, Schruff-, Schrob-, Schrubb-, Schurf- oder Rauhhobel zum groben, stark spanabhebenden Hobeln; Bankhobel als Fügehobel oder Rauhbank bis 2 m Länge; zahlreiche Sims- und Leistenhobel für Profile und Verzierungen, wie Rundhobel oder Kehlhobel, mit quer zur Schneide stehender Rundung zum Aushobeln von Kehlen; Schiffshobel, in der Längsrichtung gebogen; Nuthobel zur Herstellung von Nuten; Spundhobel zur Erzielung der in die Nuten passenden Federn; Grundhobel zum Glätten ausgestemmter Stufenlöcher in Treppenwangen; Fügehobel zum →Fügen von Brettern auf dem →Fügebock; Furnier- oder Zahnhobel mit feiner Zähnung zum Anrauhen der Rückseite der Furnierblätter; Flitschhobel mit einseitigem Anschlag, um nur eine bestimmte Breite von einer Kante aus zu hobeln, Gehrungshobel, Grathobel, Kienspanhobel, Gesimshobel und Karnieshobel.

Hobelbank, Werkzeug des Tischlers aus Buchenholz, bestehend aus einem schweren Gestell und dem 10–15 cm starken und zwischen 1,40 m und etwa 3 m langen Arbeitstisch, dem Blatt, mit einer Vorder- und Hinterzange sowie den versetzbaren Bankhaken oder Bankeisen zum Einspannen der Werkstücke.

Hobelmaschine, im 19. Jh. erfunden; heute neben Spezialhobelmaschinen die Abrichtehobelmaschine zum Fügen, Abrichten und Glätten und die Dickenhobelmaschine, um Hölzer auf gleichmäßige und geringere Dicke zu hobeln; oft sind beide Maschinen kombiniert.

Hochaltar, Choraltar, Frohnaltar, der größte, vor allem höchste, Altar in Kirchen.

Hochgelb, aus Krapp gewonnener gelber Farbstoff.

Hochgotik, die Blütezeit der →Gotik in Nordeuropa, etwa von 1200–1400.

Hochkante, die schmale Kante von Ziegeln, Brettern, Kanthölzern.

Hochlochziegel →Ziegel.

Hochofenzement →Zement.

Hochorange, Feuergelb, Farbstoffgemisch aus Chromorange, Chromgelb und Mennige.

Hochrähmkonstruktion, Konstruktion im Hallenhaus, bei der die Rähmhölzer oberhalb der Ankerbalken (Deelbalken) liegen.

hochrammen, Erdaustausch bei nicht tragfähigem Baugrund durch Ausheben, Auffüllen und Feststampfen.

Hochrelief →Relief.

Hochrenaissance →Renaissance in Nordeuropa, etwa die Zeit von 1550–1600.

Hochschiff →Hauptschiff.

hochschlämmen, Erdaustausch bei nichttragfähigem Baugrund durch Ausheben und Einschlämmen von Sand mittels Wasser.

Hofreite, Hofraithe, Hofrehde, Hof-

raum, die Fläche, die ein landwirtschaftlicher Hof einnimmt; auch die Gesamtheit des Hofes.
Hofstatt, Standort eines Hofs.
Höhfries, Höhstück → Seitenhöhe.
Hohlbeil, runder → Dechsel.
Hohlbohrer, Bohrer mit hohlem Schaft, Kernbohrer.
Hohleisen, Hohlmeißel, 1. segmentförmiges oder halbkreisförmiges Stemmeisen zur Holzbearbeitung. **2.** rund geformte Meißel der Steinmetze.
Hohlfase, Hohlkehle in Form eines Viertelkreises.
Hohlkehle, Verzierung in Form einer ausgehöhlten Rinne als Viertel- oder Halbkreis, steigend, fallend, flach, gedrückt oder überhängend.
Hohlkehlhobel, Kehlhobel → Hobel.
Hohlwerk, mit → Hohlziegeln eingedecktes Dach.
Hohlziegel, Hohlpfannen (südd.), Haggen; Tonziegel mit einer Hohlform als Rechtspfannen, Linkspfannen oder als Mönch- und Nonnenziegel ausgebildet. Auch der Firstziegel und Gratziegel ist ein Hohlziegel. Hohlziegel sind etwa 37,5 cm bis über 40 cm lang und 16 bis 24 cm breit.
Holfterscheune, Scheune ohne durchgehende Dachbalken; die Sparren sind auf dem Wandrahmen oder auf Stichbalken aufgeklaut bzw. verzapft.
Holländischer Verband → Mauerverband.
Holm, Holster, Holben, Holbe, Hulben, Kantholz oder Rundholz, mit welchem stehende Hölzer oben verbunden werden, z. B. Brückenholm.
Holtsprütten, Holzsprütten, Stakhölzer.
Holzarchitektur, bei vielen Kulturen im Altertum, wie bei Indern, Azteken und Ägyptern, Vorläufer von Steinbaukunst; im MA. im gesamten West-, Nord-, Mittel- und Osteuropa die bestimmende Bauweise als Blockbau → Stabbau (Vollholzbau) oder → Fachwerk (Halber Holzbau).
Holzbildhauerei, Bildschnitzerei in Holz; als Material eignen sich Linden-, Eichen-, Ahorn-, Nußbaum- und Kirschbaumholz; früher ausschließlich Handarbeit, heute werden Kleinskulpturen oft mittels vollautomatischer Abtaste- und Drehbohrmaschinen (Kopierautomaten) als Massenware hergestellt.
Holzdocke, Holzleisten oder Holzspäne (Holzspließe), die bei Spließdächern unter die Fugen der Biberschwänze gelegt werden.
Holzdrahtrouleau → Rolladen.
Holznagel, Pflock, Nägel aus Holz, von 4 mm ⌀ und 3 cm Länge bis zu 30 mm ⌀ und 40 cm Länge, rund, vier- oder achteckig, meist aus Eichenholz; früher vielfach statt eiserner Nägel verwendet, heute fast ausschließlich nur noch im Fachwerkbau, bes. zur Hilfe beim Aufschlagen.
Holzpflaster, Pflaster aus senkrecht gestellten Holzklötzen von 5–30 cm Höhe, früher ausschließlich im Straßenbau verwendet (Eichenholz), heute auch in anderen Holzarten und feinen Formen als Bodenbelag in Werkstätten und Wohnräumen.
Holzschädlinge, tierische Schädlinge wie Hausbock, Poch-, Klopf- oder Nagekäfer; Splintholzkäfer und Holzwespen, die ihre Eier in Holzspalten legen und deren Larven dann jahrelang im Holz leben und durch Fraß das Holz zerstören. Pflanzliche Schädlinge wie Echter → Hausschwamm, Weißer Porenschwamm, Kellerschwamm greifen die Zellulose

des Holzes an, Schimmelpilze den Zellinhalt und führen so zur Fäulnis, d. h. Zerstörung. Holzschutz →Imprägnierung.

Holzschindeln, verschiedene Arten oben dünnerer und unten dickerer (etwa 1,8 cm) Bretter zur Dachdeckung, mehr noch für Wandverkleidungen. Holzschindeln wurden früher mit dem Spaltbeil oder Schindelmesser aus dem Rundholz handgespalten, heute werden sie meist maschinengespalten oder maschinengesägt. Die Größen der Schindeln schwanken von ca. 4 cm Breite und 15 cm Länge bis ca. 10 cm Breite und 30 cm Länge. Die Form des unteren Schindelendes, wie glatt abgelängt, mit abgerundeter Ecke, Bogenschnitten oder Auskehlungen, verleiht den Schindeldeckungen ihr spez. Aussehen. Heute werden fast ausschließlich maschinengesägte Eichen- oder Buchenschindeln hergestellt, dazu wird auch Importware – unabhängig von den traditionellen Formen und Größen, wie Zedernschindeln, verarbeitet. Man unterscheidet u. a. Scharschindel, Schuppenschindel, Nutschindel, Spundschindel und Rückenschindel.

Holzschraube, Schraube mit scharfem, weitem Gewinde, die sich beim Drehen ins Holz einzieht.

Holzschutz → Imprägnierung.

Holzteer, ölige, schwarze Flüssigkeit, die durch trockene Destillation von Holz gewonnen wird, wurde früher u. a. als holzschützender Anstrich verwendet.

Holzverbindungen, die Einzelverbindungen innerhalb größerer Gesamtverbände von Holzkonstruktionen; man unterscheidet nach den Richtungen der zu verbindenden Hölzer in: Verlängerung (Stoß) horizontal liegender Hölzer; Kreuzungen horizontal liegender Hölzer; Verlängerung (Stoß) senkrechter Hölzer; Verbindungen von senkrechten und waagerechten Hölzern und Verbindungen von schräg stehenden mit senkrechten oder waagerechten Hölzern oder nach der Holzverbindungsart:

Zapfen als gerader Zapfen, abgesetzter (geächselter) Zapfen, Schwalbenschwanzzapfen mit Keil →Zapfenschloß, Kreuzzapfen, schräger Zapfen, Zapfen mit gerader oder schräger Brust, Scherzapfen, bes. für Sparrenverbindungen am First, Jagdzapfen für später einzubauende Hölzer, Doppelzapfen, Blattzapfen, Grundzapfen, Seitenzapfen und Zapfen mit Keilen. Zapfenverbindungen werden hauptsächlich bei rechtwinklig aufeinander stoßenden Verbindungen, seltener für Längs- und Eckverbindungen verwendet.

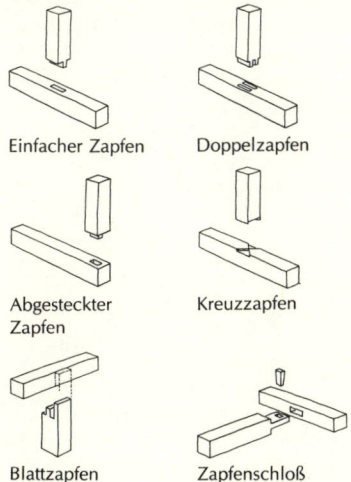

Einfacher Zapfen

Doppelzapfen

Abgesteckter Zapfen

Kreuzzapfen

Blattzapfen

Zapfenschloß

Stoß als stumpfer Stoß, schräger Stoß, Halbstoß, versetzter Stoß, Stoß mit

Holzverschalung

eingesetztem Haken, Stoß mit eingesetztem Haken und Keilen, Stoß mit doppeltem Haken. Stöße sind fast ausschließlich Verbindungen zur Verlängerung von Hölzern auch über Eck.
<u>Blatt</u> als gerades Blatt, gerades Blatt mit Gratschnitt, schräg eingeschnittenes Blatt, schräges Blatt, schräges Blatt mit Gratschnitt, schräg eingeschnittenes schräges Blatt, gerades Hakenblatt, schräges Hakenblatt, schräges Blatt mit verdecktem Haken, schräg eingeschnittenes schräges Hakenblatt, schräg eingeschnittenes Hakenblatt mit Keilen, schräg eingeschnittenes schräges Blatt mit Keilen, einseitig verdecktes schräges Hakenblatt, zweiseitig verdecktes schräges Hakenblatt, Schwalbenschwanzblatt, doppeltes Schwalbenschwanzblatt, einseitiges hakenförmiges Brustblatt, zweiseitiges hakenförmiges Brustblatt, Zapfenblatt, doppeltes Zapfenblatt, einfache Querverblattung, einseitige Schwalbenschwanzquerverblattung, Schwalbenschwanzquerverblattung, Hakenquerblatt, Eckblatt, schräges Eckblatt, Hakeneckblatt, versetztes Hakeneckblatt, An- oder Gegenblattung, rechtwinkliges Blatt, schiefwinkliges Blatt, rechtwinkliges und schiefwinkliges Blatt mit Versatzung. Blätter sind die urspr. Verbindung sich überkreuzender Hölzer, die bei Profilierung und mit Holznägeln auch Zugkräfte aufnahmen und die weitgehend durch Zapfen abgelöst wurden.
<u>Kamm</u> als gerader Kamm, gerader Kamm mit einseitiger oder zweiseitiger Versatzung, Kreuzkamm, schräger Kamm, gerader Eckkamm; Schwalbenschwanzeckkamm, schräger Eckkamm, Hakeneckkamm, schräger Hakeneckkamm. Kämme wurden bes. für sich kreuzende, nicht in einer Ebene, also übereinanderliegende Hölzer gebraucht.

Gerades Blatt

Gerades Blatt mit Gratschnitt

Gerades Hakenblatt

Schräges Hakenblatt

Doppeltes Zapfenblatt

Bogenschloß

Schräges Eckblatt

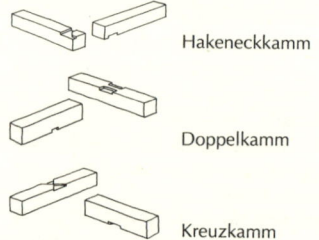

Hakeneckkamm

Doppelkamm

Kreuzkamm

<u>Versatz</u> als einfacher Versatz oder doppelter Versatz, einfacher Versatz oder doppelter Versatz mit Zapfen und Versenversatz. Versätze werden mit oder ohne Zapfen für schräg auftreffende Hölzer zur Weiterleitung von Druckkräften verwendet.
Daneben werden spez. Holzverbindungen, wie Klauen, Verzinkungen, Verdübelungen und Blockverbindungen, angewandt.
Holzverschalung, Verkleidung aus senkrechten oder waagerechten Bret-

tern; seltener auch für die Verkleidung mit Windbrettern, Kurz- oder Langschindeln.
Holzwespe, weniger gefährlicher Holzschädling; befällt Nadelholz, vermehrt sich aber nicht in trockenem Holz; die Fluglöcher sind kreisrund und haben einen Durchmesser von 4–7 mm.
Holzwolleleichtbauplatte, Leichtbauplatte, Bauplatte aus mit Zement oder Magnesit gebundenen Holzspänen.
Horizontalbogen, Scheitrechter → Bogen.
Horizontalkraft, horizontal an Bauwerken oder Bauteilen angreifende Zug- oder Druckkräfte, wie Winddruck und Windsog, aber auch die horizontalen Kräfte aus Gewölben und Bögen.
Hornbaum, Weißbuche → Buche.
Hornblendeschiefer, schiefriges Hornblendengestein; wurde früher gelegentlich zum Dacheindecken benutzt.
Hornbuche → Weißbuche.
Hoye → Stampfer.
Hufeisenbogen, Rund- oder Spitzbogen, dessen Schenkel nach unten verlängert und verengt sind; der Radius der Einziehung soll mindestens doppelt so groß sein wie der Radius des Rundbogens → Bogen.
Hulben → Holm.
Hundszahn, spitzer Meißel des Bildhauers in verschiedenen Größen.
Husbör (nordd.) → Richtfest.
Hüttenglas, farbiges Glas für Glasmalerei, welches seine Farbe durch Metallzusätze bereits in der Hütte, bei der Glasmischung, erhielt.
Hydrat, chem. Verbindung durch und mit der Aufnahme von Wasser, z. B. beim Löschen von gebranntem Kalk.

Hydraulik, Mechanik der flüssigen Körper.
Hygrometer → Feuchtigkeitsmesser.

Ikonografie, Bilderlehre, bes. die Lehre von festgelegten Darstellungsweisen.
Ikosaeder, Zwanzigflächner; Körper aus 20 gleichseitigen Dreiecken.
Illumination, 1. Festbeleuchtung. **2.** farbige Ausmalung.
Illuminator, Maler, der Handschriften farbig ausmalt.
illuminieren, farbiges Ausmalen von Handschriften, z. B. mit Miniaturen.
Imitationstechniken, die Techniken des Malers, Holz (→ Maserierung), Marmor (→ Marmorierung), Granit oder Porphyr auf anderen Werkstoffen durch Bemalung darzustellen; auch Bronzeanstriche und der Stuckmarmor gehören zu diesen Techniken.
Imprägnierung des Bauholzes, Holzschutz, Anstrich oder Tränkung des Holzes zur Vorbeugung oder Bekämpfung d. h. zum besseren Widerstand gegen tierische und pflanzliche Holzschädlinge, aber auch zur schwereren Entflammbarkeit; früher durch Ankohlen, Beizen, Säuren, Vitriol und Creosot; heute in erster Linie durch geprüfte Holzschutzmittel auf der Basis von Salzen, Lösungsmitteln, Ölen oder mit Karbolineen; DIN 68800.
Indigo, Indig, Indigoblau, schon sehr früh bekannter blauer Farbstoff; aus verschiedenen Pflanzen, bes. dem Indigostrauch, gewonnen; vor der synth. Herstellung von Blaupigmenten der wichtigste blaue Farbstoff.
Infrarottechnik → Thermographie.
Ingenieur, vom 16. bis 18. Jh. war mit

Ingenieur ausschließlich der Kriegsbaumeister gemeint, danach der auf einer Fach-, Fachhoch- oder Hochschule ausgebildete Techniker, Konstrukteur und Statiker.

Initiale, herausgehobener, oft stark geschmückter, Anfangsbuchstabe.

Inkrustation, Einlegearbeiten »Stein in Stein«.

Innenweite, lichte Weite.

Insektizid, schützend gegen tierische Schädlinge, z. B. Holzschädlinge.

Installation, Planung und Ausführung der Elektro-, Wasser- und Gasversorgung sowie Entsorgung eines Gebäudes einschl. aller haustechnischen Anlagen.

Intarsie → Einlegearbeit.

Irisches Kreuz, von einem Kreis eingeschlossenes Kreuz.

isolieren, Isolierschicht, 1. ält. Bez für Sperren gegen Feuchtigkeit, Sperrschicht. **2.** Schutzmaßnahmen gegen alle Arten von Energieverlust, bes. gegen Verlust elektrischer Energie.

Isometrie, axonometrische Darstellung ohne Verkürzungen.

Jagdband, Kopfband oder Fußband, dessen einer Zapfen (Jagdzapfen) so abgesetzt ist, daß das Band in schon bestehende Konstruktionen eingesetzt werden kann, ohne daß diese verändert werden müssen.

Jagdzapfen, Schleifzapfen, kurze Zapfen, z. B. an Riegeln oder Ständern, damit diese in auf Null auslaufende Zapfenlöcher in bestehende Konstruktionen eingefügt werden können → Jagdband → Holzverbindungen.

Jalousie, Vorrichtung aus verstellbaren, waagerechten oder senkrechten Leisten zum Schutz gegen Sonneneinstrahlung; urspr. mit Abstand und schräg eingesetzten Brettchen im → Fensterladen, die in einer Weiterentwicklung mittels eines Metallstabes auch bewegt werden konnten; heute in verschiedenen Variationen, bes. mit Schnüren zu bedienen, hoch- und niederziehbar und in der Neigung verstellbar; Jalousien werden aus Holz, Metall oder Kunststoffbrettchen für Einzelfenster gefertigt, aber auch als über ein oder mehrere Geschosse reichende, schwere, senkrechte Jalousien mit einer automatischen Steuerung.

jaspieren, das Nachahmen von Steinarten, indem man einen mit Farbe getränkten Pinsel über einen Stock schlägt und dadurch ungleichmäßige kleine Punkte auf der Malfläche erzeugt, wie sie bei Graniten und Porphyr natürlich vorkommen.

jaspiert, flammig meliert.

Jaspis, quarzähnliches und quarzhaltiges Mineral; wird zu Tischplatten, Vasen und Mosaik, weniger zu größeren Bauteilen, wie Säulen, verarbeitet.

Jaspismarmor, Nachahmung des Marmors durch Anstrich.

Joch, Joche (südd.), **1.** Konstruktion aus senkrechten Pfählen (Jochpfählen), die oben durch ein Querholz (Jochträger, Holm) verbunden sind, z. B. als Brückenpfeiler einer Holzbrücke; das Joch ist meist noch mehrfach durch waagerechte oder schräge Zangen versteift. **2.** allg. jede einzelne sich wiederholende Einheit von größeren Bauwerken.

Jochbaum, Ansbaum, Jochholm, Jochholz, Jochträger.

Jochbrücke, Pfahlbrücke.

Jochfeld, Brückenfeld.
Jochschwelle, Jochpfette, die Schwelle unter nicht eingerammten Pfahljochständern.
Jochweite, Länge des Jochfeldes; lichte Weite zwischen zwei Pfeilern.
Juchart, ält. Flächenmaß → Maß- und Gewichtstabelle.
Judenbaum → Eibe.
Jugendstil, entwickelte sich als eine der ersten Gegenströmungen zum Historismus im Jahrzehnt zwischen 1895 und 1905; der Name ist wahrscheinlich von der Zeitschrift »Jugend« entlehnt; Hauptziel war die Überwindung historisierender Formen und historischen Schmucks mit großzügigen vegetabilen und abstrakten Motiven in teilweise leuchtenden Farben; als Baustil hat der Jugendstil keine Konstruktionsänderungen bewirkt, sondern sich weitgehend in den Formen, im Schmuck und im Dekor entwickelt.
junger Dienst → Dienst.
Jungfer → Stampfer.
Jungferfenster, Dachfenster.

Kabinett, kleineres, heute nicht mehr übliches, meist zwischen anderen Räumen liegendes oder → gefangenes Zimmer, welches als Sammlungsraum oder auch als kleiner Empfangsraum genutzt wurde.
Kachel, urspr. Tonnapf zur Bekleidung von Öfen; daraus entwickelte sich die Napfkachel und auch die glatte Kachel; im Gegensatz zur Fliese besitzt die Kachel einen auf der Rückseite angesetzten Rand (Hals oder Rumpf); heute Platt- oder Tafelkacheln und Napfkacheln mit verschiedenen Eckausbildungen, dazu Gesims- und Leistenkacheln.
Kachelofen, aus Kacheln aufgemauerter Ofen mit einem gußeisernen Ofeneinsatz, urspr. als Strahlungsheizung, heute auch vielfach als »Kachelofenluftheizung« zur Beheizung mehrerer Räume.
Kaiserdach → Helmdach.
Kaiserstiel, mittlere Stuhlsäule eines Zelt- oder Helmdaches.
Kalfatereisen, Dichteisen → kalfatern.
kalfatern, 1. die Fugen eines Wassergefäßes oder Bretterdaches mit in Teer getauchtem Werg (Kalfaterwerg) mit Holzkeilen oder dem Kalfatereisen verstopfen. **2.** einen Teerüberzug auf Holz aufbringen.
Kali, Kalium und Kaliumverbindungen.
Kalk, 1. Kalkgesteine und kalkhaltige Gesteine. **2.** Bindemittel aus Kalkstein mit dem Hauptbestandteil Calziumkarbonat ($CaCO_3$) und kalkhaltigen Gesteinen, wie Dolomitstein und Mergel. Der Kalkstein wird in Kalkbrennereien unter der Sintergrenze, d. h. unter ca. 1250–1400° C zu gebranntem Kalk oder Branntkalk, auch Stückkalk (CaO, Kalziumoxid) genannt, gebrannt. Der so gewonnene Branntkalk wird heute in der Hauptsache trocken, d. h. mit etwa 0,5 Teilen Wasser zu Kalkhydrat (Kalziumhydroxid $CaOH_2$) gelöscht, dann gemahlen und kommt in Säcken oder lose in Silos auf die Baustelle. Luftkalkmörtel benötigen zum Abbinden das Kohlendioxid aus der Luft. Der Abbindevorgang geschieht dann in der Weise, daß sich das Mörtelanmachwasser mit dem Kohlendioxid aus der Luft zu Kohlensäure verbindet, die wiederum den Löschkalk zu Kalkstein umsetzt,

Kalkfarbe

wobei freiwerdendes Wasser verdunstet, der Abbindevorgang heißt Karbonatisierung. In hydraulischen Kalken sind Stoffe enthalten, die die Säurebildung ohne Kohlendioxid aus der Luft erreichen, d. h., nach einer kurzen Anfangsabbindezeit können diese auch unter Wasser abbinden. Zu den Luftkalken zählen Weißkalk, Dolomitkalk und der bei der Acetylenherstellung anfallende Karbidkalk; zu den hydraulisch erhärtenden Kalken gehören Wasserkalk, hydraulischer und hochhydraulischer Kalk sowie Romankalk. Früher wurde Kalk nach dem Brennen fast ausnahmslos naß in Kalkkästen zu einem Kalkbrei gelöscht und als Löschkalk aus den Kästen in Kalkgruben, Kalksumpfgruben, abgelassen, eingesumpft und erst nach längerer Einsumpfzeit (oft viele Jahre) verwendet. Die früher umfangreichen Bezeichnungen für Kalk wie Ätzkalk, Fettkalk, Speckkalk, Graukalk, Sparkalk, Schwarzkalk wurden bei der Festlegung von Normen für die Kalkarten und -güten nicht übernommen.

Kalkfarbe, 1. »kalkechte« Körperfarbe, die sich mit Kalk als Bindemittel ohne Veränderung verarbeiten läßt. **2.** → Kalkmilch.

Kalkgrube, Kalkkothe, Kalkkutte, Kalkloch, ausgestochene, mit Bohlen ausgestellte oder ausgemauerte Grube zur Lagerung, dem »Einsumpfen«, von Löschkalk.

Kalkguß, dünnflüssiger Kalkmörtel zum Mörtelverguß.

Kalkhacke, Kalkkrücke → Mörtelhacke.

Kalkkaseinfarbe, Kalkfarbe, der Käsestoff zugesetzt wird, um damit eine bessere Karbonatisierung und damit beständigere Anstriche zu erzielen.

Kalkkasten, Kalkbank, Kalkbucht, Kalkbett, Löschbank, Löschpfanne, Kalklöschkasten, etwa 30 cm hoch, 1,2 m breit und 2 m lang; früher aus Holz, heute aus Stahlblech zum Ablöschen des Branntkalkes.

Kalkkern, Kalkkrebs, Kalkkrumpe, die beim Löschen zurückbleibenden, nicht durchgebrannten oder gelöschten Kalkstücke.

Kalkleiste, Kalkmörtelstreifen zum Andichten von Ziegeln am Kamin oder aufgehendem Mauerwerk mit nicht sehr langer Haltbarkeit.

Kalkmilch, Kalkfarbe, Kalkbrühe, Kalktünche, Anstrichmittel aus gelöschtem Kalk und Wasser, etwa 1:4; zur besseren Deckkraft setzte man jedem Eimer Kalkmilch 2½ Pfund in kochendem Wasser gelösten Alaun zu.

Kalkmörtel, Mörtel aus Luftkalk oder hydraulischem Kalk mit Wasser und gewaschenem scharfem Sand als Zuschlagstoff → Kalk.

Kalkpisé, Kalkmörtel mit 1 Teil Kalk, 5 Teilen Sand und wenig Wasser, in 3 bis 4 Lagen, in einer Stärke von 15 cm im 19. Jh. oft als Bürgersteigbelag verwendet.

Kalksandstein, 1. mit kalkigem Bindemittel versehener, natürlicher Sandstein mit geringer Härte und Festigkeit. **2.** künstlich aus Kalk und Sand unter starkem Druck hergestellter Stein mit verschiedenen, genormten Druckfestigkeiten.

Kalkseife, Bindemittel auf der Basis einer Verbindung von Kalk mit Eiweiß oder Öl.

Kalkstein, zahlreiche kalkhaltige Natursteine wie Muschelkalkstein, Jurakalkstein, Mergelkalkstein, Nagelflue, Kalktuff, Mergelsteine, Dolomit und Marmor; teilweise sind diese Kalksteinarten gut als Baumaterial zu

verwenden, andere, wie der Mergelstein, verwittern zu leicht und schnell.
Kalkteig, naß gelöschter und eingesumpfter Kalk.
Kalktraß, trocken gelöschter, gemahlener Kalk mit Traß als hydraulischem Faktor.
Kalktuff → Kalkstein.
Kalorie, kurz cal, Wärmeeinheit; die Wärmemenge, die notwendig ist, um 1 g Wasser um 1 °C (von 14,5 °C auf 15,5 °C) zu erwärmen.
Kalotte, als Kugelschnitt, dem Abschnitt einer Kugel, ausgebildetes Gewölbe.
Kaltdach, flaches oder geneigtes Dach mit größerem Luftzwischenraum zwischen Dachdecke und Dachhaut mit mindestens 5 cm Luftzwischenraum zwischen Wärmedämmung und Dachhaut.
kalte Mauer → Trockenmauer.
Kaltmeißel → Bankmeißel.
kalzinieren, allg. das Erhitzen, z. B. von Soda zum Entwässern.
Kalzium, Calzium, chem. Element; Kurzzeichen Ca; gehört zur Gruppe der Erdalkalimetalle; der Grundstoff des → Kalkes, aber auch vieler anderer chem. Verbindungen.
Kalziumhydroxid, gelöschter Kalk.
Kalziumoxid, Calziumoxid, gebrannter Kalk, Ätzkalk.
Kamin, Kämmin, Chemich, Kemmich, 1. offene Feuerstätte mit niedriger Feuerplatte; jeder Kamin (heute offener Kamin) erfordert einen großen Rauchfang (Mantel) und einen eigenen Schornstein oder bes. Absperrvorrichtungen gegenüber weiteren Anschlüssen an den Schornstein. **2.** → Schornstein.
Kaminaufsatz, verzierter Kaminmantel (Rauchfang).
Kamineinfassung, Umhüllung oder Verkleidung eines Kamins, bestehend aus der Kaminsohle, Kamingewände, Kaminsturz, Kamingesims oder Kaminplatte und dem aufsitzenden Kaminmantel, Kaminhals oder Kaminschurz.
Kaminofen, geschlossener Ofen, der sich beim Öffnen auch wie ein Kamin mit offenem Feuer betreiben läßt.
Kaminsteine, Kaminziegel, Goggeisel, halbgebrannte Ziegel, die zum Mauern von Kaminen und Schornsteinen verwendet wurden.
Kamm → Holzverbindungen.
Kammeisen, Werkzeug der Steinmetze mit dichten Stahlzähnen, um zu glatte Sandsteine aufzurauhen.
Kammsasse, die ausgearbeitete Vertiefung, in der der Kamm sitzt.
Kammziegel, Dachkenner, verzierter Firstziegel.
Kämpfer, 1. der Stein, der das Widerlager von Bögen oder Gewölben bildet, meist als Kämpfergesims ausgebildet. **2.** der Weitstab (fester Querriegel) im → Fenster. **3.** der Querriegel zwischen Türen und Oberlicht.
Kämpferlinie, Kämperpunkt, Linie oder Punkt, an dem die Gewölbeoder Bogensohle auf die Wand oder den Pfeiler trifft.
Kämpferschicht, Schicht der Widerlagssteine.
Kämpferwürfel, Kapitellaufsatz; bes. in der Romanik; der zwischen Kapitell und dem darüberliegenden Bogen vermittelt.
Kandel, Kändel → Dachrinne.
kannelieren, ausfluten, ausriefeln, mit Kanneluren versehen.
Kanneluren, Kannelierung, senkrechte, konkave Rillen, dicht aneinanderstoßend oder mit Abstandsstegen an Säulen, bes. den Säulen der klassischen Säulenordnungen.

Kantenstein, Bordstein.
Kantholz, vierkantig gebeiltes, heute meist geschnittenes →Bauholz.
Kaolin, Porzellanerde.
Kapfenster, Kappfenster, Kaffenster, Kapploch, 1. halbrundförmiges Dachfenster. **2.** Öffnung in steilen Turmdächern zum Aussteigen für Reparaturen.
Kapillarität, kapillar, die physikalische Erscheinung, daß in Haarröhrchen (Kapillaren) oder porösem Material Feuchtigkeit nach oben steigt.
Kapitäl, Kapitell, der am oberen Ende einer Säule ausladende charakteristisch geformte Kopf; Säulenkopf.
Kappe, allg. für hauben- oder mantelartige Bekrönung.
Kappendecke, Decke aus im Abstand von ca. 70 bis 100 cm verlegten Stahlträgern und dazwischen gemauerten oder betonierten flachen Kappen.
Kappenfenster, Lichtkappe, Fenster in einer Gewölbekappe.
Kappengewölbe →Gewölbe.
Kappenziegel, Mauerabdeckungsziegel.
Kappuzinerbraun, Farbstoff aus Krapp und Saflor.
Kapuzinerdachfenster →Gaube.
Kapziegel, Kaffziegel, Hohlziegel mit Lüftungsöffnung.
Karbolineum, braunschwarzes Steinkohlenteeröl; bes. als Holzschutzmittel verwendet; wird auch mit dunklen Farben eingefärbt und zur Besserung des Holzschutzes mit Schwammschutzzusätzen ausgerüstet.
Karmin, Karminlack, Florentiner-, Wiener- oder Pariser Lack, roter Farbstoff aus der Verbindung eines aus Cochinelle-Absud gefälltem Niederschlag mit Tonerde für Öl- oder Leimfarben.
Karnies, Welle, aus einem konvexen und einem konkaven Teil zusammengesetztes Profil; oft als architektonisches Zierglied verwendet; man unterscheidet u. a.: stehender oder steigender Karnies; verkehrt steigender Karnies (Kehlstoß), fallender Karnies (Sturzrinne); verkehrt fallender Karnies und den Adler- oder Rabenschnabel → Abb. S. 111.
Karniesblei →Fensterblei.
Karnieshobel →Hobel.
Karniesrinne, Dachrinne in der Form eines Karnieses.
Karolingische Bauweise →Romanik.
Karst →Kreuzhacke.
Kartätsche, Kardätsche, das große Reibebrett zum Aufziehen von Putzmörtel der Putzer, Stukkateure und Maurer.
Kartusche, mit →Rollwerk, Blumen oder →Laubwerk umrahmtes schildförmiges, in der Architektur der Renaissance und des Barock besonders häufig gebrauchtes Bild- oder Wappenfeld.
Käsekitt, Matz, Kitt aus Quark mit gelöschten Kalk; wurde als Holz- und Steinkitt verwendet.
Kasseler Erde, Kasseler Braun, Van Dyks Braun, nicht lichtechter Farbstoff aus Torferde.
Kasseler Gelb →Chromgelb.
Kassettendecke, kassettierte Decke, in einzelne Kassetten geteilte Holz- oder Steindecke.
Kastenrinne, kastenförmige (rechteckige) →Dachrinne.
Kastenschloß, Schloß, dessen Gehäuse (Kasten) sichtbar auf der Tür befestigt ist; im Gegensatz dazu das →Einsteckschloß.
Katharinenrad, Glücksrad, das meist am Westgiebel eingebaute große runde, in Maßwerk aufgelöste Fenster gotischer Kathedralen.

Karniesformen

Platte oder Leiste	Rundstäbchen oder Rinken	Kanelure
Platte oder Kranz	Viertelstab	Stehender Karnies
Rundstab	Hohlkehle, a	Liegender Karnies
Gedrückter Rundstab oder Wulst	Hohlkehle, b	Umgekehrter lieg. Karnies
Antiker Wulst	Einziehung	Umgekehrter steh. Karnies
Antiker Wulst, b	Einziehung mit Anlauf, a	Sturzgerinne
Antiker Wulst c	Einziehung mit Anlauf, b	Glockenleiste
Viertelstab	Karnies	Kehlgerinne
Face	Eingehende Facetten	Vorstehende Facetten

Neben den verschiedenen Karniesformen setzte man Gesimse, Platten, Sockel usw. aus einer Reihe standardisierter Profilglieder zusammen.

Katze, allg. Aufzug oder Kran; bei Dachwinden die bewegliche Rolle, über die das Seil läuft.
Katzenbalken, Katzenbaum, Katzenpfette (südd.), Zwischenpfette unterhalb der Firstpfette in einem Pfettendachstuhl.
Katzentreppe → Treppengiebel.
Katzwerk → Blockwand.
Kausche, feste Öse, in einem Seilende eingebunden, aus einem runden oder kreuzförmigen Eisenring mit Rinnenform.
Kavalier → Firstblech.
Kavalierperspektive, Kavalierriß, Schrägriß eines Objektes.
Kegelband → Band.
Kegeldach, kegelförmiges → Dach auf rundem Grundriß.
Kegelgewölbe, Trichtergewölbe in Form eines Kegels → Gewölbe.
Kegelhelm, Turmhelm auf rundem Grundriß.
Kehlbalken, Balken innerhalb des Dachraumes als Deckenbalken für das Dachgeschoß oder nur zur Aussteifung von Sparrendächern, früher meist an die Sparren angeblattet.
Kehlbalkendach, Sparrendach mit Kehlbalken; als moderne Dachkonstruktion mit einer auf den Betonringbalken oder aufbetonierten Drempel befestigten Fußschwelle und angelaschten Kehlbalken.
Kehlbalkengeschoß, Dachgeschoß über einer Kehlbalkendecke.
Kehlblech, Blei- oder Zinkblech zum Eindecken von Dachkehlen.
Kehlbrett, 1. Brett, das in eine Dachkehle genagelt wird, um diese leichter einzudecken. **2.** Brett, welches in den Winkel zwischen Wand und Decke genagelt wird, um eine Stuckkehle anbringen zu können.
Kehle, Einkehle, zurückspringende Ecke, scharfkantig oder ausgerundet in Holz, Stuck oder Mauerwerk → Dach.
Kehlgebälk, sämtl. in einer Ebene liegende Kehlbalken eines Daches.
Kehlgebinde, 1. Dachgebinde mit einem Kehlsparren oder -balken.
Kehlgratstichbalken, Gratstichbalken im Kehlgebälk.
Kehlhammer, Schlosserhammer zur Fertigung gebogener Gegenstände.
Kehlhobel → Hobel.
Kehlleiste, Leiste mit ausgekehltem Profil.
Kehlmeißel → Hohlmeißel.
Kehlrinne, Schoßrinne, Ziegelrinne oder Metallstreifen als Dachrinne in Kehlen bei Schiefer- oder Ziegeldächern.
Kehlschifter, Kehlschiftsparren, der sich vom First abwärts gehend an einen Kehlsparren anschmiegende → Schifter.
Kehlsims, das hölzerne Gesims an der Knickstelle des Mansarddaches.
Kehlsparren, der in der Kehllinie eines Daches liegende Sparren; mit einer Rinne (Kehlung) versehen, deren Schenkel die Neigung der jeweils anschließenden Dachfläche aufweisen.
Kehlstein → Schiefer.
Kehlstichbalken, Stichbalken in der Kehlbalkenlage.
Kehlung, die in einem Balken, Brett oder einer Bohle eingehobelten (Kehl)-Profile.
Kehlziegel, Hohlziegel zur Eindeckung von Kehlen.
Keilhammer, Gesenkhammer der Schmiede mit rund erhabener Bahn.
Keilloch, das Loch im → Hobel.
Keilstein, Keilziegel, 1. → Brunnenziegel. **2.** → Wölbstein.
Keilstufe, Blockstufe mit keilförmigem Querschnitt.

Keilzwinge → Leimzwinge.
Kelchkapitell → Kapitell in der Grundform einem Korb ähnlich.
Kelle, wichtigstes Werkzeug des Maurers; bestehend aus Klinge und gebogenem Stiel; die Klinge der sächsischen Kelle ist länger und spitzer als die süddeutsche und französische, die böhmische Kelle hat dagegen ein nur wenig sich verjüngendes, vorne abgerundetes, Ende.
Kellerhals, steigendes → Gewölbe über einem Kellerfenster oder einer Kellertreppe.
Kellerloch, Kellerzug, Luftkanal zur Belüftung des Kellers.
Kellerschwamm → Holzschädlinge.
Kemenata, Kemnate, Kemenade, im frühen MA. der einzige in einer Burg beheizbare Raum.
Kemmich → Kamin.
Keramik, allg. alle aus tonmineralischen Stoffen gebrannten Erzeugnisse; man unterscheidet poröses Tongut mit Ziegeln, Drainagerohren, Schamotten und Irdenware; Fayence; Majolika; Terrakotta und verschiedene Steingutsorten sowie das feinere und härter gebrannte Tonzeug mit Grobsteinzeug, Feinsteinzeug (auch Fliesen) und Porzellan.
Kern, ein Stück Eisen, aus dem der Schmied oder Schlosser die → Gesenke fertigt.
Kernbohle, Kernbrett, Bohle oder Brett, aus dem Kernholz geschnitten.
Kernfäulnis, Kernfäule, am lebenden Baum meist durch Verletzung oder Krankheit, z. B. Fortsetzung der Stockfäule, am verarbeiteten Kantholz die Innenfäule, die bes. leicht entsteht, wenn viel Feuchtigkeit über die Hirnholzflächen in das Holz dringen kann.
Kernholz, der innere, härtere, festere und oft durch dunklere Färbung sichtbare Teil des Stammholzes.
Kernriß, Riß durch den Kern eines Holzes.
Kesselgewölbe, Kuppelgewölbe → Gewölbe.
Kiefer, Kienbaum, Kienföhre, Kinne, Kühnbaum, Harzbaum, Festenbaum, Wirbelbaum, Krätzfichte, Schleißföhre, Spanbaum, Sponbaum, Föhre, Fohre, Förn, Förle, Forr, Förn, Förling, Forsche, heimische Nadelholzart; gedeiht auf trockenen, armen Böden, z. B. Sandboden; wird bis etwa 1 m dick und bis zu 40 m hoch; lange gebüschelte Nadeln an Kurztrieben, die nach 5 bis 8 Jahren abfallen; sehr harzreich; das Kiefernharz wird bes. zur Pech- und Terpentingewinnung gebraucht; im Bauwesen wird Kiefernholz sowohl als Kantholz, mehr noch für den Innenausbau verwendet.
Kielbogen, geschweifter Spitzbogen → Bogen.
Kielende, Kühlende (nordd.), für Halb- oder Krüppelwalm.
Kien, Kiefernharz.
Kienbaum → Kiefer.
Kies, urspr. grobkörniger oder steiniger Sand, heute als Zuschlagstoff für Beton, Sand und Gesteinsbrocken von 2–70 mm ⌀.
Kieselsandstein, harter, mit Quarzmasse verbundener Sandstein; gutes Baumaterial, auch für Straßenpflaster.
Kieshammer, Hammer der Steinmetze mit aufgerauhter Bahn zum Aufstocken (Aufrauhen) von Sandsteinen.
Kippfenster, Kippflügel, Fensterflügel, der in seiner unteren Achse drehbar ist.
Kirner, Kerner, Spitzhammer des Schlossers mit stumpfer Spitze zum Einschlagen von Löchern in Eisenblech.

Kistenbrett → Brett.

Klafter, ält. Maßeinheit → Maß- und Gewichtstabellen.

Klaiber, Kleber, Kleuber, Lehmpatzer, Lehmer, Arbeiter zum Ausführen von Lehmarbeiten, wie Lehmausstakung von Fachwerk und → Windelböden sowie Lehmputzen und zur Herstellung von → Lehmschindeln.

Klammer, Kramme, 1. Eisenwerkstück mit an beiden Enden umgebogenen Spitzen (Klammerfüßen); man unterscheidet die Rüst- oder Holzklammern aus Flacheisen; Zulagsklammern aus Rundeisen oder mit quadratischem Querschnitt und Steinklammern, die an den Füßen aufgebogen sind oder Steinschrauben besitzen und die meist im Stein eingebleit werden. **2.** Klammer → Haubrücke.

Klammerband, Klammersparren, Strebeband im Giebelbinder von Fachwerkgiebeln.

Klammerhaken, Klammhaken, Bekkenhaken, 1. starke Klammer, deren einer Fuß eine zum Mittelstück längsstehende Schneide hat, zum Befestigen von Balken auf Mauerlatten, aber auch zur Fixierung von Stämmen und Kanthölzern auf den Zimmerböcken während der Bearbeitung. **2.** Klammerhaken → Haubrücke.

Klampziegel, 1. großer breiter Ziegel. **2.** Schmiegziegel.

Klappe → Schwarte.

Klappfenster, Klappflügel, Fensterflügel, der in seiner oberen Achse drehbar ist.

Klappladen → Fensterladen; früher der tatsächlich geklappte Falladen.

Klappleiter, Bockleiter, Stehleiter.

Klärgrube, Abwassergrube; dort notwendig, wo keine Anschlußmöglichkeiten an einen Abwasserkanal vorhanden sind.

Klassizismus, alle von der klassischen Antike abgeleiteten Stilrichtungen, bes. der vom italienischen Architekten Andrea Palladio ausgehende Stil, der als Gegenbewegung zum ausufernden Barock und Rokoko die einfachen antiken Grundformen und Ordnungen übernahm und in eine sehr disziplinierte, klar gegliederte Architektur umsetzte. In Deutschland setzte sich dieser Stil zwischen 1760 und 1770 durch und ging ab 1830 in das Biedermeier über. Bedeutende Beispiele sind die Propyläen, 1846–1862 von Leo von Klenze in München gebaut und das Schloß Charlottenhof in Potsdam, 1826–1827 von Carl Friedrich Schinkel errichtet, sowie Schloß Wörlitz 1769–1773 von Erdmannsdorff.

Ein typisches Beispiel für den Klassizismus ist die im Jahre 1882 in Wiesbaden errichtete Villa Clementine.

Klaue, der meist dreieckige Ausschnitt (Kerve, Kerbe) eines Sparrens, der als Anschluß an andere Hölzer dient; auch Aufklauung genannt.
Klaueisen, Brecheisen mit Geißfuß.
Klebeständer, Klebepfosten, Klebesäule, der an einer Fachwerkwand zusätzlich angebrachte (angeklebte), aus der Wandflucht heraustehende, Ständer, an den sich eine Innenwand anfügt.
Klebschiefer → Polierschiefer.
Kleeblattbogen → Dreipaßbogen.
Klei, Klai, Klay, ält. Bez. für → Lehm.
Kleinpflaster, früher Kieselpflaster, heute Pflaster aus kleinen Pflastersteinen.
Klemmhaken → Bankhaken.
Klempner, Flaschner, Spengler, Blechner, Blechschmied, Handwerksberuf, der sich urspr. nur mit der Bearbeitung aller Arten von Blech beschäftigte; später wurde auch der Installateur oft als Klempner bezeichnet; Zunftheiliger ist Eustachius.
Kleuber → Klaiber.
Klieben (nordd.) → Dachstuhl.
Klingziegel → Klinker.
Klinker, Klingziegel, Mauerklinker, bis an die Sintergrenze gebrannter und deshalb sehr harter, mit glatter Oberfläche versehener → Ziegel.
Klinkschloß → Fallenschloß.
Klinkung → ausklinken.
Kloben, 1. Block des Flaschenzuges, in dem die Rollen befestigt sind. **2.** der aufgeschraubte oder eingeschlagene Bügel, in den der Riegel geschoben wird. **3.** → Angelhaken.
Klobensäge, Klobesäge, Klöbsäge, Klebsäge → Säge
Klöpfel, Klüpfel, Klöppel, 1. Bez. für Fäustel. **2.** der hölzerne Hammer mit großem Kopf zum Stemmen, zum Treiben des → Stemmeisens.

Klopfkäfer → Holzschädlinge.
Klöpplatten → Knüppellatten.
Klosterformat, älteres Ziegelformat: 220×105×52 mm.
Klostergang → Kreuzgang.
Klotzstufe → Blockstufe.
Kluppe, 1. Einsatz für den Schraubstock des Schlossers, aus zwei mit einer Feder verbundenen Backen bestehend. **2.** Maßkluppe → Schublehre. **3.** Gewindeschneidkluppe; Werkzeug zum Gewindeschneiden an Rohren und Stangen.
Knagge, hölzerne Konsole.
Knappeneisen → Spitzhammer.
Knauf, mittelalterliche Bez. für Kapitell.
Knecht, Bock oder Ständer zur Unterstützung langer Werkstücke, die auf einer Seite in die Werkbank eingespannt sind.
Kneifzange, Kneipzange → Beißzange.
Kniestock, Kniegeschoß, Kniewand, Bruststock, Stockwerk im Dachgeschoß, das im unteren Teil noch senkrechte Wände (Drempel) und im oberen Teil der Dachneigung entsprechend schräge Wände besitzt.
Knochenbeize → Beize.
Knochenkohle, Knochenschwarz → Beinschwarz.
Knochenleim, aus Knochen gewonnener → Leim.
Knolle, Knospe, knospenförmige Verzierung, ähnlich der → Krabbe, bes. in der → Gotik.
Knopfhammer → Treibhammer.
Knorpelleim, aus Knorpeln gewonnener → Leim.
Knorren, Knorz, Knoten, Ast im Holz.
Knospenkapitell, Knollenkapitell → Kapitell in Form einer aufgehenden Knospe.
Knotenseil, schweres Seil mit ca.

30 cm voneinander entfernten Knoten, das als Gerüstseil, z. B. zum Einhängen des →Fahrstuhls oder des Steigbügels für den Schieferdecker, diente.

Knüpfziegel, vollkommen glatter →Krempziegel, dessen Fläche durch die seitenversetzte Anordnung von Krempe und Wulst schräg auf dem Dach aufliegt; die Bez. Knüpfziegel wird auch für die mit Nasen besetzten Gratziegel verwendet.

Knüppel → Klöpfel als Werkzeug zum Stemmen.

Knüppellatten, Klöpplatten, Spaltlatten, einfache, aus Stangen gespaltene oder einseitig behauene Latten, z. B. zum Aufbinden des Strohs oder Reets auf Dächer.

Kobaltblau, Smalte, Königsblau, aus Kobalterz (Blaustein) gewonnener blauer Farbstoff.

Kobaltglas, mit Kobalt gefärbtes blaues Glas.

Kobaltgrün, der durch Behandlung von Kobalt mit Scheidewasser gewonnene grüne Farbstoff.

Kobelschwärze, Kobelmulen, Rußkobalt.

Kohlenschwarz, Farbstoffe aus feingeriebener, durch Verkohlung (Holzkohle) gewonnener Kohle.

Köhlerei, Anlage mit Meilern zur Holzkohleherstellung.

Kohlschiefer, schwarzer, meist feuchter →Schiefer.

Kolbenspeise, Gemisch aus Zinn, Zinnasche und Talg zum Verzinnen des Fensterbleies mit dem Lötkolben.

Kolcothar →Colcothar.

Kölner Braun, Kölner Erde, brauner Farbstoff, der aus erdiger Braunkohle gewonnen wurde.

Kolonnade, Säulengang ohne Bogen.

Kolophonium, Geigenharz, durch Destillation des Terpentins von Fichten- oder Lärchenholz gewonnener gelbbrauner Harz; wird für Anstrich- und Klebstoffe verarbeitet.

Komplementärfarbe, Ergänzungsfarbe; Farbe, die eine der drei Grundfarben im Farbkreis zu Weiß ergänzt.

Komposition (lat. componere: zusammensetzen), Zusammensetzung oder -stellung z. B. eines Kunstwerks.

Konche (lat.), allg. Muschel; im Bauwesen für Nischengewölbe, Chorgewölbe, Nische und auch für →Apsis gebrauchter Begriff.

Kondensat, Kondenswasser →Tauwasser.

Kondensation, Umwandlung von Wasserdampf in Wasser.

Konglomerat, durch Druck aus Sand und Geröll zusammengebackene Steine, wie Sandstein, Nagelflue und Trass.

Königsblau →Kobaltblau.

konisch, kegelförmig.

konkav, eine nach innen gewölbte Fläche oder Linie eines Körpers.

Konservierung, allg. Haltbarmachung; im Bauwesen bes. das Erhalten und Bewahren von Baudenkmälern im vorgefundenen Zustand.

Konsole, Kraftstein, aus der Wand herausragendes Bauelement, z. B. aus Stein als Trag-, Krag- oder Konsolstein zur Abtragung der Lasten vorspringender Bauteile, wie Balkone oder Dächer über Türen und Fenstern, oder auch als Balkenauflager.

Konstruktion, Bauart; gesetzmäßige Zusammenfügung.

Konterlatte, Gegenlatte, die Latte einer zweiten, senkrecht auf die erste Lattung angebrachte Lattung.

Kontraktor, Contraktor, Bauunternehmer.

konvex nennt man eine ausgebauchte Fläche oder Linie eines Körpers.
Kopal, Kopallack, Copal, Naturharz, Lack aus durch Ausschmelzen löslich gemachtem Naturharz.
Kopf, im Bauwesen vielfach gebr. Bez. u. a. für die stärkere Seite an Keilen, Gewölbesteinen, Hammerklingen; die Schmalseiten von länglichen Quadern und Ziegeln und in Verbindungen wie Balkenkopf.
Kopfband, Schulterband, oberes Winkelband, Achselband, Tragband, Stützband, Bug, Büge, schräg angeordnetes, kürzeres Aussteifungsholz zwischen Ständer und Rähm oder Ständer und Pfette; früher verblattet, heute verzapft.
Kopfholz, Bockholm.
Kopfquader, im Binder- und Läuferverband der Binder, dessen Kopf sichtbar ist.
Kopfstein, 1. Kragstein. **2.** bossierter Pflasterstein.
Kopfstück, quer abgeteiltes, abgeschlagenes Stück eines Ziegels.
Kopfstrebe → Gegenstrebe.
Kopfzange, Reifkloben.
Koppelbalken → Zange.
Koppelsäulen, gekuppelte Säulen.
Korbbogen, Korbhenkelbogen, Korblinie → Bogen.
Kork, die Rinde der im Mittelmeerraum wachsenden Korkeichen; wird im Bauwesen im wesentlichen in Form von Korkplatten als Wärmedämmaterial, aber auch in dünnen Bahnen als Tapete, verwendet.
Korkteppich, ält. Bez. für → Linoleum.
Körner, Körnel, Korneisen, spitzer Meißel, mit dem in Metalle Löcher vorgeschlagen (gekörnt) werden, um den Bohrer genau ansetzen zu können.

Körperfarbe, Deckfarbe.
Korrosion, der bes. chem. Angriff an den Oberflächen fester Körper, z. B. die Steinzerstörung durch »sauren Regen«, schwefelsäurehaltiges Regenwasser.
Korrosionsfäule → Fäulnis.
Kostenanschlag, Bauanschlag, die Kalkulation der Baukosten auf der Basis der Massen und Einheitspreise oder konkreter Angebote.
Köthe, einfache, zeltähnliche Behausung aus eng zusammengestellten Stangen, oft mit Rindentafeln eingedeckt.
Krabbe, Krappe, Kriechblume, Kriechente, Ente, Blatt-, Blumen- oder Blütenansatz als Verzierung gotischer Giebel, Wimperge, Fialen und Türme.
Kraftbalken, Notbalken.
Kraftstein → Balkenstein → Konsole.
kragen → Auskragung.
Kraggesims → Gesims unter einem vorstehenden Gebäudeteil.
Kraggewölbe, »falsches Gewölbe« aus immer weiter überkragenden Steinen.
Kragholz, 1. ein auskragendes Holz. **2.** → Trummholz.
Kragstein, aus einer Mauer herausragender Tragstein, der allein oder mit weiteren Kragsteinen eine Mauerverstärkung, ein auskragendes Geschoß oder einen Erker trägt.
Krähenfuß → Drudenfuß.
Krahnsäge → Säge.
Krampe, Krampen, Kramme, U-förmiger Haken mit zwei Spitzen zum Einschlagen.
Kranzgesims, schweres, häufig unter der Attika umlaufendes → Gesims.
Krapp, Färberröte, roter Farbstoff, der aus der pulverisierten Wurzel (Krappwurzel), der Krappflanze (→ Färber-

Krapplack

wurzel) gewonnen wird; die verschiedenen Farbsorten sind Krapprot, Krappurpur, Krappgelb und Krappblau; heute Teerfarbstoff Alizarin.

Krapplack, Tonverbindung mit roten Krappfarbstoffen.

Krätzfichte →Kiefer.

Kratzhaken, Kratzeisen, Werkzeug des Maurers in Form einer schmalen Kelle mit Zähnen zum Auskratzen der Fugen.

Kratzkelle, ält. Bez. für Kelle des Dachdeckers, schmaler als die Maurerkelle.

Kratzmalerei →Sgraffito.

Kratzputz →Sgraffito.

Krausputz →Tüpfelputz.

Kreide, weißer, weicher Kalkstein; Basismaterial für Tafelkreide; mehr aber wird pulverisierte Kreide Leimfarben und anderen Anstrichstoffen beigemischt.

Kreidegrund, Leimgrund, Grundierung für Lackanstriche aus Kreide mit Leimwasser.

Kreidepaste, Masse aus Kreide und Leim zur Darstellung von Ornamenten.

Kreideschnur, Werkzeug, insbesondere der Zimmerleute, aber auch anderer Handwerker, wie Maurer und Stukkateure, bestehend aus Schnurkasten mit meist farbiger Kreide und Schnur zum Abschnüren, d. h. Anzeichnen langer gerader Linien (Risse), z. B. zum Beilen von Kanthölzern, zum Beschneiden von Farbkanten.

Krempziegel, Flachkremper, Breitziegel, Brettziegel, Dachpfannen, Pfannenziegel, Pfannen, »Alter Deutscher«, einer der ältesten Tondachziegel, in Hildesheim schon um 1000 n. Chr. bekannt. Krempziegel sind relativ flach oder in Hohl- oder S-Form leicht gebogen, die seitliche Krempe überdeckt einen aufgebogenen Wulst auf der Gegenseite des nächsten Ziegels. Historische Krempziegel sind ca. 37,5 bis 40 cm lang und 25 bis 27,5, in Einzelfällen bis 35 cm breit.

Kremser Weiß →Bleiweiß.

Kreosot, durch Destillation aus Holzteer, bes. aus Torf, gewonnene ölartige, farblose Flüssigkeit aus Kohlenstoff, Wasserstoff und Sauerstoff; wurde u. a. zur Imprägnierung des Bauholzes gegen Fäulnis benutzt.

Kreuz, Figur aus zwei quer übereinandergelegten Körpern, urspr. Hinrichtungsgerät von Römern und Griechen in Form eines Pfahles; daraus entwickelten sich das →Andreaskreuz, das Antoniuskreuz in Form eines T und das lateinische Kreuz mit dem Querbalken in etwa ¾ Höhe des Längsbalkens; weiter entwickelten sich daraus verschiedene von den Kirchen, mehr aber noch als Wappen benutzte Kreuze, wie das gleicharmige griechische Kreuz (Burkreuz der Germanen), das halbe Krückenkreuz, das Doppel- oder Kardinalskreuz mit Querbalken und Schriftzettel, das russische und griechische Kreuz mit Schrägbalken und einem oder zwei Querbalken, das lothringische Kreuz mit zwei Querbalken und das Papstkreuz mit drei Querbalken.

Kreuzaxt, Queraxt, Zimmererwerkzeug zur Herstellung von Zapfenlöchern, ähnlich einer Kreuzhacke mit einer Längs- und einer Querschneide.

Kreuzband 1. →Andreaskreuz. 2. →Band.

Kreuzbau, Kreuzwerk, Querbau, die Kreuzarme eines kreuzförmigen Grundrisses.

Kreuzblume, Marienschuh, Frauenschuh, kreuzförmig sich öffnender

Blätterknauf auf den Spitzen gotischer Giebel, Wimperge, Fialen und Türme; besteht praktisch aus jeweils 4 Krabben; auf der Spitze eines Giebels heißt die K. Giebelkreuzblume.

Kreuzbogen, Kreuzgurt, Gratbogen bei Kreuzgewölben.

Kreuzbogenfries, Reihe sich überkreuzender Rundbogen, die dadurch Spitzbogen mit Zwickeln bilden.

Kreuzdach, Dach auf quadratischem Grundriß aus sich überkreuzenden Satteldächern.

Kreuzgang, Klostergang, Halle, die den Klosterhof oder inneren Klostergarten umschließt, auf der Hof- oder Gartenseite meist mit offenen Bogen- oder Säulenstellungen.

Kreuzgewölbe → Gewölbe.

Kreuzgriff, Türgriff mit gleichlangen Hebelarmen.

Kreuzhacke, Kreuzpickel, Kreuzhaue, Pickel, Karst, Hacke mit querstehender Klinge.

Kreuzkappe, eine der vier Kappen eines Kreuzgewölbes.

Kreuzkirche, Kirche mit Querschiff.

Kreuzloch, kreuzförmig angelegtes Luftloch im Mauerwerk von Scheunen und Ställen.

Kreuzmeißel, Meißel des Schlossers mit kleiner breiter Spitze → Anschlageisen.

Kreuzrippe, Diagonalrippe, Gratrippe eines Kreuzgewölbes; zur Rippe verschmälerter → Kreuzbogen.

Kreuzschiff → Querschiff.

Kreuzschwelle, Schwelle einer Bundwand im Fachwerk.

Kreuzstaken → Abkreuzung.

Kreuzstock, Fensterkreuz aus Stein oder Holz.

Kreuzstreben, über Kreuz gelegte lange Streben (Strebenbänder), z. B. in Turmhelmen.

Kreuztür, Vierfüllungstür.

Kreuzung → Vierung.

Kreuzverband, Mauerverband, bei dem die Fugen der ersten, fünften und neunten, ferner der zweiten, vierten, sechsten und achten sowie der dritten, siebten und elften Schicht senkrecht übereinanderliegen.

Kreuzvorlage, der über die Fluchtlinie des Langhauses vortretende Teil eines Querschiffes.

Kreuzzange, schräg liegende, sich mit einer anderen Zange kreuzende Zange; Zangenkreuz; in einer Reihe: Kreuzgurtung.

Kreuzzapfen → Holzverbindungen, Zapfen.

Kriechblume → Krabbe.

Kriechente → Krabbe.

Krimpe, Dachkehle.

Kristallglas, feines Bleiglas.

Kronbohrer, Kronenbohrer, Steinbohrer, der auf der Schneide mit vielen Zacken besetzt ist; bei vier Zakken: Kreuzbohrer.

Krönel, Kröneleisen, Gradiereisen, Gründel, Gründl, Grönel, Werkzeug der Steinmetze, bestehend aus einem Stiel mit Queröffnung, in dem 12–16 zugespitzte Stahlstäbchen mit einem Keil befestigt sind; auch der Meißel mit gezahnter Schneide zur Bearbeitung von Bruchsteinen.

krönen, Steine mit dem Krönel bearbeiten.

Kronendach, Ritterdach, Biberschwanzdach aus einer doppelten Lage → Biberschwänze pro Latte.

Kropfeisen → Steinklaue.

kröpfen, winkeln, umwinkeln eines Werkstücks.

Kropflade, Gehrungsstoßlade für stärkere Hölzer.

Kröpfling → Krümmling.

Kropfquader Buckelquader.

Kropfstein, verkröpfter Stein, z. B. als Eckstein eines Gewändes.
Kröpfung, Herumführung um eine Ekke oder einen Winkel.
Krummbalken, Krümmer, gekrümmter Balken.
Krummeißel → Meißel.
Krummhaue, → Dechsel.
krummlaufen, krummziehen, das → Werfen eines Holzes.
Krümmling, Kröpfling, das viertel-, halb- oder vollrund gearbeitete Wangen- oder Geländerstück einer gewendelten Treppe.
Krummsparren, Sparren eines gebogenen oder geschweiften Daches.
Krummziegel → Brunnenziegel.
Krümpe, Dachkehle → Kehle.
Krüppelwalmdach, Krüppelwalm, Kröpelwalmdach, Hammende, Kielende, Halbwalm, ein im oberen Teil abgewalmter Giebel.
Krypta, urspr. dunkler, unterirdischer Raum; durch die Benutzung der römischen Katakomben für Gottesdienste und Beisetzung von Heiligen entstanden die Krypten als Gruftkapellen unter den Kirchen.
Kubatur, Maß des Rauminhalts.
Kübbung, Bikipping (nordd.) → Seitenschiff, Abseite im niederdeutschen Hallenhaus.
Kugelfries, Kugelwerk, Perlenfries, Fries oder Hohlkehle mit dicht nebeneinandersitzenden Kugeln besetzt.
Kugelgelenk, Kugelscharnier, nach allen Seiten drehbares Gelenk oder Scharnier.
Kugelgewölbe → Gewölbe.
Kugelsenker, Senkstift mit kugelförmigem Ende.
Kuhfuß → Brecheisen.
Kühlbäume, bei einem Strohdach zwischen den Gratsparren aufrecht stehende Hölzer.

Kühnbaum → Kiefer.
Kulissenklappladen, Persienne → Fensterladen.
Kupfer, chem. Element; Kurzzeichen Cu; Nichteisenmetall; Schmelzpunkt bei 1084°C weich; zäh und guter Leiter für Wärme und elektr. Strom; die frischen Schnittflächen sind hellrot; in feuchter Luft bildet sich eine grüne Schicht: Kupferkarbonat (Patina, Edelrost).
Kupferasche, Kupferhammerschlag, beim Glühen des Kupfers anfallendes schmutziges Oxid, wurde früher zum Putzen von Metall verwendet.
Kupferbronze, Bronzefarbe mit rötlichem Kupferton.
Kupferdach, Kupfereindeckung → Metalldächer.
Kupferfarbe, aus Kupferoxid gewonnene Farbstoffe wie Kupferschwärze, Braunschweiger Grün, Bremer Grün, Bremer Blau, Kalkblau, Bergblau, Neuwieder Blau.
Kupferhammer → Hammerwerk.
Kupferlegierungen, Verbindung des Kupfers mit anderen Metallen wie Bronze aus Kupfer und Zinn, Messing aus Kupfer und Zink.
Kupferoxid, Oxidationsprodukt aus der Verbindung von Kupfer mit Sauerstoff; kommt natürlich als Kupferschwärze vor; Ausgangspunkt für viele → Kupferfarben.
Kupferstich, mit dem Stichel in Kupferplatten eingeritzte und abgedruckte Zeichnung.
Kupfervitriol, Blaustein, blauer Vitriol, Kupfersulfat, schwefelsaures Kupferoxid; kommt in der Natur als sog. Kupferwasser vor; wurde zur Herstellung von Farbstoffen und zur Imprägnierung von Bauholz verwendet.
Kuppel, in Form eines Kugelteils, bes.

halbkugelförmige Überdeckung eines Raums; aus Holz, meist als Kuppeldach oder Haube; aus Stein als Kuppelgewölbe.
Kuppeldach → Kuppel.
kuppeln, paarweise verbinden; paarweise nebeneinanderstellen.
Kuppeltambour, zylindrischer Unterbau einer Kuppel.
Kurkume → Curcummin.
Kütt, Kitt.
Kutte, Rauchmantel → Rauchfang.

Labyrinthfries, Fries mit geometrischen Verschlingungen endloser Streifen.
Lachbaum, Lachterbaum, Grenzpfahl.
Lachter, Längenmaß → Maß- und Gewichtstabelle.
Lack, früher Lösungen natürlicher Harze wie Bernstein und Kopal (Lackfirnis), heute streichfertige, in Binde- oder Lösungsmitteln gelöste Lackstoffe, Filmbildner, bes. auf der Basis von Öl, Harzen und Kunstharzen.
Lackfarbe, früher mit Alaun gefällte Farbstoffe aus Pflanzenextrakten, heute pigmentierter Lack.
Lackierpinsel, verschiedene Pinselarten mit Schweineborsten oder Dachshaaren, heute auch mit Kunstborsten.
Lackmus, aus der Lackmusflechte gewonnener Farbstoff; wurde früher, obwohl nicht sehr dauerhaft, zur Farbherstellung verwendet, dient heute als Erkennungsmittel für Basen und Säuren: färbt sich das blaue Lackmuspapier rot, so handelt es sich um Säure, färbt sich das rote Lackmuspapier blau, handelt es sich um eine Base.

Lackpolitur, wurde meist auf das gebeizte und sehr fein geschliffene Holz als Kopallack- oder Schellackpolitur mit dem Stoffballen aufgetragen.
Lade, verschließbarer Kasten.
Lageplan, Übersichtsplan, Situationsplan für Lage eines oder mehrerer Gebäude im größeren Maßstab (1:200 bis 1:1000).
Lager, Lagerholz → Fußbodenlager.
Lagerfläche, die untere waagerechte Fläche bei einem vermauerten Stein.
Lagerfuge, Bettungsfuge, Ruhefuge, die Fuge unter der Lagerfläche eines Steins.
Lagerschicht, Schicht flach gelegter Steine im Gegensatz zur → Rollschicht.
Lagerschwelle, 1. Jochträger, Holm, Rahmen eines Joches. **2.** Schwelle für die Dielenlager.
Laibung, Leibung, die winkelrechte oder fast winkelrechte Seitenfläche bei Öffnungen im Mauerwerk, z. B. für Fenster und Türen; bei Fenstern mit Gewände unterscheidet man die äußere Laibung (Gewändelaibung) von der inneren Laibung (Anschlagmauer, Geläufe, Kleiffe).
Laibungsschräge, die aus- oder eingeschrägte Seite von Öffnungen im Mauerwerk.
Lamperie, Lambris, Wandverkleidung, Sockelverkleidung.
Lampenschwarz → Ruß.
Land, Lander → Geländer.
Landmauer, Erdmauer, aus Bruchsteinen und Erde ohne Mörtel errichtete Mauer.
Läne (nordd.), Geländer.
Langbeil, Werkzeug ähnlich dem Breitbeil mit langer Spitze zum Behauen von Holz.
Langbinder, Langbund → Läufer, Läuferstein.

Langeinschubdecke → Bohlenbalkendecke.

Längengurt, der Länge des Gebäudes nach gespannter Gurtbogen, als Wandbogen oder Scheidebogen.

Längensäge, Langsäge, Klobensäge → Säge.

Langhaus, Langschiff, Hauptschiff, Hauptbaukörper einer Kirche.

Langschwelle, Schwelle einer Längswand.

Längsschnitt, Längendurchschnitt, Längenprofil, gezeichneter Schnitt längs durch ein Gebäude oder einen Körper, im Gegensatz zum Querschnitt.

Längsverband, Aussteifung eines Daches in Firstrichtung, beim Sparrendach z. B. mittels Windrispen, beim Pfettendach mittels Kopfbändern zwischen Stielen und Pfetten.

Lanzettbogen, Lanzettfenster, schmaler Spitzbogen, schmales Spitzbogenfenster.

Lappenschraube, Flügelschraube.

Lappenband, Scharnierband → Band.

Lärche, Lärchenbaum, Lärchenfichte, Brechtanne, heimische Nadelholzart mit jährlich abfallenden Nadeln, im Kern rotbraun, der Splint gelblich, harzreich; Dichte 0,60 g/cm^3, als Bauholz im Freien z. B. für Pergolen geeignet.

Lasche, Verbindungsstück z. B. von Hölzern durch eine aufgesetzte, aufgenagelte Brettlasche.

Laschung, Verbindung zweier Hölzer durch eine Lasche.

lasieren, Auftragen einer dünnen transparenten Farbe (Lasurfarbe).

Lasurfarbe, Farbe, die den Untergrund noch durchscheinen läßt.

Lasurgrün, grüne, aus Smalte aufbereitete Aquarellfarbe.

Lasurstein, Lapislazuli; undurchsichtiges, dunkelblaues Mineral.

Lateinisches Kreuz → Kreuz.

Laterne, neben anderen Bedeutungen Dachaufsatz als verglaste kleine Kuppel oder Turm zur Belichtung.

Latsche, Verstärkung einer Mauer am Mauerfuß → Grundvorsprung.

Latte, allg. dünnes, schmales, baumkantiges, gespaltenes oder gesägtes Holz; nach der Norm Querschnitte von 2,4×4,8; 3×5 und 4×6 cm; die Doppellatte 5×8 cm.

Latteibrett, Fensterbrett.

Latteiholz, Querriegel einer Tür mit Oberlichtfenster.

Lattenverschlag, Raumabtrennung oder Verkleidung von Schuppen und Nebengebäuden aus senkrecht aufgenagelten Latten mit Zwischenräumen.

Latthammer, Hammer der Zimmerleute zum Latten und Schalen; auf der einen Seite mit flacher, aufgerauhter Bahn, auf der anderen Seite sitzt neben einer langen Spitze eine stumpfe kürzere. Die lange Spitze dient als Nagelbohrer, die Öffnung zwischen den beiden Spitzen zum Nagelziehen.

Lattstämme, 7–13 cm starke Stämme, aus denen die Latten für Stroh- und Schilfdächer gespalten wurden.

Lattung, 1. das Aufnageln von Latten. **2.** die Gesamtheit der Latten, z. B. auf einem Dach.

Laubband, laubähnlich ausgeschnittenes oder geschmiedetes Türband.

Laubbosse, Bez. der Steinmetze für → Kreuzblume und → Krabbe.

Laube, 1. kleines luftiges Gebäude. **2.** überdeckter Vorbau an der Vorderseite eines Gebäudes.

Laubengang, Laubenganghaus, eine zu einem Gang verlängerte Laube. Gebäude, dessen einzelne Wohnungen über Laubengänge erschlossen werden.

Läublein, (von Laube) erkerartig vorgebauter Abtritt.

Laubsäge, Bügelsäge zum Aussägen von Figuren aus schwachen Brettchen, bes. aus Sperrholz.

Laubstab, Schmuck aus einem durchgehenden Stab und abzweigenden Laubästen.

Laubwerk, Verzierung auf Gesimsgliedern, Friesen und anderen Bauteilen in Form mehr oder weniger stilisierter Wein-, Eichen-, Lorbeer-, Akanthus und anderen Blättern.

Lauf, nicht von Podesten unterbrochener Abschnitt einer →Treppe.

Laufbreite, Treppenlaufbreite.

Laufbrett, Laufdiele, Laufbrücke, auf den Dächern zwischen dem Dachfenster und dem Schornstein angebrachte Bohlen als Laufdielen für den Schornsteinfeger.

laufender Hund →Mäander.

Läufer, Laufer, Läuferstein, Bruchsteine, Hausteine oder Ziegel, die mit ihrer langen Seite der Mauerflucht parallel liegen; die Schicht aus Läufern heißt Läuferschicht (Läuferschicht); halbsteinstarke Ziegelwände bestehen nur aus Läuferschichten →Mauerverbände.

Läuferschicht, Lauferschicht, Laufschicht →Läufer.

Lauflänge, Länge eines Treppenlaufs.

Lauflinie, Mittellinie eines Treppenlaufs.

Laufstange, Geländerstange.

Lauftreppe, die für die Dienerschaft vorgesehene Nebentreppe.

Lauge, Lösung einer Base in Wasser, z. B. Kalkmilch.

Lava, alle Gesteinsarten, die feurigflüssig aus Vulkanen ausbrechen und erstarren, bes. die Basaltlava.

Lebensbaum, Darstellung des Lebens mit einer Blätterpflanze in einer Vase, wobei die Vase die Erde darstellt, die nicht geöffneten Blüten junges Leben, geöffnete Blüten das reife Alter; Knospen stehen für die Fruchtbarkeit, Hinweis für neues Leben.

Lederfeile, mit Leder überzogenes Putzholz zum Putzen von Metall.

Leerbalken, Freibalken, Balken in der Dachbalkenlage, auf dem kein Sparrengebinde oder Binder steht.

Leergebinde, Sparrengebinde zwischen tragenden oder aussteifenden Gebinden.

Leersparren, Füllsparren, Leergespärre, die Sparren der →Leergebinde.

Legierung, Verbindung von Metallen untereinander.

Legschiefer, Dacheindeckungsmaterial auf leicht geneigten Dächern aus vielfach übereinandergeschichteten – gelegten – dünnen Natursteinplatten, z. B. Kalkschiefer oder auch schiefrigen Steinen bis zu etwa 5 cm Stärke. Die Latten als Auflager müssen ca. 5×10 cm stark sein.

Legschindeln, gespaltene Holzschindeln, meist aus Kiefer, ca. 80 cm lang und 8–12 cm breit auf leicht geneigten Dächern, mindestens fünffach übereinandergreifend lose aufgelegt und mit Stangen und Steinen beschwert.

Lehm, Lehmen, Leimen, mit Quarzsand und Kalk innig vermengter Ton, durch Eisenoxid gefärbt, aus früheren Ausschwemmungen; man unterscheidet nach dem Sandanteil fetten oder mageren Lehm; früher war der L. der wichtigste Baustoff neben Holz und wurde u. a. als Ersatz für Kalk, für Stampflehmmauern, in Verbindung mit Strohhäcksel für Windelböden, Fachwerkwände und für Pisébauten,

für Einschubdecken, Estrich, Dachdeckung, Lehmputz und zur Ziegelfabrikation verwendet.
Lehmbau, 1. →Lehmstampfbauweise. **2.** →Fachwerk →Strohlehmstakung.
Lehmdach, Dacheindeckung mit →Lehmschindeln.
Lehmdecke, 1. →Windelboden. **2.** Decke mit einem Lehmschlag als Füllung auf dem Einschub.
Lehmer →Klaiber.
Lehmestrich, aus meist mehreren Schichten gestampften Lehms, u. U. mit Kalkbeimischung hergestellter →Estrich, z. B. in den Dielen der Hallenhäuser.
Lehmgrube, Grube, in der Lehm gestochen (gegraben) wird →Grubenlehm.
Lehmmörtel, Mörtel aus Lehm und Häcksel oder Flachsschäbe; nicht wasser- und witterungsbeständig.
Lehmpatzen, großer, quaderförmiger Lehmstein, ca. 12×12×25 cm.
Lehmpatzer →Klaiber.
Lehmputz, für den Lehmputz mußte der Lehm bes. gründlich aufgearbeitet werden. Mittelfetter, u. U. mit Ton angereicherter Lehm wurde dazu in einem Mörtelkasten (Kalklöschkasten)eingeweicht, quellen gelassen, danach mit der Kalkhacke gut durchgearbeitet, mit Wasser zu einem Brei verdünnt, durchgesiebt, einige Tage stehengelassen und mit durchgesiebter Flachsschäbe sowie mit Kuhhaaren vermischt.
Lehmschindel, Schindel von 0,75 m Breite und 0,75 bis 1,50 m Länge aus Lehm und langhalmigem Roggenstroh, entweder nur unterseitig oder beidseitig mit Lehm eingestrichen, auf dem hölzernen Schindeltisch oder der Schindelbank hergestellt. Die äußere Dachhaut bildet bei der Lehmschindeldeckung immer Stroh.
Lehmstakung →Strohlehmstakung.
Lehmstampfbauweise, Bauweise, bei der lagenweise Lehm in Schalungen eingestampft wird. Nach dem Antrocknen werden die Wandschalungen von 50–60 cm Höhe abgenommen und auf die letzte fertige Schicht aufgesetzt.
Lehmstein, Lehmziegel, Luftziegel, Lehmbarren, aus eingeweichtem Lehm in hölzernen Formen geformte und nur an der Luft getrocknete (nicht gebrannte) Steine.
Lehmwand, allg. Bez. für Erdwände, Stakwände, Wellerwände und in Pisébauweise hergestellte Wände.
Lehrbogen →Lehrgerüst.
Lehrbrett, aus einem Brett gefertigte Schablone zum Beschlagen der Hausteine wie auch zum Ziehen von Stuckprofilen.
Lehrgebinde, Lehrgespärre, das Gebinde, das auf der Zulage als erstes angerissen und bearbeitet wird und für die weiteren Gebinde als Muster, als »Lehre« dient.
Lehrgerüst, Lehrbogen, Einrüstung zum Mauern von Bögen und Gewölben; bei großen Spannweiten als abgebundenes (verzimmertes) Gerüst, bei kleinen Spannweiten einzelne Lehrbogen aus Brettern oder Bohlen.
Lehrlatte, Ziehlatte, mit Putzhaken befestigte Latte, auf der der Schlitten der Schablone (Lehrbrett) zum Ziehen von Gesimsen aus Stuck entlanggezogen wird.
Lehrstein →Ansetzer.
Leib, im Bauwesen vielfach für Mittel- oder Hauptteil gebraucht.
Leibung →Laibung.
Leibzucht →Austragshaus.
Leichtbau, Bauweisen mit deutlich

gegenüber Massivbauten verringerten Materialgewichten.

Leichtbauplatten → Holzwolleleichtbauplatten, weiter Platten aus Bims-, Gas- oder Schaumbeton sowie Gips und Porengips.

Leichtbeton, Beton mit leichten Zuschlagstoffen oder durch sog. Porenbildner während des Abbindevorgangs porös werdende Betonarten mit einem Gewicht bis 2,0 t/m³.

Leichtbetonsteine, als Leichtbetonvollsteine bis 11,5 cm hoch, als Leichtbetonblocksteine bis 23,8 cm hoch aus hydraulischen Bindemitteln und mineralischen Zuschlägen.

Leichtlehm, Strohlehmgemisch mit einem Raumgewicht von ca. 1200 kg/m³; max 1400 kg/m³.

Leichtmetall, Metalle oder Legierungen mit einer Dichte unter 4,5 g/cm³ für das Bauwesen bedeutend: Aluminium.

Leim, Leime als Bindemittel für Anstrichstoffe und auch als Klebemittel wurden früher fast ausschließlich aus tierischen Geweben, selten aus Pflanzenextrakten hergestellt; nach ihrem Ursprung hießen diese Leime u. a. Knochenleim, Knorpelleim, Hausenblasenleim oder Fischleim und nach der Art, wie sie in den Handel kamen: Tafelleime (Tafeln, die ca. 24 Std. lang in Wasser aufgeweicht wurden) oder Perlleim (Perlen, die etwa 1–2 Std. zur Auflösung brauchten); heute meist synthetische Leime.

Leimbau, Holzleimbau, Ingenieurholzbauweise aus mit Kunstharzen verleimten Brettern (Brettschichtbinder) oder Hölzern.

Leimfarbe, Farbstoffe (Trockenfarbe) mit Leimen als Bindemittel; lösten im 19. Jh. die Kalkfarben im Innenbereich von Gebäuden ab; Basis waren tierische sowie pflanzliche Leime und später insbesondere Zelluloseleim; neben dem Aufstreichen der Leimfarbe gab es zahlreiche Techniken wie Wickeln (auf Leimfarbengrund wird ein weiterer mehr oder weniger dichter Auftrag mit Textilien »gewickelt«), Durchziehen mit dem Fingerpinsel, Tupfen mit Tupfschwamm, Pinsel oder Bürsten, Schlagen mit Flachpinseln, Rollen mit Gummiwalzen und Rollapparaten, Spritzen mit Reisig und Schablonieren.

Leimgrund, Grundieranstriche mit Leimfarbe, z. B. auf Holz oder zur Vergoldung.

Leimwasser, verdünnte Leimlösung.

Leimzwinge, Leimknecht, Zwinge zum Verleimen von Holzteilen, entweder als Schraubknecht, Schließzwinge oder Schraubzwinge in Form eines festen oder beweglichen Rahmens mit einer Schraube oder als Keilzwinge, d. h. Brett oder Stahlprofil mit kurz hintereinanderstehenden Löchern, in die Bolzen eingesteckt sind, zwischen denen z. B. größere Tafeln verkeilt werden.

Leinöl, aus Leinsamen gewonnenes (früher geschlagenes), schnelltrocknendes Öl; bes. zur Bereitung von Leinölfirnis gebraucht.

Leinölfirnis → Firnis auf der Basis von Leinöl mit Trockenstoffen.

Leiste, 1. schmales Holzstück, z. B. Einschiebeleiste. **2.** schmales Glied in einer Gesimsgliederung.

Leistenkachel, Frieskachel → Kachel.

Leistenstein → Bordstein.

Leitergerüst, Arbeitsgerüst aus mit Bohlen belegten Gerüstleitern, d. h. Leitern mit etwa 60–70 cm Abstand der Leiterbäume und großen Sprossenabständen.

Leitum → Austragshaus.

Lenkbeil → Breitbeil.
Lenkhaken, kleinerer Haken zum Verbinden von Dachleitern untereinander und mit den größeren Dachhaken.
Lenkseil, beim Aufziehen von Lasten ein an der Last befestigtes Seil, mit dem die Last gelenkt, vor allem vor dem Anstoßen bewahrt wird.
Lesestein, kleine Feldsteine, Findlinge, die zu Füllmauern verwendet wurden.
Letten, Lettig, grauer bis schwarzer Ton von dünnschiefrigem Gefüge, fast ohne Quarz oder Kalkbeimengungen.
Lettner, Trennmauer oder trennendes Bauteil zwischen dem Mönchschor und dem Raum der Laienbrüder, bes. in Klosterkirchen.
Leuchtröhre, mit Edelgas gefüllte Gasentladungslampe in Form einer Röhre; unterschiedliche Lichtfarben sind durch versch. Gasgemische oder Einfärbungen des Glases möglich; Leuchtröhren (Neonröhren) werden hauptsächlich für Werbebeleuchtungen verwendet.
Leuchtstofflampe, Gasentladungslampe mit Quecksilberniederdruckfüllung; hat vielfach die Glühlampe abgelöst.
Lichte, Lichtes, Lichtenbreite, Lichtenhöhe, Lichtenmaß, Lichtenöffnung, Lichtenweite, Innenmaß bei Räumen, Fensteröffnungen, Türöffnungen, zwischen Säulen und Wänden.
Lichtflur, Stichflure mit Fenstern bei langen, unbelichteten Fluren.
Lichthof, Lichtschacht, nur zur Beleuchtung innenliegender Räume dienender Hof oder Schacht.
Lichtkappe → Kappfenster.
liegender Stuhl → Dachkonstruktionen.
liegendes Dachfenster, in der Neigung des Daches, in die Dachfläche eingebautes Dachfenster, früher nur in kleinen Dimensionen zum Ein- und Ausstieg auf das Dach als Dachklappe, in jüngerer Zeit als Dachflächenfenster im Standard von Wohnraumfenstern als Dreh-, Schwing-, Schiebe- oder Klappfenster ausgebildet, auch in Dimensionen bis zu etwa 2 m².
Linde, heimische Holzart; zwei Hauptarten: die Sommerlinde erreicht bis zu 40 m Höhe bei Stammdicken bis 1,0 m, in Ausnahmefällen bis 6,0 m; die Winterlinde, insgesamt härter und spröder als die Sommerlinde, wird bis 30 m hoch und erreicht ebenfalls Stammdicken bis etwa 1,0 m; Lindenholz ist weiß, weich und zäh und wenig fest; hält sich trokken sehr lange, feucht und unter Wasser nur kurz; nicht geeignet als Bauholz, aber ideal zum Schnitzen.
Linoleum, Korkteppich, Fußbodenbelag in Bahnen oder Platten aus einer Grundmasse aus oxidiertem Leinöl, Harzen, Kork- und/oder Holzmehl und Farbstoffen, die auf ein Jutegewebe aufgewalzt ist. Nach der Einfärbung, Stärke und dem verwendeten Material wird u. a. unterschieden in Uni-, Walton-, Jaspé-, Moiré-, Inlaid-, Möbel- und Korklinoleum.
Lisene, Liserne, glatt aufliegender, nur wenig vorspringender, vertikaler Streifen zur Gliederung eines Bauteils oder Gebäudes; z. B. an Mauern oder als Verstärkungsleiste an Schränken.
Lochbeitel → Stechbeitel → Stemmeisen.
Locheisen, meißelartiges Werkzeug des Schlossers, um Löcher in Metall zu schlagen.
Lochsäge, Stichsäge, Säge mit einem schmalen, spitz zulaufenden Blatt von

10 bis 60 cm Länge mit Handgriff zum Aussägen von Löchern und Durchbrechungen.
Lochsteine, mit Lochungen versehene Mauersteine.
Löffelbohrer, ältere Art →Bohrer als Hohlbohrer mit Zahn oder Röhrenbohrer der Zimmerleute und Wagner.
Loggia, mindestens nach einer Seite offene →Laube in einem Gebäude.
Lohe, Eichenlohe, 1. die Gerbsäure im Eichenholz. Im frisch angeschnittenen Holz tritt und läuft die Gerbsäure gerne aus und verfärbt die Außenfläche des Holzes dabei blauschwarz, in den Verputz ausgelaufene Lohe hinterläßt braune Flecken. Aus diesem Grund wurde Eichenholz früher in fließendem Wasser ausgelaugt, mit Beizen aus Kupferwasser und Eisenfeilspänen gekocht oder in Mistjauche eingeweicht. **2.** leichtflüssiges Metall zum Löten, wie Hartlot aus Kupfer und Zinn oder Weichlot aus Blei und Zinn, sog. Bleilot.
Lokalfarbe, die Grundfarbe bei ornamentaler Malerei.
Löschbank, Löschpfanne, Bez. für →Kalkkasten.
Löschkalk, gebrannter und trocken gelöschter →Kalk.
Löschkorb, Korb zum Trockenlöschen von →Kalk.
Löschtrog, Löschrinne, Wassergefäß des Schmiedes zum Löschen, d. h. zum schnellen Kühlen des glühenden Eisens.
Löß, Gemenge aus Ton, Kalk und Kieselteilen.
Lösungsmittel, chem. Stoffe, in denen sich andere chem. Stoffe auflösen.
Lot, Senklot, Senkblei, an einer Schnur hängendes, unten spitz zulaufendes Blei- oder Metallgewicht zum Prüfen der Senkrechten.

löten, das Verbinden von Metallstücken oder -teilen mittels eines leichtflüssigen Metalls, des →Lots.
Lötfuge, Lötnaht, die Fuge zwischen gelöteten Metallteilen.
Lötkolben, Werkzeug zum Löten; drei- oder vierkantiges Eisen- oder Kupferstück mit langem Stiel und hölzernem Griff; mußte früher durch offenes Feuer erhitzt werden, heute Elektrolötkolben.
lotrecht, im Lot stehend; senkrecht.
Lotriß, nach der hängenden Lotschnur gezogene Linie; heute allg. der Vertikalriß.
Lotschnur, Lotleine →Bleifaden.
Lötzange, Zange, um Metallstücke, die gelötet werden sollen, auf das Feuer zu legen und wieder fortzunehmen.
Luchtholz (nordd.) →Sturzriegel (Querriegel) über dem Dielentor des niederdeutschen Hallenhauses.
lüften, das Entfernen des Lehrgerüstes unter einem Bogen oder Gewölbe.
Luftheizung, alle Heizungsarten, bei denen Luft der Wärmeträger ist.
Luftkalk, ält., selt. Bez. für Gips, mehr der nur mit dem Sauerstoff aus der Luft abbindende Kalk.
Luftmörtel, ält. Bez. für nur an der Luft erhärtenden (abbindenden) Kalkmörtel aus Kalkhydrat und scharfem Sand.
lufttrocken, die mit natürlicher Trocknung erzielte Austrocknung.
Luftziegel, Luftstein, luftgetrockneter Ziegel →Lehmstein.
Lunette, das Innere eines halbrunden Blendbogens, z. B. über einem Fenster; halbrundes Bogenschild.
Lungenstein, verschlackter Basalt, Erdschlacke, rauhes und blasiges vulkanisches Gestein, Grundmaterial für Mühlsteine, aber auch sehr wetterfester Baustein.

Mäander, aus der griech. Baukunst stammende Verzierung in Form einer Wellenlinie, auch laufender Hund genannt.
Magerkalk, ält. Bez. für gelöschten Kalk mit geringer Bindekraft.
Magnesia, Magnesiaweiß, mineralischer Farbstoff auf der Basis von Magnesia und Gips oder Bariumsulfat.
Magnesitbinder, aus Magnesiumchloridlauge und Magnesiumoxid hergestelltes Bindemittel für → Steinholz.
Mahagoniholz, Tropenholz des Mahagonibaums, hart, schwer mit engen Jahresringen, fein geädert, deshalb gern als Möbelholz verwendet, bes. in Form von Furnieren; als erstes Tropenholz Ende des 17. Jhs. in Europa eingeführt.
Maisonette, abgeschlossene Wohnung mit verschiedenen (versetzten) Ebenen oder mehreren Stockwerken, innerhalb eines vielgeschossigen Wohngebäudes.
Majolika, Tonwaren, z. B. Fliesen, deren Bemalung (Schmelzfarben) durch nochmaliges Brennen eingeschmolzen wird.
Majuskel, Versalie, Großbuchstabe.
Makadamisierung, ält. Bez. für die Asphaltierung von Straßen nach Mac Adam.
Makulatur, Maculatur, Schmutzpapier, Makulaturpapier diente zum Unterkleben von Tapeten.
Maler, Beruf mit sehr wechselvollem Berufsbild, urspr. Dekorationsmaler, Staffiermaler, Stubenmaler, für einfache Arbeiten in Verbindung mit Schlämmen und Putz auch Tüncher und Anstreicher; heute als Maler und Lackierer ein umfangreiches Berufsfeld; neben allen Maler- und Lackierarbeiten werden von Malern auch leichte Trennwände versetzt und Fußbodenbelagsarbeiten durchgeführt; bes. spezialisiert haben sich die Kirchenmaler. Das Wappen der Maler besteht aus drei kleinen Schildern in einem größeren Schild; Zunftheilige sind Antonius, Katharina von Bologna, Lazarus, Lukas und Martha.
Malergold, Malersilber, Blattgold, Blattsilber.
Malermetall, unechtes Blattgold.
Malschloß → Vorlegeschloß.
Malter, ält. Hohlmaß → Maß- und Gewichtstabellen.
Mandorla, selten auch Fischblase genannt; Glorien- oder Heiligenschein in Form eines unten und oben zugespitzten, mandelähnlichen Ovals.
Manierismus, Stilbegriff für die am Ende eines Stils auftretenden Übertreibungen, die mit eigenen Formen, z. B. am Ende der Renaissance, auch eigenständig wurden.
Mann, fränkische Verstrebungsform im Fachwerk aus Ständern, dreiviertelgeschoßhohen Fußstreben und kurzen Kopfwinkelhölzern.
Mann-an-Mann-Decke → Dübelbalkendecke.
Mannloch, Einsteigeöffnung in Kessel und Behälter.
Mansardendach, Mansarddach, auch gebrochenes Dach; nach seinem Erfinder, dem Franzosen Jules Mansart (1646–1708) benannt; das M. besteht aus einem unteren steilen Dachteil mit der Mansarde und einem oberen flachen; das äußere Dachprofil sollte ein halbes, über Eck stehendes Achteck sein, d. h. der untere Dachteil eine Neigung von 67,5° und der obere Dachteil, das Oberdach, eine Nei-

gung von 22,5° aufweisen; im Spätbarock wurden in Deutschland die Mansarddächer meist mit 60° steilem Unterdach und 30° steilem Oberdach ausgeführt; in der zweiten Hälfte des 19. Jhs. wurden die Unterdächer bis 75° steil und die Oberdächer bis etwa 15° flach. Die Dachkonstruktion des Mansarddachs besteht fast immer aus liegenden Pfettendachstühlen, selten aus bis ins Dach durchgezogenen Fachwerkwänden.

Mantel, im Bauwesen vielfach in Wortverbindungen für Ummantelungen gebraucht, wie Kaminmantel.

Marienglas → Blättergips.

Marienschuh → Kreuzblume.

Markierhammer, Hammer mit oft auswechselbaren Zahlen und Buchstaben zum Markieren von Holz.

Märkischer Verband → Mauerverband, ähnlich dem Gotischen Verband.

Markise, Fensterparasol, über Haustüren, Fenstern, bes. Schaufenstern, angebrachte Sonnendächer aus Leinwand oder Kunststoffen; entweder feststehend, als Ausstellmarkise mit Metallarmen und auf einer Rolle oder in jüngster Zeit als Korbmarkise.

Markstrahlen, die als Spiegel sichtbaren Überreste des urspr. Wachstumsrings bei vielen Holzarten.

Marmor, alle Arten harter Kalksteine mit körnig-kristallinischem Gefüge, weiß, geadert und in vielen Farben und Farbzusammensetzungen. Der bekannteste und sehr gute weiße Marmor kommt aus den Brüchen von Carrara in Norditalien; Marmor eignet sich vorzüglich für Steinmetz- oder Bildhauerarbeiten, für dünne Platten, Tischplatten, aber auch für Säulen, Verkleidungen, Treppenstufen, Bodenplatten usw.

Marmorbohrer, Stahlmeißel mit mehreren scharfen Spitzen statt einer Schneide.

Marmorgips → Gips.

Marmorierung, Nachahmung der Marmoroberfläche auf einem anderen Werkstoff, z. B. Holz, in Öl- oder Leimfarbe in den verschiedensten Marmorarten. Die Techniken erfordern viel handwerkliches Geschick und Übung.

Marmorstaub, Marmormehl für feine Mörtel statt des Sandes, z. B. für Stucco lustro.

Marmorstuck, Stuckmarmor mit großen Teilen Marmorstaub.

Maserfurnier, Furnier mit ausgeprägter, charakteristischer Maserung.

Maserierung, Nachahmung der Holzoberfläche auf einem anderen Werkstoff mittels Ölfarbe, Essigfarbe auf Ölgrund oder Bierlasur, derart, daß zuerst die hellere Grundfarbe aufgetragen wird, dann halbtransparent die dunklere Farbe der Adern, deren Zeichnung mit Kamm, Feder, Schwamm und Lappen kopiert wird.

Maserung, die auf der Holzoberfläche sichtbaren Masern.

Maß, bis zur Einführung des metrischen auf das Dezimalsystem bezogenen Maßes zwischen 1865 und 1870 gab es in Deutschland sehr viele verschiedene Maßsysteme. Die mittelalterlichen Maßsysteme beruhten bes. auf Ruten, Fuß, Schuh, Zoll und Linien, diese waren aber praktisch in jeder Stadt anders → Maß- und Gewichtstabellen.

Maßband → Bandmaß.

Maßbrett, Brettschablone der Steinmetzen.

Massivbau, Bauweise, bei der Tragkonstruktion und raumabschließende Bauteile aus den gleichen Bauelementen bestehen, im Gegensatz zur Skelettbauweise.

Massivdach, Dachkonstruktion aus Steinen oder Beton, meist als Dachdecke ausgebildet, aus →Ortbeton →Betonfertigteilen →Leichtbeton oder →Deckenziegeln.

Maßkegel, Maßhügel →Erdkegel.

Maßkluppe →Schublehre.

Maßstock, Lineal oder Latte mit aufgetragenen Maßeinheiten; je nach den Einheiten Meterstock, Ellenstock, Fußstock, als zusammenfaltbarer Maßstock wird heute allg. der →Zollstock, früher auch Sackmeter, verwendet.

Maßwerk, aus geometrischen Figuren bestehendes Ornament als Reliefverzierung auf Feldern und Füllungen oder als durchbrochene Arbeit als Firstkamm, Brüstungsmaßwerk und am häufigsten Fenstermaßwerk. Die Maßwerköffnungen (Maßwerklichten) werden durch Maßwerksrippen (urspr. nur Kreuzstäbe) voneinander getrennt, das Maßwerk wurde bes. in der Gotik entwickelt, wobei die Maßwerkfiguren in der Frühgotik noch einfach waren: Spitzbögen und Kreise, später traten Nasen, Pässe wie →Dreipaß und Schneuße wie →Dreischneuß hinzu; an den gotischen Kathedralen erreichte das Maßwerk seine höchste Blüte.

Mast, Mastbaum, Mittelspindel, der mittlere Ständer eines Helmdachs.

Mastix, 1. Harz des Mastixbaumes, bes. zur Bereitung von Firnis gebraucht. **2.** Gemisch aus Steinmehl und Bitumen.

Mastixzement, früher bei Brunnenbauten verwendeter Fugenkitt aus Sand, Kalk, Bleiglätte und Leinöl.

Mattglas, durch Ätzen oder Sandstrahlen mattiertes Glas.

Vierteiliges Maßwerkfenster.

Mattgold, das Gold beim Vergoldungsvorgang, vor dem Brünnieren.

mattieren, 1. einen mattglänzenden Überzug auf Möbel aufbringen. **2.** Metall, z. B. durch Sandstrahlen, vom Hochglanz befreien.

Matz →Käsekitt.

Matze (mitteld.), kleiner Riß, Haarriß, im Putz.

Mauerabdeckung, Mauerbedeckung, Mauerkrone, Mauerhaut, Mauerkappe, Deckplatte, Deckschicht, die Abdeckung freistehender Mauern, bei Ziegelmauern z. B. mit einer geraden oder schräg gestellten →Rollschicht, allg. mit halbrunden Hausteinen oder ebensolchen mit Satteldachform, mit Platten oder Dachziegeln.

Maueranker →Anker.

Mauerband, 1. Bez. für Gurtgesims →Gesims. **2.** ält. Bez. für →Mauerlatte.

Mauerbogen, in eine Mauer eingearbeiteter Bogen oder Entlastungsbogen →Ablastebogen.

Mauerfraß, Zerstörung von Mauerwerk durch Kalksalpeter (salpetersauren Kalk, Kalziumnitrat); entsteht bes. dort, wo Kalk mit dem Inhalt von Jauche- und Düngegruben (Stickstoff) in Verbindung kommt. Durch die Kapillaren steigt der Kalksalpeter ins Mauerwerk auf und zerstört Putz, Steine und Fugenmörtel; früher hatte man eine Reihe Rezepte gegen den Mauerfraß, wie Abnehmen des Putzes, Auskratzen der Fugen und Anstrich mit einem heißen Gemisch aus Leinöl, Pech und Wachs oder heiße Teeranstriche. Am sichersten ist immer noch die Absperrung der Mauer mit horizontalen und vertikalen Sperrschichten.

Mauergürtel, Ringmauer, Burgmauer, geschl. Einfriedigungsmauer.

Mauerhaken, Putzhaken, zugespitztes Eisen mit leicht angebogenen Lappen, um Bretter oder Latten an der Mauer zu befestigen.

Mauerhaupt, Mauermantel, fluchtgerechte Mauerfront aus Hausteinen.

Mauerkehle, Anschluß eines Daches an eine höher aufragende Mauer.

Mauerkrone, oberer Mauerabschluß.

Mauerlatte, Mauerband, Mauerschwelle, Mauersohle, Mauerplatte, Kantholz, das auf einer Mauer aufliegt und auf dem die Balken wiederum aufliegen; dient dazu, eine waagerechte Balkenauflage zu haben und die Balkenlast zu verteilen; bei Stichbalkenlagen werden zum besseren Halt der Stichbalken oft zwei Mauerlatten verlegt.

Mauermörtel, als →Mörtel für Mauern dienten oder dienen bes. Asphalt-, Kalk- und Zementmörtel.

Mauerpfeiler, 1. gemauerter Pfeiler. **2.** Mauerverstärkung, z. B. als →Mauervorlage.

Mauerrecht, Grundvorsprung, 1. bei einem Mauerabsatz das Maß des Rücksprungs der oberen Mauer. **2.** das Maß, um das eine abgeböschte Mauer unten stärker als oben ist.

Mauersalpeter → Salpeter → Mauerfraß.

Mauersand, als Zuschlagstoff für Kalk- oder Zementmörtel geeigneter Sand; Kornklasse 0–3 mm.

Mauersohle, die Grundfläche einer Mauer.

Mauerspeise, Mauerspeis, Mauerzeug, ält. Bez. für Mauermörtel.

Mauersteine, alle kalt (ungebrannt) hergestellten Bausteine wie Lehmsteine, Kalksandsteine, Leichtbetonvollsteine und Betonsteine.

Mauerverband, das Gefüge; die Anordnung von Steinen und Fugen in der Mauer; man unterscheidet neben griechischen, römischen, lateinischen (altchristlichen) und byzantinischen Verbänden zahlreiche, oft mittelalterliche Bruchsteinverbände wie → Füllmauerwerk → Zyklopenmauerwerk → unregelmäßiges und → hammerrechtes Schichtenmauerwerk → Fischgrätenverband → gotischer Verband und Ziegelverbände wie Welcher-Verband nur aus Läufern, Binderverband nur aus → Bindern → Blockverband mit abwechselnden Binder- und Läuferschichten → Kreuzverband mit ebenfalls abwechselnden Binder- und Läuferschichten, die aber so versetzt sind, daß die Stoßfugen der Läufer erst in jeder vierten Schicht übereinanderliegen; Strom- oder Festungsverband mit abwechselnden Kreuzlagen, gotischer oder polnischer Verband mit je zwei parallel liegenden Läufern und einem folgenden Binder in einer Schicht, holländischer oder flämischer Verband mit der ersten, dritten und fünften Schicht als Läufer und den dazwischenliegenden Schichten wie im gotischen Verband und zweischaliges Mauerwerk in verschiedenen Verbänden.

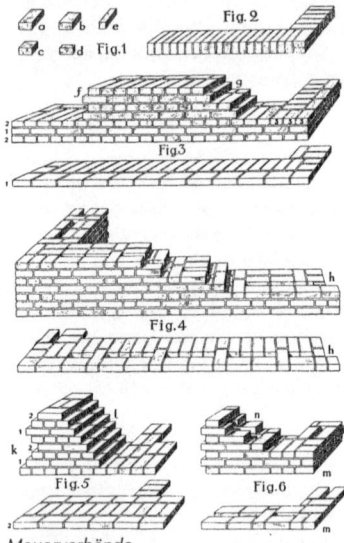

Mauerverbände
Figur 1: a Vollziegel – b Dreiviertelstein – c halber Stein – d Viertelstein – e Riemchen.
Figur 2: Rollschicht mit Ecke.
Figur 3: eineinhalb Stein dicke Wand im Blockverband – f Verzahnung – g Abtreppung.
Figur 4: eineinhalb Stein dicke Wand mit Luftschicht – h Fensteranschlag.
Figur 5: Kreuzverband – k Verzahnung – l Abtreppung – Die Ziffern 1 und 2 zeigen sich wiederholende Schichten.
Figur 6: Wand aus 2 halbsteindicken Schalen – m vollgemauerte Ecke – n Bindersteine.

Mauervorlage, pilasterartige Verstärkung einer Mauer.
Mauerzacke → Zinnenzahn.
Mauerziegel → Ziegel.
Mauerzunge, ein aus einer Wandflucht heraustehendes kurzes Mauerstück.
Maul, 1. Öffnung für das Hohleisen im → Hobel. **2.** die Backen von Schraubstöcken und Zangen.
Maulzange, Schmiedezange zum Schneiden oder Schweißen kleiner Eisenteile.
Maurer, Mürker, allg. Berufsbez. für den Handwerker, der alle Arten von gemauerten Wänden, Mauern und gemauerte Gebäude erstellt. Früher zählten auch vielfach Putzer- und → Klaiber(arbeiten) zu den Tätigkeiten des Maurers. Man unterschied Bruchstein-, Quader- oder Hausteinmaurer, die der → Bauhütte angehörten, und Ziegelmaurer, Putzmaurer (Tüncher) und Lehmmaurer → Klaiber. Die heutige Abgrenzung des Berufs ergibt sich auf der einen Seite durch den eigenen Beruf des Betonbauers und auf der anderen Seite durch den Stukkateur. Maurer ist ein anerkannter Lehrberuf, in praktisch allen Gesellenbruderschaften sind Maurer zu finden.
Maurerhammer, Ziegelhammer, Hammer mit kurzem Stiel; an der Hammerklinge auf der einen Seite eine Bahn, um die Steine im Mörtelbett anzuklopfen, auf der anderen Seite eine breite Schneide zum Behauen von Steinen.
Maurerpinsel, dicker Borstenpinsel zum Weißen von Mauern.
Maurerwerkzeug, zu den wichtigsten Werkzeugen des Maurers gehören → Kelle → Maurerhammer → Fäustel → Senklot → Wasserwaage → Richtscheit → Handbrett → Reibebrett → Kartätsche → Putzkelle und → Fugkelle.
Medaillon, Rundbild, Relief, von ei-

nem runden oder ovalen Rand umschlossen.
Meereskalk →Muschelkalk.
Meiler, 1. Ofen zum Brennen von →Holzkohle. **2.** →Feldofen.
Meißel, Meisel, Beißel, Beitel, 1. eisernes Werkzeug mit querstehender Schneide. **2.** die Stemmeisen mit Holzheft (Griff) der Tischler, Drechsler und Zimmerleute, wie →Hohleisen (halbrund) →Stemmeisen mit breiter Klinge, Balleisen mit schmaler, hoher Klinge, Lochbeitel mit noch schmalerer Klinge und Stechbeitel. **3.** die Meißel der Steinmetze und Bildhauer, die mit hölzernen oder eisernen Klöpfeln geschlagen werden, wie Schlageisen, Beizeisen, Breiteisen, Spitzeisen, Zahneisen und Scharriereisen.
Meißelriß, Stichelriß, Vorzeichnung mit dem Meißel.
Mennige, Mennig →Bleimennige.
Mergel, Hammerkalk, Gemenge aus Kalkstein und Ton oder Kieselerde wie Mergeltuff, Dolomitmergel, Tonmergel, Gipsmergel, Sandmergel.
Mergelsandstein, Sandstein mit Tonmergel als Bindemittel; verwittert leicht.
Messerfeile →Feile.
Messing, Legierungen aus Kupfer und Zink, z. B. aus 70% Kupfer und 30% Zink, das sog. Gelbmessing wird gegossen oder als Messingblech zu Armaturen und Beschlägen verarbeitet; dünne Messingbleche werden auch als »falsches Blattgold« →Rauschgold, Flitter- oder Knittergold bezeichnet und verwendet.
Messingbrünnierung, Erzeugung einer schwärzlich-matten Oxidschicht mittels mit Kupfer gesättigter Salpetersäure.
Messinglot, das Löten von kleineren Eisenstücken mit geschmolzenen, dünnen Messingblättern.
Meßband →Bandmaß.
Meßlatte, Meßstab, Meßstange, Meßrute, 3 oder 5 m langer Maßstab aus Holz oder Aluminium mit Dezimetereinteilung und verschiedenfarbigen Feldern zum Aufmessen.
Metalldächer, Metallbedachung, Dächer, die mit Eisen- oder Nichteisenmetallen eingedeckt sind, wie Schwarzblechdächer, Weißblechdächer (verzinntes Blech), Zinkdächer, Kupferdächer und Bleidächer. Die Eindeckmaterialien werden in Form verschieden großer Bleche aufgebracht, wobei die Verbindungen untereinander mittels stehender (Stehfalze) und liegender Falze, waagerechter (Querfalze) und senkrechter →Falze ausgebildet werden, während die Befestigung auf der immer erforderlichen Holzschalung mittels Heftstreifen oder Haftblechen erfolgt. Fast alle Metalldächer, auch die Kupferdächer, wurden mit Anstrichen, z. B. mit Leinöl und Kienruß geschützt, bei Blechdächern waren die Anstriche unerläßlich und mußten innerhalb weniger Jahre wiederholt werden. Daneben gibt es industriemäßig gefertigte Dächer aus Well- und Profilblech sowie Aluminiumprofilbleche, die mit besonderen Befestigungsmaterialien meist direkt auf Metallkonstruktionen aufgebracht werden.
Metallglas →Email.
Metallgold, »unechtes« Blattgold.
Metallot, Hartlot →Lot.
Metallsandzement, früheres Bindemittel für Wasserbauten, aber auch Stuck (Metallsandstuck).
Metallschere, Blechschere.
Mezzaningeschoß →Halbgeschoß.
Milchfarbe, 1. ält. Anstrichmittel für

Milchglas

Innenanstriche auf Holz, für die der Kalk in Milch gelöscht, dann Leinöl oder Mohnöl und Kreide und schließlich nach der gewünschten Farbe Farbstoffe zugegeben wurden. **2.** → Kalkkaseinfarbe. **3.** Milchkalkanstrich aus entrahmter Milch, frisch gelöschtem Kalk, Leinöl, weißem Pech und Spanisch Weiß.

Milchglas, durchscheinendes (nicht durchsichtiges) weißes Trübglas, z. B. Opalglas oder das dichte Opakglas.

Mineralerde, ält. Mittel, das gegen Fäulnis, Hausschwamm und tierische Holzschädlinge als Holzschutzmittel verwendet wurde; ein Gemisch aus Kiesel- oder Tonerde, Eisen, Blei, Schwefel und Arsenik; wurde als Packung aufgetragen.

Mineralfarbe, 1. Gattungsname für Anstrichmittel auf der Basis des Bindemittels Wasserglas; Mineralfarben gehen als »Verkieselung« eine chem. Verbindung mit mineralischen Untergründen ein. **2.** mineralische Farbstoffe.

Mineralfaser, durch Schmelzen gewonnene Faser, wie Glas- und Steinfaser.

Mineralgelb, Oberbegriff für zahlreiche gelbe, aus Mineralien gewonnene, Farbstoffe, wie Bleigelb, Kasseler-, Pariser- und Veronesergelb.

Mineralkitt → Asphalt.

Mineralwolle, aus Mineralfasern hergestellter Dämmstoff.

Minuskel, Kleinbuchstabe; Minuskelschriften entstanden aus kleinen, ekkigen Buchstaben um 800.

Mischbinder, hydraulische Bindemittel, die an der Luft und unter Wasser erhärten, meist als industriemäßig hergestelltes Mörtelmaterial, dem nur noch Anmachwasser zugegeben werden muß.

mittelalterliche Baukunst, mittelalterliche Baustile → Romanik und → Gotik.

Mittelbansen → Emporscheune.

Mittelfries, das mittlere Höhestück (inneres Rahmenstück) einer eingestemmten Tür.

Mittelhiebfeile → Feile.

Mittelpfette → Pfette.

Mittelpfosten, 1. Pfosten bei gekuppelten Fenstern. **2.** Zwischenständer im Fachwerk.

Mittelquerfries, der mittlere, liegende Fries einer eingestemmten Tür.

Mittelschiff → Hauptschiff.

Mittelsparren, mittelster, längster Sparren (Schifter) in einer Walmfläche.

Mittelturm, Bez. für Zentral- oder → Vierungsturm.

Model, Muster- oder Formstück, wie Musterziegel, Druckstempel (Tapetenmodel) und Formplatte.

Modell, im Maßstab 1:1 oder kleiner ausgeführte Darstellung eines Gegenstandes, Bauwerks oder einer ganzen Stadt zur Prüfung und Beurteilung des späteren Werkes, wird vielfach den Entwürfen von Bauwerken zur Anschauung beigegeben, häufig wird die Idee nicht als Entwurf, sondern nur als Modell dargestellt.

Modernisierung, Verbesserung von Gebäuden, bes. Wohnungen durch bauliche Maßnahmen, die den Gebrauchswert erhöhen, Anpassung an technischen und hygienischen Standard.

Modersand, schlammiger, nicht für Mörtel geeigneter Sand.

Modul, feststehendes Maß; Verhältnismaß, auf welchem ein Maßsystem, eine Maßordnung aufbaut.

Modulor, ein auf dem menschlichen Maßstab aufbauendes Maßsystem von dem franz. Architekten Le Corbusier.

Mohnöl, Öl aus gepreßten Mohnsamen; wurde früher vielfach zum Abreiben heller Farbtöne verwendet, trocknet langsamer als Leinöl auf; zum schnelleren Trocknen wurde es mit Bleiglätte gekocht; bleicht bis zur Wasserhelle aus.

Mollenhaue, Gerinnehaue →Dechsel.

Mönch →Hängepfosten.

Mönch und Nonne, besondere Art von →Hohlziegeln, bei der die Nonnen mit der Wölbung nach unten auf den Dachlatten liegen und die oft schmaleren Mönche umgekehrt über die Öffnung zwischen zwei Nonnen gedeckt sind. Der Ursprung dieser Ziegelart liegt im Mittelmeerraum, von dort haben sich Mönch- und Nonnenziegel in Süddeutschland weit verbreitet, das nördlichste Gebiet, in dem die Hohlziegel verwendet werden, ist der Harz.

Mondglas →Butzenscheibe.

Moniereisen, Bewehrungseisen, Bewehrungsstahl für →Beton.

Monochrom, einfarbig.

Morgen, Flächenmaß →Maß- und Gewichtstabelle.

Mörtel, Gemisch aus Bindemittel, Zuschlagstoffen und Wasser; man unterscheidet Mörtel nach dem verw. Bindemittel, u. a. in Lehmmörtel, Kalkmörtel, Gipsmörtel und Zementmörtel, nach dem Verwendungszweck in Mauermörtel, Putzmörtel, Stuckmörtel oder nach dem Abbindevorgang in Luftmörtel (z. B. Lehm- oder Weißkalkmörtel), hydraulische Mörtel (z. B. Zementmörtel) sowie schnell oder langsam abbindende Mörtel und schließlich nach seinem Bindemittelanteil in fetten oder mageren Mörtel.

Mörtelhacke, Mörtelkrücke, Mörtelrechen, Rechen oder Hacke mit großen Löchern im Blatt zum Mörtelmischen und Kalkrühren.

Mörtelwäsche, das Vergießen von Mörtel, z. B. über dem Gewölbe.

Mosaik, urspr. Stiftmalerei, das Herstellen von Friesen, Ornamenten und gegenständlichen Darstellungen mittels in Mörtel gedrückter, gebrannter Ziegelstifte oder Glasstifte; später allg. die Darstellungen mit in Mörtel verlegten, kleinen farbigen, Steinen oder Gläsern, z. B. als Würfelmosaik mit quadratischem Mosaikmaterial, Glasmosaik aus Glas, Fayencemosaik aus Porzellan. Das sog. Holzmosaik ist eigentlich eine →Intarsie.

Mosaikputz, starker Putz mit eingedrückten Mosaiksteinen.

Mosaikziegel, Wechselziegel, ornamental oder figürlich geschmückte, glasierte Ziegelplatte.

Muffe, Rohrstück, Rohransatzstück, in Form einer Erweiterung zum Hineinstecken des nächsten Rohres.

Mühlsäge, Sägemühle, mit Wasserkraft betriebene Säge.

Muldenfalzziegel, früheste Form des Falzziegels, die bis heute noch in Gebrauch ist. Wird auch »franz. Falzziegel« oder »Versailler« Ziegel genannt, weil er zuerst in Frankreich verwendet wurde.

Muldengewölbe, Klostergewölbe, dessen Scheitel eine Linie bildet →Gewölbe.

Mulm, Mull, die Reste des von tierischen oder pflanzlichen Holzschädlingen zerstörten Holzes.

Münchener Rauhputz, Verputz, der in der Oberschicht mit einer groben Körnung (meist bis ca. 15 mm) versehen ist und aufgespritzt wird, bes. in Südd. verwendet.

Münchener Rot → Colcothar.

Mundsteine, Mundklinker, Ziegel, die beim Brennen in der Nähe des Mundlochs im Brennofen standen und deshalb glasig hart gebrannt sind.

Mürker → Maurer.

Muschelgewölbe, Bez. für ein Kreuzgewölbe, dessen Langseiten nochmals unterteilt sind.

Muschelkalk, Meereskalk, Muschelmarmor, Kalkstein aus versteinerten Schaltierresten, hart und wetterbeständig.

Muschelsand, Muschelsandstein → Sandstein.

Musterriß, Detailzeichnung 1:1.

Muttersäule, Kernsäule einer Bündelsäule.

Mutterzange, Schmiedezange mit einwärts abgebogenen Backen zum Schmieden kleiner Gegenstände wie Muttern.

Nabel, Schluß, oberer Teil einer Kuppel; ist eine Öffnung in diesem Schluß, so heißt diese Nabelöffnung, die Einfassung der Öffnung ist der Nabelring.

nachdunkeln, das Dunklerwerden einer Farbe beim Auftrocknen; allg. das Dunklerwerden von Material.

Nachfügehobel, feiner Fügehobel mit Doppeleisen → Hobel.

Nachschroter, der beim Bohren von Holzröhren zuletzt angewendete (Löffel-)bohrer mit dem größten Durchmesser.

Nachtriegel, der oft im unteren Teil eines Schlosses eingebaute Riegel, der nur von innen zu bedienen ist und ein Verriegeln ohne Hilfe des Schlüssels ermöglicht.

Nadelholz, alle Holzarten, die Nadeln tragen aus der Familie der Zapfenfrüchtler; zu den für Bauholz geeigneten Nadelhölzern zählen → Fichte → Kiefer → Tanne und → Lärche. Nadelhölzer sind weich, harzreich und haben lange Fasern.

Nagekäfer → Holzschädlinge.

Nägel wurden früher von einem eigenen Berufsstand, den Naglern, geschmiedet.

Nagel, bis zum 19. Jh. gab es ausschließlich geschmiedete Nägel in runder, kantiger oder gebogener Form, bis etwa 40 cm lang, mit dachförmigem großen Nagelkopf; danach setzten sich mehr und mehr runde gezogene → Drahtstifte durch. Die geschmiedeten Nägel wurden nach ihrer Länge in Zoll gemessen und unterteilt in Sparrennägel zwischen 4 und 9 Zoll, Bodennägel (Bodenspieker) zwischen 3 und 5½ Zoll, Brettnägel zwischen 2½ und 2¾ Zoll, Schloßnägel zwischen 1½ und 1⅝ Zoll, Schindelnägel 1⅝ und 1⅞ Zoll, Rohrnägel 1 Zoll, kupferne Schiefernägel 1½ Zoll, eiserne Schiefernägel 1 Zoll. Die Bezeichnungen und Längen der Nägel wechselten stark; in der zweiten Hälfte des 19. Jh. versuchte man, weitere Sorten Nägel, wie auf der Nagelmaschine warm gepreßte, aus Blech geschnittene und gegossene Nägel herzustellen, die sich aber nicht bewährten; zu den früheren Spezialnägeln wie Kupfernägel, Blechnägel und Bleinägel kamen in den letzten Jahrzehnten zahlreiche hinzu wie Messingnägel, verzinkte Nägel, Nägel mit breiten oder gestauchten Köpfen und Schraubnägel.

Nagelbinder, Holzbinder aus an den Knotenstellen vernagelten Brettern.

Nageleisen, Nagelauszieher, Geißfuß, gebogenes Eisen mit gespreizter Endung zum Herausziehen von Nägeln (mit Hebelwirkung). Die Schieferdecker benutzen ganz flache Nageleisen mit Widerhaken, um auch Nägel unter noch festsitzenden Schieferplatten ziehen zu können.

Nagelform, Nageldocke, Werkzeug der Schmiede und Schlosser zum Anschmieden der Nägelköpfe.

Nagelmaschinen, Heftmaschinen, Nagelapparat, Maschinen zum Einschlagen von Nägeln und Klammern, hauptsächlich mit Druckluft betrieben.

Nagelschrot → Blockmeißel.
Nagelwerk → Bindwerk.
Nagelzange → Beißzange.
Naphtha, ält. Bez. für Steinöl, Petroleum.
Nase, allg. hervorspringendes Teil; an Dachziegeln zum Befestigen auf die Latten; bei Trittstufen der Vorsprung über der Setzstufe; die vorgezogenen Rippenteile im →Maßwerk; der Handgriff des →Hobels und im Fachwerk schmückende Vorsprünge aus Holz, bes. bei geschweiften Andreaskreuzen, Feuerböcken, Kurz- und Gegenstreben.

Nasenbesetzung, Nasenwerk, die frühesten Arten von Maßwerk.
Nasenschwung, Bogenlinie zwischen zwei Nasen im Maßwerk.
Naßfäule → Fäulnis.
Neapelgelb, gelber Farbstoff aus antimonsaurem Bleioxid; bes. für Öl- und Schmelzfarben.
Nebenpfeiler, kleiner Pfeiler, der sich an einen Hauptpfeiler anlehnt oder zwischen Hauptpfeilern steht.
Nebenschiff → Seitenschiff.
Neddendör (nordd.), großes Dielentor im niederdeutschen Hallenhaus.
Neigung → Gefälle.
NE-Metalle, Nichteisenmetalle.
Netzbaum, Netzriegel, Schlußriegel, Querhölzer von Stangengerüsten.
Netzgewölbe, Rautengewölbe, Weiterentwicklung der Rippengewölbe mit geschwungenen netz- oder rautenartig angeordneten Rippen.
Netzpinsel → Annetzer.
Netzwerk, Verzierungen in Netzform.
Neubarock, barocke Ausprägung des Historismus, bes. am Ende des 19. Jh.
Neugotik, die gotische Ausprägung des → Historismus.
neutralisieren, Zugeben von einer Base zu einer Säure (auch in Materialien) oder umgekehrt zur Erzielung eines sich gegenüber Basen oder Säuren neutral verhaltenden Stoffes (pH-Wert 7).
Neuwieder Grün, arsenikhaltige Kupferfarbe, war für Wasser-, Kalk- und Ölfarben verwendbar.
niederdeutsches Hallenhaus, niedersächsisches Hallenhaus, Niedersachsenhaus, der im Norden Deutschlands einschließlich Westfalens und im Osten bis nach Mecklenburg vorkommende Einhaustyp mit der Wohnung, dem Stall und dem Erntelager unter

Niederschlag

einem Dach. Das auf vorgeschichtliche Formen zurückgehende Hallenhaus ist in seiner Normausführung dreischiffig, mit einem breiten Mittelschiff als Diele und schmäleren Seitenschiffen für die Tiere. Das Haus ist giebelseitig mit einem großen Tor zur Diele erschlossen; im hinteren Hausbereich wurde die Diele zum Flett, dem Herdraum, bis zu den seitlichen Außenwänden erweitert, und an das Flett wiederum schloß das Kammerfach an der Rückseite des Hauses an, Haupttragegerüst sind die → Deelständer beidseitig der Deele (Diele) mit den → Deelbalken. Im 19. und 20. Jh. wurden die Hallenhäuser derart verändert, daß zwischen Diele und Flett eine Scheidewand eingefügt, d. h. Wohn- und Stallteil getrennt wurden.

Niederschlag, aus einer Lösung ausgefällter Stoff.

Niet, Niete, Nietnagel, auch Anzug genannt, Metallstift zum Verbinden von zwei oder mehr Gegenständen. Die Niete hat als Nietbolzen auf einer Seite einen Nietkopf, wird durch eine Bohrung der zu verbindenden Teile durchgeschlagen und das herausragende Ende zum Schließkopf breit geschlagen.

Nietbolzen, Niet mit angearbeitetem Nietkopf.

Niethammer → Bankhammer; während des Breitschlagens des Schließkopfes muß auf der anderen Seite ein Gegenhalter, Nietstempel oder Vorhalthammer gehalten werden.

Nietpfaffe, Nietzunge, Meißel zum Breitschlagen von Nieten, wo diese mit dem Hammer nicht erreicht werden können.

Nippel, kurzes Rohrstück mit Innen- und Außengewinde.

Nische, Aussparung in einer Mauer, nach einer Seite offen.

Nischengewölbe, Chorgewölbe, Halbkuppel (oft Viertelkugel), allg. die Überwölbung einer Nische.

nivellieren, den Unterschied von Höhen messen.

Nivellierinstrument, Gerät zur Messung des Höhenunterschieds zweier Punkte mit Hilfe eines genau waagerecht einrichtbaren Fernrohres und auf den zu messenden Punkten aufgestellten Nivellierlatten (Nivellierstäben) und Nivellierkreuzen.

Nonne, der Kehlziegel, d. h. der nach unten gewölbte Ziegel bei der → Mönch- und Nonnendeckung.

Normalziegel, Normalformat, allg. der hauptsächlich verwendete Ziegel, heute bes. das Ziegelformat mit 7,2 cm Höhe, 11,5 cm Breite und 24 cm Länge.

Notstein → Balkenstein.

Nurdachhaus, Dachhaus, Gebäude ohne aufgehende Wände an den Traufen; das Dach steht direkt auf dem Grund.

Nuß, Nußgewinde, Kugelgewinde, z. B. im Stativkopf.

Nußband → Band.

Nut, Nuth, Nuthe, kleine vierkantige Rinne an der Kante eines Holzes, Steins, Eisens oder Kunststoffteils, in die der Spund, die Feder, des mit dem ersten Teil zu verbindenden Teils paßt. Haben beide Werkteile eine Nut, so wird in diese eine »falsche Feder« eingelegt (z. B. zwischen Parkett).

Nuteisen, schmaler Meißel der Steinmetze, um Nuten aus dem Stein zu arbeiten.

Nuthobel → Hobel der Zimmerleute und Schreiner zum Aushobeln von Nuten in Brettern und Bohlen.

Nutpfahl, ält. Bez. für → Spundpfahl.
Nutsäge → Säge zum Einschneiden schmaler Nuten, ähnlich der Gratsäge.
Nutschindel, Windbretter, Wettbretter, Schindel mit Längsnut zur Dacheindeckung von → Schindeldächern. Die Nutschindeln wurden in einer Länge bis zu ca. 1,0 m radial aus dem Rundholz gespalten. Die Nut wurde mit dem Hand- oder Schulternippel gefertigt, die der Nut gegenüberliegende Seite mit dem → Ziehmesser geschärft. Heute werden die Nutschindeln maschinell gesägt, selten gespalten und praktisch nur noch für Wandverkleidungen verwendet.

Obelisk, Prunksäule.
Oberbalken → Überzug.
Oberboden, Bodenbelag.
Oberdach, der obere flache Teil eines Mansardendaches.
Obereisen, oberes Eisen am Doppelhobel → Hobel.
Oberfries, das obere Querholz des Rahmens einer eingestemmten Tür.
Obergaden, Obergeschoß; mehr das Oberteil des Mittelschiffs der Basilika.
Obergesims, Abdeckung oder oberer Abschluß eines Gesimses.
Oberglieder, die oberen Teile eines Gesimses.
Obergurt, Gurtbogen auf dem Gewölberücken → Gewölbe.
Oberlegholz → Rähm.
Oberlicht, Oberflügel, der oder die Flügel über dem Kämpfer eines Fensters; Oberlicht auch über einer Tür oder in der Raumdecke.
Obermauer, Mauern des Obergadens → Gaden.

Oberpfanne, Türangel.
Oberschwelle → Rähm.
Obersparren, der obere, flach liegende Sparren eines Mansarddaches.
Ocker, Ocher, Oker, allg. Bez. für farbgebende Metalloxide mit Farbtönungen von hellgelb über rotgelb bis braun u. a. als Eisenocker (rote Eisenerde, Roteisenocker), braune und gelbe Eisenerde (Berggelb, Eisengilbe, Erdgelb), Uranocker, Nickelocker, Antimonocker. Nach den Farbtönen unterscheidet man Fahlocker, Feuerocker, Gelbocker, Braunocker, Hochocker, Goldocker, weiter Amberger Gelb, Dänischrot und Gelberde. Ocker wurden vielfach gebrannt und erhielten dadurch einen kräftigeren lebhafteren Farbton. Die Ocker wurden für Leim-, Wasser-, Kalk- und Ölfarben verwendet.
Ochsenauge, 1. rundes oder ovales Fenster (Gaubenfenster). **2.** der Butzen des Butzenglases.
Ochsenhorn, einhüftiges → Gewölbe.
Ochsenzunge → Biberschwanz.
Oehrn, Aehrn (südd.) → Ern.
Ofenkasten, der direkt den Heizraum umgebende untere Teil eines Ofens.
Ofenkitt, Kitt für die Vermörtelung von Kacheln aus einem Gemisch von Asche, Hammerschlag, Salz und feingeschlämmtem Ton.
Ofenkranz, Oberfries und Hauptgesims eines Ofens.
Ofenplatten, eiserne Platten des Ofenkastens.
Ofenschirm, eine bewegliche Wand zur Vermeidung von zu großer Strahlungswärme.
Ofensockel, Fundament aus Steinen oder Kacheln unter einem Ofen.
offene Fuge, Steinfuge mit zurücktretendem Mörtel.

offenes Gewölbe, Gewölbe ohne Stirnmauer.

Ohr, im Bauwesen verschiedentlich gebraucht für kurze, seitliche Stücke, wie die Griffe eines Rammklotzes, die unbearbeiteten Teile von Fensterbänken, die in die Gewände eingreifen, oder die Verbreiterung am oberen Ende von Tür- und Fensterbekleidungen.

Ohrkappe, Ohrgewölbe, Gewölbekappe, Stichkappe.

Oktaeder, Achtflächner, aus acht gleichseitigen Dreiecken.

Oktogon, Achteck.

Öl, organische Verbindung, in Wasser unlöslich, in Lösungsmitteln oder Benzin löslich; zu den fetten Ölen gehören die trocknenden Öle, wie das schnell trocknende Leinöl, und die langsamer trocknenden Nußöle, Mohnöl und Hanföl, zu den flüchtigen Ölen gehören Steinöl und Terpentinöl. Größte Bedeutung für die Farbentechnik hat das Leinöl, u. a. als Leinölfirnis.

Ölanstrich, Anstrich aus mit Öl gebundenen Farbstoffen.

Ölblase, Kessel zum Kochen des Leinöls zu Firnis.

Ölblau, 1. Kupferindigo. 2. feine →Smalte für Ölfarbe.

Ölfarbe, Anstrichmittel mit Öl als Bindemittel, wie →Standöl oder →Leinöl. Ölfarben wurden früher vom Maler selbst abgerieben, es gab dazu viele Rezepte, meist wurden dazu die Pigmente (natürliche Erdfarben) oder Mineralfarben mit einem fetten Öl, wie Lein- oder Mohnöl, abgerieben, mit Leinölfirnis oder Terpentinöl verdünnt, und zum schnelleren Trocknen wurde ein →Sikkativ zugesetzt. Anstrichmittel auf der Basis von Blei- oder Zinkweiß trocknen von sich aus sehr schnell auf. Heute werden Ölfarben fast ausschließlich industriell hergestellt.

Ölfirnis, Öllackfirnis, der am häufigsten verwendete →Firnis, z. B. aus Harz in einem trocknenden Öl gelöst und mit Terpentin verdünnt.

Ölgrund, Grundierung mit Ölfarbe.

Olive →Drehknopf.

Ölkitt, Fensterkitt.

Öllack, Lack, dessen filmbildende Teile im wesentlichen aus eingedickten Ölen bestehen.

Öllackfirnis →Ölfirnis.

Ölmalerei, ornamentale, abstrakte, meist aber gegenständliche Malerei mit Ölfarben an Wänden und Decken sowie auf Leinwand.

Ölruß, Ölschwarz, in Öl gebundene Schwarzpigmente.

Ölstein, mit Öl getränkter Quarzstein zum Abziehen der Schneiden nach dem Schleifen.

Ölsteinkitt, früher verwendete Ölkittart zum Verkitten von Steinen.

Opa, Ope, veralt. Bez. für Rüstloch oder Balkenloch.

Opakglas, lichtundurchlässiges Trübglas für Wandplatten oder Glasfliesen →Glas.

Opalglas, lichtdurchlässiges Trübglas →Glas.

opus caementitium (lat.), Gemisch aus Wasser, Sand, Kies oder Steinen mit zementähnlichen Bindemitteln der Römer, das zu Stein erhärtete. Mauern und Gebäude aus o. c. haben teilweise über 2000 Jahre der Witterung, ja sogar Seewasser standgehalten. Material und Technik sind die Vorläufer des →Betons.

Orangerie, urspr. Gewächshaus zum Lagern nicht winterfester Pflanzen, später allg. barockes Gartenhaus.

Orgel, Musikinstrument aus einer großen Anzahl von Pfeifen in versch.

Tonlagen, fast ausschließlich in Kirchen; urspr. Wasserorgel, ab 400 n. Chr. Windorgeln, d. h. mit Blasebälgen oder Windladen betriebene Orgeln; für die Architektur der Kirchen ist der sog. Orgelprospekt wichtig, d. h. die dem Kirchenraum zugewendeten Pfeifen und das Orgelgehäuse. Diese wurden meist in kunstvoller Anordnung in Gruppen und Aufbauten, dem Stil des Gebäudes angepaßt.
Orgelbühne, Orgelchor, Orgelempore, Stellplatz der Orgel.
Orientierung, Ostung, die Ausrichtung von Sakralbauten nach Osten.
Ornament, Dekorationsschema aus geometrischen oder pflanzlichen Motiven, als geschlossene Form oder in Reihung.
Ornamentglas, Gußglas → Glas.
Ornamentik, 1. die Kunst des Verzierens mit Ornamenten. **2.** die Gesamtheit der Ornamente an einem Werk.
Ort, 1. allg. ält. Bez. für Spitze, Ecke, Ende, Rand, z. B. Spitze eines Gebäudes, Geländepunkt. **2.** die Begrenzung eines Daches am Giebel.
Ortbalken, Randbalken.
Ortbeton, am Verarbeitungsort hergestellter und direkt in die Schalung eingebrachter Beton.
Ortbrett, Windbrett, Windfeder, Stirnbrett am Giebel, das die Dachdeckung seitlich begrenzt und diese vor Windschäden schützt, bei Ziegeldeckungen oft als Zahnleiste ausgebildet; früher auch das Endbrett an der Wand eines Fußbodens.
Ortfach → Balkenfach.
Ortgang, die mit einem Brett hergestellte Unterseite des Dachüberstandes am Giebel; auch die Linie des Giebels.
Orthaus, ält. Bez. für Eckhaus.
Orthobel, ält. Bez. für Gesimshobel.

orthogonal, rechteckig, rechtwinklig.
Ortpfähle, äußere Pfähle eines Brückenjochs.
Ortscheit → Richtscheit.
Ortschicht, Ziegelreihe oder Schiefer am Giebel entlang.
Ortständer → Ständer.
Ortstein, Ortschiefer, Stein oder Schiefer am Rand (dem Ort) einer Dachdeckung.
Ortziegel, Bordziegel, Ziegel (auch Anziegel) am Rand (dem Ort) einer Dachdeckung.
Öse, Oese, allg. der Ring um eine Öffnung; Metallring.
Osterei → Fischblase; auch für → Mandorla.
Oval, Ovale, geschlossene, sich der Eiform nähernde krumme Linie, auch Abrund oder Eilinie genannt.
Ovalzirkel, Ellipsenzirkel.

Packholz, Stakholz → Strohlehmstakung.
Packlage, Unterbau für Straßendecken, früher aus hochkant eng gesetzten und ausgezwickten Steinen, heute meist aus aufgeschüttetem Gestein.
Palas, der große als Versammlungs- und Speiseraum dienende Saal in einer Burg; oft ein einzeln stehendes zweigeschossiges Gebäude, in dem der Saal im 1. OG liegt.
Palisade, Verschanzung; Verteidigungswerk aus senkrecht in die Erde eingegrabenen Holzstämmen (Palisadenhölzern).
Palmette, palmblattähnliche, oft halbrunde Verzierungsform.
Paneel, Feld, Füllung, bes. eingestemmte Füllung einer Vertäfelung, heute im Sinne des Paneelbrettes.

**Paneelsäge, **Laubsäge → Säge.
Panstermühle, Panzermühle, Wassermühle mit in der Höhe verstellbarem Wasserrad.
Papierstuck, im 19. Jh. benutzter Stuckersatz aus in Formen verleimten vielen Papierlagen.
Pappe, Pappdach → Dachpappe.
Pappel, Zitterpappel, Aspe, Espe, Weißpappel, Silberpappel, Schwarzpappel, Graupappel, Pyramidenpappel, heimische Holzart; Pappelbäume werden je nach Art 25–40 m hoch; Stammdurchmesser von 1–2 m, lange gerade Fasern, leicht und weich; eignen sich weder als Bau- noch als Tischlerholz.
Paradezimmer, Prunkräume im Hauptteil, der Beletage eines Palastes oder Herrenhauses.
parallel, gleichlaufend; in gleichem Abstand ohne Schnittpunkt.
Paralleldach, aus parallel laufenden Einzeldächern zusammengesetztes Dach, z. B. Sheddach.
Parallelmaß → Streichmaß.
Parallelogramm, Viereck mit je zwei gleichen und parallelen Seiten.
Parallelzange, Greifzange, die so geformt ist, daß die Zangenbacken auch geöffnet parallel stehen.
Pariser Gold → Blattgold.
Pariser Lack → Karminlack.
Pariser Schwarz → Rußschwarz.
Parkett, Fußboden; auf die Balken oder Lagerhölzer wird zuerst ein Blindboden aus mindestens 24 mm dicken Brettern und darauf das P. aufgenagelt. Dafür kann Eiche, Buche, Kiefer oder Edelholz in Form von Tafeln mit und ohne Friese (Tafelparkett) verwendet werden. Es kann als Riemen- oder Schiffsparkett aus ca. 10 cm breiten und bis zu 1 m langen Brettstreifen, z. B. im Fischgrätenverband, eingeschobenem Parkett in größeren Friesrahmen und in neuerer Zeit Stäbchenparkett in Form schmaler, zu Brettern zusammengeleimter Stäbe verlegt werden.
Parlier, Pallierer → Polier.
Parterre, Erdgeschoß; unterschieden in Tiefparterre und Hochparterre.
Paß, Bogenstück zwischen zwei Nasen im gotischen Maßwerk.
Paßziegel, Paßstein, ein zum Einpassen am Ende einer Arbeit bes. geformter Ziegel oder Stein.
Pastellfarbe, helle, leichte Farbtönungen, früher meist aus Erdfarben wie Bleiweiß, Ocker, Mennige, Zinnober, Smalte, abgerieben und gemischt.
pastös, breiartig, bei Farbaufträgen vorstehend.
Patentfußboden, parkettähnlicher Bodenbelag aus im Abstand von 1,50 bis 1,70 m liegenden Friesen mit Nuten, z. B. aus Eiche und dazwischen eingeschobenen Tafeln aus Weichholz mit Federn.
Paternoster, Elevator, Eimerkunst, Eimerwerk, Becherwerk, Fahrkunst, Bezeichnungen für die frühesten Arten von Materialaufzügen und Wasserhebemaschinen, die über obere und untere Wellen rund liefen; später wurden auch nach dem gleichen Prinzip angelegte Personenaufzüge so bezeichnet.
Patina, urspr. nur der Oxidüberzug auf Bronze, heute allg. die sichtbaren Altersspuren.
Patsche → Deckbrett.
Patzen, Erdquader.
Pausbeutel → Staubsäckchen.
Pause, heute allg. die durchgepauste, gepauste Kopie einer Zeichnung, z. B. Lichtpause, aber auch die mittels Pausrädchen und Pausbeutel durchgezeichnete Kopie.

Pavillon, kleines, meist isoliertes Gebäude im Garten oder Park; bei barokken Gebäudeanlagen u. U. auch mit Zwischengliedern z. B. als Eckpavillon an den Hauptbau angeschlossen.
Pech, früher durch Kochen von Harzen gewonnener, heute durch die Destillation von Öl oder Kohle hergestellter bituminöser Stoff.
Pechnase, auskragende Bauteile an mittelalterlichen Befestigungen mit Löchern nach unten, durch die flüssiges heißes Pech, heißes Öl oder Steine auf Angreifer geschüttet oder geschleudert werden konnte.
Pendeltür, Tür, die sich nach zwei Seiten, das heißt nach innen und außen öffnen läßt.
Pendentiv, sphärisches Dreieck beim Übergang eines viereckigen Baukörpers in einen achteckigen oder dem Übergang eines Vierecks in eine Kuppel.
Penetration, das Eindringen z. B. von Anstrichmitteln in den Anstrichgrund.
Pentagon, Fünfeck.
Pentagramm, fünfeckiger Stern → Drudenfuß.
Pentalpha → Drudenfuß.
Penthaus, Penthouse, heute allg. zurückspringendes Geschoß (Wohnung) auf einem Gebäude, u. U. auch das oberste Geschoß.
Pergament, urspr. zum Schreiben fein aufbereitetes Leder, ebenso das durchscheinende feine Leder als Fensterbespannung (statt dem späteren Glas); heute allg. fettdichtes Papier (Pergamentpapier).
Pergamentleim, aus feinen Lederabfällen hergestellter Leim.
Pergola, urspr. Wetterdach, offener Laubengang, heute meist von Pflanzen bewachsenes Rankgerüst aus Säulen oder Ständern und Balken.

Perlenfries → Kugelfries.
Perlit, Perlstein, natürliches, wasserhaltiges Gesteinsglas in Kugelform, Ergußgestein.
Perlleim → Leim in Perlenform.
Perlstab, Perlenstab, Rundstab, der mit runden oder ovalen Perlen oder abwechselnd mit Perlen und Scheiben besetzt ist.
Perrel, schwerer Hammer der Steinmetze zum Spalten von Steinen.
Persienne, Kulissenklappladen, Schalterladen → Fensterladen mit beweglichen Jalousiebrettchen.
Perspektive, räumliche Darstellung auf einer Fläche; man unterscheidet u. a. Linearperspektive als Frontal-, Kavalier-, Frosch- oder Vogelperspektive und Parallelperspektive.
Petroleum, Destillat aus Erdöl.
Pfaffenmütze → Handramme.
Pfahlbau, Bauweise, mit auf Pfählen errichteten Häusern, meist an Ufern oder in Überschwemmungsgebieten.
Pfahlholm, die Pfahlköpfe von Pfahljochen oder die Pfahlroste verbindender Holm oder Rähm.
Pfahljoch, Brückenpfeiler aus Pfählen.
Pfahlring, eisernes Band um den Kopf von Pfählen, damit diese beim Einschlagen nicht aufsplittern.
Pfahlrost, Balkenrost über enger oder weiter stehenden Pfählen bei Pfahlgründungen.
Pfahlzaun, Zaun aus dicht nebeneinander eingeschlagenen Pfählen → Palisade.
Pfannenschmied, Kessel- oder Blechschmied.
Pfannenziegel, Pfannen → Krempziegel.
Pfeiler, seit der Gotik sich durchsetzende Mauerstütze zwischen Öffnungen, bes. statt der früher verwendeten

Säulen, mit quadratischen, rechteckigen, vieleckigen oder aus zusammengesetzten Formen bestehendem Querschnitt; nach der Lage unterschieden in Frei-, Wand- (Pilaster), Eck- und Doppelpfeiler. Gebündelte Rundpfeiler (eigentlich Säulen) bez. man als Bündelpfeiler, Strebepfeiler nehmen den Gewölbeschub auf.

Pfeilerbasilika, Basilika, deren Hauptschiff nicht auf Säulen, sondern Pfeilern ruht.

Pfeilervorlage, Halbsäule oder Halbpfeiler zur Verstärkung oder Gliederung eines Pfeilers.

Pfeilerweite, der Achsabstand zwischen Pfeilern.

Pfeilhöhe, Stichhöhe eines Bogens, bezogen auf die Kämpferlinie.

Pferdeköpfe, Giebelzier niederdeutscher Hallenhäuser in Form sich überkreuzender Stirnbretter oder Bohlen mit ausgesägten Pferdeköpfen an den Enden.

Pfette, Stuhlrähm, Stuhlrähmen, parallel zu First oder Traufe liegendes Holz im Dachverband, das die Sparren unterstützt und auf Querwänden, Stielen oder Dachstühlen aufliegt, im letzten Fall dient sie gleichzeitig als Blattstück für die Längsverbindung der Binder (Ständer oder Stuhlwände).

Pfettendach, Dachkonstruktion aus stehenden oder liegenden Dachstühlen mit Pfetten, welche die Dachhaut aus Sparren und Dacheindeckung tragen, im Gegensatz zum Sparrendach, bei dem die Sparren die Dachkonstruktion bilden.

Pflanzenfarbe, Pflanzenfarbstoffe → Saftfarbe.

Pflaster, Befestigung der Erd- oder Straßenoberfläche oder Fußboden mit Steinen, Ziegeln, Platten oder Holzpflaster im Verband.

Pflasterhammer, Hammer der Pflasterer. Das quer gegen den Stiel gestellte Eisen hat auf einer Seite eine glatte quadratische Bahn, auf der gegenüberliegenden Seite eine schaufelähnliche Form.

Pflasterkelle, löffelartige Kelle zum Pflastersetzen; wurde durch den Pflasterhammer mit der angeformten kleinen Schaufel ersetzt.

Pflasterramme, Pflasterstößer → Handramme.

Pflasterstein, zum Pflastern verwendete Feldsteine und bossierte Bruchsteine.

Pflasterverband, Deckverband, man unterscheidet u. a. folgende Pflasterverbände: Pflaster- oder Schachbrettverband, Kreuzpflaster ähnlich dem gemauerten Kreuzverband, Fischgrätenverband und Schichtenverband.

Pflasterziegel, als Fußbodenbelag verwendete Ziegel.

Pflock (nordd.) → Holznagel.

Pfoste → Bohle.

Pfosten, 1. Gewände an Türen und Fenstern. **2.** eingegrabener Pfosten, der Pfetten oder Balken beim Pfostenbau, dem Vorgänger des Ständerbaues, trug. **3.** vielfach falsch verwendet für Ständer. **4.** steinerne Stäbe, welche die gotischen Fenster senkrecht unterteilen.

Pfriemen, krummer Spitzbohrer.

Phiale → Fiale.

Phiesel, ält. Bez. für Ofen.

Pickel, Picke → Kreuzhacke.

Piedestal, Ständer, Fußgestell, Untersatz.

Pigment, früher allg. Farbstoff, Pigmentfarbe; heute nicht lösliche, farbige chem. Verbindung.

Pilaster, meist flacher, rechteckiger Mauer- oder Halbpfeiler.

Pinsel, Beusel, allg. Bez. für das

Hauptwerkzeug des Malers; unterschieden nach seinen Haaren, meist aber nach den Funktionen: Dachs-, Schweins-, Annetz-, Faust-, Hand-, oder Flachpinsel, Deckenbürste, Heizkörperpinsel, Strichzieher, Schlepper und Schablonenpinsel.

Pisé, Pisébauweise, Pisétechnik, allg. Bautechnik, bei der ein flüssiges oder weiches Material in die Schalung eingebracht, verdichtet wird und erhärtet, bes. die → Lehmstampfbauweise.

Placker, Blacker.

Placksoden, Decksoden aus Erde.

Plafond, flache Decke.

Plafondbild, Deckenstück.

Plafondmalerei, Deckenmalerei.

Pläner, in Platten brechender Bruchstein.

planieren, einebnen des Erdbodens, Ausgleich von Erhöhungen und Vertiefungen; früher ausschließlich von Hand, u. a. mit der Planierschaufel, heute mit schwerem Gerät, wie Planierraupen, Grader.

Planierhammer → Abschlichthammer.

Planke, starkes Brett → Bohle.

Planrelief → Basrelief.

Planriß, Bauriß.

Planum, gerade Grundfläche.

Platinschwarz, Platinmohr, schwarzer Farbstoff aus Platin.

Plattbank, Plattenhobel, Falzhobel, um die Federn von Füllungen abzuplatten, in Form einer kleinen Rauhbank mit einem Anschlag.

Plattbogen, flacher Stichbogen.

Plattdecke, nicht durch Felder verzierte Decke.

plätten, mit Platten belegen.

Plattenbalken, Tragwerk aus Platten und Balken (Stegen, Rippen), die kraftschlüssig miteinander verbunden sind.

Plattenbelag, Plattenbeleg, Fußbodenbelag aus Platten.

Plattenverkleidung, Verkleidungen, bes. an Fassaden mit Platten.

Plattmeißel, Schlichtmeißel, Meißel mit gerader, lang zugeschärfter Schneide.

Plattstück → Rähm, Wandrahmen.

Plattzange → Flachzange.

Plattziegel → Biberschwanz.

Plätze, ält. Bez. für eine Axtform mit breitem Rücken.

Plätzhammer, früher gebrauchter Hammer mit platter Bahn zum Glattschlagen des Drahtes.

Platzlgewölbe, Kuppelgewölbe über viereckigem Grundriß. Das volle Platzlgewölbe hat als Diagonalschnittlinie einen vollen Halbkreis und heißt in Südd. böhmisches Platzlgewölbe, das flache Platzlgewölbe mit stichbogenförmiger Diagonalschnittlinie ist das preußische Platzlgewölbe, die → böhmische Kappe → Gewölbe.

Pliesterlatte, Spalierlatte, ganz schwache Lättchen, breite Latten oder Bretter mit Ausfälzungen statt Berohrung zum Haften von Deckenputz.

Plötze, Brecheisen.

Poblatsch, ält. Bez. für Bockgerüst → Gerüst.

Pochkäfer → Holzschädlinge.

Pockholz → Franzosenholz.

Podest, allg. angehobene Bodenfläche, wie Bühnenpodest, bes. die Ruhezonen der Treppen, wie Zwischenpodest, Stockwerkspodest; meist bei Änderung der Laufrichtung einer Treppe.

Podeststufe, letzte Stufe vor einem Podest, der Auftritt dieser Stufe gehört schon zum Podest.

Podium, meist flache Erhöhung des Bodens.

Pöke, 1. → Fläche der Steinmetze mit querstehender Schneide. **2.** → Kreuzhacke, Pickel.

Polderhammer, Polterhammer, Polterschlage, Holzhammer der Kupferschmiede zum Glattschlagen der Wände von Kupferkesseln.

Polier, Parlier, Vorarbeiter am Bau, geht wahrscheinlich auf das franz. Wort parler (sprechen) zurück, deshalb auch die früheren Bez. »Parlierer« und »Parlier«, d. h. »der das Sagen hat«.

Polierfeile, feine Eisenfeile, früher auch Feile aus Holz mit aufgeleimten Eisenfeilspänen.

Poliergrund, mehrmalige Leim- oder Ölfarbengrundierung vor dem Auftragen der Politur.

Polierhammer, Glänzhammer, Hammer mit polierter Bahn zum Polieren von Blechen.

Polierschiefer, Tripelschiefer, Klebschiefer, weiß-, gelb- oder rötliche mineralische Masse von schiefrigem Gefüge, wurde zum Polieren von Glas oder Metall verwendet.

Polierstahl, Polierstein, Polierzahn, Stahlstift, Wildschweinzahn, Achat oder Blutstein zum Polieren.

Polierstein → Brünnierstein.

Polierwachs, Wachsmischung aus gelbem Wachs, Kolophonium und Terpentinöl für die Holzpolitur.

Poliment, Vergoldergrund für Öl-, Leim- und Glanzvergoldungen, wurde z. B. aus Öl, Bernstein, Mastix und Judenpech hergestellt.

Politur, 1. Flüssigkeiten, die man auf die verschiedensten Materialien aufreibt, um Glanz zu erzielen. **2.** der so entstandene glatte Glanz selbst. Früher kannte man für die verschiedenen Werkstoffe zahlreiche Politurrezepte, wobei die Kunst im Aufreiben der Politur mit der Hand und dem Polieren bestand, heute wird Holz z. B. gut geschliffen, mit verdünnter Politur und Bimsmehl grundiert, und dann wird die Politur, z. B. ein farbloser Nitrozelluloselack, aufgetragen.

polnischer Verband, gotischer Verband.

Polsterholz, Auffüllungsholz bei Dielenlagern.

Polsterquader, Quader mit polsterartiger Sichtfläche.

polychrom, vielfarbig.

Polychromie, Vielfarbigkeit.

Polyesterharz, ungesättigtes Polyester, transparenter Kunststoff mit vielen Einsatzgebieten im Bauwesen.

Polygon, Vieleck.

Polygondach, vieleckiges Dach, bes. bei Turmhelmen.

Polygongewölbe, Gewölbe über einem vieleckigen Raum.

Polygonmauer → Zyklopenmauerwerk.

Pontonblech, ält. Bez. für starkes Blech zum Eindecken von Dächern.

Popellätsche, Pomlatsche, Verzierung an den Stirnseiten (Stirnwänden) der Chorstühle.

Porenbeton, Leichtbeton, der durch Treibmittel beim Abbindevorgang künstl. Poren bekommt.

Porenschwamm → Holzschädlinge.

Porenziegel, Leichtziegel, denen vor dem Brennen Zusätze beigegeben werden, die verbrennen und Poren zurücklassen.

Porkirche → Empore.

Porosität gibt an, ob oder in welchem Maße ein Körper Hohlräume, Poren, besitzt.

Porphyr, Gruppe von Eruptivgesteinen, bei denen in einer dichten Grundmasse größere Einsprenglinge vorkommen.

Portal, Prachttür, große verzierte Tür, Haupteingang.
Porzellan, keramisches Erzeugnis aus einer Mischung von Porzellanerde (Kaolin), Feldspat und Quarz; bei ca. 800–950 °C vorgebrannt, danach mit Glasur überzogen und dann bei ca. 1350–1450 °C gebrannt.
Porzellanerde, Kaolin, weißgrauer, weicher Ton; erdiges Sedimentgestein.
Porzellanfarbe, ält. Bez. für die beim Brennen ihre Farbe völlig verändernden Porzellanglasuren.
Porzellanlustro, Porzellanlüstre, schillernde Porzellanglasurfarben in zahlreichen Rezepturen.
Porzellanziegel → Schamottestein.
Possekel, Possegel → Bossierhammer.
Postament, Fußgestell einer Säule oder Statue mit Grundstein, Fußgesims, Würfel- und Kranz- oder Postamentgesims.
Pöste, ält. Schreibweise für → Pfoste.
Postengeselle, Geselle, der statt eines Vorarbeiters eine Gruppe von Gesellen führt.
Pottasche, Potasche, urspr. durch die Auslaugung von Holz- oder anderen Pflanzenaschen gewonnenes Kaliumkarbonat; wird bei der Farben- und Glaserstellung gebraucht.
Prachtgeschoß → Beletage, Herrengeschoß.

Preiße, Preise, Preißziegel, Firstziegel, Hohlziegel.
Prellstein, Radabweiser, Eckstein, Stein zum Abweisen von Fahrzeugrädern an Gebäudeecken oder an Einfahrten und Durchfahrten, um Beschädigungen der Gebäude durch vorbeifahrende oder einfahrende Fahrzeuge zu vermeiden.
Preßdecke (mitteld.) → Windelboden, Windeldecke.
Preßglas, durch Pressen in Stahlformen erzeugte Glasgegenstände wie Glasbausteine.
Preußisch Blau → Berliner Blau.
Preußisch Rot → Colcothar.
Prieche, Priche → Empore.
Priependach, Priependeckung, Priepe, Dacheindeckung nur mit → »Nonnen«, bei welcher der Zwischenraum zwischen den Ziegeln mit Mörtel geschlossen wird.
Primärfarbe, Grundfarbe im Farbkreis, rot, blau oder gelb.
Pritschbläuel, Britsche, Schlägel zum Festschlagen des Lehms bei Lehmestrich und Pisébauten; auch Erdschlägel genannt.
Pritschhammer → Abrichtehammer.
Profanarchitektur, Profanbau, Baukunst weltlicher (nicht kirchlicher) Bauten.
Profil, Schnitt, Durchschnitt, so daß z. B. die Profillinie eines Körpers sichtbar wird.

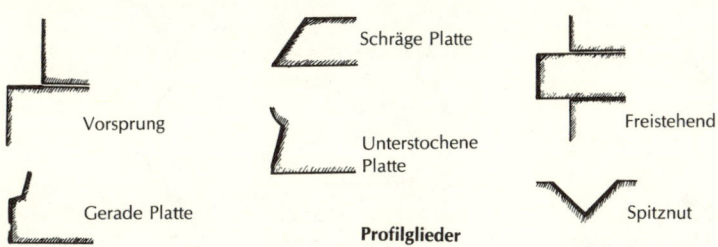

Profilglieder

Profilglieder

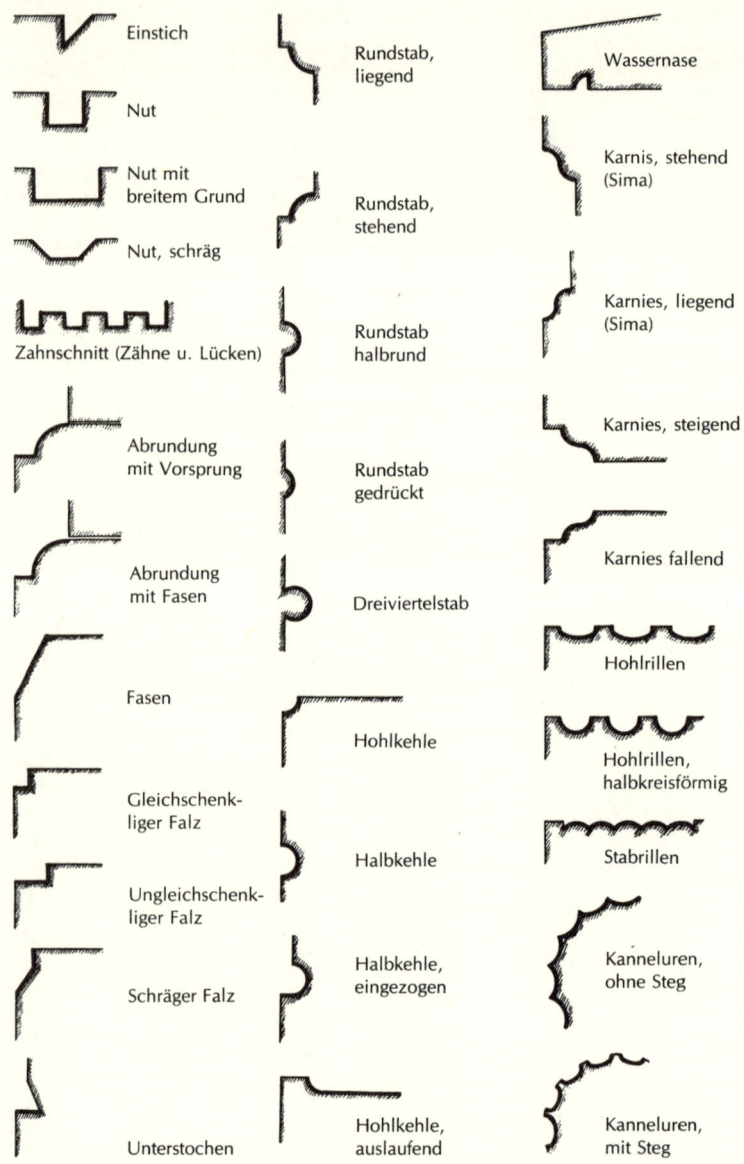

Projekt, Idee oder Entwurf, dessen Realisierung noch nicht feststeht.
Projektionslehre, darstellende Geometrie.
projektieren, entwerfen.
Proportion, Verhältnis von Maßen oder Massen zueinander.
Prospekt, ält. Bez. für perspektivische Ansicht oder Aufriß.
Prünziegel, selt. Bez. für Biberschwanz.
Pultdach, halbes Satteldach →Dach, Dachformen.
Pumpe, Gerät zum Heben von Flüssigkeiten, bes. als Druckpumpe, Saugpumpe sowie Saug- und Druckpumpe.
Punze, Punzen, Bunze, vertiefte Arbeit, früher nur in Blech eingedrückt, später auch in andere Materialien.
Purpur, Blut-, Hoch- oder Scharlachrot, Farbstoffgemisch ähnlich dem Karminrot; früher der Farbstoff der Purpurschnecke.
Putz, Abputz, Verputz, Verkleidung von Mauern, Decken, Wänden und Gewölben ein- und mehrlagig mit Mörtel; für verschiedene Zwecke wie Außenwandputz, Innenwandputz, Deckenputz und landschaftlich sehr unterschiedlich, so u. a. Rauhputz (Rappputz, Rauhwurf, Anwurf, Bewurf, Berapp) →Spritzwurf →Tüpfelputz (Krausputz, Häufchenputz) →Stippputz (Stepputz, Besenputz), Sgraffito (Kratzputz) und Edelputz; nach dem Bindemittel wird unterschieden in →Lehmputz, Kalkputz aus Luftkalk, hydraulischem oder hochhydraulischem Kalk →Gipsputz, Gipskalkputz, Kalkzementputz und →Zementputz sowie Spezialputze, wie Wärmedämm-, wasserabweisender- und wassersperrender Putz.

Putzeisen, Werkzeug zum Nachbessern von mit Stuckgips gezogenen Gesimsen.
putzen, 1. allg. Sauberarbeiten, Grate entfernen usw. **2.** Putzmörtel aufbringen.
Putzfachwerk, über die Holzkonstruktion verputztes Fachwerk.
Putzhaken →Mauerhaken.
Putzkelle, die kleinere →Kelle des Stukkateurs.
Putzlage, eine Schicht Putzmörtel.
Putzleiste, für sog. Bahnenputz in etwa 0,80–1,0 m Abstand aufgebrachte und mit dem Richtscheit ausgerichtete Putzbahnen, zwischen denen dann die Putzflächen aufgezogen werden.
Putzmaurer →Tüncher.
Putzmeißel, Meißel mit kurzer Spitze zum Einschlagen von Löchern in Metall.
Putzquader →Quaderputz.
Putzsand, Sand für Putzmörtel, weitgehend frei von lehmigen, tonigen, abschlämmbaren Beimengungen, für Feinputze 0–3 mm, für Unter- oder Grobputze 0–7 mm.
Putzträger, Konstruktion oder Gewebe, um die Putzhaftung z. B. auf Holz oder Lehm zu ermöglichen oder zu verbessern, früher →Pliesterlatten, Spalierlatten, Rohr oder Rohrmatten, heute Rabbitzdraht, Streckmetall, Ziegeldrahtgewebe oder Holzwolleleichtbauplatten.
Puzzolanerde →Zement.
PVC, Polyvinylchlorid, thermoplastischer (mit Wärmeeinwirkung zu erweichender) Kunststoff; Polymerisat des Vinylchlorids; nicht brennbar, weitgehend chemikalienbeständig, schweiß- und biegbar, bei großer Hitze (z. B. Gebäude- oder Zimmerbrand) Gas- und Säureentwicklung, wird im Bauwesen vielfach einge-

setzt, z. B. für Folien, Fußbodenbeläge, Behälter sowie für Farbstoffe und Klebemittel.

Pyramidendach, steiles Zeltdach auf quadratischem oder vieleckigem Grundriß.

pythagoreischer Lehrsatz, einer der wichtigsten Lehrsätze in der Geometrie: das Quadrat der Hypotenuse eines rechtwinkligen Dreiecks ist gleich der Summe der Quadrate der beiden Katheten.

Quader, Quaderstein, Quaderstück, aus Bruchsteinen würfelförmig oder rechteckig behauene Steine mit bruchrauher oder bearbeiteter Ansichtsfläche.

quadern, einen Boden mit quadratischen Steinen belegen.

Quaderputz, Putzquader, gefugter Putz, auch Bossageputz genannt, als rauher Quaderputz oder mit schablonierten Fugen; soll echte Quader vortäuschen.

Quadermauerwerk, Quaderwerk, Mauerwerk aus Quadern, d. h. regelmäßig behauenen Bruchsteinen (Hausteinen) mit durchgehenden Lagerfugen und versetzten Stoßfugen.

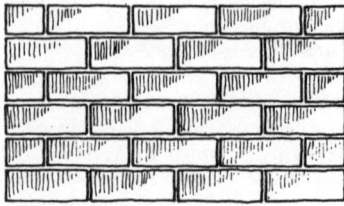

Quadermauerwerk.

Quadrateisen, ält. Bez. für Eisenstangen mit quadratischem Querschnitt.

Quadratfuß, Quadratelle, Quadratmeter, Flächenmaßeinheiten →Maß- und Gewichtstabelle.

Quadrierung →Quaderputz.

Quartier, große Quader, aber auch für das Viertel, z. B. Stadtviertel oder den Quartierstein.

Quartierstein, Quartierstück, Viertelstein, ein Viertel eines Mauerziegels, mit »Großer Quartierstein« wurde ein halber Mauerziegel bezeichnet.

Quarzit, Gestein aus fast reiner Kieselerde in vielen Arten, wird bei der Glas- und Porzellanherstellung verwendet, aber auch als Baustein und Pflastermaterial.

Quarzsand, Mörtelsand aus Quarzgesteinen.

Quast →Netzpinsel.

Quecksilber, chem. Element, Kurzzeichen Hg, NE-Metall, Schmelzpunkt 38,87°C, Dichte 13,5 g/cm³ Verbindungen mit anderen Metallen sind Amalgame, früher wichtige Basis für Farbstoffe wie Zinnober; ebenso dienten die Quecksilbersalze oft zur Herstellung von Beizen.

Quecksilbersulfid, künstl. Zinnober.

Quecksilbersulfur, natürl. Zinnober.

Quellsand, durch Quellwasser an die Oberfläche geschwemmter Sand, guter Mörtelsand.

Quentchen, Hohlmaß →Maß und Gewichtstabelle.

Queraussteifung, Maßnahmen, um die quer zur Gebäudeachse angreifenden Kräfte aufzunehmen.

Queraxt, Kreuzaxt, Zwerchaxt, heute nicht mehr gebräuchliches Werkzeug der Zimmerleute in Form einer Spitzhacke mit einer Längsschneide auf der einen Seite und einer Querschneide auf der gegenüberliegenden Seite zum Aushauen von Zapfenlöchern.

Querbalken, 1. Querschenkel eines

Kreuzes. **2.** Balken, der rechtwinklig über oder unter anderen Balken liegt.
Querband, Zange an hölzernem Brückenjoch.
Querbau, Querhaus, die Gesamtheit der Querschiffe.
Querdach, 1. Satteldach eines Turms mit frontparallelem First. **2.** Dach eines Querhauses. **3.** Dach über je einem Joch des Seitenschiffs, quer gegen die Richtung des Langhauses.
Quereinschub, Quereinschubdecke → Einschubdecke.
Querfalz → Falz → Metalldächer.
Querfenster, liegendes Fenster; Fenster in Form eines liegenden Rechtecks.
Querfries, querliegendes Rahmenholz einer eingestemmten Tür.
Quergebälk, Gesimsschichtung aus dem Rähm eines Geschosses, den Balkenköpfen der darüberliegenden Balkenlage und der aufliegenden Stockschwelle.
Quergebindegefüge, Hausgefüge aus Querbindern, die quer zur Längsachse hintereinander stehen.
Quergurt, Gurtbogen, Gewöberippe.
Querholz → Hirnholz.
Querkopf, geschmiedeter Brettnagel mit zweilappigem Kopf.
Querprofil, Querschnitt, Profil, z. B. im Straßenbau.
Querschlag, Mörtelauftrag, z. B. zum Vermörteln von Dachziegeln.
Querschenkel, Querfries, Querriegel, waagerechtes Friesstück in Kreuztüren.
Querschiff, Querhaus, Querbau, Kreuzschiff, die das Langschiff (Hauptschiff) bei Kirchen durchkreuzende Halle; von der Vierung rechts und links abgehende Schiffe. Als frühestes Querschiff einer christlichen Kirche wird das der Laterankirche in Rom angesehen.
Querschnitt, Querdurchschnitt, Zeichnung eines Gebäudes oder Körpers in einem Schnitt quer zur Längsrichtung (Firstrichtung).
Quersparren → Zwerchsparren.
Querverbindung, sich überkreuzende oder rechtwinklig anschließende Verbindung.
Quickwasser, verdünnte Lösung von Quecksilber in Salpetersäure, wurde beim Vergolden verwendet.
Quirk, tiefe Einzahnung oder Einwinkelung, z. B. im Profil von Gesimsen beim Zusammentreffen eines geraden und eines konvexen Gliedes.

Rabattstein, Einfassungsstein bei Pflasterarbeiten.
Rabitz, Bauart zum Herstellen von Kästen, Leitungsschächten oder Verkleidungen an Decken und Wänden aus Draht, in erster Linie Rabitzdraht in Form verzinkter Stahldrahtnetze, und Kalkgipsmörtel (innen) oder Kalkzementmörtel (außen).
Rabitzhaken, Haken zur Befestigung von Rabitzdraht, mehr noch für die Befestigung der Abhänger für abgehängte (Rabitz-)Decken.
Radabweiser → Prellstein.
Radfenster, Rundfenster mit Speichenteilung.
radial, strahlenförmig; zum Mittelpunkt laufend oder von diesem fortführend.
Radialschnitt, Spiegelschnitt, Längsschnitt durch die Stammachse, das Herz eines Holzstammes.
Radiator, Heizkörper.
Radierung, Kupferstich, in die Wachs-

schicht auf einer Kupferplatte wird eine Zeichnung eingeritzt und diese schwache Ritzung durch Ätzung vertieft.

Radiocarbonmethode, Verfahren zur Altersbestimmung bes. von Bauten oder Bauteilen durch Messung des noch vorhandenen Anteils bestimmter Kohlenstoffisotope.

Rafen → Rofen.

Rafter, Raffe (südd.), veralt. schwäbischer Ausdruck für → Sparren oder Rofen.

Rähm, Rähmholz, Rähmkranz, Rahmholz, Rieschholz, Riechholz, Rießholz, Blattstück, Plattstück, Wandrahmen, Oberschwelle, Oberlegholz, das den »Rahmen« von Fachwerkwänden aus Schwelle und Ständern oben abschließende Holz, wird auf die Zapfen der Ständer aufgesetzt; auch die Pfette unter dem Kehlbalken wird als Rähm bezeichnet.

Rahmen, 1. selt. Bez. für → Rähm. **2.** allg. ausgeprägte Einfassung. **3.** der mit der Wand verbundene feste Teil von Türen und Fenstern, an dem die Flügel angeschlagen sind. **4.** tragende Konstruktion als Rahmenträger.

Rahmenstock → Blendrahmen des Fensters.

Ramme, Pfahlramme, 1. Gerät oder Maschine zum Einschlagen, Einrammen von Pfählen aus Holz, Beton oder Stahl (Rammpfählen) und Spundwänden, im wesentlichen ein Rammgerüst mit einem Fallgewicht (→ Bär). **2.** Gerät zum Feststampfen von Pflaster.

Randbalken → Ortbalken.

Randschlag, Kantenschlag; Bearbeitung der Kanten eines Quaders, dessen Sichtfläche im übrigen unbearbeitet bleibt.

Randstein → Bordstein.

Rapport, regelmäßig wiederkehrendes Muster, z. B. auf Tapeten.

Rapputz → Rauhputz.

Rasendach, Grassodendach, historische Dacheindeckung aus einer mit Teer abgedichteten und mehrmals gestrichenen Bretterschalung, einer Lehmschicht und nach oben abschließend einer Rasenschicht.

Raspel, Holzraspel → Feile mit sehr grobem Hieb.

Ratsche, Zahnrad mit ab- oder umschaltbarer Sperrklinke.

Rattenschwanz, Rundfeile → Feile.

Rauchdarre, Trockenraum für die Trocknung durch Rauch.

Rauchfang, Rauchmantel, Herdmantel, Funkenhut, Kutte, dachartiger Einbau aus Holz, Lehm, Steinen oder Blech zum Auffangen des Rauchs über offenem Herdfeuer, z. B. einer Esse.

Rauchrohr, Rauchkanal, Rohre oder Kanäle (Füchse) zur Abführung des Rauchs, der Rauchgase, in den Schornstein.

Rauchwacke, Bitterkalk.

Rauhbank → Hobel.

Rauhkalk → Bitterkalk.

Rauhpicken → aufpicken.

Rauhputz, Rauhwerk, Anwurf, Bewurf, Berapp, Rapputz, grober → Putz, der nur mit der Kelle angeworfen und kaum geglättet wird, entweder als unterste Schicht für weitere Putzlagen oder bei Sockeln oder bei einfachen Gebäuden auch als fertiger Verputz.

Räumahle → Aufräumer.

Raumbeständigkeit, Eigenschaft eines Baumaterials oder Bauteils, sein Volumen nicht zu verändern.

Raumgewicht, früher spez. Gew.; heute Dichte; Verhältnis des Gew.

von 1 cm³ eines Stoffes zu 1 cm³ Wasser.
Rauminhalt, Volumen, der von der Oberfläche eines Körpers umschlossene Raum.
Raummeter, Ster, Hohlmaß für in Meterstücke geschnittenes, aufgeschichtetes Rundholz einschließlich der Zwischenräume.
Rauschgold, Flittergold, Knittergold, Lahngold, unechte, aus dünnen Messingplättchen von 0,01 bis 0,03 mm Dicke bereitete »Blattvergoldung«. Die Messingplättchen wurden auf halb angetrockneten Firnis aufgerieben.
Raute, Rhombus, 1. Parallelogramm mit rechtwinklig stehenden Diagonalen und gleichen Seitenlängen. **2.** Figur im Fachwerk aus vier über Eck gestellten Hölzern, als negative Raute aus vier Winkelhölzern.
Rautenfries → Fries mit einem Ornamentband aus einer Rautenreihe.
Rautengewölbe → Netzgewölbe in Rautenform (in der Grundrißprojektion).
Reet, Ried, getrocknetes Rohr (Schilfrohr); Dacheindeckungsmaterial, früher auch Putzträger.
Reibahle → Aufräumer.
Reibebrett, Reibscheibe, Holzscheibe oder Metallscheibe mit Handhabe, etwa 15×20 cm bis 20×35 cm groß, zum Glätten von Verputz.
Reifkloben, Kloben zum Einspannen von Werkstücken, die schräg gefeilt werden sollen.
Reißblei, Grafit.
Reißhaken → Grabeisen.
Reißmaß → Streichmaß.
Rekonstruktion, Wiederherstellung des Ursprungszustands eines Werks oder Bauwerks, aufgrund genauer Vorgaben (Zeichnungen und Fotos).

Relief (ital. rilievo: erhabene Arbeit), plastische Darstellung auf einer Fläche, z. B. Holz oder Stein, bei geringem Erheben über der Fläche Flachrelief, Basrelief, Halbrelief und bei starker Ausprägung Hochrelief genannt.
Renaissance, der Begr. für diese Stilepoche stammt vom Italienischen »rinascimento«, zu deutsch Wiedergeburt; gemeint ist damit die Abwendung von den mittelalterlichen Stilen und Rückbesinnung auf die Antike. Wichtige Elemente der Baukunst in der Renaissance waren dabei die antiken Maßordnungen, strenge Baugliederung, wie sie sich am deutlichsten im Palastbau widerspiegelt – die Erarbeitung und Umsetzung harmonischer Maßsysteme (z. B. → Goldener Schnitt, Fünfeck), die Übernahme antiker Bauelemente und Bauglieder, wie Säulen, Pilaster, Blendgiebel, Kapitelle und schwere Gesimse. In Italien setzte die Renaissance schon kurz nach 1400 ein, in Deutschland mehr als 100 Jahre später um 1525 und behauptete sich hier bis etwa 1640, ehe sie vom → Barock abgelöst wurde. Während man sich bei Maßordnungen und -systemen im Norden Europas stark von den italienischen Bauten absetzte, wurden die antiken Details vielfach in der ital. Ausformung übernommen.
Renne, ält. Bez. für Rinne, Gosse.
Restaurierung, Restauration, Wiederherstellung; neben der Konservierung die wichtigste Maßnahme zum Erhalt von möglichst viel Originalsubstanz.
retuschieren, Bildvorlagen, Gemälde, auch Wandgemälde, durch Abschwächen oder Verstärken einzelner Partien verbessern.
reversibel, umkehrbar; im Bauwesen das Verarbeiten oder Auftragen eines

Materials, das sich ohne Substanzverlust des ursprünglich vorhandenen Materials wieder entfernen läßt.
Rhombus → Raute.
richten → Aufschlagen z. B. eines Dachs.
Richtfest, Husbör, Hebeschmaus, Fest der Bauhandwerker anläßlich der Fertigstellung des Rohbaus, nachdem die Zimmerleute das Dach aufgerichtet haben. Nach dem Aufziehen der Richtkrone oder dem Annageln des Richtbaums (beide mit bunten Bändern geschmückt) am First und nach dem Richtspruch zerschmettert ein Zimmermann ein Glas und bittet um Segen für die Bewohner. Ein vielbenutzter Richtspruch lautet: »Verklungen sind des Beiles Schläge, Verstummt ist die geschwätz'ge Säge, Drum preiset laut der Zimmermann so gut als er es eben kann, den herrlich, schönen, stolzen Bau, der sich erhebt ins Himmelblau.
Wenn and're Künstler nun vollenden den Bau und mit geschickten Händen das Innere fein schmücken aus, dann wirds fürwahr ein prächtig Haus, mög Eintracht und Zufriedenheit darinnen hausen alle Zeit, mög Fried und Freude ewiglich am heim'schen Herd begegnen sich, mög Gott in diesem Hause sein darauf trink ich den Becher Wein.« Danach lädt der Bauherr zum Richtschmaus ein.
Richtholz, Leiste an der Seite des Nuthobels zur besseren Führung.
Richtscheit, Richtlatte, Fluchtholz, Anleger, Rechtscheit, Setzlatte früher exakt zugerichtetes Brett von ca. 6–12 cm Breite, mindestens auf einer Seite vollkommen gerade; heute oft gerades Aluminiumprofil zum → Fluchten → Ausrichten und waagerechten Abziehen.

Richtschnur, Fluchtschnur, Schnur zum Herstellen oder Prüfen einer Flucht.
Richtstock, 1. → Zollstock. **2.** → Richtscheit.
Richtwaage → Setzwaage.
Riebmaß, Winkelmaß aus Latten, dabei sind die beiden Katheten 4 oder 3 Maßeinheiten lang, die Hypotenuse 5 Einheiten lang.
Riechholz, Rieschholz, Rießholz → Rähm.
Ried → Reet.
Riefe, kleine Rinne oder Furche.
Riegel, 1. Zwischen die Fachwerkständer waagerecht eingezapfte Hölzer (früher aufgeblattet). **2.** der drehbare Hebel zum Verschließen von Scheunen. **3.** Schubriegel zum Verschließen von Türen, Ställen usw.
Riegelblech, das Unterlegblech eines Schubriegels.
Riegelbohrer → Bandbohrer.
Riegelfach, das Gefach im Fachwerk.
Riegelgeländer, Brüstungsgeländer.
Riegelhaken, Schließhaken.
Riegelklampe, Bügel auf dem Riegelblech oder direkt ins Holz eingeschlagener Bügel.
Riegelwand, 1. Bundwerk. **2.** Bez. für Fachwerkwand.
Riegelwerk → Bundwerk, Riegelgebäude, auch → Fachwerk.
Riemchen, schmale hartgebrannte Ziegelstreifen oder Fliesen, die hauptsächlich zum Verkleiden von Fassaden benutzt werden.
Riemenparkett, Schiffsboden, Schiffs- und Stabparkett aus bis zu 10 cm breiten und bis zu 80 cm langen, allseitig genuteten Brettern aus Eichen-, Kiefern- oder Buchenholz auf Blindboden oder in Asphalt verlegt.
Riemenscheibe, Rad oder Scheibe,

auf dem die Kette, der Gurt oder Riemen zur Übertragung rotierender Bewegungen läuft.
Riese, Helm einer →Fiale.
Riesengebälk, Hauptgebälk, Hauptgesims.
Riffelblech, mit eingedrückten Rauten versehenes Blech.
Riffeleisen, Riffelfeile, rechtwinklig gebogene →Feile.
riffeln, feilen.
Rindendach, früher gehörte Rinde zu den Dacheindeckungsmaterialien; gelegentlich wurden solche Eindeckungen auf Köthen und Gartenlauben noch bis in das 20. Jh. verwendet.
Rindenschäler, Rindenschäleisen, Borkeisen, Schöpser, Werkzeug der Waldarbeiter mit breiter Klinge und langem Schaft zum →Entrinden der gefällten Bäume.
Rinderblut, Rindsblut, wurde früher bei der Herstellung von Farben und Kitten verwendet, das Blutwasser wurde als Farbbindemittel gebraucht; dazu wurde das frische Blut abgestellt, bis sich nach einigen Stunden das Blutwasser als grüngelbliche, transparente Flüssigkeit abgesetzt hatte, das so gewonnene Blutwasser, gemischt mit Farbpigmenten, mußte in wiederum wenigen Stunden, ehe der Gerinnungsprozeß begann, verarbeitet werden.
Rindergalle, Rindsgalle, eingedickte Rindergalle, in Wasser gelöst, wurde zur Auffrischung trüb gewordener Malereien aus Wasserfarben verwendet.
rindschälig, rindfällig, Holz, bei dem sich durch Krankheit teilweise oder ganz Jahrringe abschälen.
Ringanker, früher Ankerkonstruktionen, z. B. aus ringförmig zusammengesetzten Hölzern zur Verteilung oder Abtragung von Zugkräften; heute vielfach aus Stahlbeton, um Mauerkronen zu sichern oder Kräfte aus Dächern und Gewölben aufzunehmen.
Ringdübel, Holzverbindungsmittel aus mit Nägeln oder Zähnen versehenen Flachstahl- oder Blechringen.
Ringofen, Ziegelbrennofen.
Rinne, allg. jede zum Wasserabfluß angelegte Vertiefung, wie Dachrinne oder Straßenrinne.
Rinnenblech, für Dachrinnen vorgesehenes verzinktes Blech, Zinkblech und Kupferblech.
Rinnenboden, waagerechtes Blech als Abschluß einer Dachrinne.
Rinnenhobel, Kannelierhobel →Hobel mit rund geschliffenem Eisen.
Rinnenkasten, Erweiterung der Dachrinne in Form eines Kastens oder runden Kessels als Einlauf für das →Fallrohr.
Rinnenschlichter →Dechsel.
Rinnhaken, Rinneisen, Rinnenhalter, eiserne, meist verzinkte und halbrund gebogene Haken zur Befestigung der Dachrinne.
Rinnstein, allg. die Steine der Gosse an Straßen und Wegen, richtiger aber der Stein mit Rost in der Gosse zur Abführung des Wassers in den Kanal.
Rinnziegel, ält. Bez. für Röhren oder Halbschalen aus Ziegelmaterial.
Rippe, urspr. die Rippe zwischen den Gewölbeflächen; heute allg. die tragende, meist unten hervortretende Verstärkung eines Bauteils.
Rippendecke, Decke aus Stahlbeton mit Rippen (Plattenbalkendecke), die im wesentlichen die Bewehrung für die Zugbeanspruchung aufnehmen; sie ist homogen betoniert, aus Stahlbetonfertigbalken mit Ortbetondecke oder aus Stahlbetonfertigteilen mit eingelegten Steinen als Ziegelhohl-

körper oder als Leichtbetonsteine gearbeitet, R. mit Zwischenbauteilen.
Rippengewölbe, urspr. die freitragenden Rippen eines → Gewölbes, zwischen welche die Kappen gespannt wurden; später alle, auch die verzierenden Gewölberippen.
Rippenheizkörper, Heizkörper mit aufgesetzten oder bei Stahl- oder Gußheizkörpern geformten Rippen zur Vergrößerung der Außenflächen des Heizkörpers und damit Vergrößerung der Strahlungs- und Konvektionswärmeabgabe.
Rippenstreckmetall, Flachrippenstreckmetall, Blechtafeln aus geschlitztem, verzinktem Blech als Putzträger.
Risalit, schmales, vorspringendes, senkrechtes Glied in der ganzen Höhe einer Fassade zu deren Aufgliederung.
Rispe → Windrispe.
Riß, 1. Spalte im Holz durch Austrocknung. **2.** Fuge oder Spalte in Putz, Mauerwerk oder Beton durch mangelhafte Ausführung. **3.** die Anzeichnung von Abschnitten usw. auf zu bearbeitenden Materialien.
Ritterdach → Kronendach.
Ritzer, schmale Striche an den Fachwerkgefachrändern aufgemalt.
Rödel, Rödelbaum, Rödelbalken, meist runder Knüppel, um den Draht, die Ketten oder Bänder von damit zusammengehaltenen Bündeln durch Drehen fest anzuspannen.
Rofen, Rafen, sparrenähnliches Holz, am First angehängt, das die Last der Dachhaut (Latten, Schalung, Eindeckmaterial) auf die Pfetten abträgt (Vorläufer der Sparren auf Pfettendächern).
Rohbau, früher Bez. für nichtverputzte (fertige) Bauten – heute allg. der Bauzustand nach der Eindeckung des Dachs ohne Fenster, Türen oder Verputz.
Rohbaumaße, die Maße der unverputzten Bauteile oder des Gebäudes.
Röhrbohrmaschine, ält. Maschine zum Hohlbohren (Ausbohren von runden Holzstämmen zu Holzröhren).
Rohrdach, ganz aus → Reet (Rohr) oder Reet mit Stroh hergestelltes Dach.
Rohrdecke, Decke mit an der Unterseite für den Verputz angebrachten Rohrmatten.
Rohrgerüst → Gerüst aus leicht montierbaren und demontierbaren Stahl- oder Leichtmetallrohren.
Röhrenlibelle, eingefaßte Glasröhre, die mit gereinigtem Weingeist oder einer anderen Flüssigkeit so gefüllt ist, daß noch eine Luftblase bleibt; die Röhrenlibelle ist z. B. so in einer Wasserwaage befestigt, daß sich bei waagerechter Lage die Luftblase in der Mitte der Röhre zwischen zwei Markierungsstrichen einpendelt.
Rohrmatte, Rohrgewebe, mit verzinktem Eisendraht oder Zinkdraht zu Matten verarbeitetes Rohr als → Putzträger.
Rohrschelle, Befestigungsmittel für Rohre mit einer Öffnung, die dem Rohrdurchmesser entspricht, z. B. für Fallrohre.
Rohrschlüssel, deutscher Schlüssel; im Schaft aufgebohrter Schlüssel.
Rohziegelbau, Bau aus ungebrannten Ziegeln.
Rokoko, Endphase des Barocks, in der die üppigen, schwülstigen, großen Formen von leichten zierlichen, oft noch verspielteren, beschwingten und graziösen abgelöst wurden; der Begriff stammt vom franz. »rocaille«

(Grotten- und Muschelwerk) für dieses oft im R. verwendete Stilmotiv; man zählt die Zeit von ca. 1730 bis 1780 zur Stilrichtung des R.

Rolladen, Rolljalousie, aus der →Jalousie entwickelter, aufwickelbarer Verschluß, bes. für Fensteröffnungen als Schutz gegen Sonneneinstrahlung, später auch zur Sicherung gegen Diebstahl, zusätzlicher Wind- und Wärmeschutz; mittels eines Gurtes auf Gurtscheiben wird der Rolladen auf eine Rollwalze, die in zwei Rollwalzenlagern läuft, in den Rollkasten gezogen; die ersten Rolläden bestanden aus eisernen oder hölzernen, an Kettengliedern befestigten Stäben oder aus dünnen profilierten Leisten auf Leinwand geleimt oder mit Gurten oder Stahlbändern verbunden; in der zweiten Hälfte des 19. Jh. wurden zunächst die Holzrolläden durch die Verwendung verschiedener profilierter und ineinandergreifender Holzlatten schnell weiterentwickelt. Auch auseinanderziehbare Rolläden, die noch eine bestimmte Menge Licht einlassen, stammen aus dieser Zeit; daneben wurden auch eiserne Rolläden aus gebogenen Blechstreifen oder gewelltem Gußstahlblech oder dünnem, durchgehendem Wellblech gefertigt. In den letzten Jahrzehnten werden nebeneinander Holzrolläden wie auch Rolläden aus Kunststoff- und Aluminiumhohlprofilen verwendet.

Rolle, das einfachste Gerät zum Aufziehen von Lasten.

Rollenblech, Rollenblei, in Rollen geliefertes Blech oder Blei.

Rollenzug → Flaschenzug.

Rollgitter, in seitlichen Nuten laufendes Stahlgitter aus offenen Gliedern vor Schaufenstern oder Türen.

Rollmaß → Bandmaß.

Rollschicht, Rollage, Schicht aus auf die hohe Kante gestellten Mauerziegeln, wurde bes. für Mauerabdeckungen verwendet.

Rollwerk, hauptsächlich in der Renaissance vorkommende Schmuckformen aus kraftvoll eingerollten Bandenden.

Romanik, Romanischer Stil, der erste der beiden mittelalterlichen Baustile; der Begriff wurde erst zu Beginn des 19. Jh. wegen der Anknüpfung an Elemente des römischen Bauens geprägt; aus vorromanischen Elementen, der karolingischen und ottonischen Kunst entwickelte sich die Romanik mit den Stilmerkmalen flächiger, schwerer Mauern, Rundbögen, Säulen und Gewölben; bes. Ausprägung erfuhr die Romanik in der sakralen Baukunst mit der Vervollkommnung der Basilika; neben dem betonten Ostchor mit Querschiff und Apsis wurde auch die Westseite durch reiche Fassaden und einen zweiten Chor aufgewertet, und Ost- wie Westseite wurden mit Türmen flankiert; zur Romanik kann man ungefähr die Zeit von 1000 bis 1250 rechnen.

Frühes Beispiel romanischer Baukunst: die Pfalzkapelle in Aachen.

romanisches Kreuzgewölbe, Gratgewölbe → Gewölbe.
romanische Treppe → Eselstreppe; Treppe aus schiefen Ebenen, ohne Stufen.
Rösche → Gefälle.
Rose, Rosenfenster, Fensterrose, Rundfenster mit Maßwerk (ohne Speichen).
Rosette, Verzierung in Form einer einzelnen voll aufgeblühten Blüte.
Rost, 1. Eisenoxidhydrat. **2.** waagerechte Abdeckung aus gitterförmig gearbeitetem Stahl oder Stahlblech. **3.** im Bauwesen in vielen Wortverbindungen wie Bohlenrost, Pfahlrost, Feuerrost.
Rostkitt → Eisenkitt.
Rostschließe, Rostlade (südd. und österr.) → Mauerlatte.
Rostschneider, ält. Bez. für Handwerker, Brettsäger, Brettschneider, die zu zweit, einer oben auf dem Rost, der andere unten in der Rostschneidergrube, Sägegrube, Sägekuhle (Rundhölzer) abschwarteten und auftrennten.
Rostschneidergrube → Sägegrube.
Rostschutz, früher ausschließlich durch Anstriche mit Leinöl, Mennige oder Bitumen, heute auch durch Kunststoffüberzüge, künstliche Oxidschichten oder Legieren.
Rötel, Röthel, Bergrot, Rotstein, rote Kreide, armenische Erde, blutrotes bis rotbraunes, stark färbendes Gemenge von Ton und Eisenoxid − wird beim Brennen intensiver und dunkler; Farbstoff − wird in Stiften (Rötelkreide) zum Zeichnen benutzt.
Rötelerde, Rötel, Bolus, englisches Rot, indisches Rot, Eisenerz, das schon im natürlichen Zustand als Farbstoff verwendet werden kann.
Rotfäule, Rotholm, Kernfäule am lebenden Baum.

Rück (nordd.), Regal, auch Hilgen bezeichnet.
Rücken, die Oberseite eines Balkens.
Rückenschindel → Holzschindel.
Rückgetäfel, Rücklehne, Rücklaken, Rückenteppich, die Täfelung hinter dem Chorgestühl.
Rücklage, etwas zurücktretender Teil einer Fassade.
Rücksprung, Rückweichung, Maß für das Zurücktreten eines Bauteils; das Rücktreten selbst; Gegenteil von Ausladung.
Rückzaun, Rickzaun, Einfriedigung aus im Abstand von 3 bis 4 m eingeschlagenen Pfosten und waagerechten Stangen (Ricke).
Rudel → Mörtelhacke.
rudeln, Kalk während des Naßlöschvorgangs rühren.
Ruhefuge → Lagerfuge.
Ruheleere, Radialfuge in einem Bogen.
Ruhestein, Gewölbeanfänger.
Rundbogenfries, Reihung von Rundbögen zu einem Fries, die einzelnen Blendbögen sitzen auf Krag- oder Konsolsteinen.
Rundeisen, Rundstahl, Eisen oder Stahl mit rundem Querschnitt.
Rundfenster, Fenster mit kreisrunden Gewänden als → Radfenster oder Speichenfenster, Katharinenrad oder Glücksrad oder mit Maßwerk als Rose.
Rundholz, geschlagenes und geschältes, noch nicht kantig bearbeitetes Holz, wurde bes. in Stangenform vielfach verwendet.
Rundling, um einen Mittelpunkt (Dorfplatz) radial gestellte Gebäude; Dorfform im Wendland.
Rundochsenauge, rundes → Ochsenauge.
Rundsäge, ält. Bez. für Kreissäge.

Rundsäule, vollrunde Säule ohne Kannelierung und ohne Verjüngung.

Rune, germanisches Schriftzeichen (Buchstaben oder Silbenzeichen); wurde seit dem 16. Jh. mit seiner urspr. symbolischen Bed. im Bauwesen, bes. im Fachwerkbau verwendet.

Rupfen, grobes Jutegewebe, früher oft unter Wandbespannungen und Tapeten, heute bedruckt auch als sichtbare Wandbespannung oder Tapete.

Rußbaum → Unterzug.

russischer Estrich, auf eine Schüttung festgestampfter Steine wird in mehreren Lagen eine Schicht aus 1 Teil Kalk und 2 Teilen Kiessand, mit wenig Rinderblut angemischt, aufgetragen.

russisches Glas → Blättergips.

Rüstbock, Gerüstbock → Fußbank.

Rüstbrett, Rüstpfoste, Rüstdiele, die als Belag auf dem Gerüst verwendeten Bohlen, 40–50 mm dick.

Rüster, Rauhlinde → Ulme.

Rüsthölzer, die bes. zu einem Stangengerüst oder abgebundenen Gerüst gehörenden Hölzer.

Rustik, Rustika, Mauerwerk aus auf der Sichtseite unbearbeiteten Quadern oder die Nachbildung von Quadermauerwerk in Putz.

Rustikmauerwerk mit bearbeiteten Kanten.

Rüstloch, Blindloch, Löcher in den Mauern für die Querhölzer der Gerüste.

Rüstnagel, beim Gerüstbau früher verwendete große Nägel.

Rüststamm, Rüststange, Rüstbaum, Rüstpfahl, im mitteld. Standbaum, auch Bohlstamm, Gerüststangen, Rundholz bis zu 20 cm ⌀.

Rüstung, allg. Bez. für Gerüste, Einrüstung.

Ruß, Verbrennungsreste org. Körper, wichtiges Mittel zur Herstellung schwarzer oder dunkler Farbstoffe wie Glanzruß, eine Art Teeröl, der zu Rußbraun und Biester verwendet wird → Beinschwarz aus dem Ruß von Knochen und Kienruß.

Rußschwarz, Pariser Schwarz, schwarzer Farbstoff aus feinem Kienruß.

Rute, Ruthe, 1. schwacher, oft noch halbierter Zweig, der als Putzträger mit dem runden Teil zur Wand oder Decke aufgenagelt wurde. **2.** bezeichnet die Hölzer von Fachwerk. **3.** Längenmaß → Maß- und Gewichtstabelle.

Rutenglas, in Bleiruten gefaßtes Glas.

Säbelbrett, gekrümmtes Brett aus krummem Holz, Säbelholz, geschnitten.

Sächsischer Bogen → Giebelbogen → Bogen.

Sackbohrer, Erdbohrer für weichen Boden.

Sackmeter → Maßstock.

Safrangelb, aus Safran gewonnener gelber Farbstoff.

Saftfarbe, Pflanzenfarbe, aus Pflanzen ausgekochte Farbstoffe, wasserlöslich; nicht deckend.

saftfrisches Holz, frisch gefälltes Holz.

Saftgrün, aus Kreuzdorn, Wegedorn, gewonnener Farbstoff.

Saftring, der äußerste Jahrring eines Baumes unter der Borke.

Säge, Werkzeug zum Trennen, Teilen von Holz, Stein, Metall und Kunststoff; wichtigstes Teil ist das Blatt, das Sägeblatt. Kloben-, Krahn-, Brett- oder Längensäge heißt die 2 bis 2¼ m lange Säge mit einem festen und einem abzunehmenden Quergriff zum Längstrennen von Balken und Stämmen in der Sägekuhle oder auf dem Sägebock; Kerb-, Drumm-, Trumm-, Tromm-, Band-, Zug-, Wald-, Bahn-, Bauch- oder Quersäge ist die 0,80 bis 1,30 m lange Säge mit 10–15 cm breitem, leicht konvexem Blatt mit an den Enden aufstehenden Griffen, Hörnern zum Ablängen, Verzimmern usw.; Fuchsschwanz, Biberschwanz, Baum-, Loch-, Stichsäge heißen die Sägen mit 2 bis 10 cm breiten parallelen oder spitz zulaufenden Blättern und nur einem Handgriff. Im Gegensatz zu den bis jetzt genannten ungespannten Sägen stehen die gespannten Sägen, Gestellsägen, das Sägeblatt ist dabei zwischen zwei Querstücken aus Holz eingespannt und kann mittels eines Knebels straffer oder schlaffer gespannt werden; allg. Bez. sind die Spann-, Gestell- und Stoßsäge, nach ihren Funktionen: Öertersäge für große Holzdimensionen, Hand-, Schlitz- oder Schließsäge, die normale Gestellsäge für viele Arbeiten, Absetzsäge zum Zinken und Absetzen der Zapfen, Schweifsäge mit schmalem Blatt zum Kurvensägen, Aushängesäge, eine Schweifsäge mit Führung; zu den gespannten Sägen gehören weiter Eisen-, Bügel-, Lauf-, Gratsäge. Weiter unterscheidet man Gatter-, Furnier- oder Schulpsäge, um Furniere abzutrennen, Steinsägen ohne Zähne und zahlreiche maschinelle Sägen wie Kreissäge, Handkreissäge mit rotierenden runden Blättern, Bandsäge, Handbandsäge mit endlosem dünnem Blatt. Die Sägeblätter oder Sägeklingen sind mit Zähnen in den verschiedensten Formen ausgestattet; um nicht zu klemmen, muß das Blatt auf der Zahnseite stärker oder die Zähne müssen geschränkt, d. h. abwechselnd leicht nach einer Seite gebogen sein.

Sägeblock, Sägeklotz, Sägeschrot, Brettbaum, Brettklotz, ein zum Auftrennen in Bretter oder Bohlen bestimmter Baumstamm.

Sägebock, schwerer, ca. 2,50 m hoher Bock der Zimmerleute zum Bearbeiten von runden Stämmen mit der Schottsäge (Klobensäge) → Sägegrube.

Sägebogen, Sägebügel, bügelförmiges Sägegestell.

Sägedach, Sheddach, Dach aus mehreren Paralleldächern; im Querschnitt mit Sägeform.

Sägefurnier, mit der Säge abgetrenntes Furnier.

Sägegatter, Sägerahmen → Gatter.

sägegestreift, nur schwach besäumt, und zwar so, daß die Säge den Stamm auf der gesamten Länge streift.

Sägegrube, Sägekuhle, Sagkuhlen, Rostschneidergrube, ca. 1 m breite und 1–1,5 m tiefe Erdkuhle, über auf 0,5 bis 1 m hohen Böcken oder Pfählen mit Querhölzern runde Holzstämme gelegt werden, um diese, ohne Hilfe hoher Sägeböcke, mit der → Schottsäge zu Kanthölzern, Bohlen oder Brettern aufzutrennen.

Sägemühle, das mit Wasserkraft betriebene Werk einer Säge, bes. Gattersäge, mußte sowohl die Säge als auch den Sägewagen (Klotzwagen, Schlitten) mit dem zu sägenden Holz in Richtung der Säge bewegen.

Sägespänekitt, früher oft gebrauchter Kitt zum Auskitten von Holzrissen aus Sägespänen, Kalk und Quark.

Sägespanmörtel, ein früher in sandarmen Gegenden gelegentlich gebrauchter Putzmörtel aus Ton, Kalk, Sägemehl und Häcksel.

Sagkuhle → Sägegrube.

Sakramentshäuschen, Tabernakel, Herrgottshäuschen, vergitterter oder verschlossener Schrank, früher meist mit spitzturmartigem Aufbau, zur Aufbewahrung der Hostien und Monstranzen.

Sakristei, Raum in einer Kirche, möglichst nahe dem Altar, zur Aufbewahrung der hl. Gefäße und Priestergewänder.

Salmiakgeist, aus Salmiak und gebranntem Kalk hergestellte Chemikalie; heute wässrige Lösung aus Ammoniak.

Salpeter, im Bauwesen bes. als Mauersalpeter und mit den entstehenden Schäden als Mauerfraß, Salpeterfraß bekannt; bildet sich bes. an oder in der Nähe von Ställen durch Fäulnis von Dünger und Urin, Bildung von Salpetersäure und Verbindung dieser Säure mit Kalk zu Kalksalpeter (salpetersaurem Kalk), der dann in Form kleiner weißlicher Kristalle aus dem Putz oder Mauerwerk ausblüht; der Kalk in Mörtel und Steinen wird dabei langsam verbraucht, Steine und Mörtel zerfallen.

Salpetersäure, Salpetergeist, Scheidewasser, HNO_3; Säure aus Salpeter, heute aus Ammoniak, Oxidationsmittel.

Salzglasur, durch Einstreuen von Kochsalz beim Steinzeugbrand hergestellte Glasur.

Salzsäure, HCL; wäßrige Lösung von Chlorwasserstoff; gehört zu den stärksten Säuren; vielfach u. a. zum Herstellen von Farben, zum Reinigen und Ätzen gebraucht.

Sand, fein zerkleinerte Steine u. a. Granit-, Kalk- und Quarzsand; letzterer ist der beste Sand als Zuschlagstoff für Putz- und Mauermörtel und kommt als Gruben-, Fluß- oder Meeressand vor; Flußsand, sog. scharfer Sand von Ufern und aus Flußbetten, ist am reinsten und direkt verwendbar; Grubensand hat oft zuviel lehmige oder tonige Beimengungen und muß von diesen gereinigt werden, ebenso muß der Meeressand erst entsalzt werden.

Sandarak, 1. Harz, z. B. des gemeinen Wacholders, das – in ätherischen Ölen gelöst – einen guten Firnis ergibt. **2.** Mennige wird als unechter Sandarak bezeichnet.

Sanderde, lehmiger Sand.

Sandgries, grober Sand, nicht so grob wie Gries.

Sandpapier, ähnl. dem → Glaspapier, aber weniger scharf.

Sandstein, Sammelbegriff für Sedimentgesteine mit hohem Anteil an Quarzkörnern, die mit ton-, kalk- oder kieselartigen Bindemitteln gebunden sind; wird nach den Hauptbestandteilen, nach den Fundorten oder seinen Farben unterschieden, wie Kempersandstein, Liassandstein, Muschelsandstein, Quarzsandstein, roter Sandstein, weißer Sandstein und Buntsandstein; nur einige Arten sind dabei als Bausteine geeignet, die der Witterung ausreichend Widerstand entgegensetzen.

Sandsteindach, Dacheindeckung mit ca. 2,5 cm dicken, 50 cm langen und 25 bis 40 cm breiten Buntsandsteinplatten, besonders verbreitet im Solling, Weserbergland.

Sandstrahlen, Abstrahlen von Bauteilen mit Quarzsand mit einem Sandstrahlgebläse, z. B. zur Entrostung.
Sanierung, Sammelbegriff für Instandsetzungs-, Erneuerungs- und Modernisierungsmaßnahmen.
Sasse →Blattsasse.
satt, gesättigt, Sättigung, 1. mit Farbstoffen hoch gefüllte Anstrichmittel. **2.** bei Tränkung oder Flutung vollgetränkt.
Satteldach, einfaches, beidseitig eines Firstes abfallendes →Dach.
Sattelholz, Trummholz, Schirrholz, über einen Ständer oder eine Säule gelegtes oder eingehalstes Holz zur Verlängerung des Auflagers für den darüberliegenden Balken oder Unterzug; zur weiteren Verstärkung können Kopfbänder unter dem Sattelholz angeordnet werden.
Sattelsteife, Ständer mit dem Sattelholz.
Sattelstein, halbrunder Deckstein (Naturwerkstein) zur →Mauerabdeckung.
Sattelturm, Turm mit Satteldach, auch als Giebelturm bez.
Saturnsrot →Bleimennige.
Sauerkalk, ält. Bez. für eingesumpften Weißkalk.
Sauerkötel (nordd.), auf dem Schornstein aufgesetzte und mit dem Wind drehende Haube.
Säule, aufrecht stehende Stütze, die eine senkrechte Last abträgt, richtiger das runde, aus einem oder mehreren Stücken bestehende, sich verjüngende Stützglied, gegliedert in Basis (Fuß), Schaft und Kapitell (Kopf). Die Basis besteht aus einer quadratischen Platte mit oder ohne Gliederung aus rundem Wulst und Kehle darüber, der Schaft aus einer oder mehreren Trommeln; das Kapitell ist meist reicher und mit stilprägenden Merkmalen als die übrigen Säulenteile gestaltet und gibt der Säule ihren Namen.
Säulenbasilika, Basilika, deren Mittelschiffwände (Arkaden) nur von Säulen getragen werden.
Säulenbaum, ein für Säulen gebrauchter, starker, gleichmäßig gewachsener Baumstamm.
Säulenbündel, Bündelsäule, aus kleineren Säulen zusammengefaßte Säule.
Säulengang, Säulenhalle, Säulenlaube, Gang oder Galerie, deren Decke und/oder Dach auf Säulen ruht →Kolonnade.
Säulenkapitell, Säulenkopf, Säulenknauf →Kapitell →Säule.
Säulenkuppelung, Säulenkoppel, gekuppelte Säulen.
Säulenordnung, zuerst von den Griechen entwickelte Maß- und Formenordnung, die sich am Säulenmaß orientiert.
Säulenportal, Portal mit eingeschrägtem, abgetrepptem Gewände mit eingesetzten Säulen.
Säulenstein, Basalt.
säumen →besäumen.
Saumlade, auf die Sparrenfüße aufgenageltes Brett oder Latte, damit die untere Ziegel- oder Schieferschicht (Schar) flacher liegt.
Saumschicht, unterste Lage von Ziegeln oder Biberschwänzen.
Saumschwelle, Balken, Träger auf einer Säulenwand, oft nicht ganz richtig für Schwelle oder Oberschwelle einer Fachwerkwand.
Schabatte, Schabotte, Amboßstock.
Schabeisen, 1. →Ziehklinge. **2.** Werkzeug der Steinmetze zum Bearbeiten weicher Steine; auf beiden Seiten gezahntes, gekrümmtes Eisen in einem Heft.

Schabklinge →Ziehklinge.
Schablone, 1. im Maßstab 1:1 gefertigte Zeichnung einer Form. **2.** Muster aus Blech, Karton, dünnem Holz usw. zum Übertragen von Formen (Profilen). **3.** Negativ eines Profils, z. B. die Schablone zum Ziehen von Stuckgesimsen.
schablonieren, Motiv, Schrift oder Muster wird aus der Schablone ausgeschnitten, die Schablone auf die zu behandelnde Fläche gebracht und ausgemalt, lackiert oder gespritzt.
Schaff (nordd.), Schrank, Verschlag.
Schaffhäuser Schloß, verzahnte Verblattung mit Keil →Holzverbindungen.
Schaft, 1. prismatischer oder zylindrischer Teil eines Körpers. **2.** Bez. für Stiel oder Helm.
schäften, mit einem Stiel versehen →anlängen.
Schaftgesims, Basis, Fußgesims einer Säule.
Schalbrett, Schaldiele, Schalstück, Brett zum Verschalen; für Dächer z. B. allg. das 24 mm starke Brett.
Schaldecke →Bretterdecke.
Schale →Schwarte.
Schalenlack →Schellack.
Schalholz, Sammelbezeichnung für das zum Einschalen benötigte Holz.
Schalkante →Waldkante.
Schalldeckel, Dach über der Kanzel.
Schalloch, Öffnungen in Glockentürmen.
Schälmesser →Schnitzmesser.
Schalterladen →Fensterladen.
Schalung, Sammelbegriff für Verkleidungen aus Holzbrettern.
Schälung →Bohlwerk.
Schalungsgerüst, Gerüst der Einschalung für Ortbetonbauteile.
Schalwand, verschalte Fachwerkwand.

Schälweide →Weide.
Schamottestein, Schamotte, Porzellanziegel, feuerfeste Steine, die hergestellt werden, indem bereits einmal gebrannte Tonziegel oder Porzellan zu Schamottemehl gemahlen und dieses Schamottemehl zu neuen Ziegeln geformt und scharf gebrannt wird.
Schar, Reihe von Schiefern, Schindeln oder Ziegeln.
Schare, ält. Bez. für schräge Strebe.
Schärfe, abgeschrägtes Ende eines Brettes oder einer Bohle zum Überschieben dieses Brettes oder dieser Bohle auf das nächste Brett oder die nächste Bohle.
Scharfhobel →Hobel.
Scharfmeißel, Werkzeug des Klempners zum Ausschlagen durchbrochener Arbeit in Blech.
Scharlachlack, Mischung aus Florentiner Lack und Zinnkalk.
Scharlachocker, aus grünem Vitriol hergestellter Farbstoff für die →Glasmalerei.
Scharnier, allg. das bewegliche Gelenk, z. B. einer Tür, insbesondere aber der Dorn, das Gelenk im →Scharnierband.
Scharnierband, Angelband.
Scharnieröse, Öse im Scharnierband.
Scharre, Scharreisen, Gerät zum →Harzscharren.
Scharriereisen, Breiteisen, Schlageisen, Steinmetzwerkzeug, um große Steinflächen glatt zu hauen; einem Meißel ähnlich, 20–30 cm lang mit spitzer 8–10 cm breiter Schneide.
scharrieren, das Bearbeiten bereits gekrönelter oder geflächter Steinoberflächen, derart, daß mit einem Scharriereisen durchgehende schmale Rillen eingeschlagen werden.
Scharschindel →Holzschindel.
schattierte Feile →Feile.

Schaube, Schaubendach, Stroh oder Reetbündel, mit Stroh oder Reet eingedecktes Dach.

Schaubenlage, an eine Latte gebundene Stroh- oder Reetlage.

Schaubogen, verzierte Stirnfläche eines →Bogens.

Schauer, Schober, Borg, Berg, einfaches, auf Stützen stehendes Regendach ohne Wände.

Schaufel, Handschaufel, Schippe, von allen Handwerkern gebrauchtes Werkzeug mit plattem, rundem oder viereckigem Blatt zum Sandauswerfen und für Erdbewegungen.

Schaufelband, schaufelförmiges Türband.

Schaufelbohrer, einfacher Löffelbohrer.

Schaufelkunst, Paternoster.

Schebe, Schäbe →Flachsschäbe.

Scheckiermeißel, unten wie eine Feile aufgehauener Meißel (Punziereisen) zum Mattieren des Grundes getriebener Arbeiten.

Scheffel, Hohlmaß →Maß- und Gewichtstabelle.

Scheibenblei, für runde Scheiben zugerichtetes →Fensterblei.

Scheibenfries, Friesornament aus nebeneinandergestellten Scheiben.

Scheibenglas, Scheibe, Tafelglas →Glas.

Scheibenring, die auf einem Bolzen unter die Mutter gelegte Scheibe.

Scheibspeißschicht (südd.), die Tünchschicht bei dreilagigem Putz.

Scheidebogen, Bogen, die das Mittelschiff einer Basilika von den Seitenschiffen trennen und die auf ihnen lastenden Scheidemauern mit den Obergewänden tragen.

Scheideschwelle, Schwelle einer Scheidewand, einer Zwischenwand.

Scheidewand, Zwischenwand.

Scheidewasser, (wässrige) Salpetersäure.

Scheinecke, winkelförmiger Eisen- oder Messingbeschlag auf den Ecken von Fensterflügeln.

Scheinhaken, Scheinecke mit Öse (als Band).

Scheitel, der höchste Punkt oder die Firstlinie von Bögen und Gewölben.

Scheitelrippe, die in der Scheitellinie laufende Gewölberippe.

scheitrecht, geradlinig.

Schellack, Blattlack, Schalenlack, Tafellack, natürliches, rötliches Harz; Ausscheidungsprodukt der Lackschildlaus, das als Kruste von den Zweigen verschiedener Bäume abgenommen wird (Stocklack); durch Zerkleinern, Waschen und Umschmelzen wird es veredelt.

Schellackfirnis →Firnis auf der Basis von Schellack.

Schellhammer →Bossierhammer.

Schellstück →Schwarte.

Schemelbohrer, Bankbohrer.

Schere, im Bruchsteinmauerwerk die Zwischenräume, die ausgezwickt werden, allg. die Scherverbindungen →Scherzapfen.

scheren, mittels einer Schere verbinden, zusammenscheren.

Scherwand, 1. allg. Trennwand, in Norddeutschland bes. die Wand, mit der meist nachträglich Diele und Flett getrennt werden. **2.** leicht transportable, mit Leinwand bespannte Holzwand.

Scherzapfen, bes. für die Verbindung der Sparren am First angewendeter Zapfen →Holzverbindungen.

Schetterleinwand, Schotterleinwand, dünne Leinwand für Gewebeeinlagen in Papierstuck, mehr aber als Unterlage für Tapeten, z. B. auf Bretterwänden.

Scheuerleiste, Fußleiste oder Fußsockel.
Scheve, Schewe → Flachsschäbe.
Schichtenhöhe, Höhe einer Mauerschicht.
Schichtenverband, Pflasterverband mit in Reihen in einer Richtung durchlaufenden Fugen.
Schiebefenster → Fenster, das in Nuten des Schieberahmens durch Auf- und Ab- oder seitliches Schieben geöffnet und geschlossen wird.
Schiebflügel, der zu schiebende Flügel eines Fensters.
Schiebkasten, Schieblade, Schublade.
Schiebladen, Schiebeladen, urspr. eine einfache Fensteröffnung, die nur aus einem verschiebbaren Laden bestand, später der zu schiebende Laden vor dem Fenster → Fensterladen.
Schieblehre, Schiebelehre → Schublehre.
Schiebling → Aufschiebling.
Schiebriegel → Schubriegel.
Schiefer, Schieferdeckung, Eindeckungsmaterial oder Eindeckung mit natürlichen, in Brüchen über Tage, meist und besser aber unter Tage, gewonnenen und von Schieferspaltern in den Spalthütten – heute Werkshallen – dünn gespaltenen Schieferplatten. Der für Dacheindeckungen verwendbare Schiefer ist ein fester, grauer bis anthrazitgrauer Tonschiefer, der besonders in Gruben am Rhein, an der Mosel, im Hünsrück und Harz, in Westfalen, Thüringen, Schlesien und in Spanien gewonnen wird. Gegenüber anderen Eindeckungsmaterialien, wie → Biberschwänzen und Tonziegeln, hat der Schiefer den Vorteil, daß mit diesem Material leicht und elegant alle komplizierten Dachformen, angefangen von Dachgaupen

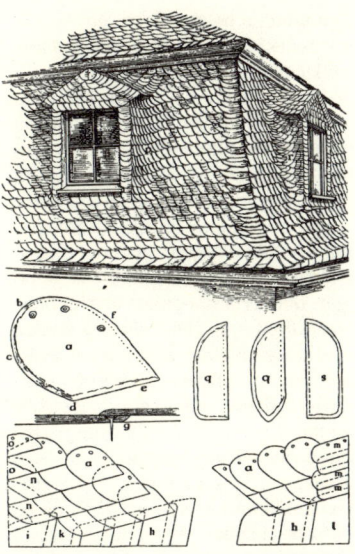

Schiefereindeckung eines Mansardendachs in Rechtsdeckung

a Deckstein – b Kopf – c Rücken
d Bart oder Ferse – e Reiß oder Fuß
f Nagellöcher – g versenkter Nagelkopf
h Fußstein – i linker Eckfußstein
k Gebindefußstein – l rechter Eckfußstein
m rechter Ortstein – n linker Ortstein
o Stichstein – p linke Kehle
q linker Kehlstein – r rechte Kehle
s rechter Kehlstein.

bis zu runden Dächern, Nadeltürmen und → Zwiebeltürmen, eingedeckt werden können. Die rohen Schieferplatten wurden nach dem Spalten oder auf der Baustelle vom Schieferdecker auf der → Haubrücke zu den verschiedensten Formen behauen. Die obere Seite des Schiefers nennt man dabei Kopf, die weit vorspringende linke (rechte) Seite Brust, das nach unten anschließende Stück Rücken, den unteren Teil Fuß und die rechte (linke) untere Ecke Spitze. In neuerer

Schieferbänke

Zeit werden die rohen Schiefertafeln mit der Schieferschere vorgeformt und mit dem Schieferhammer nachbehauen. Je nachdem die Brust steiler oder schwächer geschwungen ist, spricht man von »stumpfem« oder »scharfem« Hieb. Die Schiefertafeln werden oben und auf einer Seite von den Nachbarschiefern überdeckt. Schiefer wird mittels Schiefernägel auf durchgehender Bretterschalung aufgenagelt. Man unterscheidet verschiedene Deckungsarten, wie die →»Wilde Deckung«, bei der verschieden große und geformte Steine ohne ein besonderes Deckschema verlegt werden, weiter die »Deutsche Deckung«, bei der die Gebinde (Schieferreihen) schräg nach rechts ansteigen. Bei dieser Deckungsart werden die größten Schieferplatten in den unteren Gebinden verlegt, mit den steigenden Gebinden zum First hin werden die Schieferplatten kleiner. Zu den weiteren Deckungsarten gehört auch die »Englische Deckung« mit gleichmäßig geformten Schieferschablonen.

Schieferbänke, leichte, dreieckige Holzkonstruktionen zum Lagern des Schiefers während der Eindeckarbeiten auf dem schrägen Dach.

Schieferblau, natürliches Bergblau, blauer Farbstoff.

Schieferdecker, früher eigenständiger Berufsstand, der nur Schieferarbeiten ausführte, heute werden die Arbeiten vom →Dachdecker ausgeführt.

Schieferdeckerhammer →Schieferhammer.

Schiefergrün, verwittertes Kupfererz, grüner Farbstoff.

Schieferhammer, Schieferdeckerhammer, Spezialhammer zum Schieferdecken, etwa 35 cm lang, das eine Hammerende, die Bahn, mit quadratischer oder annähernd quadratischer Fläche dient zum Annageln des Schiefers, die gegenüberliegende Seite ist spitz zum Einschlagen der Nagellöcher, und der Stiel unterhalb des Griffs ist angeschärft zum Behauen des Schiefers.

Schieferkasten, Kästen und Rückentragen zum Transport von Schiefersteinen auf das Dach.

Schieferlatte, breite Latte zur Schieferdeckung statt Schalung.

Schiefernagel, Spezialnagel zum Befestigen von Schiefer mit großem Kopf, heute möglichst rostfrei, um ein Abrosten des Nagels zu verhindern.

Schieferschindel →Schiefer.

Schiffstauverzierung →Tauband.

Schifter, Dachschifter, Sparrenschifter, die verkürzten, mit einer Schmiege auf Grat- oder Kehlsparren stoßenden und vernagelten Grat- oder Kehlschifter, zwischen einer Kehle und einem Grat sind diese unten und oben angeschmiegt und heißen Doppelschifter.

Schiftung, das Anschmiegen der Schifter an Grat- oder Kehlsparren durch An- oder Aufschiften.

Schild, 1. schwaches Wandstück zwischen starken Pfeilern. **2.** →Türschild. **3.** →Stichkappe.

Schildbogen, Bogen zwischen zwei Pfeilern vor einer Stirnmauer.

Schildgurt, Gurtbogen mit Schild.

Schildmauer, 1. Stirnmauer. **2.** Futtermauer.

Schildrippe, an einem Schildbogen angearbeitete Rippe.

Schilf, Schilfrohr, das Rohmaterial für Rohr-(Reet-)dächer und Rohr als Putzträger.

Schilfdach, Rohrdach →Strohdach.

Schimmelpilz, Bläuepilz →Holzschädlinge.

Schindel, kleinformatiges Verkleidungsmaterial für Wände, wie Schieferschindeln →Holzschindeln, Blechschindeln.
Schindeldach, allg. mit Holzschindeln eingedecktes Dach. Als Schindeln wurden früher in erster Linie dazu Nutschindeln, 1,5–2 cm dick, 7,5–10 cm breit und 40–50 cm lang, verwendet. Die Schindeln waren ähnlich den Windbrettern auf einer Längsseite angespitzt, auf der anderen Seite wiesen sie eine Nut auf, um auf diese Weise ineinander gesteckt zu werden.
Schindelmesser, großes Messer mit vorne abgebogener Schneide zur Herstellung von Holzschindeln.
Schindelschirm, allseitige Schindelverkleidung →Schindel.
Schindeltisch, Schindelbank→Lehmschindeln.
Schindelsparren, schwacher Sparren für Schindeldächer.
Schirmdach, einfaches Wetterdach.
Schirrbalken, Schirrholz, Schirre →Sattelholz einer Jochbrücke.
Schlacke, bes. bei der Eisenverhüttung entstehendes Abfallprodukt, hauptsächlich die steinigen Teile der Eisenerze in Form eines leichten, großporigen Gruses.
Schlackenlava, Bimslava.
Schlackenstein, 1. künstl. Bausteine und Pflastersteine aus Schlacken. **2.** ält. Bez. für Bimssteine, heute Leichtbetonvollsteine oder Leichtbetonblöcke.
Schlackenwolle, Mineralwolle aus geschmolzener Schlacke.
Schlagbohrer, Hammer mit spitzer Finne, um Löcher in Steine zu arbeiten, heute Bohrgerät.
Schlagbrett →Traufbrett.
Schlage →Vorschlaghammer.

Schlageisen, 1. →Scharriereisen. **2.** Baumstempel zum Markieren von Stämmen.
Schlägel, 1. →Fäustel. **2.** schwerer Holzhammer zum Einschlagen von Pfählen. **3.** →Klöppel. **4.** Besetzschlägel.
Schlagleine, Schlagschnur →Kreideschnur.
Schlagleiste, Leiste in Form eines Falzes oder Anschlags an einem Flügel von Fenstern oder Türen.
Schlaglot, Strenglot, in Wasser geschlagene Lotmischung aus drei Teilen Messing und einem Teil Zink.
Schlagpfahl, Pfahl im Zaun, an den die Tür angeschlagen wird, ebenso der Pfahl, an dem die Tür geschlossen wird.
Schlagverband, über Eck (in Rautenform) gestellter Schachbrettverband von Pflasterungen.
schlämmen, Mauern, Wände mit einem weichen Schlämmpinsel mit dikker Kalkmilch, dünnem Kalk- oder Kalkzementmörtel, früher auch mit einem dünnen Lehmmörtel versehen.
Schlämmkreide, ausgewaschene Kreide in Pulverform.
Schlämmkuhle, Erdloch oder Becken zum Einsumpfen des Tons für die Ziegelfabrikation.
Schlangensäule, schlangenförmig gewundene Säule.
Schlangenverband, schwalbenschwanzförmiger Pflasterverband.
Schlaucheisen, ält. Bez. für →Rohrschelle.
Schlauchwaage, Wasserwaage in Form eines mit Wasser gefüllten, langen Schlauches zum Einmessen von Höhen über größere Entfernungen.
Schlauder, Stahlband, zur Aufnahme von Zugspannungen.
Schleifdach →Frackdach.

Schleifdiele, Schlaufdiele → Bohle.
Schleifkohle, Holzkohle zum Schleifen weicher Metalle.
Schleiflack, Natur- oder Kunstharzlack, gut härtend, der z. B. mit Bimsstein abgeschliffen wird.
Schleifmühle, Mühle, die verschiedene Arten von Schleifsteinen und Polierscheiben antreibt.
Schleifstein, 1. etwa ziegelgroßer Stein, auf dem das zu schleifende Werkzeug hin und her bewegt wird. **2.** der auf einer Welle in den Lagern eines Bocks drehbare Schleifstein; als Material für Schleifsteine dienen bes. Sandsteine.
Schleifzapfen, Schleichzapfen → Jagdzapfen.
Schleißföhre → Kiefer.
Schleppdach → Dachformen.
Schleppgaube, Schleppe, Schleppgaupe, Dachluke, mit Pultdach gedeckte (geschleppte) → Gaupe.
schlicht, schlichtig, schlichten, glatt bearbeitet, glatt arbeiten.
Schlichtbeil → Breitbeil.
Schlichtholz → Deckbrett.
Schlichtklinge → Ziehklinge.
Schlichtmeißel → Plattmeißel.
Schlichtpinsel, weicher Pinsel zum Ausbreiten und Glätten aufgetragener Farbe.
Schliefkamin, innen besteigbarer Kamin.
Schlierwerk, Lehmstakung → Strohlehmstakung.
Schließband → Überwurf.
Schließbeschläge, Schloß und Riegel.
Schließblech, Blech mit Öffnungen am Türrahmen (Türfutter), in welche die Riegel eingreifen.
Schließbolzen, Bolzen mit einem Kopf auf einer Seite und einer Öse für den Splint (Schließe) auf der anderen Seite.

Schließe, Schließenstange, Durchschub, Schließfeder, neben anderen Bedeutungen auch Splint mit oder ohne Feder.
Schließhaken, bügelförmiges, mit Hakenansatz versehenes Eisen am Türgewände, in welches die Falle und der Riegel eingreifen.
Schließkopf, Nietkopf → Niet.
Schließzwinge → Leimzwinge.
Schlitten, Ziehschlitten mit der Schablone zum Ziehen von Stuckgesimsen.
Schlitzfenster, sehr schmales Fenster, oft nach innen eingeschrägt.
Schlitzzapfen, schmaler Holzzapfen, z. B. für Fensterrahmen und Fensterflügel.
Schloß, aus dem Schubriegel entstandener Beschlag zum Schließen bes. von Türen; spätestens seit dem 13. Jh. mit schließenden Riegeln; zahlreiche

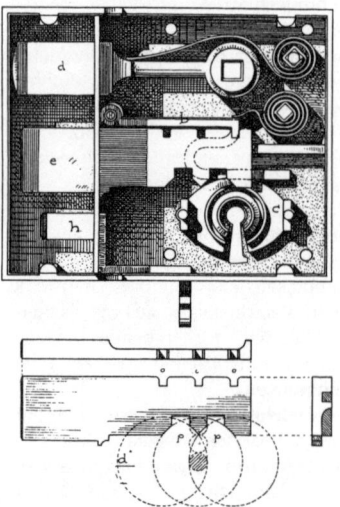

Kastenschlösser waren bereits im Barock mit Fallriegel, Schließriegel und Handriegel hoch entwickelt.

Arten wie Schnapp-, Dorn-, Kasten-, Zuhaltungs- und Drückerschloß sowie aus den letzten Jahrzehnten Profilzylinder- und Rundzylinderschloß.
Schlosser, Handwerksberuf, der sich urspr. mit der Herstellung von Schlössern und Beschlägen beschäftigte; das Berufsfeld wurde später wesentlich erweitert. Zunftheilige sind Baldomar, Dunstan, Eligius, Leonhard von Limoges, Petrus und Quintinus.
Schloßblech, Deckblech mit den Riegelöffnungen des Schloßkastens.
Schloßmeißel → Anschlageisen.
Schlot → Schornstein.
Schluff, sandiger, magerer Ton.
Schlupfsäge, Schrotsäge → Säge.
Schlupftür, Pforte in größeren Toren.
Schlußdach → Pultdach.
Schlüsselanker, Schließenanker, Mauer- oder Balkenanker mit einem Querstück, einer Schließe → Anker.
Schlüsselbart → Bart.
Schlüsselschild, Schlüsselblech, außen auf der Tür angebrachtes Blech mit Schlüsselloch.
Schlußkrempe, umgebogene Seite bei Ziegeln, die den nächstfolgenden Ziegel überdeckt.
Schlußstein, der letzte, oberste Stein eines Bogens oder Gewölbes.
Schmalte, ält. Bez. für → Smalte.
Schmelzeisen, Gußeisen und Roheisen.
Schmelzfarben, auf Glas, Porzellan und Metalle aufgebrachte und eingebrannte Farbe.
Schmelzglas → Email.
Schmelzkitte, Sammelbezeichnung für Kitte, die zum Gebrauch erwärmt werden müssen, wie Harz, Wachs und Siegellack.
Schmelzmalerei, Emailmalerei.
Schmelzmittel → Flußmittel.
Schmergel, ält. Bez. für → Schmirgel.

Schmiedeeisen, 1. schmiedbares Eisen. **2.** geschmiedetes Eisen.
Schmiedeesse, Schmiedefeuer, Schmiedeherd mit der vertieften Feuergrube, Blasebalg, neuerdings auch Gebläse, Löschtrog und Rauchfang.
Schmiedehammer, Hammer zum Schmieden von Eisen auf dem Amboß.
Schmiege, Schmiegwinkel, Schrägwinkel, Schmiegschnitt, 1. jeder schiefe Riß oder Schnitt, z. B. an Gratsparren und Schiftern. **2.** das Schmiegmaß, Winkelfasser, Schrägmaß, ein Gerät zum Messen und Übertragen von Winkelmaßen und Schrägen aus zwei Linealen mit einem schwergehenden Gelenk; bei Verlängerung eines Schenkels kann das Schmiegmaß auch als Gehrmaß dienen.
schmiegen, anschmiegen z. B. von Schiftern.
Schmieglage, Stromlage, Mauerverband mit schräg zur Fluchtlinie laufenden Stoß- und Längsfugen; führt bei rechteckigen Steinen zum sog. deutschen Fries (Stromschicht), andernfalls müssen Schmiegziegel (Spitzziegel, Klempziegel) verwendet werden.
Schmiegziegel, Klempziegel, konische oder schräge Formziegel.
Schmirgel, Schmergel, eigentlich Smirgel, geringes Eisenerz, Magneteisenstein mit Beimengungen, wurde pulverisiert als Polier- und Schleifmittel für Metall verwendet.
Schmirgelpapier, heute allg. Bez. für → Sand- und Glaspapier.
Schmutzpapier → Makulatur.
Schnabel, der Ausleger, das waagerechte, obere Stück des → Galgens oder, Richtbaums.
Schnapper, Schnäpper, 1. Vorrich-

Schnappschloß

tung im Schnappschloß, um den Riegel vom Aufhalter zu befreien. **2.** das Häkchen, das seitwärts aus dem Riegel springt.

Schnappschloß, Schnapperschloß →Fallenschloß.

Schnecke, Schmuckform, z. B. am oberen Ende des ionischen Kapitells.

Schneckenbohrer →Bohrer mit schneckenförmigem Gewinde.

Schneckenfeder, ält. Bez. für Spiralfeder.

Schneckengewölbe →Gewölbe.

Schneckenmarmor, mit versteinerten Schnecken durchsetzter Marmor.

Schneckenstiege, Schneckentreppe →Treppe.

Schneidbacken, die Backen der Schneidkluppe (Gewindeschneider).

Schneidbank →Schnitzbank.

Schneidbohrer, Boden- oder Löffelbohrer.

Schneidefeile, Messerfeile.

Schneidemühle, Schneidewerk, Sägemühle.

Schneiderelle, dreieckige Säumlinge, die beim Besäumen von Brettern anfallen.

Schneidemesser →Schnitzmesser.

Schneidesteine, mit der Säge geschnittene Naturwerksteine.

Schneidkluppe →Kluppe.

Schneise, ält. Schreibweise für →Schneuße.

Schnellot, leichtflüssige Metallegierung aus Silber oder Zink mit Kupfer, Messing und Blei zum Löten.

Schneuße, die nicht ganz richtig auch als Fischblasen bezeichneten Figuren im Maßwerk, Zweischneuß, Dreischneuß usw.

Schnitzbank, Schneidebank, Schnittebank, ca. 0,5 m hohe, 1,50–2 m lange und 0,20 m breite Bank mit einem Fußholz, mit dem man durch Andrücken bes. Rundhölzer zum Bearbeiten festhalten kann.

Schnitzbank.

Schnitzmesser, Zugmesser, Togmeß, Reifmesser, Schneidemesser, Ziehmesser, Schälmesser, Schnittemesser, ca. 30–50 cm langes Messer mit zwei Griffen zum Bearbeiten von Holz auf der Schnitzbank.

Schnitzer, Schnitzwerkzeug mit 10 bis 30 cm langer Klinge mit langem Heft.

Schnürboden, Reißboden, ebener Bretterboden, auf dem die Zimmerleute Zeichnungen, z. B. für gewendelte Treppen im Maßstab 1:1 auftragen.

schnüren, abschnüren, mit der →Kreideschnur einen Schlag, einen Riß aufbringen.

Schnurgerüst, das Gerüst aus Pfählen und Bohlen, einige Meter außerhalb der Baugrube, auf dem die Gebäudeaußenkante genau eingemessen und markiert wird.

Schnurschlag →schnüren.

Schnurstein, Stein, um den der Maurer die Schnur schlägt, um fluchtgerecht zu mauern.

Schof, Schöf, Strohschöf, Schöw, Strohbund zum Eindecken von →Strohdächern.
Schopf, Schopfwalm, vorstehendes, abgewalmtes kleines Dach an der Giebelspitze.
Schopfdach (südd.) →Walmdach.
Schöpser (südd.) →Rindenschäler.
Schornstein, Schlot, Feueresse, Rauchkanal, Kamin, gemauerter Kanal zur Abführung der Rauchgase; in Block- und Fachwerkgebäuden noch bis ins 19. Jh. aus Holz, im übrigen gemauert und verputzt, aus Metallrohren, glasierten Tonrohren und in den letzten Jahrzehnten aus Kaminformsteinen, meist doppelwandig.
Schornsteinaufsatz, Schornsteinhaube, Essenkopf, Aufsatz zur Verbesserung des Zuges im Schornstein.
Schornsteinkasten, Essenkasten, Block von über dem Dach zusammengefaßten Schornsteinen.
Schornsteinverband, Schornsteine wurden bis unter das Dach praktisch nur im Läuferverband gemauert, über dem Dach mit einer Steinstärke auch in anderen Verbänden.
Schößchen, kleine Klappe oder Flügel in einem größeren Fensterflügel.
Schoßriegel, Querholz bei Stangengerüsten.
Schoßrinne →Kehlrinne.
Schotendorn →Akazie.
Schottsäge, über 2 m lange, schwere Säge mit bis zu 25 cm breitem und ca. 0,5 cm starkem Sägeblatt für das Auftrennen von Stämmen zu Balken, Bohlen oder Brettern auf Sägeböcken oder in Sägekuhlen.
Schöw →Schof, Schraube.
schraffieren, Schraffierung, Schraffur, mit einfachen parallelen Linien ausgeführte Schattierung.
Schragboden →Einschubdecke.

Schragen, Schrägkreuz →Andreaskreuz.
schräges Blatt →Holzverbindungen, Blatt.
Schräggesims, um die Strebepfeiler geführtes Sockel- oder Gurtgesims.
Schrägmaß →Gehrmaß →Schmiege.
Schrägschalung →Dachschalung.
Schrägwechsel, schräg, d. h. meist unter 45° in der Balkenlage liegender Wechsel.
Schrägwinkel →Schmiege.
Schrägzapfen, Schlitzzapfen mit Schrägen, um seitliches Verschieben zu verhindern →Holzverbindungen, Zapfen.
Schrämhammer →Spitzhammer der Steinhauer.
Schrammstein →Prellstein.
schränken, aussetzen der Sägezähne mittels Schränkeisen, heute meist Schränkmaschine.
Schränkwand, Blockwand mit verschränkten Hölzern und Vorholz.
Schrapper, 1. Schrapphobel, Schropphobel →Hobel. 2. Gerät zur Beschickung von Mischmaschinen mit Zuschlagstoffen.
Schraube, Verbindungsmittel in unzähligen Spezialausführungen; als Hauptgruppen unterscheidet man Holzschrauben mit steilen, dreieckig geformten Gewindegängen, Stahlschrauben am Ende gerade abgeschnitten, mit Sechskantkopf und Mutter sowie Steinschrauben mit dem in den Stein greifenden Ende als Lappen oder Klaue ausgebildet.
Schraubenblatt, der verstellbare Teil der Vorder- und Hinterzange an der →Hobelbank.
Schraubenbohrer, Schneidbohrer zum Einschneiden der Gewinde in Schraubenmuttern.
Schraubenkloben →Schraubstock.

Schraubenknecht, Schraubknecht, Schraubzwinge → Leimzwinge.
Schraubstock, Fußkloben, Gerät mit zwei Backen zum Festhalten von Werkstücken während der Bearbeitung; der Sch. ist an der Werkbank befestigt.
Schreckstein → Prellstein.
Schrein, ält. Bez. für Schrank.
Schreiner → Tischler.
Schreinerbeil → Handbeil.
Schrifteisen → Bossiereisen.
Schrobsäge, Lochsäge → Säge.
Schropphobel, Schrobhobel, Schrupphobel, Schruffhobel, Schrothobel, Schorfhobel → Hobel.
Schrotaxt, große Zimmeraxt.
Schrotbau → Blockbau.
Schroteisen, Schrote, 1. starke Meißel der Steinmetze. **2.** Stechbeitel mit einseitig geschärfter Schneide von 3–75 mm Breite.
schroten, verschied. Tätigkeiten mit Schrotwerkzeugen, bei denen insgesamt grob gearbeitet wird.
Schrotleiter, Schrotbaum, Leiter aus zwei runden, glatten Holmen (Langbäumen) mit eingebohrten oder eingestemmten dünnen Leitertritten.
Schrotmeißel, 1. Schlosserhammer mit starker Finne. **2.** Bankmeißel.
Schrotrost, Rost über der →Sägegrube.
Schrotsäge, Trommsäge, Drummsäge, Kerbsäge, Quersäge, Bogensäge für zwei Mann zum Fällen von Bäumen und Ablängen (Abschroten) von Stämmen.
Schrotwaage → Setzwaage.
Schrotwand → Blockwand.
Schubanker → Anker.
Schubband, Schubbüge → Strebe.
Schubfenster → Schiebefenster.
Schublehre, Schieblehre, Maßkluppe, Kluppe, Meßgerät aus einem Winkel mit einem auf dem langen Arm verschiebbaren zweiten Querstück zum Messen von z. B. Innen- und Außendurchmessern.
Schublinie, Drucklinie, Richtungslinie der aus einem Bogen oder Gewölbe resultierenden Kräfte.
Schubriegel, Schieberiegel, die einfachste Form des Riegels.
Schuh → Fuß, Längenmaß → Maß- und Gewichtstabelle.
Schülpsäge → Furniersäge.
Schulter, die Achsel eines Zapfens.
Schulterband → Kopfband.
schuppen → aufpicken.
Schuppendach, mit Schiefer(-schuppen) eingedecktes Dach.
Schuppenschindel → Holzschindel.
Schuppenverzierung, wird ganzflächig oder in Friesen ausgeführt.
Schurbogen, Tragebogen, 1. Bogen einer Maueröffnung in einer Säulenstellung. **2.** Stirnbogen des Tonnengewölbes.
Schürfeisen → Ziehklinge.
Schüttboden, Getreideboden.
Schüttgelb, gelber Farbstoff aus Färbeginster.
Schüttrinne, aus drei Bohlen gefertigte Rinne zum Ableiten von Schutt.
Schwalbenschwanz, Schwalbenschwanzblatt, Schwalbenschwanzzapfen, Blatt oder Zapfen, dessen hinteres Ende breiter ist als der Ansatz.
Schwalbenschwanzband, an den Enden breiteres Türband.
Schwamm → Holzschädling → Echter Hausschwamm → Fäulnis.
Schwanenhals, das von der Dachrinne fortführende schwanenhalsförmig gebogene Teil des → Fallrohrs.
Schwängel, Schwengel, Handhabe an Brunnen und Pumpen.
Schwanzsäge, Lochsäge mit am Ende in die Höhe gebogenem Blatt.

Schwarte, Schellstück, Beischale, Schale, Balkenschlotte, Endbrett, Doße, Klappe, Abtrennig, die beim Besäumen, dem Kantigschneiden eines Balkens oder Kantholzes anfallenden Bretter bei denen die Rinde des Stamms auf einer Seite die Oberfläche bildet.
Schwarzbleche, unbehandeltes Stahl-(Eisen-)blech.
Schwarzblechdach, mit Schwarzblech eingedecktes →Metalldach. Die einzelnen Blechtafeln wurden nach ihrer Stärke benannt. Das kräftigste Blech für das Dach war das schwarze Kreuzblech (auch Sturzblech oder Anschußblech), das mittelstarke das Vorderblech, Senklerblech nannte man die dünnsten Blechsorten.
Schwarzlot, schwarze Schmelzfarbe zur →Glasmalerei.
Schwarzpappel → Pappel.
Schwarztanne → Fichte.
Schwebeblatt, Verstärkung eines Ständerfußes, die ähnlich einem Blatt die unter dem Ständer liegende Schwelle übergreift.
Schwebebogen → Strebebogen.
Schwebeestrich, ält. Bez. für Windelboden.
Schwebefenster → Schiebefenster.
Schwebegerüst, schwebendes Gerüst, fliegendes Gerüst, Gerüst, welches auf auskragenden Hölzern oder Stahlgerüstteilen ruht.
Schwebegiebel, auf der Verlängerung der Pfetten über eine Giebelwand hinaus auf sog. Flugsparren ruhender, weiter Dachüberstand.
Schwefelerde, gelber Farbstoff.
Schweifeisen, Stemmeisen des Tischlers mit breiter, gebogener Schneide.
schweifen, Holz bogenförmig aussägen.

Schweifsäge, Handsäge (Spannsäge) mit schmalem Blatt.
Schwellbrett, unterer Türanschlag in Form eines Brettes.
Schwelle, 1. der untere Abschluß einer Türöffnung mit oder ohne Anschlag, ebenerdig oder erhöht. **2.** im Fachwerk das waagerecht auf dem Kellermauerwerk oder dem Fundament liegende Holz, auf welchem sich die Wände aufbauen, auch Saum-, Grund- oder in den Obergeschossen Stockschwelle genannt.
Schwellriegel, Schwellen, die zwischen den bis auf das Fundament oder Kellermauerwerk reichenden Eck- und Bundständern eingezapft sind.
Schwerlehm, massiver Lehm oder Lehmbauteile mit mind. 1700 kg/m³.
Schwert, Verschwertung, bohlenartiges, zur Aussteifung schräg über mehrere aufrecht stehende Hölzer laufendes aufgeblattetes oder aufgenageltes, Holz.
Schwertsäge, zahnlose Säge zum Steinsägen.
Schwibbogen, Schwebebogen, Schwiebbogen → Strebebogen.
schwinden, schrumpfen von Material oder Bauteilen, bes. in Folge von Austrocknung.
Schwindmaß → schwinden.
Sedimentgestein, in Schichten abgelagerte, durch Wasser, Wind oder Eis transportierte Verwitterungsprodukte der Gesteine.
Segmentbogen, Bogen mit einer Bogenlinie als Kreissegment.
Seitenansicht, Seitenabriß, Seitenriß, Seitenfassade, Seitenfront, Zeichnung einer Gebäudeseite oder diese selbst.
Seitenhöhe, Seitenstück, Höhfries, Höhstück, die senkrechten Rahmenteile der eingestemmten Tür.

Seitenrollen, Konsolen beidseitig, einer Tür- oder Fensterverdachung.
Seitenschiff, Seitennavate, Nebenschiff, Abseite (nordd.), Kübbung und Bikipping; urspr. nur das Seitenschiff neben dem Hauptschiff einer Basilika; allg. das oder die Schiffe neben dem Hauptschiff → auch Niederdeutsches Hallenhaus.
Seitenschub, horizontal angreifende Kraft, z. B. der Schub von Gewölben oder Bögen auf die Widerlager.
Selbstlöschung, »Absterben« des Kalkes; der Vorgang, wenn gebrannter Kalk nicht bald gelöscht wird, liegenbleibt und durch die Luftfeuchte zu löschen beginnt.
Selenit → Blättergips.
Senkblei, Senklot → Lot.
Senkelschnur → Lot.
Senkelstein, Ansetzer, der zum Einrichten der Lotschnur dient.
Senkgrube, Abortgrube, muß dort verwendet werden, wo kein Kanalanschluß erreichbar ist; heute abgedichtet, früher als Sickergrube.
Senkkasten, Caisson; Arbeitskammer aus Stahl oder Beton zur Gründung von Brückenpfeilern unter Wasser.
Senkkopf, nur gering verdickter Nagelkopf oder kegelstumpfförmiger Schraubenkopf.
Senkmauerung, Senkschacht, Erstellen einer Mauer auf einem Schachtring, welcher mitsamt der Mauer durch Unterhöhlung abgesenkt wird.
Senkstift, Senkeisen, Setzeisen, Versenker, Werkzeug ähnlich einem kleinen Spitzmeißel mit abgestutztem Ende, das auf den Kopf eines eingeschlagenen Nagels gesetzt wird, um diesen weiter ins Holz zu treiben, zu versenken.
Senkstrich, lotrechter Riß; lotrechte Linie; Achsstrich.

Sepia, 1. brauner Farbstoff aus der eingetrockneten Flüssigkeit (Tinte) im Tintenbeutel des Tintenfisches. **2.** Rückenknochen des Tintenfisches; wurde zum Radieren und Schleifen verwendet.
Setzeisen, 1. → Senkstift. **2.** → Schrotmeißel.
Setzhammer, Setzstempel, Flachhammer, Werkzeug der Schmiede; hat eine nach der gewünschten Form im Werkstück gestaltete Bahn; diese wird auf das glühende Eisen gesetzt und mit einem Fäustel auf den flachen Kopf des Hammers geschlagen.
Setzholz, senkrechter, fest eingebauter Pfosten im Fensterrahmen; der Höhestab des → Fensters.
Setzkeil, der mit dem Gegenkeil gemeinsam eingetriebene Keil.
Setzlatte → Richtscheit.
Setzmeißel, 1. → Setzeisen. **2.** kleiner Setzhammer.
Setzstufe, Setzbrett, Setzbohle, die senkrechte Futterstufe der → Treppe.
Setzungsfuge, Fuge zwischen Bauteilen, bei welchen die Gefahr unterschiedlicher Setzung besteht.
Setzwaage, Grundwaage, Richtwaage, Schrotwaage, Vorläufer der Wasserwaage. Die Setzwaage besteht aus einem Brett von ca. 40 bis 60 cm Länge, über welchem ein rechtwinkliges Dreieck – ebenfalls aus Holz – steht. Von der Spitze des Dreiecks hängt ein Lot. Fällt das Lot auf die vorgegebene Markierung in der Mitte der Grundlinie des Dreiecks, so befindet sich das untere Brett in der Waagerechten.
Setzzirkel → Greifzirkel.
Sgraffito, Sgraffitomalerei, Kratzmalerei, Technik des Ritzens von ornamentalen und figürlichen Darstellungen in Putz nach dem ital. sgraffiare

(leicht ritzen) oft auch als Kratzputz bezeichnet; war gegen Ende des Mittelalters und in der Renaissance in Italien sehr beliebt und breitete sich von dort auch nach Norden aus; das erste Rezept zeichnete der ital. Baumeister Vasari (1511–1574) auf; in der Periode des Historismus erlebte die Sgraffitokunst einen zweiten Höhepunkt; die Rezepte aus dieser Zeit sahen etwa vor: Spritzwurf auf das Mauerwerk aufbringen, darauf folgt ein Grundputz mit hydraulischem Kalk, grob abgezogen und dann der eigentliche Sgraffitoputz, etwa 1 Teil Kalk und 1,5 Teile Sand mit Farbstoffen wie Schwarze Erde, Frankfurter Schwarz, Rußschwarz, Umbra, Terra di Siena, Ocker, seltener Indigoblau und Kobaltgrün; nach 4–5 Stunden wurden mit einer Bürste die losen Putzteile abgebürstet, dreilagig Kalkmilch aufgetragen, die Zeichnung vom Karton auf den Kalkmilchüberzug gepaust und mit verschiedenem Werkzeug, bes. Sgraffitoeisen, die Zeichnung soweit eingeritzt, daß der farbige Putz zum Vorschein kam.

Sheddach, sägeförmiges, aus meist ungleichschenkligen Satteldächern, zusammengesetztes Dach; die steilere Seite des Sheds ist häufig verglast, deshalb günstige Dachform für Fabrik- und Industriehallen.

Sikkativ, Siccativ, Trockenöl, Mischungen verschiedener Stoffe, die Ölanstrichmitteln beigegeben werden, damit sie schneller auftrocknen; früher häufig schnell trocknende Firnisse, z. B. Bleiglätte mit Leinöl und Zinkvitriol oder Leinöl, Bleiweiß, Bleiglätte, Bleizucker und Mennige.

Sicherheitsglas, aus einer Scheibe oder verklebten Scheiben bestehendes, nicht splitterndes Glas.

Sickergraben, Siekergraben, Entwässerungsgraben für sumpfiges Land.

Siebenblatt, Siebenpaß, Siebenschneuß, Maßwerkfiguren in Siebenerteilung.

Sieblinie, Darstellung der Kornzusammensetzung von Zuschlagstoffen in einer Zeichnung.

Siedepunkt, ist die Temperatur, bei welcher ein flüssiger Körper in einen gasförmigen Zustand übergeht, bei Wasser 100° Celsius.

Siegelerde → Bolus.

Sienaerde → Terra di siena.

Silber, chem. Element; Kurzzeichen Ag, Dichte 10,5 g/cm^3, Schmelzpunkt bei 960,5 °C; weicher als Kupfer, aber härter als Gold; sehr dehnfähig, läßt sich deshalb zu Folien bis zu 1/4000 mm Dicke ausschlagen; wird wegen der größeren Härte größtenteils als Legierung mit Kupfer verarbeitet; am Bau dient S. bes. zu → Versilberungen.

Silberbronzierung, Nachahmung des Silbers, z. B. mittels des Silberbronzepulvers, heute industriemäßig hergestellte Silberbronze.

Silbergrau, Silberweiß, silberfarbiger Farbstoff, z. B. aus Bleiweiß, Indigo und Schwarz.

Silberglätte, weiße → Bleiglätte.

Silberpappel → Pappel.

Silberschwarz, Patina des Silbers.

Silikat, kieselsaures Salz; Silikatgesteine wie Granit bestehen aus Kieselsäuremineralien.

Silikatfarbe, Anstrichmittel auf der Basis von Kaliwasserglas, welches sich mit mineralischen Untergründen verbindet, d. h. eine feste, chem. Verbindung eingeht; Mineralfarbe.

Sims, einfaches → Gesims.

Simswerk, die Gesamtheit der Simse einer Fassade.

Simsziegel, Gesimsstein und Ziegel.
Simsziehen, Herstellung von Stuckgesimsen mittels Simsschablonen auf Schlitten.
Sinter, 1. auch Zunder genannt; Schuppen, die beim Hämmern des glühenden Eisens abspringen. **2.** der gelblichrote Schlamm, der sich an Gradierwerken ansetzt.
sintern, das Zusammenbacken beim Kristallisieren oder Verschlacken.
Siphon → Geruchverschluß.
Skelettbauart → Fachwerk.
Skizze, erster flüchtiger Entwurf.
Smalte, Schmalte, Saflor, urspr. Schmelz, Email, allg. ein blauer Farbstoff aus einem mit Kobalt gefärbten und dann pulverisierten Glas; weniger für Kalkfarbe geeignet, dafür aber für Aquarell-, Pastell-, Wachs- und Ölmalerei.
Smirgel → Schmirgel.
Sockel, Socke, Zocke, allg. äußere Verstärkung am unteren Ende eines Körpers, bes. des Baukörpers; der Sockel lädt meist nur wenig aus und soll nicht unter 0,50 m (bis 2 m) hoch liegen, je nachdem wie hoch das Erdgeschoß liegt; als Material dienen große, behauene Steine, vorgesetzte Platten (Sockelplatten), bei einfachen Gebäuden auch Feld- und Bruchsteine oder ein rauher Putz; heute wird der Sockel oft aus dem gleichen Material gefertigt oder mit dem gleichen Material verkleidet wie das darüber aufgehende Mauerwerk; nur wenig überstehende Sockel erhalten nur einen schrägen Sockelabsatz, einen Wasserschlag, breitere Sockel dagegen werden mit Sockelgliedern und einem auf den Stil des Gebäudes abgestimmten Sims abgeschlossen.
Sockelgesims, das den Sockel bekrönende Gesims.

Sockelplatte, die quadratische Basis einer Säule (Plinthe).
Sod, ausgemauerter Brunnen.
Soda, Salzgemenge, hauptsächlich aus kohlensaurem Natron für die Seifenherstellung und als Reinigungsmittel, z. B. für Holz, früher auch als Aschensalz bez.
Södung, Sodenbelag → Rasendach.
Soffite, urspr. perspektivisch dargestellte Felder oder Dekorationsstücke, die oben über die Bühne gelegt wurden und eine Decke darstellten; allg. auch für Felderdecke und die Untersicht eines Bogens.
Sohlbank, Sohlband, Sahlbank, Schwellenstück des → Fensters (früher auch der Tür).
Solenhofer Platten, Sollnhofer Platten, Kalksteinplatten, die sich gut als Bodenbelag verarbeiten lassen; nur innen beständig, im Freien werden sie von Frost angegriffen und splittern ab.
Söller, Sammelbegriff für auf der Sonnenseite liegende Balkone, Erker und Plattformen.
Sommerfenster, bei doppelten Fenstern wurde im Sommer ein Fenster ganz weggenommen, das stehengebliebene, also ganzjährig gebrauchte, war das Sommerfenster.
Sommerladen → Fensterladen.
Sondierstange, Sondiereisen, Sondierbohrer, Geräte zum Entnehmen von Erdproben (Bodensondierung) aus verschiedenen Tiefen.
Souterrain, allg. ein zu Wohnzwecken eingerichtetes tiefliegendes Geschoß oder Kellergeschoß, das nicht ganz unter der Erdgleiche liegt.
Spachtel, Spatel, Werkzeug der Maler und Stukkateure, bes. zum Auftragen halbflüssiger Stoffe.
Spalier, Spallier, Spalett, Spallet, allg. Einfriedigung mit parallelen dünnen

Latten, daneben auch Lattengerüste für Kletterpflanzen.
Spalettladen → Fensterladen.
Spalettwand, die ausgeschrägte Laibung bei Fenstern und Türen.
Spaltholz, leicht spaltbares Nutzholz, wie Eiche, Buche, Esche und alle Nadelhölzer.
Spaltlatte → Knüppellatte.
Spanbaum, Sponbaum → Kiefer.
Spangrün, aus Grünspan gewonnener grüner Farbstoff.
Spanloch, Loch im → Hobel.
Spannagel, Schindelnagel, auch für → Bankhaken.
Spannblech → Kluppe.
Spannbogen, Schwanenhalsbogen, steigender → Bogen.
Spanner → Erdbogen.
Spannhammer → Gleichziehhammer.
Spannring → Mauerlatte eines runden Daches.
Spannsäge, Gestellsäge, Handsäge → Säge.
Spannstock → Schraubstock.
Spannstrebe, Strebe (Sprengestrebe) des Sprengewerkes bei Bogengerüsten.
Spannweite, meist die »freie« Spannweite, das Lichtmaß von Gewölben oder zwischen Brückenjochen.
Sparkalk, 1. → Bindekalk. **2.** Mörtelgemisch aus Lehm und Kalk.
Sparren, Dachsparren, die schräg liegenden Hölzer des Daches, welche die Lattung oder Schalung tragen. Beim Sparrendach bilden die Sparren die Dachkonstruktion, bei Pfettendächern gehören sie zur Dachhaut → Gratsparren → Kehlsparren → Leersparren.
Sparrendach, Dachgerüst aus Gebinden, (Sparrendreiecken) je zwei Sparren und einem Balken.

Sparrengebinde, Sparrenverbinde → Sparrendach.
Sparrennagel, für aufgeklaute Sparren, ca. 24–30 cm lang.
Sparrenschub, die am Sparrenfuß auftretenden horizontalen Schubkräfte.
Sparrenschuh, Konstruktion zur Aufnahme der Sparrenschubkräfte, z. B. Versatzung, aber auch der auf dem Balken befestigte Stahlschuh.
Sparrenschwelle, Sparrensohle → Fußpfette.
Sparrenverbinde, veralt. Ausdruck für → Sparrengebinde.
Sparrenwechsel, Sparrenschlüssel → Wechsel.
Sparrwerk, Speer, ält. Bez. für die gesamte Holzkonstruktion eines Daches.
Sparschalung, Einschalung mit Brettern, bei welcher die Schalbretter nicht dicht, sondern mit Abstand verlegt werden.
Speckdach, Spickdach, gespicktes Dach, mit Rohrhalmen bestecktes (bespicktes) Lehmschindeldach, ca. 30 cm stark und haltbarer (ca. 40–50 Jahre) als reine Lehmschindeldächer.
Speckfirst, Firsteindeckung des Speckdaches mit Hohlziegeln.
Speckseite → Lehmschindel für Speckdächer, ca. 10 cm stark.
Speckstein, weicher, gut zu bearbeitender Stein; wurde bildhauerisch zu Kleinskulpturen bearbeitet und dann zur besseren Haltbarkeit gebrannt.
Speicher, Spicker, alleinstehendes Gebäude zur Getreidelagerung wie als Magazin; als Speicher auch der Schüttboden im Dachgeschoß der Bauernhäuser → Fruchtkasten.
Speiröhre, Wasserspeier.
Speiß (mitteld.), Mörtel.
Speißkasten, Speißpfanne, Mörtelkasten.

Speißmacher, Kalklöscher.
Spengler → Klempner.
Sperrbalken, Sperreisen, Sperrfeder, Sperrklinke, einseitiger Haken, der auf den Zähnen eines Sperrades liegt; dreht sich das Rad richtig, so läuft der Sperrhaken lose darüber, ändert das Rad die Richtung, so klinkt der S. ein und blockiert, sperrt das Rad.
Sperrholz, Platten aus dünnen, kreuzweise verleimten, furnierartigen Blättern.
Sperrhorn → Amboß.
Sperrschicht, waagerecht in einer Mauerfuge oder senkrecht außen bei Mauern im Erdreich angelegte Schicht aus Pappe, Kunststoff – oder Metallfolie, bzw. senkrecht aus Teer- oder Bitumenemulsion hergestellte Schicht zur Verhinderung von Feuchtigkeit im Mauerwerk.
sphärisch, kugelförmig.
Spiegeldecke, von Kehlen umgebener Plafond.
Spiegelfaser, Markstrahl im Holz.
Spiegelfeld, durch Gliederung abgeschlossenes Wandfeld.
Spiegelgewölbe → Gewölbe.
Spiegelmetall, harte politurfähige Kupferzinnlegierung.
Spiegelschnitt → Radialschnitt.
Spieker, Spiker (nordd.), Nagel.
Spießbaum, Dreibock über Brunnen oder Schächten zur Befestigung der Rolle oder des Flaschenzuges.
Spießnagel, Nagel der schräg, »auf Zug«, eingeschlagen wird.
Spindelgewölbe → Gewölbe unter Wendeltreppen.
Spindeltreppe, Spillentreppe, um eine Spindel gewendelte Treppe.
Spint → Splint.
Spiritus, Weingeist, wird durch Destillation gegorener alkoholhaltiger Flüssigkeiten gewonnen.

Spitzbalg, Spitzblasebalg, Blasebalg für das Schmiedefeuer.
Spitzbalken → Hahnebalken.
Spitzbogen, alle im Scheitel gebrochenen Bogen.
Spitzbogenfries, Fries aus Spitzbogenmotiven, gleicht dem → Rundbogenfries.
Spitzbohrer, 1. Werkzeug des Tischlers, eiserner Stachel mit Heft zum Vorreißen und Vorstechen. **2.** dünner Bohrer, an der Spitze wie eine Holzschraube endend.
Spitzeisen, Spitzmeißel, Steinmetzwerkzeug in der Art eines Meißels mit vierseitig pyramidal geformter Spitze zum Abschlagen größerer Steinstücke.
Spitzgiebel, steiler Giebel.
Spitzhammer, Schrämhammer, Berghammer, Wetzkopf, Knappeneisen, Hammer des Steinhauers mit langer Spitze auf der einen und einer stumpfen Bahn auf der anderen Seite.
Spitzhaue, Steinpickel, Steinmetzwerkzeug, ähnlich der Spitzhacke mit kürzerem Stiel und zwei Spitzen.
Spitzhelm, steiles → Helmdach.
Spitzmeißel → Spitzeisen.
Spitzsäge, Stichsäge und Lochsäge.
Spitzwange → Gewölbefach.
Spitzzinnenfries → Fries mit Spitzzinnendarstellung.
Spließ, Schindel (Span) aus gespaltenem Kiefernholz.
Spließdach, 1. Dacheindeckung mit Schindeln aus gespaltenem Kiefernholz. Die Schindeln waren etwa 1 cm stark, 30–60 cm lang, 10–12 cm breit, damit wurde einfach oder doppelt gedeckt und verdeckt genagelt. Spließdächer wurden nie ganz dicht. **2.** Dacheindeckung in einfacher Biberschwanzdeckung, mit unterlegten Holzspließen zur Dichtigkeit.

Splint, 1. die äußeren, zuletzt gewachsenen Jahresringe des Stammes, oft anders gefärbt als das Kernholz und weniger oder gar nicht tragfähig; bei Eiche z. B. die äußeren 12–20 Jahrringe. **2.** Splint als Schließe mit oder ohne Feder.
Splintholzkäfer → Holzschädlinge.
Sprengbalken, Balken im Sprengewerk.
Sprengbock → Sprengewerk.
Sprengpinsel → Annetzer.
Sprengwand, Fachwerkwand als Sprengwerk konstruiert, die sich selbst und Lasten trägt, ohne den Boden unter ihr zu belasten.
Sprengewerk, Gesprenge, Sprengbock aus Sprengbalken, Streben und einer oder zwei Sprengsäulen (bei Zweien mit Bruchriegel); im Gegensatz zum Hängewerk wird die Last vom Sprengewerk unterstützt.
Sprickelwand, mit → Strohlehmstakung ausgefachte Fachwerkwand.
Spriegelzaun, Zaun aus mit Spriegeln umflochtenen Latten.
Sprieße, Spreitze, Spreitzbaum, Spreitzholz, Rundholz zum Abstützen von Bauteilen, bei denen die Gefahr des Rutschens oder Gleitens besteht, auch zum gegenseitigen Abstützen von Grabenwänden.
Springrollo, Springrouleau, mit Feder an der Walze versehenes, sich selbst aufrollendes Rollo.
Spritzputz, Spritzwurf, Spritzbewurf, grober Verputz als unterste Lage mit grobem Korn → Rauhputz.
Sprosse, Fensterflügelunterteilung mit Holzsprossen.
Sprossenfenster, Fenster, dessen Flügel mit Sprossen unterteilt ist.
Sprossenhobel, Sims- oder Profilhobel zum Kehlen oder sonstigen Profilieren der Sprossen.

Spund, 1. Feder (bei Nut und Feder). **2.** Brettstück, das in der Art eines Dübels über versenkte Nagel- oder Schraubköpfe gesetzt wird.
Spundboden, Spündeboden, Fußboden aus Nut- und Federbrettern.
Spundbohle, mit Nut und Feder versehene Bohlen bis zu 10 cm dick.
Spundbrett, Spündebrett, Nut- und Federbrett.
spunden, spünden, mit dem Spundhobel Nut und Feder an einem Brett oder einer Bohle aushobeln.
Spundhobel, die sich in Federhobel und Nuthobel (Spundnuthobel) unterscheidenden Hobel zum Spunden.
Spundnagel → Brettnagel.
Spundpfahl, Falzbürste, Bartbalken, angespitzter und auf einer Seite mit einer Nut, auf der anderen mit einer Feder versehener Pfahl für Spundwände; Spundpfosten für Wände sitzen auf einer unteren Schwelle.
Spundschindel, Nutschindel → Holzschindel.
Spurzeichnung → Grundriß.
Stabbau, Holzkonstruktionen aus senkrecht verbauten, meist runden oder sägegestreiften oder gebeilten Stämmen, bes. in Nordeuropa verbreitet. Einzelne Beispiele finden sich auch in Deutschland, wie die Stabkirche in Hahnenklee im Harz.
Stabhobel, Hobel zum Heraushobeln von Halbrundstäben, z. B. an der Kante eines Brettes.
Stabkirche → Stabbau.
Stabrute, Holzmaß für Kantholz, 12 Fuß lang und 6×6 Zoll im Quadrat.
Stabstahl, in Stäben mit verschiedenen Profilen wie Rund-, Quadrat-, Rechteck- und Sechskantstahl sowie in L-, T- und U-Querschnitt; früher Stabeisen.

Stabwerk, Gesamtheit der Fensterteilung aus Pfosten und Sprossen.
Stadtschuh, Längenmaß → Maß- und Gewichtstabelle.
Staf, Stafholz (nordd.), Stab, Stabholz.
Staffel, Staffe, ält. Bez. für Stufe, Leitersprosse, aber auch Treppe.
Staffelgiebel → Treppengiebel.
Staffiermalerei, Stuben- und Dekorationsmalerarbeiten, auch Faßmalerei.
Staffstuck, Gipsstuck mit Gewebeeinlage.
Stahl, heute gereinigtes Roheisen, schmied- und formbar; Eisenkohlenstofflegierung mit bis zu 1,7 % Kohlenstoff, gut zum Schmieden und Walzen geeignet; zahlreiche Namen nach Herstellungsprozeß oder Verwendungszweck, z. B. Schmiedeeisen, Walzeisen, Bleche.
Stahlbeton → Beton.
Stahlbetonrippendecke → Plattenbalken aus Stahlbeton.
Stakdecke, Stackdecke, gestakte Decke → Windelboden.
Stake, Stacke, Staake, Stakholz, allg. Stock, Stecken oder Stange; bes. Wandstakholz, Wellerholz, Stickstecken, die Hölzer in Windeldecken und der Strohlehmstakung.
Stakete, Staket, Stackete, Stakung, Lattenzaun, auch die einzelne Latte dieses Zauns.
Stakwand, Wand aus → Strohlehmstakung.
Stakwerk, zaunartige Uferbefestigung.
Stammbalken, Ganzholz- oder Vollholzbalken.
Stammholz, starkes Rundholz.
Stampfbau, Erdstampfbau → Pisé.
Stampfer, Stampfe, Besetzschlägel, Schlägel, Steinsetzer, Handramme, Handstampfe, Jungfer, Hoye, Heye, ca. 1 m langes, unten stärkeres, schweres Holz zum Festrammen frisch gesetzten Pflasters.
Standbaum, die senkrechten Stangen des Stangengerüsts.
Ständer, urspr. direkt auf Fundament oder Stein- oder Holzplatten über ein oder mehrere Geschosse reichendes, stützendes Holz im Fachwerkbau, heute allg. die senkrechten Hölzer der Fachwerkwand, die auch als Pfosten, Stiele, Stützen oder Säulen bez. werden.
Ständerbau → Fachwerk mit über mehrere Geschosse reichenden Ständern → Fachwerk.
Ständerbohlenbau, Baukonstruktionen aus Holz mit Wandgefügen, bei denen in die mit Nuten versehenen Ständer waagerechte Bohlen eingesetzt sind. In Süddeutschland gibt es noch einige Beispiele wie das Schoberhaus in Pfullendorf und das Schwörerhaus in Immenstadt.
Ständerwerk, sämtliche Ständer und Riegel einer Fachwerkwand, allg. Fachwerk.
Standloch, Loch eines stehenden Zapfens, Standzapfen.
Standöl, gebleichtes Leinöl.
Standpfosten, Mittelstrebe eines Lehrgerüsts.
Standrohr, unteres Ende des → Fallrohrs zum Abführen des Regenwassers in den Bodenkanal.
Stangenbohrer, Bankbohrer → Bohrer.
Stangengerüst → Gerüst.
Stangenholz, dünne Holzstämme, im Gegensatz zu Stammholz.
Stangenleiter, einbäumige Leiter.
Staniol, Stanniol, Blattzinn, Folie aus Zinn, wurde als unechtes Blattsilber zum Absperren von Wänden gegen Feuchtigkeit, als Spiegelfolie und als

Verzierung zum Aufkleben auf Dachschiefer gebraucht.
Stärkekleister, diente zum Tapeten- oder Leinwandkleben.
Statik, Lehre vom Gleichgewicht der Körper.
Statue → Bildsäule.
Staubkalk, ält. Bez. für trocken gelöschten, abgestandenen Kalk.
Staubsäckchen, Pausbeutel, durchlässiges Säckchen mit Ruß, um Zeichnungen durch die mit Pausrädchen erzeugten Löcher auf die Wand oder Decke zu pausen.
Staubsieb, sehr feines Sieb.
Stechbeitel, Einschnittmeißel, Schroteisen, Werkzeug der Zimmerleute zum Ausputzen der Zapfenlöcher; ähnlich einem Stemmeisen, aber mit nur einseitig zugeschärfter 0,3–7 cm breiter Schneide, schwächer als Lochbeitel und Stemmeisen.
Stehfalz → Falz → Metalldach.
Steife, senkrecht stützendes Holz (häufig provisorisch).
Steige → Treppe.
Steigebaum, Treppenwange.
Steigrohr, Steigerohr, bei einer Heizung oder Pumpe das Rohr, in dem Wasser in die Höhe steigt.
Steigung, Steigungsmaß, 1. die Höhe einer Treppenstufe. **2.** Steigung, die Neigung z. B. einer Straße in ihrer Längsrichtung.
Steildach, geneigtes Dach mit über 25° Dachneigung.
Steinaxt → Fläche.
Steinbrecher, Maschine zum Zerkleinern von Steinen.
Steindamm, Schotterstraße.
Steineiche, Sommereiche → Eiche.
Steineisen, kurzer Steinmeißel.
Steinfarbe, Farbmischung aus Umbra, gelbem Ocker und Bleiweiß.
Steinfurnier, Marmorfurnier, Intarsie.

Steingemälde, Mosaik.
Steingrün, Farbstoff aus Kalk und grüner Erde.
Steingut, gebrannte Tonwaren mit oberflächlicher harter Glasur und hoher Festigkeit.
Steinhaue → Spitzhaue zum Abbrechen der Steine im Steinbruch.
Steinholz, Estrichmörtel aus magnesitgebundenem Sägemehl und weiteren Zuschlagstoffen.
Steinkitt, Ölkitt, Sandsteinkitt, wurde für verschiedene Kittarbeiten gebraucht.
Steinklammer, Stahlklammer zur Verbindung von Steinen, wird in die Steine eingebleit.
Steinklaue, Steinzange, Adlerzange, Kropfeisen, Hebezeug zum Aufziehen schwerer Steine, bestehend aus einer Zange mit zwei Spitzen, die in den Stein eingreifen, und der Kette, die beim Anziehen die Zange an den Stein preßt.
Steinkohlenteeröl, → Karbolineum, Holzschutzmittel.
Steinkreide, natürliche Kreide.
Steinmehl, aus Ziegeln oder Kalksteinen hergestelltes Mehl.
Steinmeißel, Sammelbegriff für alle Meißel der Steinmetze.
Steinmetz, Beruf, zu dessen Berufsbild die gesamte Verarbeitung von Bruch- zu Naturwerksteinen einschl. des Versetzens derselben gehört, weiter auch alle Maßnahmen der Steinkonservierung; im MA. die tragende Berufsgruppe der Bauhütten und mit den Zimmerleuten die wichtigsten, die Gebäude gestaltenden Handwerker; Zunftheilige sind u. a. Blasius von Sebaste, Reinhold, Sebastian und Stephanus → Abb. S. 182.
Steinmetzordnung, Ordnung der Bauhütte.

Steinmetzzeichen 182

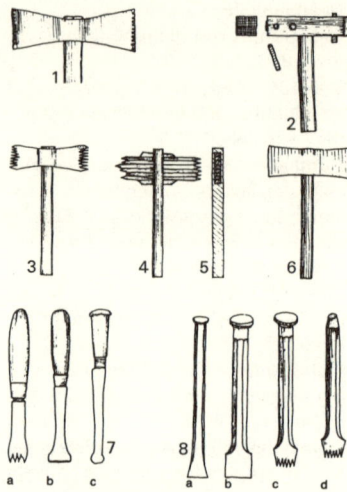

Steinmetzwerkzeug

1 Zahnfläche; 2 Stockhammer; 3 Gerstenkornhammer; 4 Kröneleisen; 5 Kröneleisen-Schnitt; 6 Fläche; 7 Meißel für weiches Gestein – a Gerstenkornmeißel – b Gradiereisen – c Meißel mit Rundende; 8 Meißel für hartes Gestein – a und b Flachmeißel – c und d Gerstenkornmeißel

Steinmetzzeichen, Monogramm, das die Steinmetze des MA. (bis ins 18. Jh.) in die von ihnen bearbeiteten Steine einschlugen.
Steinmörtel, 1. Mörtelmischung aus Kalk, Sand und zerkleinerten Steinen. **2.** → Bildhauerkitt.
Steinöl, Bergöl, Petroleum, Erdöl.
Steinpackung, Bez. für Packlage, aber auch für Trockenmauern und Packwerk bei Flußverbauungen.
Steinpappe, 1. im letzten Viertel des 18. Jh. erfundene und selten verwendete Dachbedeckungsmaterialien aus Pappstoffen mit Leinöl oder verschiedenen tierischen Leimen mit Papiermassen, Alaun-, Kalk- und Kieselerden, die zu harten und spröden Platten von ca. 0,50 m × 0,30 m gepreßt wurden. Die Steinpappen bewährten sich nicht und verschwanden deshalb wieder, sie sind als Vorläufer der Dachpappen anzusehen und wurden auch als »künstlicher Schiefer« bezeichnet. **2.** ält. Bez. für → Dachpappe.
Steinruß, Schieferruß.
Steinsäge, versch. Arten maschinell betriebener Sägen, meist mit Wasserzusatz zum Auftrennen der Steine.
Steinschraube, 1. → Schraube. **2.** das in der Art einer archimedischen Schraube gedrehte Ende eines Steindübels, Bandhakens oder Bankeisens.
Steinschüttung, bes. die Beschotterung einer Straße oder Bahndamms.
Steinsetzer, Dammsetzer, Pflasterer.
Steinzange → Steinklaue.
Steinzeug, Keramik aus 1200 °C gebrannten Tonmassen, z. B. Steinzeugfliesen.
Stellkeil, 1. dreieckiger Keil zum Unterlegen von Rädern (Bremsklotz) oder Baumstämmen. **2.** → Gegenkeil.
Stellramme, Ramme, mit der sich Pfähle schräg einrammen lassen.
Stellschraube, Schraube zum Regulieren von z. B. Maschinenteilen.
Stelzbogen, gestelzter Bogen → Bogen.
Stelzung, lotrechte Verlängerung der Bogenschenkel.
Stemmeisen, Lochbeitel, Balleneisen, Beißel, Beitel, Werkzeug der Zimmerleute und Tischler für gröbere Arbeiten mit 1–4 cm breiter, heute von beiden Seiten schräg geschliffener Schneide.
Stemmzeug, Stechzeug, 1. Stemmeisen und Holzklöpfel. **2.** die Gesamtheit der Stemmeisen.

Ster → Raummeter.
Sternbogen, Vorhangbogen, spätgotische Bogenformen in der Art fallender Vorhänge.
Sterngewölbe, mehrere sich überkreuzende Tonnengewölbe → Gewölbe.
Sternkeil, schmaler Meißel zum Durchschlagen länglicher Löcher in Blech.
Stichaxt, Bundaxt, Werkzeug der Zimmerleute aus einem abgewinkelten schweren Eisen mit einseitig oder dreiseitig zugeschärfter Klinge zur Herstellung von Blättern und Zapfen.
Stichbalken, in einen anderen Balken mit Hilfe von Zapfen oder Brustzapfen eingestochener Balken.
Stichbogen, Flachbogen → Bogen in Form eines Kreissegments mit geringer Stichhöhe.
Stichbogenfenster, Stichbogenfries, Stichbogengewölbe, Fenster, Fries und Gewölbe mit flachen Bogen oder flacher Gewölbeform.
Stichbrett, Brett anstelle eines Stichbalkens.
Stichel → Grabeisen.
Stichelriß, Riß mit dem Meißel oder Stichel.
Stichhöhe, Bogen- oder Wölbhöhe.
Stichkappe, in die Rundfläche eines Gewölbes einschneidende dreieckige Kappe.
Stichmaß, Maß, z. B. zwischen zwei Stufen, das öfter hintereinander abgemessen wird, z. B. mit dem Stech- oder Greifzirkel.
Stichsäge → Lochsäge.
sticken (mitteld.) → ausstaken.
Stiel, 1. zur Unterstützung dienendes, senkrecht stehendes Holz. **2.** Helm, Griff.
Stielkloben, Stielklöbchen → Feilkloben.

Stielramme → Handramme.
Stielschrot, Schrothammer.
Stielwerk, (besser Ständerwerk) Holzskelett der Fachwerkwand.
Stiftkluppe, Stiftklöbchen, Kluppe zum Aufnieten der Stifte an Blech.
Stiftmalerei, Stiftmosaik → Mosaik.
Stipputz, Stepputz, Besenputz, etwa seit dem 14. Jh. bekannte Putztechnik, bei der ein Putzmörtel mit bis zu 5 mm großer Körnung mit der Kelle angeworfen und mit einem Reiserbesen glattgestrichen, mehr aber mit einem Reiserbesen gestupft oder gestippt wird. Im hessischen Hinterland um Marburg und Gladenbach entstand aus dieser Technik schwungvoller Schmuck in Stipp- und Kratzputztechnik.
Stirn, beim Gebäude die Vorderseite, beim Holz die Hirnholzseite.
Stirnbogen, vorderer Bogen eines offenen Gewölbes.
Stirnbohle, Stirnbrett, Brett, das vor die Stirn der Dachbalken gesetzt wird.
Stirnfläche, Stirnseite, die bei einem Stein, Bogen oder einer Stufe nach außen gekehrte Fläche, beim Holz die Hirnholzseite.
Stirnmauer, Vorderwand, Frontmauer, die an der Stirn eines Gewölbes hochgeführte Mauer; Futtermauer.
Stirnrippe, Rippe entlang eines Stirnbogens.
Stirnseite → Stirnfläche.
Stirnwand, Querwand eines Tonnengewölbes oder die vier Wände um ein Kreuzgewölbe.
Stockamboß, runder → Amboß.
Stockhammer, Pickhammer, Kraushammer, Werkzeug des Steinmetzes mit stumpfen pyramidalen Erhöhungen auf den leicht gewölbten Bahnen.
Stockholz, Wurzelholz der Bäume.
Stocklack, Gummilack.

Stockmeißel → Blockmeißel.
Stockrinne, aus einem Baumstamm gefertigte Wasserrinne.
Stockschwelle → Schwelle.
Stockwerksgesims, Balkengesims, Etagengurt, Balkengurt → Gesims in Höhe der Decke oder Balkenlage.
Stockwerksrähmbauweise, stockwerksweise verzimmerter, abgebundener und aufgeschlagener Fachwerkbau; jedes Stockwerk in sich ausgesteift → Fachwerk.
Stockwinde, Winde mit einer endlos zu drehenden Schraube.
Stockzange, kleine Zange der Schlosser, um kleine Werkstücke damit fassen zu können.
Stockzwinge, Schraubzwinge oder → Schraubstock.
Storchschnabel, aus einem Parallelogramm bestehendes Zeichengerät zum Kopieren, Verkleinern oder Vergrößern.
Stoß, Holzverbindung, Zusammenfügung von zwei Hirnenden, gerade, stumpf oder schräg.
Stoßbank, Bankhobel.
Stoßbrett, Setzstufe.
Stoßeisen, Werkzeug mit längerem Stiel zum Abstoßen des Putzes von Decken und Wänden.
Stoßfuge, Stoßfläche im Mauerwerk.
Stoßklammer, Stahlklammer, die über den Stoß zweier Hölzer eingetrieben wird.
Stoßlade, Hobellade.
Stoßpfahl, Abweiser → Prellstein.
Stoßsäge, Handsäge mit »auf Stoß« gestellten Zähnen.
Stracker, Strecker, → Binder.
Strackort → Schiefer, Schieferdeckung.
Strahlengewölbe, Palmengewölbe → Gewölbe.
Strebe, Biege, Schubband, Sturmband, Sturmbüge, Windstrebe, Pfostenstrebe, allg. Stütze gegen schrägen Schub, schräg stehendes Holz im Fachwerkwandgefüge zwischen → Schwelle und → Rähm oder der Schwelle und einem Ständer zur Horizontal(Wind-)aussteifung; die Begriffe leiten sich teilweise von älteren, mehr »bindenden« Fachwerkstäben, wie dem → Schwert, ab; weiter die Schrägstütze zwischen Balken und Hängesäule oder im Sprengewerk. Die Gegen- oder Kopfstrebe wird von oben in umgekehrter Schrägstellung gegen die Strebe gestellt.
Strebeband, Strebebüge, Klammerband, Fußwinkelband, Sturmband → Fußband.
Strebebogen, Schwebebogen, Fluchtstrebe, fliegende Strebe, Schwibbogen, ansteigender Bogen zur Überleitung der Schubkräfte aus den Gewölben der Mittelschiffe auf die an oder über den Seitenschiffen angeordneten → Strebepfeiler, bes. bei gotischen Kirchenbauten; in Deutschland erstmalig im späten 12. Jh.
Strebepfahl, schräg eingerammter Pfahl mit Strebewirkung.
Strebepfeiler, Mauerpfeiler mit der Wirkung eines Strebebogens, schräg nach oben verlaufend, gerade und verjüngt, gerade und unverjüngt, oft mit Abdeckplatte und Gesimsen versehen.
Strebesäule, Strebe im → Hängewerk.
Strebestütze, Spannstrebe im Sprengewerk.
Streckbalken, langliegender Brückenbaum, Brückenbalken.
Streckfuge → Stoßfuge.
Streckgerüst, Gerüst des Dachdeckers, das mit Seilen (Stricken) fixiert wird.
Streckschwelle, Grundschwelle.

Streichbalken, auf Balkensteinen oder nur direkt an der Wand anliegender Balken.
Streichbank, Streichtisch, Tisch zum Ziegelformen.
Streichbrett, Werkzeug des →Klaibers, ähnlich einem Reibebrett, aber größer, für Lehmarbeiten.
Streicheisen →Fugeisen.
Streicher, Streichholz, 1. Brett zum Abstreichen beim Ziegelformen. **2.** bei Stangengerüsten die den Mauern parallellaufenden horizontalen Hölzer.
Streichmaß, Streichmodel, Reißmaß, Parallelmaß, Reißnadel an einer auf ein bestimmtes Maß einzustellenden Lehre, die an den Kanten von Holz entlanggezogen wird, wobei parallel zur Kante der Riß entsteht.
Streichschale →Wetzstein.
Streichschindel →Lehmschindel.
Streifbalken →Ortbalken.
Streifhobel, Holzadernhobel, ähnlich einem Leistenhobel.
Strohdach, Deckstroh, Stroh war früher das am weitesten verbreitete Material zur Eindeckung von Dächern. Daneben wurde auch Reet verwendet, das dort, wo noch »weich« gedeckt wird, auch heute noch Verwendung findet. Am besten eignete sich langhalmiges Roggenstroh, aber auch Weizenstroh. Das Stroh wurde in sog. →Schöfen, Strohbunden, auf die Latten aufgebunden. Die Strohdächer waren gut wärmedämmend, aber höchst feuergefährdet. Deshalb wurde das Stroh als Dachmaterial vom 17. Jh. an mehr und mehr von anderen Eindeckmaterialien, wie Schiefer, Ziegel und Biberschwanz, verdrängt.
Strohdocke, Strohpuppe, Strohwiepe, dünnes Strohbündel zur Ausbildung z. B. des Firstes bei Strohdächern oder zur festeren und luftigeren Verlegung von Tonziegeln.
Strohgelb, mattes, etwas grünliches Hellgelb.
Strohlehm, mit gehäckseltem (zerkleinertem) Stroh (Wintergerstenstroh) vermengter Lehmteig für Decken, Stak- und Wellerwände.
Strohlehmschindel →Lehmschindel.
Strohlehmstakung, Lehmstakung, die im mittleren Deutschland fast ausschließlich angewandte Technik der Ausfachung von Fachwerkwänden: in die mittig angeordneten Kerben der Fachwerkhölzer werden →Staken, gespaltene 3–5 cm starke Hölzer, eingeschlagen, diese mit Weiden- oder Haselnußgeflecht verdichtet und dann beidseitig mit Strohlehm beworfen.
Strohpatzen →Lehmpatzen.
Strohschaube →Strohdocke.
Strohwiepe →Strohdocke.
Stromverband →Mauerverband.
Stubbe, Wurzelstock eines gefällten Baumes.
Stubenmalerei →Staffiermalerei.
Stucco lustro →Stuck.
Stuck, Stuckgips, Ornamente und Gesimse aus einem Mörtel aus z. B. 3 Teilen Weißkalk, 4 Teilen Gips, 1 Teil feinem Sand, Kreide, Marmorkalk und Leimwasser. Glanzstuck (Stucco lustro) wird aus 2 Teilen Marmormehl, 1 Teil feinem Kalkmörtel und Leimwasser bereitet. Glanzstuck wird nach dem Erhärten erst mit Bimsstein, dann mit Filzstock und Leinwand geglättet und mit Öl oder Wachs poliert. Um eine bessere Haltbarkeit von Stuckgips im Freien zu erzielen, versetzte man diesen mit 10–15 Raumteilen Eisenfeilspänen.
Stuckdecke, in Stuck geputzte Decke, z. B. auf Rohrmatten.

Stuckgetäfel, Stuckverzierung aus gegossenen Stucktafeln.
Stuckmarmor, Gipsmarmor, Marmorimitation aus durchgefärbtem Stuckgips, z. B. mit verschieden gefärbten Gipsbreimassen, der erhärtete Stuckmarmor wird in mehreren Arbeitsgängen geschliffen und poliert. Die Arbeit sieht echtem Marmor täuschend ähnlich; Stucco lustro.
Stücksäge, →Stichsäge.
Stufenleiter, Treppenleiter, Leiter mit schmalen Trittbrettern statt Sprossen.
Stufennut, das gestemmte oder ausgefräste Loch in der Wange für die Trittstufe.
Stuhlbohrer, Stuhlbeinbohrer →Bankbohrer.
Stuhlleiter, Arbeitsgerüst des Schieferdeckers für steile Dächer, das mit einem Seil an einem Dachhaken befestigt ist.
Stuhlpfette, Dachpfette.
Stuhlrahmen, Stuhlschwelle, Stuhlwandriesche, die Schwelle eines Dachstuhls, ebenso die Schwelle der Stuhlwand.
Stuhlsäule, stehende oder liegende Säule im Dachstuhl.
Stuhlwand, alle auf einer Dachseite stehenden Stuhlsäulen mit Schwellen und Pfetten als Längsverband des Daches.
Stulpdecke, aus gestülpten Brettern gearbeitete Decke.
Stulpschalung, Stülpschalung, waagerechte Bretterschalung aus übereinandergestülpten, gefalzten oder stumpfen Brettern.
Stulpwand, Wand aus Stulpschalung.
Sturmband →Strebe.
Stunsel, ält. Bez. für Stütze.
Sturmband, Sturmbeuge, 1. steil gestellte →Strebe im Fachwerk. **2.** Fußband.

Sturmlatte, schwächere, gekreuzte Hölzer zwischen den liegenden Stuhlsäulen oder an der Sparrenunterseite zur Aufnahme der Windschubkräfte in der Längsrichtung.
Sturz, selt. Oberschwelle, die obere Abdeckung einer Fenster- oder Türöffnung aus einem Werkstück (Sturzstück) oder z. B. aus mehreren Steinen als Sturzbogen, heute vielfach als sog. Fertigteilstürze aus den verschiedensten Materialien, wie Ziegel, Gasbeton oder Beton.
Sturzbad, ält. Bez. für Dusche, Duschbad.
Sturzbalken, Kantholz als Sturzüberdeckung.
Sturzlatte, Holzsteg als Sturz, z. B. in Wellerwänden.
Sturzriegel, Oberriegel, selt. Oberschwelle, Riegel, der den Sturz in der Fachwerkwand bildet.
Stützband →Kopfband.
Stützbogen, Ablastebogen, bes. bei Futtermauern.
Stütze, allg. das eine Last abtragende Bauteil, wie Steife, Spreize, Säule, Ständer, Stiel und Strebe.
Stützenwechsel, Anordnung in Kirchen, bei denen die Arkaden abwechselnd von Säulen und Pfeilern getragen werden.
Stützhaken, Stützkegel, der bes. gestützte Bandhaken.
Stützmauer, eine Mauer, die an einem Geländesprung den Erddruck aufnimmt.
Stützpfeiler →Pfeiler.
Substitut, Ersatzmaterial.
Sucheisen →Sondierstange.
Suhlbank, Sahlbank, ält. Schreibweisen für Sohlbank.
Sule, ält. Schreibweise für Säule.
Sumpfkalk, naß gelöschter, eingesumpfter →Kalk.

Supraporte, Superporte, Türstück, Verzierung über einer Tür.
Symbol, Sinnbild.
Symmetrie, früher allg. Ausgewogenheit von Dimensionen und Maßverhältnissen, heute auf eine Mittelachse bezogene Spiegelgleichheit.
Synagoge, jüdisches Gotteshaus, mit nach Osten gerichteter Altarwand.

Tabernakel, 1. → Sakramentshäuschen. **2.** Aufbewahrungsort für geweihte Hostien. **3.** Bilderdach oder Engelshäuschen auf Strebepfeilerabsätzen.
Tablettenwerk → Täfelung.
Tächel, selt. Bez. für → Dechsel.
Tafel, Sammelbegriff für jede abgegrenzte ebene Fläche, wie Dielentafel, Blechtafel, Glastafel.
Tafelfußboden, aus größeren Tafeln gefertigter Fußboden.
Tafellack, Schellack.
Tafelmalerei, Malerei, die sich in kleineren Werken, meist auf der Staffelei gemalt, darstellt.
täfeln, mit Tafeln belegen oder verkleiden.
Tafelparkett, in größeren Tafeln vorgefertigtes Parkett.
Tafelscheibe, ält. Bez. für große Fensterscheiben.
Tafelschiefer, Dachschiefer → Schiefer.
Täfelung, Täfelwerk, Getäfel, Tablettenwerk, Wände und Decken aus Friesen mit Füllungen.
Tagelicht, kleines, nicht verglastes Fenster.
Tagelöhnerhaus, Häuslingshaus, Heuerlingshaus, meist Einhäuser als kleine Nebenerwerbsstellen.

Tagerinne, Gosse.
Tagestein, Stein aus offenem Steinbruch.
Tagewasser, Tagwasser, Oberwasser, Oberflächenwasser von Regen oder Schnee.
Tagewerk, Leistung eines Arbeiters pro Tag. Das Tagewerk war wichtig, z. B. für die Einteilung von → Fresco-(arbeiten), aber auch für die Größe einer Bauaufgabe (Abgabe von Leistungen in Tagewerken).
Talk, Speckstein, der u. a. zu Puder (Talcum) verarbeitet wird.
Talkerde, Magnesia und Bittererde.
Tambour, allg. jedes trommelartige Bauteil, bes. die Trommel, d. h. der senkrechte Unterbau einer Kuppel.
Tanne, allg. eine Bez. für die Rottanne oder → Fichte; richtiger nur die Edel-, Silber- oder Weißtanne oder Edelfichte, leicht an den weißen Linien auf der Unterseite der Nadeln zu erkennen. Die Tanne wird bis zu 45 m hoch, 1,5 m dick, das Holz hat keine Harzgänge, die Dichte beträgt im trockenen Zustand 0,5 g/cm^3; etwas weniger Tragkraft als Fichte, dennoch gutes Bauholz mit großer Haltbarkeit.
Tannenzapfen, Pinienzapfen, häufiges Schmuckmotiv, z. B. an Ecken oder am Schluß von Gewölben.
Tapete, urspr. langhaariger Wollstoff für Wandbekleidungen; später allg. Wandbekleidungen, bes. aus Papier, aber auch Textilien, Leder, Kork und anderen Werkstoffen. Tapeten werden heute industriell gefertigt, in Tapetenbahnen (Tapetenbanden) von 50 cm Breite geliefert, seltener als Handdrucktapeten handwerklich gefertigt und mit Tapetenkleister geklebt.
Tapetenlack wurde früher aus einer Mischung von Weingeist, Mastix und

trockenem Terpentinöl zum Schutz der Tapeten aufgebracht.

Tapetentür, leichte Holztür, mit der gleichen Tapete wie der übrige Raum überspannt, so daß sie kaum sichtbar ist.

Tasche → Biberschwanz.

Tastzirkel, Taster → Greifzirkel.

Tauband, Taustab, Schiffstauverzierung, Verzierung bes. im Fachwerkbau in Form gedrehter Taue.

Taupunkt, die Temperatur (bei 100 prozentiger Luftfeuchte), bei deren Unterschreitung sich Dampf in Form von Tauwasser (Kondensat) niederschlägt.

Tauwasser, Kondensat, Kondenswasser, Wasser, das sich bei Unterschreitung des Taupunkts an oder (bei fehlerhaftem Material oder Schichtenaufbau) in Bauteilen niederschlägt.

Teakholz, auch Tik, Dschatti oder indische Eiche, sehr hartes, der Eiche ähnliches Tropenholz, meist aus Indien oder Thailand (Siamteak).

Teer, durch die trockene Destillation harziger Materialien gewonnener bitumenähnlicher Stoff, der früher z. B. als Holzschutzmittel verwendet wurde.

Teeranstrich, Holzschutzanstrich aus Teer.

Teerbinder, Bindemittel mit Bitumen oder Teer, bes. für den Straßenbau.

Teerpappe, Teerdachpappe, mit Teer (statt mit Bitumen) getränkte Pappe → Dachpappe.

Teerpechemulsion, kalt zu verarbeitende Anstrichstoffe für senkrechte Sperrschichten.

Tegel (nordd.), Dachziegel.

T-Eisen, Eisenprofil in T-Form.

Tektonik, Kunst des Zusammenfügens stabförmiger Teile, heute oft allg. für Kunst des Zusammenfügens.

Tempera, urspr. alle Farbbindemittel, dann aber bes. Eiweiß- und Leimbinder.

Temperamalerei, A tempera, Vorläufer der Ölmalerei, meist auf geschliffenen Gips- oder Kreidegründen, lasierend, d. h. nicht deckend, auf der Basis von öl- oder wachshaltigen Bindemitteln.

Tenne, Arbeitsraum oder Quer- oder Längsdurchfahrt in Scheunen.

Tennenpatsche, Tennenschlägel → Pritschbläuel.

Terpentin, balsamisches Harz aus Nadelhölzern, durch Einschnitte in die Stämme, aus denen das Harz ausläuft, gewonnen.

Terpentinöl, durch Wasserdampfdestillation des Terpentins gewonnenes ätherisches Öl, wird vielfach bei der Farbenherstellung gebraucht.

Terpentinölfirnis → Firnis auf der Basis von Terpentinöl.

Terracotta, aus gebrannter Erde, Ton, mit oder ohne Glasur gefertigte plastische Arbeiten.

Terra di Siena, bei Siena in Italien vorkommender eisenoxidhaltiger Ton, ein Ocker, der natürlich oder gebrannt (rotgelb) ein gesuchter, guter Farbstoff ist.

Terrain, Erdboden, Erdoberfläche in Beziehung zu seiner Beschaffenheit.

Terrainlinie → Bauhorizont.

Terrainwelle, Bodenerhebung.

Terrazzo, aus Platten oder homogen hergestellter, geschliffener, künstl. Steinboden; Zementestrich mit Zuschlägen zerkleinerter Natursteine.

Tetraeder, von vier gleichmäßigen, ebenen, dreieckigen Flächen eingeschlossener Körper.

Teufelseiche, Winter- oder Steineiche.

Teufelsklaue, Greifzange mit geboge-

nen eisernen Gabeln, um unter Wasser liegende Steine zu bergen.
Teufhammer, Hammer zum Hohlaustreiben von Metall.
Texel → Dechsel.
Theodolit, Instrument zum Messen von horizontalen sowie vertikalen Winkeln.
Thermografie, Infrarottechnik, Verfahren der Aufnahme von Wärmestrahlen mit immer häufigerer Anwendung im Bauwesen, so zur Überprüfung von Starkstromleitungen und Kraftwerken, Feststellung von Feuchtigkeits- oder Wärmelecks (fehlerhafte Wärmedämmung) in Gebäuden und zerstörungsfreie Untersuchung von unter Verputz liegendem Fachwerk.
Thermogramm, die Abbildung aufgenommener Wärmestrahlung.
Thermoplaste, thermoplastische Kunststoffe, Kunststoffe, die sich bei Erwärmung wieder verformen lassen.
Thun (nordd.), das Flechtwerk der lehmausgestakten Fachwerkwand.
Tiefhammer, Hammer der Kupferschmiede zum Bearbeiten von Gefäßböden mit einer runden und einer flachen Bahn.
Tinte, neben anderen Bedeutungen die Abstufung einer Farbe nach Weiß.
Tischkloben, Bankschraubstock.
Tischler, Schreiner, Handwerksberuf, zu dessen Berufsbild der Möbelbau bis zu Intarsienarbeiten ebenso gehört wie alle Ausbauarbeiten aus Holz, Fenster und Türen; in den letzten Jahrzehnten wird neben Holz auch Kunststoff vom Tischler verarbeitet; die Abgrenzung des Tischlers zum Zimmermann war früher dadurch gekennzeichnet, daß der Tischler leimte, während der Zimmermann nagelte; Zunftheilige sind Joachim, Josef, Petrus und Rochus.

Tischlerhaue, Handbeil.
Tischlerplatte, Sperrholz aus zwei oder mehr Deckfurnieren und dazwischengeleimter Schicht aus Leisten.
Töbel, ält. Bez. für Dübel.
Togbank → Schnitzbank.
Ton, zerreibliche Masse, die durch Zersetzung und Verwitterung von Gesteinen mit kieselsaurer Tonerde entsteht; der Unterschied zum Lehm besteht darin, daß Ton keine Sandbeimengungen aufweist und Lehm einen hohen Eisenoxidgehalt besitzt.
Tondrescher, Tonschläger in Ziegeleien.
Tongrube, Grube zum Einsumpfen des Tons in Ziegeleien.
Tonmörtel, Tonspeise, aus feuerfestem Ton zubereiteter Mörtel.
Tonne, Hohlmaß → Maß- und Gewichtstabelle.
Topfgewölbe, Tonnen- oder Kuppelgewölbe aus hohlen Tongefäßen statt Wölbsteinen.
Tornagel, geschmiedeter Ziernagel mit breitem Kopf. Bis in die Barockzeit wurden die Tore teilweise dicht mit solchen Nägeln besetzt.
Torpforte, kleiner Eingang für Fußgänger in großen Toren.
Torriegel, der drehbare Riegel zum Verschließen des Tores.
Toter Kalk, abgestandener Kalk.
Totenuhr, Annobienart, Pochkäfer → Holzschädlinge.
Totlaufen, der stumpfe Anstoß eines Bauteils, z. B. gegen eine Wand.
Tragband → Kopfband.
Tragbogen, Tragebogen, Gurt- oder Schurbogen.
Tragbohrer → Brustleier.
Trageisen → Rinnhaken.
Träger, tragende Konstruktionsteile aus Holz oder Stahl, bes. Balken, Unterzüge usw.

Trägerrost, Verband von Längs- und Querträgern.
Trägerschwelle, Oberschwelle einer Säulenwand.
Traggesims, Sims an einem Strebepfeiler oder ähnlichem Bauglied, wo dieses über dem Sims überkragt.
Traghimmel, Baldachin.
Tragsäule, Wandsäule im Dachstuhl.
Tragstein, einzelne Konsole unter einer Figur.
Tragtramen, Hauptbalken (Längsbalken) einer Holzbrücke.
Trahm, Tram, Thram, Thramen, Balken im Sinne von Hauptbalken, z. B. bei der englischen Balkenlage.
Trahmboden, Trahmdecke, Balkendecke.
Tränkmittel, Holzschutzmittel, das bes. durch Tränkung mit oder ohne Druck eingebracht wird.
Transmission, Gesamtheit der Teile, die zur Kraftübertragung von einem Motor zu einer Maschine notwendig sind, wie Welle, Riemenscheibe und Räder.
Transmissionsverluste, Übertragungsverluste, im Bauwesen Wärmeverluste.
Transparentmalerei, 1. Malerei mit transparenten Farben, wie Aquarellfarben. **2.** Malerei auf schwachem Baumwollgewebe, von einer Seite mit Öl, von der anderen mit transparenter Lackfarbe.
Trapez, Viereck mit zwei parallelen Seiten.
Trapezfries, trapezartige Schmuckform auf den Schwellen niederdeutscher Fachwerkhäuser.
Trapptuff, Basaltkonglomerat.
Traß, vulkanischer Tuff, ergibt, gemahlen und mit Beimischungen von Kalk oder Zement, ein gutes Bindemittel.
Trasse, allg. eine durch Pfähle oder Schnüre im Gelände markierte Linie, bes. die Führung von Straßen- oder Bahnstrecken.
Traßkalk, Bindemittel aus gemahlenem Traß und Kalkhydrat oder Kalkteig.
Traßzement, Zement aus 20–40 Prozent gemahlenem Traß und 60–80 Prozent Portlandzement.
Traubenbohrer, → Brustbohrer.
Traufbrett, Traufdiele, Trippdiele, Schlagbrett, auf den Sparrenfuß, meist unten etwas überstehendes, aufgenageltes Brett.
Traufe, Dachfuß, unterer Dachrandabschluß.
Traufgang, der Zwischenraum zweier mit der Traufe nebeneinanderstehender Häuser.
Traufhaken → Rinnhaken.
Traufhöhe, Abstandsmaß zwischen Geländeoberkante und Traufe.
Traufpfette → Fußpfette.
Traufrinne → Dachrinne.
Traufschar, Traufreihe, Traufschicht, die Fußschicht, die unterste Schicht des Deckmaterials.
Traufseite, Seite des Gebäudes, auf der sich eine Traufe befindet.
traufseitig, an der Traufseite eines Gebäudes.
Traufsims, Traufgesims, Hauptgesims → Gesims.
traufständig, Gebäude, dessen Traufseite zur Straße zeigt.
Traufstein, 1. Schiefer- oder Dachstein in der Traufschicht. **2.** Stein in der Pflasterung, der das Wasser eines Fallrohrs aufnimmt.
Traufstreifen, meist aus Blech hergestelltes Übergangsstück zwischen Dacheindeckung und Dachrinne, auch als Einlaufblech, Scharblech, Rinnenhang und Traufblech bez.

Travertin, poröser, heller, rötlicher oder schwarzer Kalktuff.
Trecksäge → Schrotsäge.
Treibarbeit, durch das Austreiben von Metall hergestellte Arbeit.
Treibebogen, Drillbogen → Bogenbohrer.
Treibfäustel, Treibschlägel → Vorschlaghammer.
Treibhammer, Knopfhammer, Hammer für Treibarbeiten.
Treibherd, zur Scheidung des Silbers von Blei dienender runder Herdofen.
Treibriegel → Basküle.
Treibschacht, Förderschacht.
Treibstock, kleiner Schlosseramboß.
Trempel, Trümpel, Tremel → Drempel.
Trennfuge, Fuge zwischen Bauteilen, die unterschiedliche Setzungen oder Ausdehnungen ermöglichen soll.
Trennschnitt, Längsschnitt.
Treppe, Stiege, Steige, Bauteil zur Überwindung von Höhendifferenzen, z. B. von einem zum anderen Stockwerk mittels Stufen aus Stein, Holz, Stahl oder Beton oder Kombinationen dieser Materialien. Den tragenden Teil der Treppe bilden die Wangen (Treppenbacke, Treppenbaum, Treppenwange) als Wandwange an der Wand oder die Wand selbst und die Lichtwange, auf der Stufen (als Steinstufen oder Blockstufen in Holz) aufsitzen (aufgesattelte Treppe) oder bei Holzwangen eingestemmt (eingestemmte Treppe) sind; Naturwerkstein-, Werkstein-, Beton- oder Stahlstufen sind vielfach als Winkelstufen ausgebildet, Holzstufen bestehen aus der Trittstufe (Auftritt, Auftrittsstufe) und der senkrechten Setzstufe (Stoßstufe, Futterstufe) oder dreieckigen oder rechteckigen Blockstufen. Das Verhältnis der Auftrittsbreite zur Auftrittshöhe (Stufenhöhe) heißt Steigung (Treppensteigung), die nicht unterbrochene Stufenfolge nennt man Lauf (Treppenlauf, Treppenarm, Arm, Treppenast, Treppenzweig), der zwischen den Läufen eingefügte Absatz → Podest. Man unterscheidet Treppen nach ihrer Lage und Funktion, wie Innentreppe, Außentreppe, Freitreppe, Turmtreppe, Keller-, Dach- oder Bodentreppe, mehr aber nach der Anzahl ihrer Läufe, Wendelungen u. a. in gerade einläufige Treppe, gerade zweiläufige Treppe (in einer Richtung oder gegenläufig), mehrläufige Treppe mit Richtungswechsel, gekrümmte ein- oder zweiläufige Treppe, Treppe mit gewendeltem An- oder Austritt, viertel- oder halbgewendelte Treppe, Wendeltreppe als Spindeltreppe oder als Hohltreppe mit einem Treppenauge. Die Lauflinie (Treppenlauflinie) ist eine gedachte Linie in der Mitte der Stufenbreite. Das Geländer der Treppe (Treppengeländer) ist brüstungshoch mit einem Handlauf als oberem Abschluß.
Treppenfries, treppenartige Schmuckform auf den Schwellen niederdeutscher Fachwerkhäuser.
Treppengiebel, Staffelgiebel, Katzentreppe, abgetreppter G. → Abb. S. 192.
Treppenleiter, steile Leitertreppe.
Treppenloch, Treppenluke, Treppenöffnung, Öffnung in der Balkenlage oder der Decke für die Treppe.
Treppenpfosten, Treppensäule, Stützen unter Treppen oder Treppenpodesten.
Treppenpodest, Treppenabsatz, Treppenflötzen, Treppenpritsche → Podest → Treppe.
Treppenschnecke, Wendeltreppe.
Treppenspindel, Spille, die Spindel einer gewendelten Treppe.

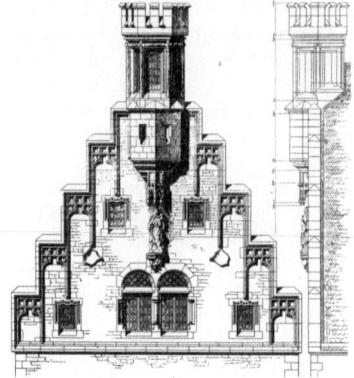

Treppen- oder Stufengiebel mit bekrönendem Turmaufsatz.

Treppenumlauf, ein voller Umlauf (360°) der gewendelten oder mit Podest unterbrochenen Treppe.
Treppenwechsel, der das Treppenloch begrenzende Balkenwechsel.
Treppenzarge, steinerne Treppenwange, bes. bei Freitreppen.
Triangulation, Einteilung in Dreiecke zur Messung einer Fläche.
Triangulatur, Ermittlung von Maßsystemen oder Grundrissen mit Hilfe ineinandergestellter Dreiecke.
Tribock, Dreibock.
Trichtergewölbe, → Gewölbe in Form eines halben Hohlkegels mit der Öffnung nach unten.
Triforium, Dreibogen, Drillingsbogen, Arkade mit dreifacher Öffnung.
Triftstein, Grenzstein.
Trippdiele, Drippdiele → Traufbrett.
Trippelschiefer → Polierschiefer.
Tripphaken, Dripphaken → Aufschiebling.
Triptychon, dreigefaltetes Gemälde, Flügelaltar mit zwei Flügeln.
Trittschall, Körperschall, der z. B. durch das Gehen entsteht.

Tritze, Rollenzug und Winde.
trockener Kalk → Bindekalk.
Trockenfäule, ausgetrockneter Naßfäuleschaden → Fäulnis.
Trockenkammer, Trockenapparat, Trockengerät, Kammer zur künstlichen, d. h. schnelleren Holztrocknung.
Trockenlegung, 1. Maßnahmen wie Drainage zur Austrocknung sumpfiger Böden. 2. Maßnahmen zur Absperrung bes. durch kapillar aufsteigendes Wasser feuchter Mauern, wie → Mauertrennung → Verkieselung oder elektrophysikalische Verfahren.
trockenlöschen → Kalk.
Trockenmauer, Dahlmauer, kalte Mauer, Mauer aus lose aufeinandergesetzten, aber gut zusammengefügten Steinen ohne Vermörtelung.
Trockenöl → Firnis.
Trommel → Tambour → Säule.
Trommelstein, Teil eines Säulenschaftes → Säule.
Trompe, Fläche mit doppelter Krümmung über einer gemauerten Ecke als Eckwölbung, z. B. beim Übergang von einer quadratischen zu einer runden Form.
Trompetengang, langer Balkon.
Trottoir, Bürgersteig.
Trudenfuß, Trutenfuß → Drudenfuß.
Trummbalken, Trumpfbalken, ausgewechselter Balken.
Trümmermauerwerk → Füllmauerwerk.
Trummholz, Beiträger, Kragholz, Sattelholz, Schirrholz, ein auf einen Ständer (Stütze, Stiel) aufgezapftes oder eingehalstes Holz zur Verringerung der Spannweite eines Unterzuges, Trägers oder Balkens → Sattelholz.
Trummsäge, Trommsäge → Schrotsäge.

Trümpel → Drempel.
Trumpf, Balkenwechsel, der in die durchgehenden Balken eingezapfte Wechsel.
Tuckstein → Tuff.
Tudorbogen, stark gedrückter Spitzbogen → Bogen.
Tuff, Tuffstein, Tuf, Tof, Toph, Tuckstein, porenreiche Steinarten wie Kalktuff und Basalttuff.
Tuffwacke, vulkanischer Tuff → Puzzolanerde oder → Traß.
tünchen, das Streichen mit Tünchkalk (Kalkmilch) oder einem Gemisch aus Kalk mit feinem Sand.
Tüncher, Putzmaurer, Handwerker, der Kalkmilchanstriche oder Kalkputze auftrug; der Beruf ist im Maler oder Stukkateurberuf aufgegangen.

Tüncher bei der Arbeit. Der Beruf ging in den Berufsbildern von Malern und Stukkateuren auf.

Tünchscheibe → Handbrett.
Tünchung, Tünchschicht, die letzte feine Schicht dreilagiger Putze mit Kalk oder Gips als Bindemittel, auch das Aufbringen dieser Schicht.
Tüpfelputz, Krausputz, Häufchenputz, Putz, der mit der Kelle so angeworfen wird, daß aus jedem Kellenwurf eine kleine Erhöhung entsteht.
Tür, Eingang oder Durchgang in Wänden und Mauern, Eingang zu Gebäuden, Verbindung zwischen Räumen. Die Türöffnung wird begrenzt von dem unteren Abschluß, der Türschwelle, der seitlichen Türlaibung oder dem Türgewände und dem oberen Türsturz oder Bogen. Die Laibung und der Sturz sind – außer bei sichtbaren Steingewänden – meist mit einem Türfutter versehen, an das auf beiden Seiten in der Wandflucht eine Bekleidung (Türbekleidung) anschließt. Der oder die Türflügel (Tür, Türblatt) sind in einem an der Wand befestigten Rahmen (Türstock, Türzarge, Zarge) oder bei einfachen Türen am Futter

Ausbildung von Rahmen und Füllungen bei gestemmten Rahmentüren (eingestemmten Türen) stumpf, »auf Hobel«, »auf Fase« und überschoben.

angeschlagen. Das Querstück bei Türen mit einem getrennten Oberlicht heißt Türkämpfer. Man unterscheidet Türen nach ihrer Anschlagsart in: rechts oder links angeschlagene Tür, zweiflügelige T. mit zwei Flügeln,

Türschild

Schwing- oder Pendeltür, nach beiden Seiten aufschlagend, Drehtüre, die sich um eine Mittenachse dreht, Hebetür, die vor dem Drehen angehoben wird, und Schiebetür. Weiter wird unterschieden nach Lage und Funktion der Tür in Hauseingangstür, Haustür, Eingangstür, Wohnungstür, Innentür, Flurtür, Kellertür, Gartentür, Fenstertür, und → Tapetentür sowie nach Material und Konstruktion in Holz-, Stahl-, Aluminium-, Glas-Ganzglas- und Kunststofftür, Lattentür, Rahmentür (eingestemmte Tür, Füllungstür), Brettertür, Sperrholztür.

Türschild, Schlüsselblech.

Turbine, horizontales Wasserrad an vertikaler Welle, früher in einfachen Ausführungen auch aus Holz, heute bes. die großen Stahlturbinen zum Umsetzen von Wasserkraft in elektrische Energie.

Türkischrot, Purpurrot, vielfach aus Krapp (Färberwurzel) hergestellt.

Turmdach → Helmdach.

Turmfalzziegel, biberschwanzähnliche Ziegel mit Falzausbildung für Turmdächer.

Türsturzriegel, Riegel als Türsturz.

Tusche, Tuschfarbe, 1. Täfelchen der Aquarellfarbe. **2.** schwarze Aquarellfarbe. **3.** Zeichentusche.

Tuschmanier, Schattierung mit Tusch- oder Wasserpinsel.

Überbau, Überbauung, 1. allg. die Auskragung. **2.** die Auskragung, die über die Grundstücksgrenze reicht.

Überblattung, Aufblattung mit weniger tiefen Blattsassen, so daß die beiden überblatteten Hölzer nicht miteinander bündig sind.

Überdeckung, überschießen, Übergreifen von Dachziegeln oder Schiefer über die nächste Schicht.

überfalzen, Verbindung zweier Holzteile, indem an jedes ein Falz angearbeitet wird.

Überfangglas, Tafel- oder Trübglas mit einer Schicht farbigen Glases homogen verbunden.

Übergangszeit, nach Walbe die Zeit des konstruktiven Übergangs von mittelalterlichen zu neuzeitlichen Fachwerkkonstruktionen, etwa zwischen 1470 und 1550.

Überhang → Auskragung.

überhobener Bogen, überhöhter Bogen → Bogen, dessen Scheitelhöhe größer als die halbe Spannweite ist.

überhöhen, 1. Tragwerksteile bei der Errichtung mit einem kleinen Stich versehen, damit sie später nicht durchhängen. **2.** eine Umfassungsmauer über die Dachbalken höher führen.

überjährig ist ein altes, nicht mehr gut wachsendes Holz.

überkämmen → Holzverbindung durch einen Kamm.

überklaiben, mit Lehm putzen.

Überkragung, Ausladung, z. B. eines vorgebauten Geschosses – im Gegensatz zur Auskragung z. B. eines Balkens.

Überlage, 1. Eisen in Stangen- oder

Bandform als Sturz über Fenster und Türen. **2.** Ausladung von Konsolen.
überrappen, mit Rauhputz (Rapputz) überputzen.
Überschar, obere Lage Dachziegel.
überscheiten, überblatten.
Überschneidung, Verbindung von zwei sich kreuzenden Baugliedern, wobei das eine durch das andere gesteckt wird (statt z. B. einer Gehrung).
übersetzen, einen oberen Mauerteil über einen unteren vorspringen lassen.
Überstich, ausladendes Teil eines übergekragten Geschosses.
Übertür, ält. Bez. für eine zweite in eine Türöffnung gesetzte Tür (als Lärm- oder Kälteschutz).
überwölben, 1. einen Raum mit einem Gewölbe überspannen. **2.** ein Gewölbe höher als seine halbe Breite ausführen. **3.** fehlerhaft die ersten Wölbsteine zu stark in Keilform ausführen.
Überwurf, Schließband, Schließeinrichtung, heute ausschließlich aus Metall, früher auch aus Leder oder Holz, aus einer Lasche bestehend, die über eine Öse (Haspen) greift, wobei nach dem Schließen ein Vorhängeschloß durch die Öse gesteckt wird.
Überzug, Oberzug, Oberbalken, 1. Balken, z. B. über einer Balkenlage, an dem die Lasten, z. B. Balken, unten angehängt sind; wurde und wird vielfach auch nachträglich bei angegriffenen Konstruktionen eingebaut. **2.** Überzug wird auch für »übergezogene« Putz- oder Anstrichschichten verwendet.
überzwerchen, Holz nicht in Faserrichtung, sondern senkrecht zur Faserrichtung hobeln.
U-Eisen, Profilstahl mit U-förmigem Querschnitt.

Uferweide, heimische Baumart, die zur Befestigung der Ufer von Bächen und Flüssen angepflanzt wurde. Die Zweige sind ein gutes Material für Bindearbeiten und Flechtwerk.
Uhlenloch, offenes Rauchabzugsloch in der Spitze des Giebeldreiecks.
Ulme, Rüster, heimische Holzart mit zahlreichen Unterarten wie Gemeine Ulme (Feldrüster, Leinbaum, Ilmbaum, Korkrüster, Urla, Fliegenbaum, Bastulme, Efferbaum, Elve, Rust), Rauhe Ulme (Wasserulme, Urle, glattblättrige Ulme, Stockwieke, Bauulme, weiße Wasserrüster, Rauhlinde, Flatterrüster), Korkulme und Traubenulme; Ulmenholz ist bei jungen Bäumen hell, später wird es dunkel geflammt, je nach Art hart und zäh, wird wenig von tierischen Holzschädlingen angegriffen. Die Dichte beträgt im trockenen Zustand etwa 0,60 bis 0,90 g/cm^3. Wegen seiner schönen lebhaften Maserung wird es für Möbel- und Innenausbauarbeiten verwendet.
Ultramarin, Ultramarinblau, sattes blaues Pigment, das natürlich als schwefelhaltiges Natrium-Aluminiumsilikat (Natron-Tonerdesilikat), z. B. Lapislazuli, vorkommt; sehr beständig (außer gegen Säuren) und lichtecht.
umbauter Raum, Rauminhalt von Gebäuden einschl. der Wände und Decken in m^3.
Umblei, Umschlagblei, Glaserblei → Fensterblei.
Umbra, Umber, Umbraun, Umbererde, Bergbraun, ein lichtbraunes Okker, natürliches Pigment auf der Basis manganhaltiger Erdfarben (Gemenge aus Ton, Eisenoxid und Manganoxidhydrat); wird je nach ihrem Fundort benannt, z. B. Kölner Umbra, italie-

nische Umbra, englische Umbra, als gebrannte Umbra verstärkt sich der Farbton zum Rotbraun. Da die natürliche Umbra viel Wasser saugt, wurde sie nicht nur als Farbstoff, sondern auch als Trocknungsmittel zugesetzt; in vielen Varianten auch künstl. hergestellt.

Umgebindehaus, Holzhaus mit einem Erdgeschoß in Blockbauweise und einem oder mehreren Obergeschossen in Fachwerk.

Umleimer, um ein flaches Werkstück, wie eine Platte oder Tischplatte, geleimte Leiste.

Umschlageisen, Werkzeug zum Blechbiegen.

Umschrot, ält. Bez. für Brüstung und Geländer.

ungesäumt, unbehandeltes Rundholz.

unregelmäßiges Schichtenmauerwerk, Schichtenmauerwerk aus Hausteinen, die mind. 15 cm tief und rechtwinklig bearbeitet sind.

Unregelmäßiges Schichtenmauerwerk.

Unterbau, früher der unter der Erdgleiche liegende Teil eines Bauwerks, wie Gründung oder Keller, heute auch für Aufständerungen, Aufschüttungen usw. über der Erdgleiche gebraucht.

Unterdecke, nicht tragende, unter einer tragenden Decke befestigte, z. B. abgehängte Decke.

Unterdrain → Drainage.

unterfangen, unterstützen eines nicht mehr sicheren Bauteils.

Unterfries, Unterbeistoß, das untere Querstück einer eingestemmten (Rahmen-)tür.

unterfüttern, mit Holz unterlegen oder Steinen oder Sand unterstopfen.

Untergeschoß, Unterstock, früher das Erdgeschoß, heute allg. ein Geschoß unter dem Erdgeschoß.

Untergesims, Fußgesims.

Untergurt, bei einem Vollwand- oder Fachwerkträger der untere Gurt.

Unterkirche → Krypta, bes. eine große Krypta.

Unterriegel, der unterste → Riegel einer Fachwerkwand.

Unterschenkel, das waagerechte Unterstück, z. B. bei Fensterfutter und Fensterflügel → Wetterschenkel.

unterschwellen, eine bestehende Fachwerkwand mit einer neuen Schwelle versehen.

untersteifen, abstützen.

Untertür → Blindtür.

unterwölben, durch ein Gewölbe stützen (z. B. eine Wendeltreppe).

unterziehen, ein Bauteil (meist nachträglich) unter ein anderes einbauen.

Unterzug, Unterzugsbalken, Unterzugsträger, Durchzug, oberd. **Rußbaum,** tragendes Konstruktionsglied, bes. starker Balken zur Unterstützung von Deckenbalken und Decken.

Unterzugsständer, Ständer (Säule) unter einem Unterzug.

Urgipsstein → Alabaster.

Urwellhammer, Blechhammer zum Ausschmieden von Blechen, auch Urbelhammer genannt.

Utleger, Utlegger, Utligger (nordd.) → Ausleger.

Utlucht (nordd.), Auslucht, Vorbau, bes. bei den städtischen Ausprägungen niederdeutscher Fachwerkhäuser.

Utsteke (nordd.) → Erker.

Vandyksbraun →Kasseler Erde.
Vaterschraube, Schraubenspindel im Gegensatz zur Mutter.
Velourtapete, ält. Tapetenart; mit gemahlener Schurwolle bestreut.
venezianisches Blau, im Mittelalter in Venedig hergestellter himmelblauer Farbstoff.
Ventil, allg. Vorrichtung zum Verschließen von Öffnungen, z. B. in Rohren, die meist den Durchlauf oder Durchfluß in nur einer Richtung zulassen.
Verankerung, Verbindung zweier Gegenstände mit einem →Anker.
verbandeln (südd.), ausfugen.
Verblattung, verblatten →Blatt, Holzverbindung, Hölzer mit einem Blatt verbinden.
verbleien, 1. Fensterscheiben in Blei fassen. **2.** Stahlanker in Stein mit flüssigem Blei eingießen.
verblenden, blenden, mit einem leichten oder dünnen Material verkleiden.
Verblendmauerwerk, Mauer aus Bruchsteinen, Ziegeln oder Beton mit einer Sichtfläche aus Verblendern oder Verblendziegeln.
verbohren, eine Fachwerkwand mit gebohrten Löchern und Holznägeln zusammenfügen.
verbrechen, ält. Bez. für →abfasen.
verbrennen des Kalks, gebrannter Kalk verbrennt z. B., wenn zuwenig Wasser beim Löschen zugesetzt wird.
Verbundfenster, Fenster mit zwei aufeinanderliegenden Flügeln in einem Rahmen. Zum Öffnen und Schließen bleiben die Flügel zusammen, zum Reinigen lassen sie sich öffnen.

Verbundsicherheitsglas, aus zwei oder mehreren Scheiben hergestelltes splitterbindendes Glas.
verchromen, überziehen von Metallgegenständen mit einer Chromschicht, bes. als Korrosionsschicht gegen Rost.
Verdachung, vorgeblendetes Dach über Tür- oder Fensteröffnungen.
verdecktes Schloß, Kastenschloß.
Verdollung, Holzverbindung mit Dollen (Dübeln).
Verdünnung, Verdünnungsmittel, flüssige, meist flüchtige Stoffe, die Anstrichmitteln bei der Fabrikation oder bei der Verarbeitung zugegeben werden, um sie leicht streichbar zu machen oder dem Streichverfahren (z. B. Spritzen) anzupassen.
Verfall, verfallen, Verfallungsgrat, die Verbindungslinie zwischen verschieden hoch liegenden Firsten bei zusammengesetzten Dächern.
Verfirstung, Verforstung, Sicherung des Firstes bei Strohdächern, z. B. durch Umschlagen der Strohbunde in die gegenüberliegende Dachfläche und Auflegen einer Lehm- oder Grassodenschicht auf den First; weniger gebraucht für die Firstausbildung aller anderen Dacheindeckungen.
verfugen, ausfugen.
verfüllen, ausfüllen, z. B. von Baugruben.
vergattern, 1. mit Gitter oder Gatter verschließen. **2.** mit Gitterlinien die Form von gebogenen, geschweiften Werkstücken wie Gewölben, Zwiebeltürmen oder Fledermausgauben zeichnerisch ermitteln.
Verglasung, die Gesamtheit der Fensterscheiben eines Fensters oder eines Gebäudes.
Vergoldung, das Überziehen von Werkstücken, Materialien und Ge-

genständen mit Blattgold. Holz, Leder, Papier, Stuck und Steine werden polimentvergoldet, d. h. auf einen vielfachen Leimanstrich erfolgt als Goldgrund, Vergoldergrund ein Polimentauftrag, z. B. aus Bolus, Blutstein, Graphit, Baumöl und Pergamentleim, auf den dann das Blattgold mit dem Anschießpinsel aufgedrückt wird oder mit einem Ölgrund (Glanzvergoldung, Glanzölvergoldung) aus Leinöl, Ocker, Schieferweiß und Mennige ölvergoldet wird. Metalle werden auf Öl- oder Firnisgrundierung vergoldet und Bronze, Messing sowie Silber in komplizierten Verfahren naß oder trocken feuervergoldet.

verjüngen, ein Material oder Werkstück dünner werden lassen.

verkalken, mit Kalkmörtel überziehen.

Verkämmung → Holzverbindung mit einem Kamm.

verkehlen, auskehlen.

Verkieselung, 1. allg. Bez. für die chem. Verbindung von Wasserglasbindemitteln mit dem mineralischen Untergrund. **2.** nachträgliche Durchtränkung eines Steins oder Mauerwerks mit Kieselsäure.

verklaiben, mit Lehm überziehen.

Verkleidung, Bekleidung, Belegen eines Baukörpers oder Bauteils mit einem dünnen Material.

verklinken, die überstehenden Nagelenden umschlagen.

Verkohlung, das Anbrennen von Pfosten, die eingegraben werden sollen, um eine verkohlte Schicht als Mittel gegen zu schnelle Fäulnis zu erhalten.

Verkröpfung, Unterbrechung des geraden Laufs eines Bauteils, z. B. eines Gesimses, um dieses um Vorsprünge, ein- oder ausspringende Ecken herumzuführen.

Verkupferung, Aufbringen eines Kupferüberzugs auf andere Metalle, meist galvanisch.

verlochen, in einem Holz ein Zapfenloch ausarbeiten.

verlorene Form, nennt man eine Form, die nach einem Formvorgang zerschlagen werden muß, also nur einmal gebraucht werden kann.

verpichen, mit Pech abdichten.

Verputz, 1. bei Mauerwerk → Putz. **2.** bei Holzarbeiten die letzte Überarbeitung.

Verputzhobel → Hobel.

Verputzmörtel, 1. Putzmörtel. **2.** (südd.) Tünchmörtel.

Verquaderung, Eckverquaderung, Darstellung von Gebäudeecken, Gewänden usw. mit Steinquadern oder gemalten oder gestuckten »Steinquadern«.

verreiben, reiben, Putz mit einem Reibebrett glätten.

verreißen → vorreißen.

verriegeln, Fachwerkwände mit → Riegeln versehen; nach der Anzahl der übereinanderstehenden Riegel heißen die Wände ein-, zwei- oder dreimal verriegelte Wand.

Versalie, Majuskel, Großbuchstabe.

Versatz, Versatzung → Holzverbindung, bei der ein Holz meist schräg mit seinem Hirnholz gegen das Längsholz eines anderen trifft und dort über seine ganze Fläche mit oder ohne Zapfen in geringer Tiefe schräg eingelassen ist; der Versatz wird bei der Übertragung von Schubkräften z. B. auf Dachbalken verwendet.

Verschiebeziegel, Dachziegel, die am oberen Ende so geformt sind, daß sie bei unterschiedlichem Lattenabstand mehr oder weniger über dem nächsten Ziegel übergreifen können.

verschlackter Basalt → Lungenstein.

Verschlagnagel → Brettnagel.
verschneiden, 1. besäumen. **2.** überschneiden. **3.** durch falsche Schnitte unbrauchbar machen.
Verschnitt, Verlust von Holz in der Längsrichtung bei der Verarbeitung; auch die Abschnitte selbst.
verschwächen, ein Material oder Werkstück an einer oder an bestimmten Stellen dünner arbeiten.
Verschwellen, eine Fachwerkwand mit einer neuen Schwelle versehen.
verschwerten, mit →Schwertern (als Aussteifung) versehen.
Versenker → Senkstift.
Versiegelung, Parkett- oder Dielenanstrich mit Kunstharzanstrichstoffen, die in das Holz eindringen und einen dicken Schutzfilm bilden.
Versilberung, das Überziehen von Werkstücken mit Blattsilber; geschieht auf die gleiche Art und Weise wie die →Vergoldung.
verstempeln, mit Stempeln (Stützen) unterstützen.
verstirnen, die Kanten eines Zapfens oder Balkenendes →abfasen.
verstreichen, die Fugen beim Mauern mit Mörtel ausfüllen.
Vertikalprojektion, Aufriß.
vertreiben, mischen von zwei nebeneinander aufgetragenen Farben mit dem →Vertreiber, so daß die Farben langsam ineinander übergehen.
Vertreiber, weicher Pinsel zum →Vertreiben.
Vertrumpfung, ält. Bez. für Auswechslung, z. B. in Balkendecken.
Verzahnung, Verdoppelung von Hölzern mit Zähnen auf der Langseite, mit der die beiden Hölzer zusammentreffen; in Verbindung mit Schraubenbolzen, welche die beiden Hölzer zusammenhalten, eine sehr wirkungsvolle Verstärkung der Tragfähigkeit.

Verzapfung →Holzverbindung mit Zapfen und Zapfenloch.
verziehen, bei einzupassenden Werkstücken das geringfügige Abweichen aus der Lot- oder Waagerechten, d. h. aus der Flucht.
verzimmern, Verzimmerung, die Bearbeitung des gebeilten oder gesägten Holzes zu Werkstücken für Fachwerk, Dachstühle usw.
Verzinkung, 1. Überzug von Zink auf anderen Metallen. **2.** Eckverbindung mittels schwalbenschwanzförmigen Zähnen (Zinken).
verzinktes Blech, Stahlblech mit einer Zinkauflage.
Verzinnung, Überzug von Zinn auf anderen Metallen.
Viale → Fiale.
Vielblatt, Kreis, der auf seiner Innenseite mit Spitzbogen besetzt ist.
Vieleck, Vielseit, Polygon, eine von einer beliebigen Anzahl gerader Linien eingeschlossene ebene Figur.
Vielpaß, Kreis, der innen mit mehreren Halbkreisen besetzt ist.
Vierblatt, aus vier Spitzbogen in einem Kreis zusammengesetztes Maßwerk.
Viereck, Vierseit, Vierkant, jede von vier geraden Linien begrenzte ebene Figur, wie Quadrat, Rechteck, Parallelogramm, Rhombe, Raute, Rhomboid und Trapez.
Vierfüllungstür, eingestemmte (Rahmen)-Tür mit vier Füllungen.
Vierfuß, Hakenkreuz, Fyrfos, Fylfot, Gnostikerkreuz, Thorskreuz, Tempeleisenkreuz, Baphometzeichen, aus dem sich drehenden Sonnenrad, der Sonnenscheibe, abgeleitetes germanisches Sinnbild, dem als Symbol höchste Kraft beigemessen wurde.
Vierort, Viereck oder vierzackiger Stern.

Vierpaß, Maßwerkfigur aus vier in einem Quadrat eingeschriebenen Halbkreisen.
Viertelhohlkehle, Hohlkehle in Form eines Viertelkreises.
Viertelkreishölzer, aus Fußbändern entwickelte viertelkreisförmige (Halb-)Hölzer zwischen Schwelle und Ständern, in der Spätgotik meist mehr schmückend angeordnet.
Viertelstab, in Form eines Viertelkreises profilierter Stab.
Vierständerkonstruktion, Vierständerbau, Hausgefüge im niederdeutschen Hallenhaus aus Quergebinden mit vier Ständern und einem Balken.
Vierung, wird im Kirchenbau durch die Kreuzung von zwei Hauptschiffen gebildet.
Vierungsturm, Zentralturm über der Vierung.
Vignette, urspr. Weinlaubverzierung, später die mit Laubwerk verzierten Initialen.
Viole, ält. Schreibweise für → Fiale.
Violett, Farbstoffe mit lila, blauroten oder veilchenblauen Tönen, durch Mischungen von Rot und Blau.
Visierstab, Visierlatte → Nivellierinstrument.
viskos, dickflüssig.
Vitriol, ält. Bez. für wasserlösliche Sulfate zweiwertiger Schwermetalle (Verbindungen von Schwefelsäure mit einem Metalloxid), wie blauer Vitriol (Kupfersulfat), grüner Vitriol (Eisensulfat) und weißer Vitriol (Zinksulfat); Vitriole wurden schon im Barock als Holzschutzmittel eingesetzt.
Vivianit → blaue Eisenerde.
Vlämisches (Flam.) Dach → Dach oder Gaubendach mit Segmentbogengiebel und flachem Satteldach.
VOB, Verdingungsordnung für Bauleistungen, allg. Regeln für die Vergabe, Durchführung und Abrechnung von Bauleistungen, einschl. den Vertragsbedingungen.
Vogelbeere → Eberesche.
Vogelperspektive, Vogelschau, Ansicht von schräg oben.
Vogelzunge → Feile.
vollkantig, durchgehend mit scharfen, vollen Kanten versehen.
Vollmauer, volles Mauerwerk im Gegensatz zu Füllmauerwerk.
Vollwandträger, Träger mit vollem Steg zwischen den Gurten, z. B. hölzerner Vollwandbinder mit I-Profil.
Vollzirkelbogen, Halbkreisbogen.
Volumen, Rauminhalt.
Volute, beidseitig spiralförmige Einrollung, z. B. an Kapitellen.
Vorbehaltshaus → Austragshaus.
Vordach, auf Konsolen vorgekragtes Dach.
Vorderzange, die vordere Zange der Hobelbank.
Vorfenster, das vordere Fenster eines Kastenfensters, mehr aber das im Winter vorgesetzte (Winter-)fenster.
Vorgehänge, Schlüssellochklappe.
Vorhangbogen → Sternbogen.
Vorholz, Vorkopf, das Maß des Holzes vom Versatz oder Zapfenloch bis zum Kopf (Hirnholz), auch das Holz selbst.
vorkragen, auskragen, vorstehen, ausladen.
Vorlage → Mauervorlage.
Vorlaube, offene Vorhalle auf Pfeilern oder Säulen.
Vorlegeschloß, Vorhängeschloß.
Vormauerziegel → Ziegel.
Vorreiber, einfacher → Fensterbeschlag zum Fixieren der geschlossenen Flügel.
vorreißen, verreißen, vorschreiben, das Anzeichnen von Abschnitten, Verbindungen usw. auf Werkstücken.

Vorsatzladen → Fensterladen.
Vorsatzmauer → Futtermauer.
Vorschauer (nordd.), einseitiger oder zweiseitiger Vorbau seitl. dem Dielentor, dem großen Einfahrtstor am niederdeutschen Hallenhaus.
Vorschieber, verschiebbarer Riegel.
vorschießen (mitteld.), Vorstehen einzelner Steine vor der Mauerflucht, ebenso einzelner Balkenköpfe.
Vorschlagblech, über die oberen Ziegelreihen z. B. unter einem Dachfenster angebrachte Blechstreifen, um das Eindringen von Wasser in die Fugen zu verhindern.
Vorschlagebrett, ält. Bez. für Stirnbrett.
Vorschlaghammer, Vorschlage, Treibfäustel, Treibschlägel, großer beidhändig zu führender Hammer.
Vorschwelle, breite niedrige Stufe vor der Türschwelle.
Vorsetzläden, Brettafeln, die in Nuten vor Türen und Fenster gesetzt und durch vorgelegte Eisenschienen und Vorlegeschlösser gesichert werden.
Vorstich, Ausladung.
Vorstoß, Vorstoßblech, an den Schalungskanten angenageltes Blech, um das die Bleche einer Dachdeckung umgebogen werden.
vorstreichen → grundieren.
Vortreppe → Freitreppe.

Waagbrett, Waagscheit → Setzwaage.
Wachs, fettartige Stoffe tierischen (z. B. Bienenwachs) und pflanzlichen (z. B. Baumwachs, Palmwachs) Ursprungs; werden im Bauwesen bes. zum Bohnern und Polieren verwendet.
Wachsfarbe, Farbe mit Wachs als Bindemittel, entweder als Wachsleimfarbe oder als Wachsölfarbe, wobei das Wachs in Terpentinöl gelöst wird; W. konnte nur für Innenanstriche verwendet werden.
Wachsfirnis wurde aus Pottaschenwasser, Wachs und Weinsteinöl hergestellt.
Wachsmalerei, Malerei mit meist heißen (geschmolzenen) Wachsfarben, auch als Enkaustik bez.
Wacke, aus der Verwitterung von Basalt u. a. Steinarten entstandene Steine; bedingt für das Bauwesen geeignet.
Wagenwinde → Fußwinde.
Waldesche → Ahorn.
Waldhammer, Waldeisen, Hammer, dessen eine Bahn als Stempel zur Bezeichnung der Stämme gearbeitet ist; auch Malaxt und Baumstempel genannt.
Waldkante, Baumkante, Schalkante, Wahnkante, Wahnecke, Wahnholz, Stück der ursprünglichen Rundung an gebeiltem oder gesägtem Holz.
Wälgerdecke, Wälgerholz, Wälgerwand → Wellerdecke.
Walm, Walmdach, Walmseite, Hammende, selt. Schopfdach, statt eines senkrechten Giebels mit Neigung, meist steiler als die Traufseiten versehenes Dach der »kurzen« Dachseite.
Walmgewölbe, Klostergewölbe → Gewölbe.
Walmziegel → Gratziegel.
Walzblech, Walzblei, gewalztes Stahlblech oder Blei.
Walzfeile → Feile.
Wand, man unterscheidet nach der Funktion u. a. in Außen-, Umfassungs-, Scheide-, Mittel- und Trennwand, nach dem Wandmaterial u. a. in Steinwand, Holzwand, Block-

wand, Bohlwand, Spundwand, Schrotwand, Brettwand, Lehmwand, Fachwand und Riegelwand.
Wandarkade →Blendarkade.
Wandbalken, auf einer Wand oder an einer Wand liegender (Streich-)balken.
Wandbild, Wandgemälde, Wandmalerei, Malerei direkt auf die Wand, z. B. Fresko, Wachsmalerei, A tempera, Sgraffito.
Wandbogen →Schildbogen.
Wandelstiege, Wandeltreppe, romanische Treppe ohne Stufen.
Wandfach, ein Gefach in der Fachwand.
Wandkehle, Einkehlung an einer Mauer, auch Schoßrinne genannt.
Wandmalerei →Wandbild.
Wandpfeiler, aus der Wandflucht vortretender Pfeiler.
Wandrahmen →Rähm.
Wandsäule, aus der Wandflucht vortretende Halb- oder Dreiviertelsäule.
Wandständer, Wandstiel, Ständer zwischen Bund- und Eckständern.
Wandstreifen →Lisene.
Wandträger, Balken auf Kragsteinen, der als Auflager für die Balkenlage dient.
Wange, Seitenwange, allg. Seitenteile, Seiten, bes. die Treppenwangen, auf denen die Stufen aufgesattelt oder in welche die Stufen eingezapft sind.
Wangebrett, dünne Wange.
Wangenhobel →Hobel ähnlich einem Simshobel.
Wangentreppe, in Wangen eingestemmte oder auf Wangen aufgesattelte Treppe.
Warmdach, meist flaches Dach, bei dem die Dachdecke, die Dachdämmung und die Dachhaut ohne größeren Luftzwischenraum in einer konstruktiven Einheit aufgebaut sind.

Warzenschwamm →Holzschädlinge.
Wasserblei →Graphit.
Wasserdampf →Kondensation.
Wasserdampfdurchlaßwiderstand, Faktor, der die Verringerung der Wasserdampfdurchlässigkeit eines Stoffs ausdrückt.
Wasserdampfsättigungsdruck, nach Überschreiten des Sättigungsdrucks fällt Kondensat aus.
Wasserfarbe, Aquarellfarbe, wurde früher nicht nur auf Papier angewandt, sondern z. B. auch zur Bemalung von Holz in Innenräumen.
Wasserglas, Alkalisilikat, z. B. Kaliwasserglas, das als Bindemittel für →Silikatfarben dient.
Wasserkalk, hydraulischer Kalk.
Wasserkünste, alle Arten künstl. angelegter Seen, Teiche, Kaskaden und Springbrunnen.
Wassermörtel, hydraulischer Mörtel.
Wassernase, an den Unterseiten hervortretende Bauteile, wie Gesimsplatten oder Wetterschenkel, kurz hinter der Vorderkante eingearbeitete Nut, die das Wasser abtropfen läßt; die Nut heißt Wasserrinne, der vordere Rand ist die eigentliche Wassernase.
Wasserschenkel →Wetterschenkel.
Wasserschlag, die schräge Abdachung von Gurtgesimsen oder Strebepfeilerabsätzen.
Wasserspeier, früher häufiger statt eines →Fallrohres gebrauchte Art der Wasserabführung aus der Dachrinne in Form eines fast waagerecht vom Gebäude wegführenden Rohres oder einer Rinne von ca. einem halben bis einem Meter Länge, aus dem das Wasser in möglichst weitem Bogen vom Mauerwerk frei abfloß. Die Wasserspeier sind oft in Kopf-, Fisch- oder Drachenkopfform zu ausgesproche-

nen Schmuckgliedern ausgebildet worden.
Wasserulme, Wasserrüster → Ulme.
Wasserwaage, ca. 60–80 cm langes Gerät aus Holz, Kunststoff oder Metall mit → Röhrenlibellen zur Messung und Prüfung der »Waagerechten« und »Lotrechten«.
Wechsel, Auswechslungen in Balkendecken und Sparrenlagen durch einen, in einen oder zwei durchgehende Wechselbalken (Wechselsparren) seitlich eingezapften Wechsel, der wiederum ein oder mehrere Trumpfhölzer aufnimmt.
Wechselziegel → Mosaikziegel.
Weede, Wehde → Bindeweide.
Weichbrand, Weichstein, nur »weich« gebrannter Ziegel → Bleichstein.
weiche Dachdeckung, Dacheindeckung aus Stroh, Reet oder Dachpappe.
Weide, heimische Holzart in vielen Varianten wie Kronen-, Silber-, Baum-, Bitter-, Schäl-, Gerber-, Welge- und Weiße Weide, fast alle mit weichem, mürbem und deshalb für Bauzwecke ungeeignetem Holz; die Zweige der Sal-, Ufer-, Bach- und Rasenweiden eignen sich gut für Geflecht und Flechtwerk.
Weingeistfirnis, durch Lösen von Harzen in Alkohol gewonnener → Firnis.
Weinrebenschwarz, schwarzer Farbstoff aus verkohlten Weinreben.
Weißbinder, Weißner, Weißtüncher, Handwerker, der bes. Stuben geweißt hat → Tüncher.
Weißblech, weißes Blech → verzinntes Blech.
Weißblechdach, Eindeckung eines Metalldaches mit verzinnten Blechen.
Weißbuche → Buche.

Weiße, Kalkmilch zum Weißen.
Weißfäule, 1. Befall pflanzlicher Holzschädlinge an lebenden Stämmen. **2.** → Fäulnis.
Weißkalk → Kalk.
Weißquast, großer Pinsel, Bürste zum Weißen.
Weißrüster → Ulme.
Weißstuck → Stuck, Stucco lustro.
Weißtanne, Edeltanne → Tanne.
Weitstab, Weitstock, der auch Kreuzstab genannte Kämpfer im → Fenster.
Welcher-Verband → Mauerverband.
Welgerdecke, Welgerholz → Wellerdecke.
Wellblech, Wellenblech, Wellblechdach, in Wellen gewalztes Zinkblech oder verzinktes Blech, wird bes. zur Dachdeckung von Schuppen und einfachen Gebäuden verwendet.
Welle → Karnies.
Wellenverzierung, Wellenzug, Verzierung durch starke gewellte Linien.
Weller, Welger, Wälger, allg. dünner Wulst, bes. der mit Strohlehm umwikkelte Stock (Staken), das Wellerholz.
Wellerdecke, Welgerdecke, Windelboden, Wellerwand, Decke oder Wand aus einzeln mit Strohlehm umwundenen Stakhölzern, die dann dicht nebeneinander in die Nuten der Balken oder Fachwerkhölzer eingefügt wurden.
Wellerwand, urspr. nur die Wand aus Wellerhölzern, später auch für Strohlehmstakungen und Lehmwände, die frei mit der Hand oder der Gabel aufgeführt oder eingeschalt wurden.
Wellerzug, Strohlehm, Klaiberlehm.
Welsche Haube, Turmdach mit zwiebelartig geschweiftem Profil, wobei dieses Profil aber schwächer als bei der Zwiebel ausgebildet ist.
Wendelbaum, Treppenspindel → Treppe.

Wendelstufe, gewundene Stufe, gewendelte, d. h. sich zur Spindel oder zum Treppenauge verschmälernde Stufe einer Wendeltreppe.
Wendeltreppe, Schneckenstiege → Treppe.
werfen, die Bewegungen von Holzteilen, bes. von Teilen, die der Witterung ausgesetzt sind.
Werg, Werrig, Wirrig, Hanf- oder Flachsfasern zum Ausfüllen von Fugen, zum Abdichten (Kalfatern).
Werkfuß, Werkschuh, Baumaß → Maß- und Gewichtstabelle.
Werkholz, Nutz- oder Bauholz.
Werkmaß, ält. Bez. für das am Bau gültige Maßsystem.
Werkriß, Bauzeichnung.
Werksatz, das Anlegen oder Anreißen eines Dachverbands auf der Zulage.
Werkstein, früher ausschließlich ein glatter, roher, aus Bruchstein gefertigter Haustein, heute der steinmetzmäßig bearbeitete Natur- oder Kunststein.
Werkstück, allg. die Arbeit, bes. der mit Profilen ausgeformte behauene Stein.
Westchor, der zweite Hauptchor am Westende einer Kirche, in Deutschland erstmalig in Fulda 755 errichtet.
Wettbretter → Nutschindeln.
Wetterableiter, Wetterstange → Blitzableiter.
Wetterbeständigkeit, wetterfest, die wichtigsten Eigenschaften, die Baumaterialien, die der Witterung ausgesetzt sind, erfüllen müssen.
Wetterbrett, 1. kleine Verdachung zum Wetterschutz. **2.** → Nutschindel. **3.** hölzerne Sohlbank zur Abdeckung der Fensterbrüstung auf der Außenseite.
Wetterdach, leichtes Dach oder Vordach.

Wetterfahne, Anemoskop, Windfahne, Windzeiger, Dachfahne, Drehfahne, kleine Fahne aus Metall, oft mit Baudatum oder Monogramm geschmückt, leicht um die eigene Achse drehbar, auf Dächern oder Turmdächern zum Anzeigen der Windrichtung.
Wetternase → Wetterschenkel.
Wetterschenkel, das untere, nach außen verbreiterte Querstück eines Fensterflügels, um das Eindringen von Schlagregen durch den Falz zu verhindern; auf der Unterseite ist der Wetterschenkel mit einer Wassernase versehen; nach dem Einbau von Regenschutzschienen verzichtete man auf Wetterschenkel.
Wetterseite, die der Hauptwindrichtung zugewandte Seite eines Gebäudes oder Bauteiles (meist Nord-Nordwest oder Westseite).
Wetterstuck, dauerhafter Putz aus 2–3 Teilen grobem Sand und 1 Teil trocken gelöschtem und dann eingesumpftem Graukalk.
Wetzkopf → Spitzhammer.
Wetzstein, Barbierstein, Streichschale, Abziehstein, natürlicher Wetzschiefer oder aus gemahlenem Schiefer oder Sandstein geformter und gebrannter, mit Öl getränkter Stein zum Nachschleifen der Grate oder Feinschleifen der Werkzeuge.
Wickeldecke, Windelboden → Wellerdecke.
Widerlage, Widerlager, Widerlagslinie, Widerlagsmauer, Widerlagspfeiler, Widerlagsstein, Widerlagswand → Gewölbe → Bogen.
Wiede, Wippe → Bindeweide.
Wiener Kalk, Poliermittel aus gebranntem Dolomitkalk.
Wiener Lack, rotfarbige Lacke → Karminlack.

Wiener Tasche → Biberschwanz, der unten waagerecht abgeschnitten und mit abgerundeten Ecken versehen ist. Wird in Österreich und Süddeutschland verwendet.
Wiener Weiß, feine weiße Kreide.
Wiepe, 1. Strohbündel zum Eindecken von Strohdächern. **2.** Strohwisch, der unter und zwischen die Dachziegel gedeckt wird.
Wiesenreis → Bieselreis.
wilde Deckung → Schiefer, Schieferdeckung.
wilder Verband → Mauerverband.
Wimperg, Wimperge, Wimberg, Windberge, Bischofsmütze, gotischer Ziergiebel über Eingängen und Fensteröffnungen; mit Kriechblumen besetzt und oft von Fialen flankiert.

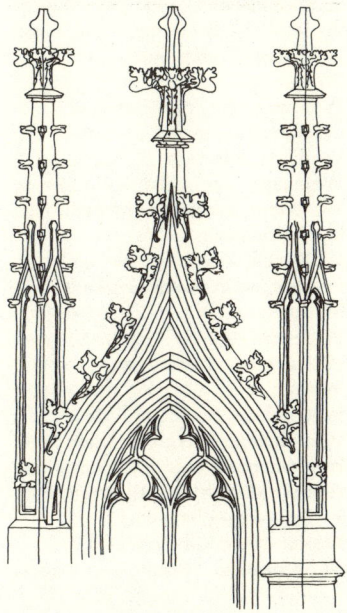

Wimperg und Fialen, mit Krabben besetzt und mit Kreuzblumen bekrönt.

Windband, Kopfband oder längeres Schrägband im Dachstuhl.
Windbrett, Windfeder, 1. → Ortbrett. **2.** → Nutschindel.
Windbruch, Windfall, Windschlag, Windwurf, Baumbruch, durch Wind oder Sturm abgebrochene oder entwurzelte Bäume.
Winde, vor der Einführung von Aufzügen, Baukränen und Autokränen waren die Winden wichtiges Gerät für viele Handwerker; man unterschied bes. Wagen-, Fuß-, Stock- oder Handwinde, Göpel oder Erdwinde, liegende Winde oder Haspel und den Windebock.
Windeisen, das bei bleiverglasten Fenstern quer vor der Scheibe liegende dünne Eisen, welches das Blei mit den Rahmenstücken verbindet, zur Unterstützung bei Winddruck.
Windelboden, Pressdecke → Wellerdecke.
Windeltreppe → Wendeltreppe.
Windeluke, Dachluke, die für eine Winde mit Seil eingerichtet ist, das kleine Dach über dem Ausleger heißt Windendach.
Windelwand, Bleichwand → Wellerwand.
Windfang, Wand hinter einer Eingangstür, um beim Türöffnen und -schließen Zugluft vom Innenraum abzuhalten.
Windklötze, Latten zur Sicherung des Firstes bei Stroh- und Reetdächern.
Windladen, 1. Windfang. **2.** Fensterladen.
Windlatte, Windrute, Windsparren, Windrispe, Schwertlatte, die schräg unter die Sparren genagelt oder oben auf den Sparren eingelassen ist, zur Längsaussteifung bes. von Sparrendächern.
Windrispe, urspr. die auch Windbock

windschief

genannte längsversteifende Wand unter dem First aus Säulen, Rahmen und Winkelbändern, später auch die Windlatte.

windschief, in zwei Richtungen schief.

Windschirm, 1. → Windfang. **2.** spanische Wand.

Windstrebe → Strebe am Ende einer Fachwerkwand.

Winkel, Anschlagwinkel, L-förmiges Werkzeug zum Auftragen der Risse.

Winkelband, 1. → Fensterbeschlag. **2.** → Fuß- oder → Kopfband.

Winkeldach, Dach, dessen Sparren am First einen rechten Winkel bilden.

Winkeleisen, Profilstahl in L-Form.

Winkelfasser, Winkelpasser → Schmiege.

Winkelholz, die Ecke zwischen Ständer und Schwelle (Fußwinkelholz) oder zwischen Ständer und Rähm (Kopfwinkelholz) ausfüllendes Holz.

Winkelklammer, im rechten Winkel gebogene Klammer.

winkelrecht, rechtwinklig, nach einem Winkel von 90° gestaltet oder in einem Winkel von 90° anstoßend oder überschneidend.

Winkelsparren → Kehlsparren.

Winkelstein, Ziegel in L-Form.

Winkelverbindung, Eckverbindung.

Winkelzapfen, über Eck gehender Zapfen → Holzverbindungen.

Winterfenster, das im Winter vorgesetzte Fenster.

Winterhandwerk, Bauhandwerker, wie Maurer, die im Winter ihrem eigentlichen Beruf nicht nachgehen konnten, hatten oft ein Winterhandwerk wie Hausschlachter oder Korbmacher.

wintern, das Ziegelrohmaterial, den Ton, einen Winter eingesumpft liegen lassen.

Wirbelbaum → Kiefer.

Wirrstrohdach, historische Dacheindeckung mit ungeordnetem (wirren) Stroh.

Wispel, Hohlmaß → Maß- und Gewichtstabelle.

Wittdischer (nordd.), Bez. für den Zimmermann in Norddeutschland, der im Winter auch Treppen, Türen und Fenster (weiße Tischlerarbeiten) fertigte.

Wittjen, mit Kalk weißen.

Wohn-Stall-Speicher-Haus, die Funktionen Wohnen, Stallen und Einspeichern sind in einem Haus, unter einem Dach vereinigt.

Wölbstein, Wölbziegel, Keilziegel, Bogenstein, keilförmiger Stein zum Gewölbemauern.

Wölbrichtscheit → Richtscheit.

Wölbscheibe, Lehrbogen aus einem vollen Brett oder aus einer vollen Bohle.

Wölbungslinie, Vertikalprojektion eines Schnitts durch das Gewölbe.

Wolf, 1. Bär oder Rammklotz. **2.** Wolfsrähm, der oberste Rahmen einer → Windrispe, also Firstrahmen, Firstholz.

Wolfsloch, Kropfeisen → Steinklaue.

Wolkenzug, Wolkenverzierung, Wellenverzierung.

Wragstein → Weichbrand.

Wrasenfang, Wrasenabzug → Rauchmantel.

Wuchtklotz, Hebelunterlage.

Würfelfries, schachbrettartiger Fries.

Würfelkapitell → Kapitell aus einem Würfel, dessen Seiten unten halbkreisförmig abgeschnitten sind.

Würfelschuh, Kubikfuß.

wurmförmiger Rustika → Bossenwerk.

Wurmfraß, Wurmstich → Holzschädlinge.

Xanthin, gelber Farbstoff, aus den Wurzeln der Färberröte.
Xanthophyll, Blattgelb.

Zackenbogen, Bogen, dessen Laibung in viele kleine Rundbogen geteilt ist.
Zähler, der Sortierer in den Schieferspalthütten.
Zahnblatt, Verbindung zweier gekoppelter Balken mittels einer Reihe von Zähnen.
Zahneisen, Zahnmeißel, Schlageisen der Steinmetze mit eingeschnittener Schneide.
zähneln, Steine ähnlich wie beim Scharrieren mit einem Zahneisen bearbeiten.
Zahnfries, Zackenfries, meist aus über Eck (stromweise) gestellten Ziegeln.
Zahnhammer → Stockhammer.
Zahnhobel, Furnierhobel → Hobel.
Zahnschnitt, Schmuckglied aus einer Leiste mit reihenweise vorstehenden kleinen Rechteckkörpern.
Zange, 1. jeweils zwei Konstruktionshölzer (Koppelbalken), die eine Konstruktion, wie ein Joch oder einen Dachstuhl, von beiden Seiten umgreifen und mit diesem verbolzt sind. **2.** allg. Begr. für alle Arten von Zangen wie Beißzange, Drahtzange und Schmiedezange.
Zapfen → Holzverbindungen.
Zapfenband, Holzverbindung aus Zapfen und Band (Blatt) kombiniert.
Zapfenloch, Fersenloch, zur Aufnahme des Zapfens gearbeitetes Loch.
Zapfennagel, Holznagel in einem verbohrten Zapfen.
Zapfensäge → Absetzsäge.
Zapfenschloß, durch das Zapfenloch durchgesteckter Zapfen, der mit einem Keil (Splint) gesichert (geschlossen) ist.
Zarge, allg. jede erhöhte Einfassung; im Bauwesen die als ganzes eingesetzte Tür- oder Fensterzarge.
Zaunwerk, Stakung mit Weiden- oder Haselnußgeflecht.
Zellengewölbe, Mützengewölbe → Gewölbe.
Zellulose, Holzfaser, Holzstoff oder Pflanzenzellstoff, die Wandungen der Holz- und Pflanzenzellen.
Zeltdach → Dachformen.
Zement, Bindemittel zum Herstellen hydraulischer Mörtel sowie von Beton. Natürliche Zemente, wie Romanzement aus einem engl. Kalkstein, Puzzolanerde aus vulkanischem Material von Pozzuolo, Trass, ähnlich der Puzzolanerde, aus Materialien vom Rhein, Santorinerde und Eifelzement mußten nur bis zur Entkarbonatisierung gebrannt werden und spielen heute bis auf den Trass praktisch kaum noch eine Rolle. Künstliche Zemente, insbesondere Portland- und Hochofenzemente, werden aus Mischungen mit den wesentlichen Bestandteilen Kalk, Kieselsäure und Tonerde bis zum → Sintern gebrannt. Die so entstandenen harten Zementklinker werden fein gemahlen. Dadurch, daß das Mischungsverhältnis genau festgelegt werden kann, werden sie in gleichbleibender Qualität hergestellt. Die Qualitätsanforderungen sind in Normen festgelegt.
Zementputz, Putz mit hohem Zementanteil oder ausschließlich Zement als Bindemittel.

Zentiliter, veralt. Hohlmaß, ein hundertstel Liter → Maß- und Gewichtstabelle.
Zentimeter, ein hundertstel Meter → Maß- und Gewichtstabelle.
Zentner, Gewichtsmaß, früher je nach Land schwankend zwischen ca. 50 und 58 kg, heute einheitlich 50 kg → Maß- und Gewichtstabelle.
Zentralbau, um ein Zentrum orientierter, meist runder oder gleichmäßig vieleckiger Bau im Gegensatz zu in einer oder mehreren Längsrichtungen angelegten Bauwerken. Besonders deutlich sind Zentralbauten im Kirchenbau ausgebildet, als Rund- oder Vieleckbauten um den Altar, das Zentrum. Bei den frühchristlichen bis zu den romanischen Kirchen kommen besonders häufig Zentralbauten vor, z. B. Kaiserdom in Aachen oder Michaelskirche in Fulda.
Zentralfuge, Lagerfuge, die zum Mittelpunkt von Bögen oder Gewölben zeigt → Gewölbe.
Zentralkuppel, Kuppel über einem Zentralbau oder über der Kreuzung von zwei Hauptschiffen → Kuppel.
Zentralturm, über einer Kuppel, mehr aber über der → Vierung angeordneter Turm.
Zickzackfries, einfach oder mehrfach angelegte Zickzacklinien als Friesschmuck.
Ziegel, Ziegelstein, Mauerziegel, Mauerstein, Backstein, Brandstein, Baustein aus gebranntem Ton oder Lehm. Der Lehm wird in Gruben gewonnen, zerkleinert und durch Lagerung unter Wasserzugabe (Wintern, Sommern, Sumpfen oder Schlämmen) und anschließendem Kneten aufbereitet. Früher wurde der feuchte aufbereitete Lehm vom Steinbacker in

Ziegelformen »von Hand«.

Holzformen gestrichen (Handstrichziegel), die Ziegel sofort aus den Formen herausgenommen und auf Trokkengestellen 8–14 Tage getrocknet (Lehmziegel, ungebrannte Ziegel) und danach in Feldbrandöfen, Ziegelöfen oder Ringöfen bei ca. 1100°C gebrannt. Heute werden die Ziegel meist maschinell mit Strangpressen geformt und in Tunnelöfen gebrannt. Die Ziegelgüten sind bes. nach Druckfestigkeiten genormt: MZ 100 (Mauerziegel mit 100 kp/cm^2 Druckfestigkeit), MZ 250 (Hartbrandziegel mit 250 kp/cm^2) → Klinker 350 kp/cm^2. Weitere Ziegelarten sind Hochlochziegel (HLZ) mit senkrechten Löchern zur besseren Wärmedämmung, Leichtziegel (LZ) mit großen Luftporen, die z. B. durch Hartschaumkügelchen im Lehmgemisch, die herausgebrannt werden, erzielt werden, und Verblender, Verblendziegel oder Vormauerziegel mit harten, unterschiedlich farbigen Oberflächen für Verblend- und Sichtmauerwerk.
Ziegelausmauerung, Ausmauerung von Fachwerkgefachen mit Ziegeln.

Ziegeldecker, früher eigenständiger Berufsstand, der nur Ziegeldächer eindeckte und Ziegelschirme herstellte; heute im Beruf des → Dachdeckers aufgegangen.
Ziegelei, Betrieb zur Ziegelherstellung.
Ziegelfachwand, Ziegelsteinfüllung, mit Ziegeln ausgemauerte (ausgeziegelte) Gefache im Fachwerk.
Ziegelgut, Ziegellehm, Ziegelerde.
Ziegelhammer → Maurerhammer.
Ziegelmehl, wird aus Ziegelbruch gemahlen und u. a. als hydraulischer Zuschlagsstoff Luftkalkmörteln beigegeben.
Ziegelpflaster, Pflasterungen aus Normalziegeln hochkant oder flach oder Pflasterziegeln.
Ziegelverband → Mauerverband.
Ziegenfuß, Geißfuß → Brecheisen.
Ziehklinge, Schabeisen, Schabklinge, Schlichtklinge, Schürfeisen, Stahlklinge, dessen gerade Kante mit einem Glättstahl bearbeitet ist zum Abziehen, d. h. Überarbeiten von Holzoberflächen wie Treppenstufen und Fußböden.
Ziehmesser, Zugmesser → Schnitzmesser, Werkzeug mit breiter Klinge zum Holzschälen.
Ziehsäge, Schrotsäge, die von zwei Personen bedient wird.
Zimmerbeil, Zimmeraxt, schweres Beil → Axt.
Zimmerer, Zimmermann, Zimmerleute, einer der ältesten Berufe, zu dessen Berufsbild die Herstellung aller Holzkonstruktionen, wie Fachwerk und Dachstühle, aber auch Tore, Zäune und Treppen gehört; die Abgrenzung zum Tischler besteht darin, daß der Zimmerer nagelt, während der Tischler leimt. Zunftheilige sind Barbara, Christopherus, Coletta, Eu-

Auf dem Kupferstich aus dem Jahr 1691 sind an Werkzeugen unter anderem Breitbeil, Zimmereraxt, Spaltkeil, Schrotsäge, Fußwinde und Kreideschnur zu erkennen.

Zimmergerät

logius von Cordova, Johannes der Täufer, Josef, Mathias, Regina von Alise, Stephanus, Thomas und Wolfgang.
Zimmergerät, Zimmererwerkzeug, zu den wichtigsten Werkzeugen der Zimmerleute gehört das Bundgeschirr mit Stichaxt, Axt, Winkel, Stemmzeug und Spannsäge, weiter aber auch Breitbeil, Holzbohrer, Schrotsäge und Wasserwaage.
Zimmerergerüst, abgebundenes Gerüst.
Zimmerhof, Zimmerplatz, Werkplatz der Zimmerleute mit der Zulage zum Anlegen von Fachwerkwänden und Dachgebinden und dem Reißboden, um z. B. Treppen aufzureißen.
Zimmermaler Staffiermaler.
Zimmermannsschnur → Kreideschnur.
Zink, chem. Element, Kurzzeichen Zn, Schmelzpunkt 419°C, wird im Bauwesen bes. als Zinkblech gebraucht.
Zinkdach → Metalldach.
Zinke → Verzinkung.
Zinkgelb, chromsaures Zinkoxid, ein gelber Farbstoff.
Zinkgrün, auf der Basis von Zinkoxid hergestellter grüner Farbstoff, auch Rinmannsgrün genannt.
Zinkweiß, weißes Zinkoxid; weißer anorganischer Farbstoff mit mind. 99% Zinkoxidgehalt, dem Bleiweiß vorzuziehen.
Zinn, chem. Element, Sn, Schmelzpunkt 232°C, wird im Bauwesen vor allem zum Überziehen gebraucht.
Zinne, Zinnenzahn, Zinnenzacke, das Brüstungsmauerstück zwischen zwei Schießscharten auf Befestigungsmauern.
Zinnenfries → Fries mit Zinnendarstellung.

Zinnlot → Lot.
Zinnober, der rote Zinnober kommt natürlich als Quecksilbersulfid vor und wird daneben künstl. gewonnen; als weitere Farbstoffe werden schwarzer, grüner, gelber und weißer Zinnober verwendet.
ziselieren, Bearbeiten von Blechen durch Nachtreiben oder Austreiben von Formen mittels Punzen oder Meißel aus freier Hand oder auf Teerklumpen.
Zittergold → Rauschgold.
Zocke → Sockel.
Zoll, veralt. Maßeinheit → Maß- und Gewichtstabelle.
Zollstock, Fußstock, Meßwerkzeug aller Handwerker, meist 2 m, seltener 1 m oder 3 m lang mit Zentimeter- und Millimetereinteilung aus scherenartig zusammenfaltbaren Holz- oder Metallstäben, der Name stammt noch aus der Zeit früherer Maßeinheiten → Maßstock.
Zopf, 1. Stammspitze. **2.** Ornament in Form eines Flechtwerks.
Zopfende, oberstes Ende eines Stamms.
Zuganker → Anker.
Zugbank, Togbank → Schnitzbank.
Zugjalousie → Rolladen.
Zugmesser, Togmeß → Schnitzmesser.
Zugriegelschloß, Basquilleschloß.
Zulage, eben liegendes, niedriges Gerüst auf dem Zimmerhof, auf dem Fachwerkwände und Dachverbände angelegt und verzimmert werden.
Zulanger → Handlanger.
zulegen → abbinden.
Zunder, lockere Eisenoxidschicht, die bei Erhitzung auf Stahl und Gußeisen entsteht.
Zunftheilige, Handwerkerpatrone, von den Handwerkszünften, meist

aufgrund eines bes. Bezugs zum entsprechenden Handwerk erwählte Heilige, die als Vorbilder angesehen und von den Zunftangehörigen besonders verehrt wurden.

Zunge, 1. Scheidewand in einem mehrzügigen Schornstein. **2.** einklappbares Blatt eines Winkelmaßes oder einer Schmiege. **3.** → Biberschwanz.

Zungenstein → Biberschwanz.

zureiben, Putzrisse verstreichen und nochmals überreiben; der Zureibemörtel besteht aus 2 Teilen Kalk und 3 Teilen feinem Sand.

zurichten, abrichten oder vorrichten von Holz, damit es dann angelegt und verzimmert werden kann.

Zurichthammer, Bossierhammer der Pflasterer.

Zusammenblattung → Aufblattung.

zusammenschweißen, in fließender Hitze Eisen zusammenfinnen.

Zuschlag, Zuschlagstoff, Stoffe wie Sand und Kiessand oder Kies zur Mörtel- und Betonherstellung.

Zweibeil → Queraxt.

Zweifläche → Fläche mit zwei Schneiden.

zweihängiges Dach, Satteldach.

zweihäuptige Mauer, zweihäutige Mauer, auf beiden Seiten bündige und glatt verarbeitete Mauer.

Zweilichtenfenster, Fenster, dessen Feld durch einen Pfosten in zwei Flächen geteilt wird.

Zweiling → Bohle.

zweischaliges Mauerwerk, Mauerwerk aus zwei miteinander verbundenen Schalen, z. B. mit Luftzwischenraum oder Dämmstoffen im Zwischenraum.

zweisichtige Kachel, Eckkachel.

Zweispitz, Zweiheppe, Picke → Spitzhaue.

Zweispitzamboß → Amboß.

Zweiständerkonstruktion, Hausgefüge im niederdeutschen Hallenhaus mit Quergebinden aus zwei Ständern und einem Balken.

Zwerchaxt → Queraxt.

Zwerchbalken → Querbalken.

zwerchen, über die Fasern eines Brettes quer hobeln.

Zwerchhaus, größerer gaubenartiger Dachaufbau, dessen Vorderkante bündig oder annähernd bündig in der Flucht der Traufwand liegt, meist mit Satteldach, der First senkrecht zum Hauptdach gerichtet, gedeckt.

Zwerchhobel → Hobel, mit dem quer über die Fasern gehobelt werden kann (Schropphobel).

Zwerchholz, Querholz, Hirnholz.

Zwerchschnitt, Querschnitt.

Zwerchschwelle, Querschwelle.

Zwerchsparren, Quersparren, Sparrenwechsel.

Zwerchstück, Querstück.

Zwickbohrer, kleiner Holzbohrer.

Zwickeisen, kleines Brecheisen.

Zwickel, 1. allg. Gehrung, Keilstück in Form eines Dreiecks. **2.** die Zwickel der Zwickelmauer.

zwicken, das Ausfüllen der Mauerfugen mit Steinzwickeln.

Zwicker, Zwickstein, kleine Steine, die vor allem bei Bruchsteinmauerwerk zwischen die größeren Steine eingetrieben werden.

Zwiebeldach, Dach, meist Kirchturm, in Form einer mit der Spitze nach oben gedrehten Zwiebel.

Zwiebelturm, Kirchturmaufbau in Form einer mit der Wurzel nach oben zeigenden Zwiebel.

Zwillingsfenster, gekuppelte Fenster.

Zwillingstür, zwei eng nebeneinanderstehende Türen unter einem Bogen vereinigt.

Zwinge → Schraubzwinge.
Zwingenblatt → Bankhaken.
Zwischenbalkenlage, Zwischengebälk, Zwischendecke, Balkenlage zwischen einzelnen Stockwerken.
Zwischengeschoß → Halbgeschoß.
Zwischenpfeiler, Mittelpfeiler.
Zwischenständer, Feldständer in der Fachwerkwand.
Zwölfort, Zwölfuhr, Stern aus sich durchkreuzenden Sechsecken oder vier sich durchkreuzenden Dreiecken.
Zyklopenmauerwerk, Polygonmauerwerk, Zyklopenverband, Bruchsteinmauerwerk aus Steinen mit vieleckigen Ansichtsflächen, z. B. waagerecht vermauerten Basaltsäulen.

Wörterbuch der wandernden Handwerksgesellen

Abgebunden, aus der Gesellenbruderschaft ausgestoßen.
Altgeselle, ehrbarer Altgeselle → einheimisch gewordener älterer Geselle, vielfach der Leiter einer örtlichen → Gesellschaft.
anpochen, pochen, anklopfen und um Arbeit nachfragen.
anschieben, Arbeit annehmen.
Anschieter, Ankläger (ein reisender Geselle) beim → Trudeln.
anschieten, anklagen.
Aufklopfen, regelmäßige Zusammenkunft von einheimischen und reisenden Gesellen in einer örtlichen → Gesellschaft; auch die Umfrage bei den Zunftbrüdern nach Arbeit.
ausschenken, gewähren von freier Kost und Logis (im Normfall für eine Nacht) für einen wandernden Gesellen von einem Meister oder einheimischen Gesellen.
Ausweisung, ausweisen, mit seiner Ehrbarkeit sowie einer besonderen Anrede weist sich das Mitglied einer Gesellenbruderschaft gegenüber Angehörigen der gleichen Bruderschaft, Meistern usw. aus. Die Ehrbarkeit besteht aus einer Krawatte oder einer Ehrennadel.
Axt und Kelle, Gesellenbruderschaft, die sich 1981/82 von den Freien Vogtländern abgespalten hat. Der neue Schacht wird von den anderen Bruderschaften noch nicht voll anerkannt, weil er u. a. einige Tabus gebrochen hat. So können bei Axt und Kelle auch Frauen, die einen Bauberuf erlernt haben, → erwandert, d. h. Mitglied werden und auf Wanderschaft gehen.

Blauer Montag, der illegal an den Sonntag angehängte Feiertag am Montag. Nachdem 1791 die Gesellenbruderschaften verboten wurden, wurde für das erste »Blaumachen« an einem Montag eine Strafe von 8 Tagen Arrest, für das zweite Mal eine Strafe von 14 Tagen verhängt.
Buchgeselle, Geselle, der das Schriftführeramt einer Gesellschaft innehat, insbesondere die Korrespondenz führt.
Bude, die Wohnung eines → einheimischen Gesellen oder die Zunftherberge, wo der Reisende ausgeschenkt wird, d. h. wo er übernachten kann.
Buden abschaben, von Haus zu Haus, d. h. von Werkstatt zu Werkstatt gehen und nach Arbeit suchen.

CEG → Europäische Gesellenzünfte.
Charlottenburger, bunt bedrucktes Tuch, in welchem die Werkzeuge und andere Habseligkeiten des wandernden Gesellen eingeschnürt werden. Auch das längliche fertige Gepäck-

stück, aus dem Wasserwaage, die auseinandergenommene Handsäge und der Winkel hinten und vorne heraussehen (daran wird der Riemen zum Tragen befestigt) nennt man Charlottenburger.
Compagnonnages Europeens → Europäische Gesellenzünfte.

Dalleskrauter, unzünftiger Meister.
Dosengeselle, Geselle einer Gesellschaft, der für den Schnupftabak zu sorgen hat, insbesondere an Gesellenabenden den Schnupftabak reicht.

Ehrbarkeit, das in besonderen Ehren gehaltene, von jedem Zunftangehörigen zu tragende Zeichen der Zunftzugehörigkeit. Je nach Zunft kann die Ehrbarkeit eine goldene Zunftnadel, die als oberer Hemdverschluß gebraucht wird, oder z. B. eine schwarze oder farbige Krawatte sein.
eingebunden, in der Gesellenbruderschaft aufgenommen.
einheimischer Geselle, einheimischer Fremder, Geselle einer Bruderschaft, der sich nach der Wanderung fest an einem Ort niedergelassen hat.
erwandern, Zeremonie unter Ausschluß der Öffentlichkeit, bei welcher der Geselle in eine Bruderschaft aufgenommen und für die Wanderschaft vorbereitet wird, d. h. insbesondere mit den Statuten und Regeln vertraut gemacht wird. Die Erwanderung ist gleichzeitig der Beginn der Mitgliedschaft in einer Gesellenbruderschaft.
Europäische Gesellenzünfte, Compagnonnages Europeens, der Zusammenschluß von Gesellenzünften aus Belgien, Frankreich, Skandinavien, der Schweiz, Luxemburg und Deutschland, kurz CEG, mit Hauptsitz in Paris. Die CEG wurde 1968 in Paris/Tours als Dachorganisation von der Federation Nationale Compagnonnique du Metiers du Batiment (Frankreich), den Skandinaviske berejste Handwerkere (Dänemark), der Union Compagnonnique des Devoirs (Frankreich/Schweiz) und der Vereinigung der rechtschaffenen fremden Gesellen (Deutschland) gegründet. Später traten auch die Rolandsbrüder, Freien Vogtländer und Freiheitsbrüder aus Deutschland und die Federation du Metiers et du Batiment aus Belgien bei. Die CEG ist im Europarat vertreten und hält alle 5 Jahre ein Europatreffen ab.

Faßgeselle, Geselle, der beim → Faßschmoren das Bier ausschenkt.
faßschmoren, trinken eines (meist gestifteten) Fasses Bier.
filzen, ursprünglich »lausen«, nach Läusen suchen, später allg. für durchsuchen.
Fledderei, Schlägerei.
Fleppen, allg. die Arbeitspapiere, insbesondere aber das Wanderbuch.
Fremdgeschriebener, fremdgeschrieben, fremdsprechen, Geselle einer Zunft während der zünftigen, weitgehend reglementierten Wanderschaft, zu der er → »erwandert« oder »fremdgeschrieben« wird.

Gänsemarsch → Spinnermarsch.
Gesellenbruderschaft, Vereinigung oder Gesellschaft von Gesellen, die nach der Lehre, am Beginn ihrer beruflichen Laufbahn, eine Wanderschaft von 3 oder 2 Jahren und einem Tag absolvieren und sich während und nach der Wanderschaft einem strengen Reglement in der Gemeinschaft unterordnen. Mitglieder können nur unverheiratete Gesellen, die nicht älter als 30 Jahre sein sollen, werden. Die Mitgliedschaft beginnt mit dem → Erwandern oder → Fremdschreiben. 1984 gibt es in Deutschland vier anerkannte Bruderschaften:
→ Vereinigung der rechtschaffenen fremden Zimmer- und Schieferdeckergesellen Deutschlands
in Verbindung mit der
Gesellschaft der rechtschaffenen fremden Maurer- und Steinhauergesellen Deutschlands
→ Vereinigung der fremden Rolandsbrüder
→ Vereinigung der fremden Freiheitsbrüder
→ Gesellschaft freier Vogtländer Deutschlands und die von diesen Gesellschaften noch nicht anerkannte Vereinigung → »Axt und Kelle«. Zu den grundsätzlichen Zielen aller Gesellschaften gehören Treue, Redlichkeit, Kameradschaft, Zusammenstehen und gegenseitige Unterstützung, insbesondere aber die Wahrung alten Zunft- und Handwerksbrauchtums. Die Statuten der Gesellschaften werden weitgehend mündlich überliefert und sind geheim. Die Gesellenbruderschaften gliedern sich meist in örtliche Gesellschaften. Die örtlichen Gesellschaften bestehen aus → einheimischen Gesellen und den am Ort arbeitenden oder in der Herberge anwesenden fremden Gesellen.
Gesellschaft → Gesellenbruderschaft.
Gesellschaft freier Vogtländer Deutschlands, Gesellschaft von Zimmerern, Maurern und Schieferdeckern, die sich um 1925 von der Vereinigung der rechtschaffenen fremden Zimmer- und Schieferdeckergesellen abgespalten hat. Die Ehrbarkeit ist eine goldene Handwerksnadel, als Wanderzeit sind mindestens 2 Jahre und 1 Tag vorgesehen. Der Spitzname ist »Spinner«.

Hamburger, allg. Bez. für wandernde Gesellen.
Hänger, von den Fremdgeschriebenen getragener Ohrring im linken Ohr.
hochfliegen, ins Gefängnis oder auf der Polizeiwache eingesperrt werden.
Holzwurm, Tischler oder Drechsler, zuweilen auch für andere holzverarbeitende Berufe, wie Zimmermann.
Humpenschmoren, gemeinsames Stiefeltrinken.

Katzenkopf, Schlosser.
klatschen, Zunftbrauch, insbesondere der Zimmerleute, bei dem zwei oder in einer Reihe mehrere Gesellen sitzend oder stehend mit Unterstützung von Gesang im Takt und genau in vorgegebener Reihenfolge auf die Oberschenkel, in die Hüften und gegeneinander in die Hände klatschen. Geklatscht wird auch in schwierigeren Formationen, wie im Dreier-, Vierer-, Siebenerklatsch sitzend oder stehend oder im Viererklatsch zwei Gesellen sitzend und zwei stehend.

Kluft

Kluft, Kleidung des zünftigen Gesellen, je nach Schacht und Gewerk aus grauem, schwarzem oder weißem Samt- oder Manchesterstoff, mit Perlmuttknöpfen und → Koks, Melone oder → Schlapphut.
Köm, Kümmelschnaps, Branntwein.
Koks, Melone, nach oben runder Hut mit schmaler Krempe, der meist von fremdgeschriebenen Maurer- und Schieferdeckergesellen getragen wird. Seltener wird der Begriff Koks auch für alle anderen Kopfbedeckungen gebraucht.
Krauter, Meister, Unternehmer oder Arbeitgeber, früher nicht mit dem abwertenden Ton, mit welchem der Begriff in den letzten Jahrzehnten gebraucht wird.
Krug, Herberge.
Kuhkopp, ein aus der Gesellenbruderschaft → Abgebundener (Ausgestoßener).
Kundschaft, Kundschaftsbrief, allg. das Wanderbuch, früher das Zeugnis, der Kundschaftsbrief, das den wandernden Gesellen jeweils von den Meistern, bei denen sie eine Zeitlang gearbeitet hatten, ausgestellt wurde. Die Kundschaften waren Kunstwerke mit Kupfer- oder Stahlstichen der Stadt, in der sie ausgestellt wurden.

Labetrunk, Trunk bei einem Meister, mehr aber noch z. B. während einer Trudelzeremonie oder der Willkommenstrunk, allg. für Trunk.
Lade → Zunftlade.
Lehmklitsche, Maurer (aus der alten Berufsbezeichnung für Lehmarbeiter, Klaiber).
Leimsieder, Tischler, Schreiner.
Leithammel → Spinnermarsch.

Melone → Koks.
Mutter Grün, »im Freien«, z. B. im Freien essen und trinken.

Penne, Schlafgelegenheit, Herberge.
Pfannenflicker, Name eines Liedes und Rundklatsches.
Plempe, Bier.
pochen → anpochen.

Rundschnack, zeremonienartiges Gespräch beim Stiefeltrinken in der Herberge, bei dem jeder Geselle, zu dem der Stiefel kommt, einen besonderen Spruch an den Vorder- und Hintermann richten muß.
Rußwurm, Schmied oder Schlosser.

Schacht → Gesellenbruderschaft in der Umgangssprache.
Schale, Kleidung.
schallern, singen.
Schenigelei, schenigeln, Arbeit, arbeiten.
Schieber, Vorarbeiter, Polier.
Schietlappen, Krawatte, zuweilen auch für den krawattentragenden Gesellen.
Schlappe, Mund.
Schlapphut, Zimmermannshut, weitkrempiger schwarzer Filzhut, insbesondere der Zimmerleute. Die weite Krempe schützt auf der Wanderung wie bei der Arbeit vor Wind und Regen. Der fremdgeschriebene Geselle soll den Hut nur beim Essen und Schlafen abnehmen.
Schlummerboß, Herbergsvater.

Schmacht, Hunger.
Schmalmachen →Vorsprechen bei Meistern, Innungen usw. zwecks Arbeit oder Wegegroschen.
schmoren, trinken.
schwächen, trinken.
Speckjäger, Geselle auf Wanderschaft, der keiner Gesellenbruderschaft angehört.
Spinnermarsch, Gänsemarsch, Marsch, bei dem alle anwesenden Gesellen hinter dem »Leithammel« sehr eng hintereinander im Gleichschritt u. U. mit einem Fuß auf dem Bürgersteig und mit dem anderen auf der Straße gehen, um z. B. einen frisch erwanderten Gesellen bis zur Stadtgrenze zu begleiten.
Staude, zünftiges weißes Hemd mit Biesen und Stehkragen, allg. Hemd.
Stenz, Wanderstab aus einem natürlichen, in Korkenzieherform gedrehten, gewachsenen Holz, seltener aus einem gedrechselten Stab hergestellt. Insbesondere von den wandernden Zimmergesellen gebraucht.

Teckel, Polizist.
Tippelei, Wanderschaft.
tippeln, wandern.
Trittlinge, Schuhe.
Trudel, etwa ein Meter langes Holz in Form einer Küchenrolle, die Rolle ist acht- oder zwölfeckig kanneliert. Die Trudel ist ein altes Strafinstrument und wird bei Anwendung auf einen Tisch (Trudeltisch) gelegt und der zu strafende Geselle, an Händen, Füßen und am Kopf von 5 weiteren Gesellen (Trudelknechten) gehalten, darüber gerollt. Zur Strafverschärfung wurde dem zu trudelnden Gesellen zuweilen ein Mädchen auf die Brust gesetzt, um den Druck der kantigen Trudel auf den Rücken zu verstärken. Die Trudel wird heute praktisch nur noch zur Demonstration oder in humorvoller Form angewandt. Die Klage- und Verteidigungsrede heißt Trudelschnack.
Trudelbur →Trudel.
Trudelknechte →Trudel.
trudeln, mittels der →Trudel strafen.
Trudelschnack →Trudel.
Trudeltisch →Trudel.

Vereinigung der fremden Freiheitsbrüder, Gesellenbruderschaft, Gesellschaft von Zimmerern, Maurern und Schieferdeckern mit roten Krawatten als Zeichen der Ehrbarkeit. Die Wanderzeit beträgt 3 Jahre und 1 Tag. Zu den Spitznamen gehören »Schwenker« und »Rotschlipsige«.
Vereinigung der fremden Rolandsbrüder, Gesellenbruderschaft, welche 1891 in Nürnberg von norddeutschen Maurern (aus der Vereinigung der rechtschaffenen Fremden) gegründet wurde. Freiheit, Treue und Dienst für das Gemeinwohl gehören zu den besonderen Tugenden der Rolandsbrüder. Die Ehrbarkeit zeigt eine blaue Krawatte, alle gelernten Bauhandwerker wie Zimmerer, Maurer, Dachdecker, Steinsetzer und Betonbauer können Mitglieder des Rolandsschachtes werden. Die Wanderzeit beträgt 3 Jahre und 1 Tag, Spitznamen sind »Möpse«, »Rollmöpse« und »Blauschlipsige«.
Vereinigung der rechtschaffenen fremden Zimmer- und Schieferdeckergesellen Deutschlands, in Verbindung mit der →Gesellschaft der rechtschaffenen fremden Maurer- und Steinhauergesellen Deutschlands die

verschütten

älteste noch existierende Gesellenzunft (Gesellenbruderschaft) in Deutschland, die bis zum heutigen Tage noch die meisten Mitglieder und auch die größte Anzahl von Herbergen hat. Die Vereinigung ist in örtliche Gesellschaften untergliedert und steht dem Kolpingwerk der Katholischen Kirche nahe. Die Ehrbarkeit ist eine schwarze Krawatte. Die Wanderzeit der fremden rechtschaffenen Gesellen beträgt 3 Jahre und 1 Tag, mit Spitznamen heißen sie »Siegellacks« oder »Schwarzschlipsige«.

verschütten, verhaften.

verschütt' gegangen, verhaftet worden.

vorsprechen, festgelegte Begrüßung und Ansprache eines reisenden Gesellen bei Meistern, Wirtsleuten, Innungen usw. zwecks Arbeit, Reiseunterstützung oder Wegzehrung. Das Vorsprechen kann z. B. in folgender Weise geschehen:
Der vorsprechende Geselle klopft mit dem Stenz auf (deshalb auch »Aufklopfen«) und spricht:
Mit Gunst und Erlaubnis
Ich hab einen freundlichen Gruß zu bestellen
von allen Zunft- und Lademeistern und Mitgesellen
wie ich sie verlassen habe in ... (hier steht die Heimatstadt des Gesellen)
und wie ich sie dort wieder antreffen werde
nach Zunft und Ehrbarkeit, Handwerksbrauch und Gewohnheit.
Mit Gunst
Der angesprochene Meister antwortet:
Mit Gunst, Handwerksbrauch und Gewohnheit hab Arbeit für Dich ...
(oder keine Arbeit aber ein Zehrgeld)

Walz, Wanderschaft, »auf der Walz«: auf der oder während der Wanderschaft von Arbeitsort zu Arbeitsort.

Walzknecht, Geselle, der für die Disziplin bei zünftigen Gesellenabenden sorgt.

Wanderbuch, früher der von der Polizei ausgestellte Reisepaß wandernder Gesellen, heute von der Bruderschaft ausgestelltes Buch zur → Ausweisung und zur Eintragung der Arbeiten und Arbeitszeiten wie der Zehrgelder.

Wanderschaft, Tippelei, Walz, vorgeschriebene Wanderzeit der Gesellen einer Gesellenbruderschaft, 2 Jahre und 1 Tag oder 3 Jahre und 1 Tag zum Vertiefen der in der Lehre gewonnenen Kenntnisse, Erweiterung des Erfahrungsschatzes, Kennenlernen anderer Arbeitsweisen und Techniken, anderer Sitten und Gebräuche, aber auch zur Erweiterung des Weltbildes und der Menschenkenntnis. Auf der Wanderschaft hat der Geselle strenge Regeln einzuhalten, so gehörte es früher zu den Vorschriften, daß kein Verkehrsmittel benutzt werden durfte, heute, daß nicht mit dem eigenen Fahrzeug gereist werden darf. Bei den Rolandsbrüdern darf man sich nicht mehr als 100 km dem Heimatort nähern, bei anderen Bruderschaften nicht mehr als 50 km. Der Heimatort darf nur bei dringenden Familienangelegenheiten, z. B. Todesfällen, für 24 Stunden aufgesucht werden. Auch die maximalen Zeiten an einem Ort in der Fremde sind vorgeschrieben, so sollen die Rolandsbrüder nicht länger als 6 Monate an einem Ort weilen und während der Wanderschaft mindestens Gast in 7 verschiedenen Gesellschaften sein.

Wegegroschen, erhält der Geselle nach dem → Vorsprechen keine Arbeit, so soll ihm der Meister oder die Innung einen Wegegroschen (Zehrgeld) geben, damit sich der Geselle bis zur nächsten Vorsprache verpflegen kann.
Wortführer, Sprecher der einheimischen Gesellen in einer Gesellschaft.

Zimmermannshut → Schlapphut.
Zimmermannsklatsch → klatschen.
Zunftgeselle, Geselle, der Mitglied einer Bruderschaft ist.
Zunftlade, ursprünglich von den Meisterzünften gebrauchte Truhe für die Zunftordnung, Kasse usw., später auch bei den Gesellenbruderschaften benutzte Truhe, Kiste oder Schrank für die Mitgliederliste, die Kasse, Ordnungen und verschiedene Zunftutensilien.
zureisen, Hinreisen und Ankommen eines reisenden Gesellen.

Maß- und Gewichtstabellen

Vor der allgemeinen Einführung des auf dem Dezimalsystem basierenden metrischen Systems (für ganz Deutschland im Jahre 1868) wurden in den verschiedenen Ländern, Provinzen und größeren Städten unterschiedliche Maß- und Gewichtssysteme verwendet, die teilweise nur gering differieren, in anderen Fällen aber auch weit auseinanderliegen. Nachfolgend werden die wichtigsten Maß- und Gewichtssysteme mit den Umrechnungsfaktoren in das metrische System genannt, so daß alle in der Literatur wie in älteren Zeichnungen, Skizzen usw. vorkommenden Maße und Gewichte umgerechnet werden können. Die Tabellen basieren auf den Maßtabellen der »Kosten–Berechnungen für Hochbauten« von C. Schwatlo, Leipzig 1903, in einigen Fällen sind geringfügige Differenzen zu anderen älteren Maßtabellen festzustellen.

Metrisches System

Längenmaße
1 Meter (m) = 10 Dezimeter (dm) = 100 Zentimeter (cm) = 1000 Millimeter (mm) = 0,001 Kilometer (km)

Flächenmaße
1 Ar (a) = 100 Quadratmeter (m^2) = 0,01 Hektar (ha)
1 Quadratkilometer = 1 000 000 Quadratmeter
1 Hektar = 10 000 Quadratmeter

Hohlmaße
1 Liter (l) = 1000 Kubikzentimeter (cm^3) = 0,001 Kubikmeter (m^3) = 0,01 Hektoliter (hl)

Die alten Maßsysteme

Preußen
1 Fuß (') 12 Zoll ('') = 144 Linien (''')
1 Fuß = 0,3138535 m
1 Zoll = 2,6154458 cm
1 Linie = 2,1795382 mm

Maß- und Gewichtstabellen

1 Elle = 25,5 Zoll = 0,666938 m
1 Lachter = 80 Zoll = 2,092357 m
1 Rute (°) = 12 Fuß = 3,76624 m
1 Meile = 2000 Ruten = 7532, 484 m
1 Morgen = 180 Quadratruten = 2553,224 m^2
1 Quadratrute = 14,184564 m^2

1 Schachtrute = 144 Kubikfuß = 4,452 m^3
1 Kubikfuß = 0,0309166 m^3
1 Klafter = 3,339 m^3

1 Oxhoft = 1,5 Ohm = 3 Eimer = 6 Anker = 180 Quart = 206,105 l
1 Ohm = 137,40333 l
1 Eimer = 68,701667 l
1 Anker = 34,350833 l
1 Quart = 1,1450278 l
1 Scheffel = 16 Metzen = 48 Quart = 54,961 l
1 Metzen = 3,4350625 l
1 Tonne (Kalkmaß) = 4 Scheffel = 2,1984 hl = 219,84 l
1 Wispel = 24 Scheffel = 13,1907 hl
1 Last = 60 Scheffel = 32,9760 hl

Baden
1 Fuß = 10 Zoll = 100 Linien
1 Fuß = 0,3 m
1 Zoll = 3,0 cm
1 Linie = 3,0 mm
1 Elle = 0,60 m
1 Rute = 10 Fuß = 3,0 m
1 Meile = 29629,6 Fuß = 8888,889 m

1 Morgen oder Juchart = 400 Quadratruten = 4000 Quadratfuß = 36,0 Ar

1 Kubikfuß = 0,027 m^3
1 Ohm = 100 Maß = 400 Schoppen = 150,0 l
1 Maß = 1,5 l
1 Schoppen = 0,375 l

Bayern
1 Fuß = 12 Zoll = 0,29186 m
1 Zoll = 2,43216 cm
1 Elle = 0,833 m
1 Rute = 10 Fuß = 120 Zoll = 2,9186 m
1 Meile = 2 Wegstunden = 25406 Fuß = 7414,974 m

1 Morgen oder Tagewerk = 34,0727 Ar

1 Maß = 0,043 Kubikfuß = 1,0690 l

Maß- und Gewichtstabellen 222

1 Kubikfuß = 0,0248612 m³
1 Faß = 25 Eimer = 1600 Maß = 1710,40 l
1 Eimer = 68,416 l
1 Scheffel = 6 Metzen = 222,3 l
1 Metzen = 37,05 l

Braunschweig
1 Fuß = 0,285362 m
1 Rute = 8 Ellen = 16 Fuß = 192 Zoll = 4,565792 m
1 Elle = 0,570724 m
1 Zoll = 2,37801 cm
1 Meile = 26 000 Fuß = 7419,4 m

1 Quadratrute = 256 Quadratfuß = 20,8465 m²
1 Quadratfuß = 0,0814314 m²
1 Morgen = 120 Quadratruten = 25,0158 Ar

1 Quartier = 0,93684 l
1 Oxhoft = 1,5 Ohm = 6 Anker = 240 Quartier = 224,8416 l
1 Ohm = 149,8944 l
1 Anker = 37,4736 l
1 Wispel = 40 Himten = 160 Vierfaß = 640 Metzen = 1245,8 l
1 Himten = 31,145 l
1 Vierfaß = 7,78625 l
1 Metzen = 1,9465625 l

Bremen
1 Fuß = 12 Zoll = 0,28935 m
1 Zoll = 2,41125 cm
1 Rute = 8 Ellen = 16 Fuß = 192 Zoll
1 Rute = 4,6296 m
1 Elle = 0,5787 m
1 Meile = 1 geographische Meile = 7420,439 m

1 Quadratrute = 21,4333 m

1 Oxhoft = 1,5 Ohm = 6 Anker = 30 Viertel = 67,5 Stäbchen = 270 Quart
1 Oxhoft = 217,4445 l
1 Ohm = 144,963 l
1 Anker = 36,24075 l
1 Viertel = 7,24815 l
1 Stäbchen = 3,2214 l
1 Quart = 0,80535 l
1 Scheffel = 74,1038 l

Frankfurt am Main
1 Fuß = 12 Zoll = 0,2846 m
1 Zoll = 2,37166 cm
1 Feldrute = 12,5 Fuß = 150 Zoll = 3,5576 m
1 Waldrute = 4,5108 m
1 Elle = 0,5473 m

1 Feldmorgen = 160 Quadratfeldruten = 2025,07 m²
1 Quadratfeldrute = 12,656517 m²
1 Waldmorgen = 160 Quadratwaldruten = 3255,51 m²
1 Quadratwaldrute = 20,347316 m²

1 Eichmaß = 1,7928 l
1 Fuder = 6 Ohm = 120 Viertel = 480 Eichmaß = 1920 Schoppen
1 Fuder = 860,544 l
1 Ohm = 143,424 l
1 Viertel = 7,1712 l
1 Schoppen = 0,4482 l
1 Malter = 4 Simmer = 8 Mesten = 16 Sechter = 64 Eichmaß
1 Malter = 114,7392 l
1 Simmer = 28,6848 l
1 Mesten = 14,3424 l
1 Sechter = 7,1712 l

Hamburg
1 Fuß = 12 Zoll = 0,28657 m
1 Zoll = 2,38808 cm
1 lange Elle = 2,4 Fuß = 0,687768 m
1 kurze Elle = 2 Fuß = 0,57314 m
1 Marschrute = 14 Fuß = 4,01198 m
1 Geestrute = 16 Fuß = 4,58512 m

1 Morgen Marschland = 600 Quadratruten = 96,58 Ar
1 Quadratmarschrute = 16,095984 m²
1 Scheffel Saatland = 200 Quadratgeestruten = 42,05 Ar
1 Quadratgeestrute = 21,023325 m²

1 Stäbchen = 3,6102 l
1 Fuder = 6 Ohm = 24 Anker = 30 Eimer = 126 Viertel = 240 Stäbchen
1 Fuder = 866,448 l
1 Ohm = 144,408 l
1 Anker = 36,102 l
1 Eimer = 28,8816 l
1 Viertel = 6,8765714 l
1 Faß = 54,962 l
1 Wispel = 10 Scheffel = 10 Faß
1 Wispel = 549,62 l
1 Scheffel = 54,962 l

Maß- und Gewichtstabellen

Hannover
1 Fuß = 12 Zoll = 0,292 m
1 Zoll = 2,43333 cm
1 Rute = 8 Ellen = 16 Fuß = 192 Zoll
1 Rute = 4,672 m
1 Elle = 0,584 m
1 Meile = 25 400 Fuß = 7419,2 m

1 Morgen = 120 Quadratruten = 26,193 Ar
1 Quadratrute = 21,827584 m^2

1 Stäbchen = 3,894 l
1 Fuder = 4 Oxhoft = 6 Ohm = 24 Anker = 240 Stäbchen
1 Fuder = 934,56 l
1 Oxhoft = 233,64 l
1 Ohm = 155,76 l
1 Anker = 38,94 l
1 Himten = 31,152 l
1 Last = 15 Malter = 96 Himten
1 Last = 2990,592 l
1 Malter = 199,3728 l

Großherzogtum Hessen
1 Fuß = 10 Zoll = 0,25 m
1 Zoll = 2,5 cm
1 Klafter = 10 Fuß = 100 Zoll = 2,50 m
1 Elle = 24 Zoll = 60 cm
1 Meile = 1,5 Wegstunden = 7500 m

1 Morgen = 2500 m^2

1 Maß = 2 l
1 Ohm = 4 Viertel = 80 Maß
1 Ohm = 160 l
1 Viertel = 40 l
1 Malter = 4 Simmer = 16 Kumpf = 64 Gescheid (Maß)
1 Malter = 128 l
1 Simmer = 32 l
1 Kumpf = 8 l

Hessen-Kassel
1 Fuß = 12 Zoll = 0,288 m
1 Zoll = 2,4 cm
1 Rute = 3,989152 m
1 Meile = 32 000 Fuß = 9216 m

1 Acker = 150 Quadratruten = 23,87 Ar
1 Quadratrute = 15,91333 m²

1 Maß = 1,98 l
1 Fuder = 6 Ohm = 24 Viertel = 124 Eimer = 480 Maß
1 Fuder = 950,4 l
1 Ohm = 158,4 l
1 Viertel = 39,6 l
1 Eimer = 7,66 l

Oldenburg
1 Fuß = 12 Zoll = 0,2959 m
1 Zoll = 2,46583 cm
1 Elle = 0,581 m
1 Meile = 9869,6 m

1 Morgen = 122,57 Ar

1 Kanne = 1,37 l
1 Oxhoft = 1,5 Ohm = 6 Anker = 136 Kannen
1 Oxhoft = 186,32 l
1 Ohm = 124,21333 l
1 Anker = 31,05333 l
1 Scheffel = 228 l
1 Last = 12 Molt = 18 Tonnen = 144 Scheffel
1 Last = 32832 l
1 Molt = 2736 l
1 Tonne = 1824 l

Sachsen
1 Fuß = 12 Zoll = 0,2832 m
1 Zoll = 2,36 cm
1 Rute = 15 1/6 Fuß = 182 Zoll
1 Rute = 4,2952 m
1 Elle = 2 Fuß = 0,5664 m
1 Meile = 9062,08 m

1 Acker = 300 Quadratruten = 55,342 Ar
1 Quadratrute = 18,448743 m²

1 Kanne = 0,936 l
1 Fuder = 12 Eimer = 864 Kannen
1 Fuder = 808,704 l
1 Eimer = 67,392 l
1 Scheffel = 103,83 l

Maß- und Gewichtstabellen

Württemberg

1 Fuß = 12 Zoll = 0,2864 m
1 Zoll = 2,38666 cm
1 Rute = 10 Fuß = 2,864 m
1 Elle = 2,144 Fuß = 0,6140416 m
1 Meile = 26 000 Fuß = 7448,75 m

1 Morgen = 384 Quadratruten = 31,50 Ar
1 Quadratrute = 8,202496 m²

1 Helleichmaß = 1,837 l
1 Fuder = 6 Eimer = 96 Immi = 960 Maß
1 Fuder = 1763,52 l
1 Eimer = 293,92 l
1 Immi = 18,37 l

Österreich

1 Fuß = 12 Zoll = 144 Linien = 0,316081 m
1 Zoll = 2,634 cm
1 Linie = 2,195 mm
1 Klafter = 6 Fuß = 1,896484 m
1 Elle = 29 Zoll und 6 1/4 Linien = 0,777558 m
1 Meile = 24 000 Fuß = 7585,936 m

1 Quadratklafter = 36 Quadratfuß = 3,59665 m²
1 Quadratfuß = 0,0999071 m²

1 Kubikklafter = 219 Kubikfuß = 6,821 m³
1 Kubikfuß = 0,03158 m³
1 Schachtrute = 100 Kubikfuß = 3,158 m³
1 Eimer = 40 Maß = 160 Seidel = 56,589 l
1 Maß = 1,414725 l
1 Seidel = 0,35368125 l
1 Metzen = 16 Maßl = 61,4868 l
1 Maßl = 3,842925 l

Das englische und amerikanische Maß

1 Fuß = 12 Zoll = 0,3047945 m
1 Zoll = 2,53995 cm
1 Yard = 3 Fuß = 0,914383 m
1 Rute (rod) = 5,5 Yards = 5,029109 m
1 Kette (chain) = 22 Yards = 100 Links = 20,116426 m
1 Link = 0,20116426 m
1 Meile = 8 Furlongs = 320 Ruten = 1609,315 m
1 Furlong = 201,16438 m
1 League = 3 Meilen = 4827,945 m

1 Acre = 160 Quadratruten = 4046,6944 m^2
1 Quadratrute = 25,291937 m^2
1 Quadratyard = 0,836096 m^2

1 Kubikfuß = 0,02832 m^3
1 Kubikyard = 27 Kubikfuß = 0,76464 m^3

1 Gallone (Imperial Gallone) = 4,543458 l
1 Gallone (United States Gallone) = 3,785 l
1 Quarter = 8 Bushels = 64 Gallons (Imp. Gall.) = 290,7813 l
1 Bushel = 36,347662 l

Das metrische Gewichtssystem

1 Kilogramm (kg) = 1000 Gramm (g)
1 Gramm = 1000 Milligramm (mg)
1 Tonne (t) = 1000 kg

Die alten Gewichtssysteme

Preußen
1 Pfund = 30 Lot = 300 Quentchen = 3000 Zent = 30 000 Korn = 500 g
1 Lot = 16,66667 g
1 Quentchen 1,66667 g
1 Zent = 0,16666 g
1 Korn = 0,01666 g
1 Zentner = 100 Pfund = 50 kg
1 Schiffslast = 40 Zentner

Österreich
1 Pfund = 32 Lot = 128 Quentchen = 560,06 g
1 Lot = 17,501875 g
1 Quentchen = 4,3754688 g
1 Zollzentner = 89,276 Pfund = 50 kg

England und Amerika
1 Pfund = 16 Unzen = 768 Skrupel = 7680 Grains = 453,5927 g
1 Unze = 28,349544 g
1 Skrupel = 0,5906154 g
1 Grain = 0,05906154 g
1 Pfund Troy Gewicht = 373,246 g
1 Zentner (Centweight) = 112 Pfund = 50,80238 kg
1 Tonne = 20 Zentner = 1016,0476 kg
1 Schiffstonne = 2000 Pfund = 907,1854 kg oder gleich dem Raum von 1,18944 m^3

Literaturverzeichnis

Als Hauptquellen für dieses Lexikon dienten Handwerksdarstellungen des 18. und 19. Jahrhunderts sowie historische Lexika wie Dr. O. Mothes Illustriertes Baulexikon aus dem Jahr 1883.

Apel, Karl: Handbuch der Altbau-Renovierung, Stuttgart 1978

Beard, Geoffrey: Stuck – die Entwicklung plastischer Dekorationen, Herrsching 1983

Brasholz, Anton: Handbuch der Anstrich- und Beschichtungstechniken, Wiesbaden 1978

Brockhaus der Naturwissenschaften und der Technik, Wiesbaden 1958

Frommhold, Peter, und Erwin Gareiß: Bauwörterbuch, Düsseldorf 1978

Gatz, Konrad (Hrsg.): Anstrichtechniken, Bd. 1 und 2, München 1981

Gerner, Manfred: Fachwerk, Stuttgart 1979

Gerner, Manfred: Farbiges Fachwerk, Stuttgart 1983

Jahn, Johannes: Wörterbuch der Kunst, Stuttgart 1966

Kiesow, Gottfried: Einführung in die Denkmalpflege, Darmstadt 1982

Koch, C.: Großes Malerhandbuch, Nordhausen 1934/35

Koepf, Hans: Bildwörterbuch der Architektur, Stuttgart 1968

Knell, Heiner, und Hans-Günther Sperlich (Hrsg.): Ullstein Lexikon der Kunst, Berlin 1967

Mehling, Günther (Hrsg.): Natursteinlexikon für Handwerk und Industrie, München 1981

Ostendorf, Friedrich: Die Geschichte des Dachwerks, Leipzig 1908 Nachdruck Hannover 1982

Reimers, J.: Handbuch der Denkmalpflege, Hannover 1911

Reitmayer, Ulrich: Holztüren, Holztore, Stuttgart 1980

Röger, Johannes: Handbuch der Anstrichtechniken, Stuttgart 1977

Wöhrlin, Traugott: Kleine Kunstgeschichte für Schreiner, Stuttgart 1981

Abkürzungen

ähnl.	ähnlich
allg.	allgemeine
Bed.	Bedeutung, Bedeutungen
bes.	besonders
Bez.	Bezeichnung
bzw.	beziehungsweise
chem.	chemisch
christl.	christlich
d. h.	das heißt
dt.	deutsch
got.	gotisch
ff.	folgende
figürl.	figürlich
ital.	italienisch
Jh.	Jahrhundert
lat.	lateinisch
Lit.	Literatur
MA.	Mittelalter
n. Chr.	nach Christus
natürl.	natürlich
nordd.	norddeutsch
nördl.	nördlich
östl.	östlich
selt.	selten
sog.	sogenannt
südd.	süddeutsch
südl.	südlich
u. a.	unter anderem
urspr.	ursprünglich
usw.	und so weiter
v. Chr.	vor Christus
veralt.	veraltet
vgl.	vergleiche
westl.	westlich
zus.	zusammen
→	siehe

Abbildungsnachweis

Abbild- und Beschreibung der Gemein-Nützlichen Haupt-Stände, Die bibliophilen Taschenbücher, Dortmund 1977 (7)

Wilhelm Büning, Die neue Bauanatomie, Berlin 1947 (4)

Karl Heinz Doll, Denkmalpflege – Sanierung – Modernisierung, Schriftenreihe Nr. 5 der Architektenkammer Hessen (14)

Manfred Gerner, Fachwerk, Stuttgart 1979 (18)

Manfred Gerner, Farbiges Fachwerk, Stuttgart 1983 (1)

Theodor Krauth und Franz Sales Meyer, Das Schlosserbuch, Hannover 1981 (7)

Theodor Krauth und Franz Sales Meyer, Das Schreinerbuch, Hannover 1981 (3)

Carl Ludwig Matthaeij, Der vollkommene Dachdecker, Hannover 1984 (2)

Karl Mattäy, Neuestes Lehr-, Modell- und Ornamentenbuch, Hannover 1983 (1)

O. Mothes, Illustriertes Baulexikon, 1883 (4)

Georg Gottlieb Ungewitter, Vorlegeblätter für Ziegel- und Steinarbeiten, Hannover 1983 (2)